註解本

沈從文短篇小說選

劉中樹 主編

天地
www.cosmosbooks.com.hk

書　　名　註解本沈從文短篇小說選
主　　編　劉中樹
責任編輯　孫立川
美術編輯　楊曉林
出　　版　天地圖書有限公司
香港皇后大道東109-115號
智群商業中心13字樓（總寫字樓）
電話：2528 3671　傳真：2865 2609
香港灣仔莊士敦道30號地庫/ 1樓（門市部）
電話：2865 0708　傳真：2861 1541
九龍旺角通菜街103號（門市部）
電話：2367 8699　傳真：2367 1812
印　　刷　亨泰印刷有限公司
柴灣利眾街德景工業大廈10字樓
電話：2896 3687　傳真：2558 1902
發　　行　香港聯合書刊物流有限公司
香港新界大埔汀麗路36號中華商務印刷大廈3字樓
電話：2150 2100　傳真：2407 3062
出版日期　2011年5月 / 初版・香港

ISBN 978-988-219-390-1

目錄

編選説明

一、選篇依據

《註解本沈從文短篇小説選》所選作品為沈從文短篇小説，共計三十一篇，由孫立川先生選定，以作品發表時間先後為序排列。

鑒於沈從文作品版本問題的複雜情況，所選篇目以二零零二年北嶽文藝出版社出版的《沈從文全集》作為底本進行校訂、題解和註釋。

二、題解內容

題解包括介紹和品評兩部分。介紹部分簡介所選作品的寫作、發表或出版時間、刊物、作者署名及歷史沿革情況；品評部分對所選作品的主題思想、藝術特色、寫作亮點等進行評析。在參照經典解析的前提下融入個人觀點，盡量做到公允客觀，為讀者閱讀和研究沈從文及其作品提供參考。

三、註釋範圍

選本作為普及性的讀物，註釋條目選擇較多。註釋範圍包括風俗習慣、天文、地理、人事知識、人名、地名、器物、生僻詞語、方言土語、成語典故、外文等。既包括一般性註釋，也包括特殊性註釋即今典。註釋過程中兼顧知識性和科學性，取客觀態度。凡前文中已註條目，後文不另行註釋，僅在文中注明參看前文相同條目的註文。

沈從文研究專家凌宇先生在湘西地域的風俗習慣、方言土語等疑難註釋方面提供了寶貴意見，在此謹表謝意。

四、撰稿人及分工

主編：

劉中樹，負責統籌、《導讀》寫作及對全書進行審定。

參編：

付蘭梅，承擔統稿、參與《導讀》寫作；短篇小說《夜漁》、《晨》、《草繩》、《山鬼》、《老實人》、《煥乎先生》、《屠夫》、《蕭蕭》的選本校對、註釋和題解工作。

吳景明，承擔統稿、參與《導讀》寫作；短篇小說《更夫阿韓》、《瑞龍》、《爐邊》、《我的小學教育》、《在私塾》、《爹爹》、《卒伍》的選本校對、註釋和題解工作。

溫彩雲，承擔短篇小說《入伍後》、《雨後》、《有學問的人》、《第一次作男人的那個人》、《龍朱》、《赤魘》的選本校對、註釋和題解工作。

孫晶，承擔短篇小說《七個野人與最後一個迎春節》、《八駿圖》、《雪晴》、《巧秀和冬生》、《傳奇不奇》的選本校對、註釋和題解工作。

韓笑，承擔短篇小說《棉鞋》、《媚金·豹子·與那羊》、《元宵》、《大小阮》、《鄉城》的選本校對、註釋和題解工作。

導讀、選篇、題解和註釋中難免存在不足，懇請海內外專家及讀者指正。

導讀

沈從文（一九零二年十二月二十八日—一九八八年五月十日）現代著名作家、歷史文物研究家、京派小說最重要的代表人物。原名沈嶽煥，筆名小兵、懋琳、休芸芸等。湖南鳳凰縣（今屬湘西土家族苗族自治州）人。苗族。一九一七年八月至一九二二年入伍當兵，浪跡於湘川黔邊境地區，漂游在湘西沅水流域，並開始接觸中外文學作品，為他日後從事文學創作打下了基礎。一九二三年，受五四新文化運動影響，沈從文隻身來到北京以寫作謀生並自學。一九二八年至一九四九年，先後在上海中國公學、昆明西南聯合大學、北京大學等校任教。其中，一九二八年至一九三零年在上海公學任教期間，兼任《大公報》、《益世報》等文藝副刊主編。一九三四年至一九三九年在北京主編全國中小學國文教科書。沈從文的文學創作主要集中在一九四九年以前。從一九二四年，他第一次以「休芸芸」為筆名在《晨報副刊》第三零六期發表《一封未曾付郵的信》開始，一生創作結集八十多部，是中國現代多產作家之一。建國後主要從事文物及中國古代服飾研究。一九五零年至一九七八年在北京中國歷史博物館任文物研究員；一九七八年起在中國社會科學院研究所任研究員；一九八八年病逝於北京。著有歷史學、考古學著作《中國絲綢圖案》、《唐宋銅鏡》、《龍鳳藝術》、《戰國漆器》等，特別是巨著《中國古代服飾研究》填補了我國文化史上的空白。

在中國二十世紀文學史上，沈從文的聲譽或許是作家中起伏最大的一位。三、四十年代，他被視為北方文壇領袖，四十年代末，因左翼陣營指斥其為「桃紅色作家」而退出文壇，長期被歷史塵封。六、七十年代，內地學術沉寂之時，香港和海外的沈從文研究，在司馬長風、王潤華、夏志清等學者的耕耘下，一直薪火不斷。

八十年代中期以降，以凌宇等為代表的大陸學者的沈從文研究向深度和廣度拓展，取得了突出成績。海內外學者豐富的研究成果，為九十年代後期沈從文文學史地位的直線上升作了必要的學術準備。隨着二十世紀八十年代後期掀起的現代作家重新評價潮，和世紀末這一特殊歷史時刻的合力，催生了一個獨特的學術現象：作家排座次。在文學史的序列中，給沈從文以明確崇高地位的，金介甫是第一人。一九九四年，王一川主編、海南出版社出版的《二十世紀中國文學大師文庫》以「文學大師」標目，沈從文位列現代小說家排名第二，僅次於魯迅。一九九六年六月，《亞洲周刊》推出的由海內外著名學者和作家參與投票的「二十世紀中文小說一百强排行榜」，魯迅以小說集《吶喊》位列排行榜第一，沈從文的小說《邊城》名列第二。但如果以單篇小說計，《邊城》則屬第一。早在三十年代中期，沈從文就頗為自信地寫道：「説句公道話，我實在是比某些時下所謂作家高一籌的。我的工作行將超越一切而上。我的作品會比這些人的作品更傳得久，播得遠。我沒有方法拒絕。」（《從文家書．湘行書簡》）六十多年後，沈從文的預言得到了一些研究者的認可，當然，這一評説在中國現代文學研究界認識並不一致。

一、沈從文的文學創作

沈從文文學創作的成就，主要集中在小説和散文方面。從一九二六年出版第一本創作集《鴨子》開始，至四十年代刊行的沈從文作品主要有，短篇小説集《蜜柑》、《雨後及其他》、《神巫之愛》、《旅店及其他》、《石子船》、《虎雛》、《阿黑小史》、《月下小景》、《如蕤集》、《八駿圖》，中篇小説《一個母親》、《邊城》，長篇小説《舊夢》、《長河》，散文集《記胡也頻》、《記丁玲》、《從文自傳》、《湘行散記》、《湘西》等。沈從文的文學作品《邊城》、《湘西》、《從文自傳》等，在國內外都產生過重大影響。他的作品被譯成日本、美國、英國、前蘇聯等四十多個國家的文字出版，並被美國、日本、韓國、英國等十多個國家或地區選進大學課本，兩度被提名為諾貝爾文學獎評選候選人。

沈從文的故鄉鳳凰縣處於湘西沅水流域，是土家、苗、侗等少數民族聚居區。地域偏遠，文化落後，豐富的鄉下經驗，熟悉的湘西風土人情，這些邊地生活和民間文化構成了他創作的最重要的源泉，特別是故鄉的河流沅水及其支流辰河，在沈從文的創作中扮演了舉足輕重的角色。因此，成名後的沈從文常自稱是「鄉下人」。「鄉下人」不僅是沈從文對自己身分的自謙性的體認，同時更凸顯了他的經驗背景、文化視野、美感趣味和文學理想。

自沈從文踏入北京城的那天起，就決定了他不可能是個原生態的鄉下人。進入都市後，他已經成為一個擁有鄉下人眼光的都市知識分子，五四的啓蒙思想和西方文明的洗禮已經使他深切領悟了宗法制農村自然經濟在近代解體的歷史過程。沈從文對都市一直沒有太多的好感，他認為都市文化是一種扭曲人性的、虛偽的、做作的畸形文化，有悖於人性的正常發展，與湘西自然純樸的民風正形成鮮明的對比。

以「鄉下人」的情感選擇，以都市人的理性認知來審視當時社會的城鄉狀況，批判現代文明在進入湘西宗法制社會初始階段的過程中所顯露出的醜陋，對鄉村生命形式美麗的讚美及與它的對照物——都市生命形式批判的合成，顯示了沈從文全部作品的張力。情感同理智的矛盾與衝突使他成為中國鄉村傳統宗法制社會的歌哭者和中國現代城市文明的批判者。

沈從文的作品取材廣泛，描寫了從鄉村到都市各色人物的生活，其中以反映湘西下層人民生活的作品最具特色。以湘西社會為基石，精心構築理想的人生形式和生命形式，是沈從文創作的鮮明傾向。弘揚人性的真善美，表現為對理想的嚮往；揭示人生的扭曲和墮落，表現為對現實的執着，這兩個方面是沈從文文學創作的重要內容。他文學創作的全部理想就在於表現一種「優美，健康，自然，而又不悖乎人性的人生形式」。

在小說創作中，沈從文首先在其湘西小說中通過建構理想的人生形式和展示現實的人生形式來描繪一個「鄉下人」的夢想。

沈從文理想人生形式的構建方式，一是基於民間傳說的理想人生形式建構。《山鬼》《龍朱》等小說在浪漫主義的格調中迴盪着歷史的悠長餘音，塗上了理想化色彩，寄託了作者對具有悠久歷史和風俗傳統的苗族人民的摯愛以及對原始生命形式的禮讚。二是基於湘西世界完美人生形式的再造。出於對現實人生形式的不滿與厭倦，沈從文在回憶中建構着牧歌式的「邊城」世界。《夜漁》、《瑞龍》、《我的小學教育》、《爐邊》、《在私塾》、《卒伍》及《爹爹》等是這方面的代表作，寄寓着沈從文「美」與「愛」的人生理想，是表現人性美較為突出的作品。

沈從文的湘西現實的人生形式體現為對湘西自在無為人生形式的表現和在城鄉衝突中湘西兒女的價值固守。他以冷靜客觀的筆法表現了湘西底層人民古樸和諧、樂天安命的自在無為的人生形式。《更夫阿韓》、《草繩》、《屠夫》等，傾注了對湘西勞動人民窮苦命運的同情；《雨後》、《媚金·豹子·與那羊》、《蕭蕭》等，則以青年男女的性愛作為切入點，表達完美人性的理想。其性格共通之處是湘西山民的純樸善良與蠻悍粗野。作者關注的不是人物性格自身的完整與豐滿，而是變與不變中普通人堅忍頑強的「求生」努力和他們世代相承的命運與人生形式。莊嚴與悲涼，「野蠻與優美」交織在一起，傳達出一種淡淡的悲涼與惆悵。城鄉衝突中湘西兒女的價值固守也是沈從文面對戰亂中的湘西的人生形式所做的思考。《七個野人和最後一個迎春節》中都市文明戰勝了鄉村愚昧，「野人」最終被殺、迎春節儀式也被取消，真實地反映了都市文明入侵下，湘西生活的變動。

在沈從文的湘西小說中，雖然更多的是讚歎理想的湘西「人性美、人情美」的歌聲，但也不乏作者面對現實的湘西而發出的酸楚的嗚咽。無論是在《巧秀和冬生》中通過母親因愛情被按古老的族規沉潭而死，女兒則被迫出逃，進而對殘酷、野蠻而虛偽的封建族權制度的批判，還是《傳奇不奇》中對鄉村社會腐化現象和倫理道德轉變的揭示。在這些人生現象裏，作者不僅感受到了湘西社會生活乃至人類生活表層的悲慘與淒涼，更越過這表層的血與淚，體驗到了湘西人民被迫接受攤派到自己那一份命運時，在日月交替中各盡生命之理的人生莊嚴。

其次，沈從文在他的都市題材小說中通過都市現實的人生形式，在與鄉下現實人生的互襯中來表達一個城市知識分子對人性的拷問。「鄉下人」的現實人生與都市現實人生構成了鮮明的對照，作者在欣賞和讚美湘西山民純樸善良的品格的同時，也揭露了遠離「邊城」的都市人的道德墮落和人性淪喪。有對都市上流社會及家庭無聊甚至糜爛的生活的鞭撻（《晨》）；對「紳士淑女」們精神的空虛與愛情虛偽的揭露（《有學問的人》）；更有對高級知識分子作家、學者、教授們的虛偽、怯懦與自私的嘲諷（《八駿圖》）。上述作品撕下了城裏人的道德面紗，力圖從人性道德的角度切入都市人生，反映上流社會人的本質的失落與人性的扭曲，揭示出都市人生的荒唐與可笑。

二、沈從文小說創作的藝術成就

湘楚文化的薰染、意境的創設、心理透視的方法、文體的革新是沈從文小說創作獨具藝術特色的四個方面。

湘楚文化的薰染。一部湘西的歷史，是一部土家族、苗族、漢族三族關係互動的歷史。濫觴於西周、成熟於春秋戰國時期的楚文化是湘楚文化的源頭，而湘西閉塞的特殊地理環境正保留了部分楚巫文化的原生形態。這個文化體系殘存着強有力的巫術宗教，充滿着奇異想象的神話傳説。沈從文的短篇小説《山鬼》、《雨後》、《龍朱》等作品，均以苗族或南方其他少數民族文化習俗為依據，展現了楚地信鬼敬神，巫風繁盛的民俗民情。

意境的創設。沈從文的鄉土題材小説有意借湘西的原始神秘性和特異性來完成自己作品的構圖。在人生場景的構置上極有暗示性，常常通過兩種方式表現出來。一種是在物境上，不落痕跡地糅進自己的主觀情愫。《赤魘》中，作家的主觀情感隨作品中人物的情緒游走，將自然景物人格化，使之與人物的命運和情緒相契合。把一種淡淡的憂鬱、遠遠的愁緒，裹挾在平靜的敘述裏，在微笑的敘述中潛藏着悲哀，形成獨特的抒情風格。另一種是意象內涵的有意「模糊」。如《巧秀和冬生》中巧秀父母的婚姻，作者並沒有明確交代而留下想象的

「空白」。

心理透視方法。沈從文是一個「對一切無信賴」卻只信賴「生命」的作家。而生命，在他的思維中，主要表現為人的精神生活。他的都市諷刺作品，揭示了上流社會的病態精神特徵；他的湘西小說，寫出了「鄉下人」的複雜心理結構；同時傳遞了作家體味到的某種人生情緒。因此，傳統的現實主義、浪漫主義與現代主義各流派如印象主義、潛意識和變態心理描寫等因素，都化為了他作品的血肉，從而使他的一些作品帶有心理小說的特徵。如小說《老實人》中，作者對自寬君跟踪兩個女學生時的心理刻畫；《煥乎先生》中，作者描寫煥乎先生單戀心理的矛盾；《有學問的人》描寫有婦之夫天福先生在黃昏時刻和妻子的女友欲偷情而終未成的整個微妙的心理變化過程；《第一次做男人的那個人》，描寫一個青年男子和風塵女子發生關係後的情感和心理變化等，都鮮明地體現了上述特點。

文體的革新。在文體方面，沈從文是個永不知疲倦的探索者。其作品呈現出因不斷創新而形成的文體多樣化特徵，這主要反映在不僅作品開頭的形式多變，而結尾更與文體內在結構相呼應。沈從文小說創作初期，曾有意地運用各種體式包括日記體、書信體、遊記體、寓言體等來創作小說，力圖通過各種文體的練習，在實驗中求得進展。創作進入成熟期後，初期小說文體形式的外部變革即為作品內部組織的變化所取代。這種變化表現為小說結尾的安排上。在他的作品中，結尾有「煞尾」和「度尾」兩種。「煞尾」「如駿馬收組，忽然停住」；「度尾」則「如畫舫笙歌」，由遠及近後又由近去遠。《草繩》、《爹爹》等小說的結尾都是極好的「煞尾」，小說往往有一個出人意料的結局，作者總以要言不煩的文字點出，一經點出便戛然而止。而《蕭蕭》等作品的結尾則屬「度尾」。《蕭蕭》從嗩吶聲中開始蕭蕭的出嫁，又在嗩吶聲中迎進蕭蕭的兒子童養媳的過門。

無論是對湘西人生的展示還是對都市眾生的冷觀，沈從文所提供的審視城鄉文明的姿態和立場，是任何人所無法取代的。正如沈從文所說：「我只想造希臘小廟，這神廟供奉的是人性」。湘西這塊神奇的土地，因有了沈從文而以一個無比純樸的、自由的、滿溢了生命力的王國出現在世人面前，沈從文更因而成為湘西人民情緒的表達者和歌哭者，他本人也正是湘西的魂魄所在。

自一九一八年魯迅的小說《狂人日記》發表至今，中國新文學已走過了九十餘年的歷程，一代又一代的作家在文學世界中描繪自己的夢想，貢獻了自己的青春，沈從文所建構的湘西邊城世界寄寓了作家對中國社會與未來的希望及歷史變動中「常」與「變」的思考，讀者最終可通過閱讀本書而有所感悟。優秀的文學藝術永遠是人類不可或缺的精神源泉，有志於文學創作的青年應該重溫「從文之路」，不僅要讀這本「小書」（《註解本沈從文短篇小說選》），更應該讀那本「大書」（社會與人生）！

棉鞋

我一提起我腳下這一雙破棉鞋，就自己可憐起自己來。有個時候，還摩撫着那半磨沒的皮底，脫了組織的毛線，前前後後的縫綴處，滴三兩顆自吊①眼淚。

但往時還只是見棉鞋而憐自己，新來為這棉鞋受了些不合理的侮辱，使我可憐自己外，還十分為它傷心！

棉鞋是去年十二月村弟弟②為我買的。那時快到送灶③的日子了，我住公寓，無所措其手足④。村弟弟見我腳凍得不成樣子了，行⑤慷慨挾一套秋季夾⑥洋服，走到平則門⑦西肇恒去，在胖伙計的蔑視下接了三塊錢，才跑到大柵欄⑧什麼舖去換得一雙這麼樣深灰絨線為面單皮為底的尖頭棉鞋。當他左脇下挾了一隻，右脇下挾了一隻，高高興興撞進我窄而霉齋⑨房門時，我正因冷風吹打我臉，吹打我胸，吹打我的一切切無可奈何了，逃進破被中去蜷臥着，是摩挲我為風欺侮而紅腫的雙腳。

「好了好了，起來看看吧，試一試，——我費了許多神才為你把這暖腳的找來！」村弟弟以為我睡了，大聲大氣。我第一次用手去與那毛絨面接觸時，眼就紅潤。

村弟知道我的意思。「怎麼，不行嗎？」故意說笑，「這東西可不能像女人談什麼自由戀愛與戀愛自由了，但你有錢，仍可以任你意去揀選認朋友，不過這時且將就吧……有錢有勢的人，找個吧女人算啥事？就是中等人家，做小生意過活的那些人，花個三百兩百，娶一門黃花⑩親，也容易多了！然而我們這雙鞋，卻費盡了九牛二虎之力⑪——」我不願再聽他那些話了，把頭藏到被裏。

他似乎在做文章似的，不問我聽不聽，仍然說了一大篇，才訕訕答答⑫轉他的農科大學。

這兩隻棉鞋，第一夜就貼在我的枕頭邊，我記不清我曾用手去摩撫過若干次！

正月，二月，三月，以至到如今，我不曾與它有一日分離。就是那次私逃出關到錦州⑬時，它也同在身邊，參預那次無恥的旅行。

雖說是乘到村弟弟第二次大鼈⑭進肇恒時，我又磕得一雙單呢鞋。然這只能出門穿穿，至於一進窄而霉齋，我便仍然彳亍⑮蹋起那個老朋友來。誰一個來見到，問說怎麼怎麼，這幾天還有什麼捨不得你腳下那老棉鞋？就忙說地下潮濕，怕足疾，是以用它。這對答是再好沒有了，又冠冕⑯，又真實，所以第二第三以至於任何人問到，或進房對我腳下注意時，我必老起臉來把這足疾的道理溫習一番。

「怎麼哪，棉——」我便接過口來：「不知道吧，可知地下濕咧！」

然而我住處的確也太濕了，也許是命裏所招吧，我把房子換來換去，換到最後房子，磚地上還是滑齏齏⑰的，綠色浸潤於四角，常如南方雨後的迴廊⑱。半年來幸而不聽到腳腫腳疼，地上濕氣竟爬不上腳杆者，棉鞋之力實多。

磨來磨去，底子與鞋面分家了，用四個子叫聲夥計。終年對我爛起臉做出不耐煩樣子的夥計，於是把兩個手指拈着鞋後跟，出去了，不到半點鐘，就可以看見他把鞋從門罅⑲裏摔進來。這時我便又可彳亍彳亍，到櫃房去接電話，上厠屋去小解，不怕再於人面前，無恥地露出大拇指了。

以先，是左邊那隻開的端。不久，右邊那隻沿起例來；又不久，左邊一隻又從別一個地方生出毛病……直到我出公寓為止；綜計起來，左邊一隻，補鞋匠得了我十二個子，右邊也得了我八枚；夥計被我麻煩，算來一總已是五次了，他那爛嘴爛臉的神氣，這時我還可以從鞋面上去尋捉。

右邊一隻，我大前天又自己借得個針縫了兩針。

如今的住地，腳下踹得是光生生紅漆板，似乎是不必對足疾生害怕了，但我有什麼法術去找一雙候補者呢？村弟弟去年他的洋服還不能贖出來，秋風又在吹了。此地冷落成了鄉里，鄉里來來往往，終不過幾個現熟人！若是像以前住到城中，每日裏還可到馬路上去逡巡⑳，邀幸可拾得一個小皮夾，只要夾裏有一張五元鈔票，同時秋天的襪子也就有了。在這鄉里，誰個能無意中掉一個皮夾來讓我拾呢？真可憐！希望也無從希望。

但幾日來天氣還好，遊山之人還多，我的希望還沒有死盡，我要在半山亭㉑，或聞風亭㉑，或見心齋㉑，或……不拘㉒那一處：找到我的需要。為使這希望能在日光下證實，我是以每天這裏那裏滿山亂竄。

彳亍彳亍，我拖起我的棉鞋出了住房。先生學生，都為這特異聲音注了意，同時眼睛放光，有奇異色，弟兄們哪，這是不雅的事吧？不要笑我，不要批評，我本來不是雅人，假使我出去捉到了我的運氣，轉身就可以像你們了！

我彳亍彳亍到了圖書館。這是一個拿來遂人㉓參觀的大圖書館。一座白色德國式的房子，放了上千本的老版本古書，單看外面，就令人高興！房子建築出眾，外面又有油漆染紅的木欄干。

「想來借幾本書。」

「好吧好吧。」管事㉔先生口上說着，眼睛第一下就盯在我腳上。

哈哈，你眼力不錯，看到我腳上東西了嗎——我心裏想起好笑。

我有點恨眼睛，就故意索性把底子擦到樓板上，使它發出些足以使管事不舒暢，打飽噎，發噁心的聲氣來。他他他，不但臉上露出難看的憎嫌意思，甚至於身也拘攣㉕起來了。……你們幫他想想：看除了趕緊為我把書檢出外，有什麼能力驅逐我趕快出圖書館嗎？

見心齋泉水澈清極了，流動的玻璃，只是流動。我希望是不在「見心」的，故水聲在我聽來，只像個鄉下老婆子半夜絮語嘮叨。也許是我耳朵太不行了，許多人又說這泉聲是音樂。泉聲雖無味，但不討人嫌惡；比起我住房隔壁那些先生們每夜談文論藝，似乎這老婆子嘮叨又還徹底一點。因此我在證明皮夾無望以後仍然坐下來。

我把右腿蹺起，敲動我的膝蓋骨，搖搖搖搖，唸剛借來的《白氏長慶集》㉖。

……蠢蠢水族中，無用者蝦蟆：形穢肌肉腥，出沒於泥沙。六月七月交，時雨正滂沱，蝦蟆得其志，快樂無以加！地既蕃其生，使之族類多；天又與其聲，得以相喧嘩……

白翁這首和張十六蝦蟆㉗詩，摘記下來，如今還有很多用處。想不到那個時候，就有這麼許多討人厭煩聒㉘人耳朵的小東西了！

如今的北京城，大致是六月雨吧，蝦蟆也真不少！必是愛聽鼓吹雨部的人太多，而許多詩人又自己混進了蝦蟆隊裏，所以就不見到誰一個再來和蝦蟆詩了。

來了兩個遊客，到泉邊來見他自己的心。一老一少；少的有二十多歲，老的有兩個二十多歲。雖然我全身在我自己估價，簡直是比腳下一隻棉鞋還不如；但無意思的驕矜㉙使我偉大起來，而且老的面孔竟如一個熟桃子般和氣可愛，故當他近身時，我把臉弄成和柔樣子，表示一個親善的微笑。

「喔，這裏看書是好極了！」

老者誤會我了，我那裏是來看書呢，心裏好笑，然而我不能打哈哈。

他又說：「《長慶集》，這四部叢刊[30]本吧？」是四川人口氣。

「對了。」

「版本很好。」他左脇的文明杖移到右手，左手挪出空來翻看我的書。

「也不很好；有些還可以，有些極糟。」這時我可用得着上湖南腔了。

於是，他坐下，我坐下，扳談[31]起來。天上地下，我的語似乎略略引起了站在旁邊少年的詫異。不幸的是我腳大大方方蹺起時，兩隻大棉鞋同時入到老少兩人的眼裏。富有詩意瀟灑少年，很小心的走到池的那旁去問老者，老者也太老實了，便亂為我估價！我若當時只說是個遊山領導人，想少年對於我棉鞋就不會看出什麼文章了。並且也許那麼充一次領導人，一雙新鞋會到少年衣袋中躍出來。

我有點悔恨，竟眼看到他們慢步踱[32]出門去。

到了夜裏，日頭剛沉過山後去，天上罩了些灰色雲。遠山還亮着，又沒有風，總不會有雨吧！

我追趕我的命運，無聊無賴地又從旅館這面大路一歪一拐上到半山亭。路上只碰到三個短衣漢子，肩扛鋤頭，腰懸煙袋，口上哼哼唧唧唱些不知名的歌曲；這是歸家休息去的工人，非賞西山晚景的先生。其無意於天上的雲，遠村的煙，同我一樣。

到了，不差三丈遠近。在那邊，門洞旁，有件東西，使我腳步停頓。這是兩個約略相等的影子，像貼攏去樣子並行着。這不是鬼，分明有唧噥聲音。然而我有點怕。半為夜神吞噬[33]的朦朧下，陰陰沉沉的門洞前，兩枝有熱無光的火炬在燃燒；在混和，我平生怕着的東西，也沒有比這為更可怕的了！

那一個，稀微可以從草帽的白輪廓看出是男的那一個，頭更逼近了另一個。「呵哈，你們親起嘴來了呀！」我鞋底在腳下響起來。

畢竟是姑娘家耳朵好，當第二次戴白草帽那個下頦送過去時，她忙拒開，且回過頭來。這時那個嫩臉會紅到成適才落掉的霞樣，那是無疑的事。但她也過於小心了，其實近視眼所見到的，亦不過如斯而已。

落到我眼中的東西，如像砂子，蒺藜[34]，癢在眼裏，痛在心裏。我不久就明瞭了我的義務，是應當立刻退開。

——一對有福的人啊！放心吧，再不會有人來攪動你們了。前些是他的不經意，衝撞了你們，請不要多心！今天月亮是不會即出來的，除了星光就只是螢火。在這樣溫柔靜寂的地方，儘管摟抱，任其量親你們的嘴，到磨盡你們的熱為止；儘管摟抱，做你們最後所應做的事；任其量撼動你們的身軀，到磨盡你們的熱為止。

他悄悄的逃下來了。

棉鞋還未脫去的人，當然不應去羨慕別人。

天是更黑下來了。眼睛昏瞀㉟的我，五步外，分不出對面來人屬誰。看看挨身了，暫時都不走動。

「唔哈，沈，你怎麼？」是我們的上司，教育股股長㊱先生。

他用他手上那枝小打狗棒敲打我的鞋子，我以為他是問我這夜裏到山上怎麼。或是臉上顏色怎麼。但接着他又打了我鞋子一下：

「怎麼，鞋子——」意思是怎麼不扯上，不雅觀，我領會了。

「爛通底了，」我只好涎臉㊲說話。「莫有買鞋的能力，所以——」

他不讓我說完，笑了笑，就先走了。至於我為什麼要把這些話說給上司聽呢？過後我自己也思想不出第二個較好的結論，只是，因為對上司不能說別種俏皮話，而且也開不得玩笑，所以才——大致是天做的戲謔㊳吧，太黑暗了，分不出我腳上是什麼一種鞋，使我上司但從鞋的彳亍怪聲音上斷定我的罪過，不但不原諒我的鞋底苦衷，臨行給我那個微笑，竟以為我有意不雅觀。不雅是對的。但是，上司！你要我怎麼個雅法呢？我樣子固然還年青，很能充斯文，搖搖擺擺來走路；然而我是個不中用的人，沒有多錢的父親；把錢來使我受教育。不讀過書的人，要想象其他先生們那麼文明儒雅，怎麼做得到呢？

上司黑影消失在煙霧裏，只剩下橐橐㊴靴聲氣，我就為我棉鞋傷起心來。……怎麼如今還要上司拿打狗棒來嚇你打你呢？把你拋頭露面，出非其時，讓昨天女校門口那兩個年青姑娘眼睛底褒貶，我心裏就難受極了！昨日閬風亭上那女人，不是見到你就跑去！若不屑為伍的忙走開了？上司的打狗棒，若當作文明杖用，能代表他自己的文明就夠了；若當作教鞭用，那麼挨打的只是那些不安分於圈牢裏的公母綿羊；若是防狗咬，也只能於啃他腳杆以後那匹狗得幾下報酬……無論何種用法，你都不該受他那兩三次無端敲擊！呵呵，我的可憐的鞋子啊！你命運也太差了！為什當日陳列大而發光的玻璃櫥櫃時，幾多人揀選，卻不把你買去，獨跑到我這窮人身邊來，教你受許多不應受的辛苦，吃幾多不應吃的泥漿，盡女人們無端侮辱，還要被別人屢次來敲打呢？呵呵，可憐的鞋子啊！我的同命運的鞋子啊！

……

九月五日於西山靜宜園四樓

題解

本篇作於一九二五年九月五日，發表於一九二五年九月二十一日《晨報副刊》第一二七六號，署名沈從文。初收入一九八二年廣州花城、香港三聯出版社出版的《沈從文文集》第八卷，新編集名《福生》。二零零二年收入北岳文藝出版社出版的《沈從文全集》第一卷，新編集名《公寓中》。

本篇取材於一九二五年作者在北京香山慈幼院的生活經歷。當時香山慈幼院的教務長為湖南新化縣人，為人勢利，對上極盡巴結之能事，對下則頤指氣使、作威作福，沈從文對其不滿，曾寫小説《第二個狒狒》為其畫像，諷刺其種種行為，文章發表後，立刻得罪此人。後來因沈從文生活窘迫，在八月還穿着一雙舊棉鞋，遭到他當面諷刺。沈從文隨即寫下本篇記敍事情經過，發表後兩人矛盾進一步激化，沈從文終在一九二五年的秋天離開了香山慈幼院。

小説圍繞那雙破舊棉鞋，描寫自己的窮困在各色場所各色人前的遭遇，主題集中又具有彈性的輻射力，結構簡潔緊湊，是一部極具特色的作品。

註：

① 自弔：自我憑弔，自我安慰。

② 村弟弟：即表弟黃村生。

③送灶：中國舊曆民間習俗，陰曆十二月二十三日即送灶日，俗稱「小年」。傳説灶神要在每年的這一天上天向玉帝彙報工作，因此人們在這天要舉行送灶神的祀典。

④無所措其手足：語見《論語．子路》「刑罰不中，則民無所錯手足。」錯，通「措」。意思是手腳無處安放，形容沒有辦法，不知如何才好。

⑤行：表示進行某項活動。

⑥夾：兩層的（衣被等）。

⑦平則門：今北京市阜成門。

⑧大柵欄：北京市前門外一條著名的商業街。

⑨窄而霉齋：書齋號。沈從文在北京的寓所十分簡陋，是一間僅十平方米的小屋，既作會客室，又兼作工作室。房間陰冷潮濕容易發霉，沈從文故以「窄而霉齋」戲稱自己的書室。

⑩黃花：指女子未婚且未曾有過性行為。古時未婚女子在梳妝打扮時，都喜愛在臉上「貼黃花」。黃花就是用採集的花粉，做成黃色的粉料，沾上用薄紙片、乾花片、雲母片、蟬翼、魚鱗、蜻蜓翅膀等剪成各種花、鳥、魚黏貼於額頭、酒窩、嘴角和鬢邊等處，也有用黃色的飾粉直接在額頭或臉頰兩側畫上各種花紋。

⑪九牛二虎之力：語見元．鄭德輝《三戰呂布》楔子「兄弟，你不知他靴尖點地，有九牛二虎之力，休要放他小歇。」以此來比喻很大的氣力或很大的力量。

⑫訕訕答答：形容不好意思、難為情的樣子。

⑬錦州：地名，位於遼寧省。

⑭大氅：大衣。

⑮彳亍亍：慢步走，走走停停。

⑯冠冕：體面。

⑰滑齏齏：物體着水後很滑。

⑱迴廊：曲折環繞的走廊。
⑲罅：縫隙。
⑳逡巡：有所顧慮而徘徊或不敢前進。
㉑半山亭、閬風亭、見心齋：均是北京香山景觀。
㉒不拘：不管，不論。
㉓遂人：讓人。
㉔管事：舊時稱在企業單位或有錢人家裏管總務的人。
㉕拘攣：攣，蜷曲不能伸直。肌肉收縮，不能伸展自如。
㉖《白氏長慶集》：白居易的作品集名，此書在唐穆宗長慶年間編集出版，故而得名。白居易（七七二—八四六），字樂天，晚年又號「香山居士」，祖籍山西太原，為唐代著名詩人。
㉗蝦蟆：即蛤蟆，青蛙和蟾蜍的統稱。
㉘咶：通「聒」，指聲音嘈雜、吵鬧。
㉙驕矜：驕傲自大，傲慢。
㉚四部叢刊：由上海商務印書館編輯出版的叢書。所謂「四部」，即按我國傳統分類法，將所有書本分成經史子集四大門類，「叢刊」即今天通常所説的叢書。它大量收入了古籍中的必讀書、必備書，前後有三編，共三千多冊，是規模相當龐大的一套叢書。
㉛扳談：扳，同「攀」。拉扯閒談。
㉜踱：慢慢地走。
㉝吞噬：吞食，吞併。
㉞蒺藜：一年生草本植物，果皮有尖刺。
㉟昏瞀：目眩，眼花。
㊱股長：管理部門低級別的管理幹部。

㊲涎臉：做出涎皮賴臉的樣子。
㊳戲謔：用有趣的引人發笑的話開玩笑。
㊴橐橐：象聲詞。

夜漁

這已是穀子上倉①的時候了。

年成的豐收，把茂林家中似乎弄得格外熱鬧了一點。在一天夜飯②桌上，坐着他四叔兩口子，五叔兩口子，姨婆，碧霞姑媽同小娥姑媽；以及他爹爹；他在姨婆與五嬸之間坐着，穿着件紫色紡綢汗衫。中年婦人的姨婆，時時停了她的筷子，為他搧背。茂兒小小的圓背膊已有了兩團濕痕。

桌子上有一大缽③雞肉，一碗滿是辣子拌着的牛肉，一碗南瓜，一碗酸粉辣子④，一小碟醬油辣子；五叔正夾了一隻雞翅膀放到碟子裏去。

「茂兒，今夜敢同我去守碾房⑤吧？」

「去，去，我不怕！我敢！」

他不待爹的許可就忙答應了。

爹剛放下碗，口裏含着那枝「京八寸」[6]小潮綠煙管[7]，呼得噴了一口煙氣，不說什麼。那煙氣成一個小圈，往上面消失了。

他知道碾子上的床是在碾房樓上的，在近床邊還有一個小小窗口。從窗口邊可以見到村子裏大院壩[8]中那株夭矯矗立的大松樹尖端，又可以見到田家寨那座灰色石碉樓。看牛的小張，原是住在碾房；會做打籠裝套[9]捕捉偷雞的黃鼠狼，又曾用大茶樹為他削成過一個兩頭尖的線子陀螺[10]。他剛才又還聽到五叔說溪溝裏有人放堰[11]，碾壩上夜夜有魚上罶[12]了……所以提到碾房時，茂兒便非常高興。

當五叔同他說到去守碾房時，他身子似乎早已在那飛轉的磨石邊站着了。

「五叔，那要什麼時候才去呢？……我不要這個。……吃了飯就去吧？」

他靠着桌邊站着，低着頭，一面把兩隻黑色筷子在那畫有四個囍字的小紅花碗裏「要揚不緊」[13]的扒飯進口裏去。左手邊中年婦人的姨婆，撿了一個雞肚子朝到他碗裏一攢[14]。

「茂兒，這個好呢。」

「我不要。那是碧霞姑媽洗的，……不乾淨，還有——糠皮兒……」他說到糠字時，看了他爹一眼。

「你也是吃飽了！糠皮兒在那裏？不要，就送把[15]我吧。」

「真的，不要就送把你姑媽。我幫你泡湯吃。」五嬸說。

茂兒把雞肚子一扔丟到碧霞碗裏去。他五嬸卻從他手裏搶過碗去倒了大半碗雞湯。但到後依然還是他姨婆為他把剩下的半碗飯吃完。

天上的彩霞，做出各樣驚人的變化；倏而[16]滿天通黃，像一塊其大無比的金黃錦緞；倏而又變成淡淡的銀紅色，稀薄到像一層蒙新娘子粉靨[17]的面紗；倏而又成了許多碎錦似的雜色小片，隨着淡宕的微風向天盡頭跑去。

他們照往日樣，各據着一條矮板櫈，坐在院壩中說笑。

茂兒搬過自己那張小小竹椅子，緊緊的傍着五叔身邊坐下。

「茂兒，來！讓我幫你摩一下肚子，不然，半夜會又要嚷着肚子痛。」

「不，我不脹！姨婆。」

「你看你那樣子。……不好好推一下，會傷食[18]。」

「不得。（他又輕輕的挨五叔，）五叔，我們去吧！不然夜[19]了。」

「小孩子怎不聽話？」

姨婆那副和氣樣子養成了他頑皮嬌恣的性習；讓[20]姨婆如何說法，他總不願離開五叔身邊。到後還是五叔用「你不聽婆話就不同你往碾房……」為條件，他才忙跑到姨婆身邊去。

「您要快一點！」

「噢！這才是乖崽！」姨婆看着茂兒脹得圓圓的像一面小鼓的肚子，用大指蘸着唾沫，在他肚皮上一推一趕。口裏輕哼着：「推食趕食……你自己瞧看，肚子脹到什麼樣子了，還說不要緊！……今夜太吃多了。推食趕食……莫掙！慌什麼，再推幾下就好了。……推食趕食……」

「姨婆，算了吧！你那手指甲刮得人家肚皮癢癢的，怪難受。」她又把那左手留有一寸多長的灰色指甲翹起，他可不好再說話了。

院壩中坐着的人面目漸漸模糊，天空由曙光般淡白而進於黑暗……只日影沒處剩下一撮深紫了。一切皆漸次消失在夜的帷幕下。

在四圍如雨的蟲聲中，談話的聲音已抑㉑下了許多了。

涼氣逼人，微颸㉒拂面，這足證明殘暑已退秋已將來到人間了。茂兒同他五叔，慢慢的在一帶長蛇般黃土田塍㉓上走着。在那遠山腳邊，黃昏的紫霧迷漫着，似乎霧的本身在流動又似乎將一切流動。天空的月還很小，敵不過它身前後左右的大星星光明。田塍兩旁已割盡了禾苗的稻田裏，還留着短短的白色根株。田中打禾後剩下的稻草，堆成大垛大垛，如同一間一間小屋。身前後左右一片繁密而細碎的蟲聲，如一隊音樂師奏着莊嚴淒清的秋夜之曲。金鈴子㉔的「叮～～」像小銅鉦㉕般清越，尤其使人沉醉。經行處，間或還聞到路旁草間小生物的窸窣㉖。

「五叔，路上莫有㉗蛇吧？」

「怕什麼。我可以為你捉一條來玩，它是不會咬人的。」

「那我又聽說烏梢公㉘同烙鐵頭㉙（皆蛇名）一咬人便準毒死。這個小張以前曾同我說過。」

「這大路那來烏梢公？你怕，我就背你走吧。」

他又伏在他五叔背上了。然而夜梟㉚的喊聲，時時像一個人在他背後咳嗽；依然使他不安。「五叔，我來拿麻藁㉛。你一隻手背我；一隻手又要打火把，似乎不大方便。」他想若是拿着火把，則可高高舉着。照燭一切。

「你莫拿，快要到了！」

耳朵中已聽到碾房附近那個小水車咿咿呀呀的喊叫了。碾房那一點小小紅色燈火，已在眼前閃爍，不過，那燈光，還只是天邊當頭一顆小星星那麼大小罷了！

轉過了一個山嘴，溪水上流一里多路的溪岸通通發現㉜在眼前了。足以令他驚呼喝嚷的是沿溪有無數螢火般似的小火星在閃動。隱約中更聞有人相互呼喚的聲音。

「咦！五叔，這是怎麼？」

「嗨！今夜他們又放魚！我還不知道。若早點，我們可以叫小張把網去整一下，也好去打點魚做早飯菜。」

……假使能夠同到㉝他們一起去溪裏打魚，左手高高的舉着通明的葵藁或舊纜子㉞做的火把，右手拿一面小網；或一把鐮刀，或一個大篾雞籠㉟，腰下懸着一個魚簍，褲腳紮得高高到大腿上頭，在淺淺齊膝令人舒適的清流中，溯着溪來回走着，濺起水點到別個人頭臉上時——或是遇到一尾大鯽魚從手下逃脱時，那種「怎麼的！……你為什那麼冒失慌張呢？」「老大！得了，得了！……」「啊呀，我的天！這麼大！」「要你莫慌，你偏偏不聽話，看到進了網又讓它跑脱了。……」帶有吃驚，高興，怨同伴不經心的嚷聲，真是多麼熱鬧（多麼有趣）的玩意事啊！

茂兒想到這裏，心已略略有點動了。

「那我們這時要小張轉家㊱去取網不行嗎？」

「算了！網是在樓上，很難取。……並且有好幾處要補才行。」五叔說，「左右他們上頭一放堰壩時，罶上也會有魚的。我們就守着罶吧。」

關於照魚㊲的事，五叔似乎並不以為有什麼趣味，這很令不知事的茂兒覺得稀奇。

……

三月二十一日於窄而霉小齋

題解

本篇作於一九二五年三月二十一日，發表於一九二五年十月二十六日《晨報副刊》第一二九六號，署名休芸芸。一九八二年收入廣州花城、香港三聯出版社出版的《沈從文文集》第一卷。二零零二年收入北岳文藝出版社出版的《沈從文全集》第一卷《蜜柑》集。

《夜漁》是沈從文走上文壇初期創作的帶有習作性質的田園牧歌。沈從文通過對鄉村兒童茂林擁有的家庭中女性成員的溫情呵護和男性成員的力量保護，對童年安全進行了淋漓的渲染；通過茂林對夜漁的嚮往，沈從文對幾乎純粹原生態的鄉村生活傾注了極度的熱情；藉此沈從文重溫了他在湘西鄉村生活時的童年記憶。雖藝術手法尚顯幼稚，人物形象有欠清晰，但在對茂林童年生活一隅展示的背後，隱藏的是沈從文試圖通過鄉村記憶緩解他在現實都市真實壓抑生活的痛苦，尋求心理平衡所做的自我療救的嘗試。

註：

① 上倉：進倉，收入倉庫。
② 夜飯：晚飯。
③ 缽：洗滌或盛放東西的陶製的器具。
④ 酸粉辣子：一種地方風味小菜，將米粉與切碎的辣椒拌和，或者將米粉灌入整根辣椒之中，然後壓入壇內醃製，使之變酸。
⑤ 碾房：磨房。從前湘西沒有機器碾米的地方，多在河邊、溪邊利用水力衝擊水輪帶動石製的碾石來碾米，這地方叫碾房。
⑥ 京八寸：流行於北京的一種長約八寸的旱煙袋管。
⑦ 煙管：竹管製的吸旱煙用具。
⑧ 院壩：大房子內的庭院、天井，或大門外寬敞的空坪。
⑨ 裝套：裝設捕捉野獸的機關。
⑩ 陀螺：一種略像海螺的木製圓錐形玩具。
⑪ 放堰：堰，擋水的堤壩。放堰指放開擋水的堤壩。
⑫ 上罶：罶，捕魚的竹簍子，魚進去就出不來。上罶，指魚進入罶中。

⑬ 要揚不緊：慢吞吞的，慢條斯理。

⑭ 摜：扔，擲。

⑮ 把：方言，給的意思。

⑯ 倏而：忽然、極快地。

⑰ 靨：酒窩兒，嘴兩邊的小圓窩兒。

⑱ 傷食：一名「食傷」。中醫病症名，因飲食不當損傷脾胃所致病症。

⑲ 夜：方言，天黑。

⑳ 讓：任憑，不管。

㉑ 抑：向下按，此處指談話聲被蟲聲壓低之意。

㉒ 颸：涼風。

㉓ 田塍：亦作「土塍」。方言，即田埂，意思是田間的土埂子。

㉔ 金鈴子：又名唧蛉子、金蛉、蛣蛉。屬直翅目蟋蟀科的小鳴蟲，夜間活動為主。因其身體閃亮如金，鳴叫的聲音清脆，猶如金屬鈴子的響聲，故被稱為「金蛉子」。

㉕ 銅鉦：又名「丁寧」。古代的一種行軍樂器。用銅做的，形似鐘而狹長，有長柄可執，在行軍時敲打。

㉖ 窸窣：細小的聲音。

㉗ 莫有：沒有。

㉘ 烏梢公：烏梢蛇，俗稱烏蛇、烏風蛇。為游蛇科烏梢蛇屬體形較大的無毒蛇，背面前半部黃色，後半部黑色，腹面灰黑色。生活在丘陵地帶，狹食性蛇類，以蛙類（主食）、蜥蜴、魚類、鼠類等為食。可入藥，治麻痺等多種疾病。

㉙ 烙鐵頭：俗稱小青龍。全長可達兩米，是具有管牙的毒蛇，頭背黑褐色，有典型的黃綠色斑紋。尾後半為一致的淺黃綠色或幾近於白色。頭大，三角形，與頸區分明顯。是中國特有的珍稀物種，極具觀賞價值。

㉚ 夜梟：梟，會意字。從鳥，頭在木上。本義是指一種惡鳥，捕捉後懸頭樹上以示眾。夜梟，猛禽名。俗稱

貓頭鷹，相傳為食母的惡鳥。常在夜間活動。

㉛ 麻藁：藁，植物的莖稈。麻藁即麻稈，和下文葵藁即向日葵的稈一樣，都可以點燃作燃料與火把。

㉜ 發現：出現。

㉝ 同到：和、和……一起。

㉞ 舊纜子：纜子一般指繫船用的粗繩子或鐵索，湘西人所說的纜子一般是用篾編成的，所以船民常用舊纜子點燃以照明。

㉟ 篾雞籠：篾，劈成條的竹片，泛指劈成條的蘆葦等的莖皮。篾雞籠指用篾片編的圓桶狀的雞籠。

㊱ 轉家：回家。

㊲ 照魚：一種捕魚方式。仲夏和初秋的晚上，耐不住悶熱的魚浮到淺水泥面上來乘涼。這時人們提上特製的圓燈籠，拿上魚叉或魚網，到水田邊或水溝旁，燈籠一照魚就聚攏來，在燈籠的照明下叉魚或網魚。

更夫①阿韓

到我們縣城裏，對一般做買賣的，幫閒②的，伕子③們，夠得上在他那姓下加上一個「伯」字的，這可證明他是有了什麼德行，一般人對他已起了尊敬心了。就如道門口那賣紅薯④的韓伯，做轎行⑤生意的那宋伯……等是。

這伯字固然與頭髮的顏色與鬍子的長短很有關係，但若你是平素為人不端，或有點痞⑥，或脾氣古板：像賣水的那老楊，做包工的老趙，不怕你頭髮已全是白色，鬍子起了紐紐⑦，他們那娘女⑧家，小孩子，還不是只趕着你背後「爛腳老楊唉！送我一擔水。」「趙麻子師傅，我這衣三天就要的啦！」那麼不客氣的叫喊！你既然沒有法子強人來叫一聲某伯，自然也只好盡他那些人帶着不尊敬的鼻音叫那不好聽的綽號了。

這可見鎮篁⑨人對於「名器不可濫假於人⑩」這句話是如何的重視。

在南門土地堂⑪那不須出佃錢⑫底房子住身的阿韓，打更⑬是他的職業。五十來歲的人了，然這並不算頂老。並且頭髮不白，下巴也是光禿禿的。但也奇怪！凡是他梆子⑭夜裏所響到的幾條街，白天他走到那些地方時，卻只聽見「韓伯，韓伯，」那麼極親熱的喊叫。他的受人尊視的德行，要說是在打更的職務方面，這話很覺靠不住。他老愛走到城門洞下那賣包穀子酒⑮的小攤前去喝一杯。喝了歸來，便顛三倒四的睡倒在那土地座下。那時醒來，那時就拿剛還做枕頭的那個梆取出來，比敲木魚唸經那大和尚還不經心似的到街上去亂敲一趟。有時二更⑯左右，他便胡裏胡塗「梆，梆，梆梆，」連打四下；有時剛着敲三下走到道台衙門⑰前時，炮的聽到醒炮⑱響聲，而學吹喇叭的那些號兵便已在那轅門⑲前「噠——噠——」的鼓脹着嘴唇練音了。

這種不知早晚的人，若是別個，誰家還再要他來打更？但大家卻知道韓伯的脾氣，從不教訓過他一次。要不有個把刻薄點的人，也不過只笑笑的罵一句「老忘暈了的韓伯」罷了。

那時，他必昂起頭來，看看屋檐角上的陰白色天空「哦！亮了！不放醒炮時倒看不出……」接着只好垂頭喪氣的扛着他那傳家寶慢慢地踱轉去睡覺。走過楊喜喜攤子前，若是楊喜喜兩口子已開了門，在那裏揉麵炸油條了？見了他，定會又要揶揄⑳他一句「韓伯，怎麼啦？才聽到你打三更就放醒炮！晚上又同誰個喝了一杯吧。」

「噢，人老了。不中用了。一睡倒就像死——」他總笑笑的用自責的語氣同喜喜兩口子說話。

有時候，喜喜屋裏人很隨意的叫一聲「韓伯喝碗熱巴巴㉑的豬血去！」他便不客氣的在那髒方桌邊一屁股坐了下去。「客氣」，是虛偽。客氣的所得是精神受苦與物質犧牲；何況喜喜屋裏人又是那麼大概㉒，於他自然沒有什麼用處。

然而他的好處究竟在什麼地方呢？就是因他和氣。

他的確太和氣了。

他沒有像守城的單二哥那樣：每月月終可到中營㉓衙門去領什麼餉銀㉔；二兩八錢三的銀子，一張三斗六升的穀票。他的吃喝的來源，就是靠到向他所打更走過的各戶人家——也可說聽過他胡亂打更的人家去捐討。南街這一段雖說不有很多戶口，但捐討來的卻已夠他每夜喝四兩包穀燒的白酒而行樂了。因為求便利的原故，是以他不和收戶捐㉕的那樣每月月終去取；但他今天這家取點明天那家取點來度日。估計到月底便打了一個圈子。當他來時，你送他兩個銅元，他接過手來，口上是「道謝，道謝」，一拐一瘸的走出大門。遇到我對門張公館那末大方，一進屋就是幾升白米，他口上也終於只會「道謝，道謝」。

要錢不論多少，而表示感謝則一例用兩個「道謝」，單是這樁事，本來就很值得街坊上老老小小尊敬滿意了。

我們這一段街上大概是過於接近了衙門的原故吧，他既是這麼不顧早晚的打更，別的地方大嚷捉賊的當兒，我們這一節卻不聽到誰家被過一次盜。雖說也常常有南門坨的婦人滿街來罵雞㉖，但這明明是本街幾個人吃了。有時，我們家裏晚上忘了閂門，他便——梆梆——的一直敲進到我院子中來，把我們全家從夢中驚醒。

「呵呵！太太，少爺，張嫂，你們今夜又忘記門門了！」

他這種喊聲起時，把我們一家人都弄得在被單中發笑了。這時媽必喝幫我的張嫂趕緊起來掩大門，或者要我起來做這事。

「照一下吧！」

「不消照，不消照，這裏有什麼賊？他有這種不要命的膽子來偷公館？」

「謝謝你！難得你屢次來照看。」

「那裏，那裏，——老爺不在屋，你們少爺們又躲㉗，我不幫到照管一下，誰還來。」

「這時會有四更㉘了——？」

「嗯，嗯，大概差不多。我耳朵不大好，已聽不到觀景山㉙傳下來的柝聲㉚了。」

我那麼同他說着掩上了門，他的梆聲便又梆梆的響到街尾去。

對於忘記關門的事，媽雖也罵過張嫂幾頓，但有時還要忘記。因為從不失掉過物件，所以總只想到那梆聲忽而敲進院子中來，把各人從夢中驚覺的神氣好笑。直到第二天，早飯桌上，九妹㉛同六弟㉜他們，還記到夜來情形，用筷子敲着桌邊，擬摹着韓伯那嘶啞聲音「呵呵！太太，少爺，張嫂，你們今夜又忘記關門了！」

這個「又」字，可想而知我大院子不知他敲着梆進來過幾多次！

「韓伯，來做什麼？前幾天不是才到這要錢！」頑皮的六弟，老愛同他開玩笑，見他一進門，就攔着他。

「不是，不是，不是來討更錢，六少爺。——太太，今天不知道是那裏跑來一個瘦骨伶精的𧺬[33]叫化子，倒在聶同仁舖子前那屠桌下壞掉了。可憐見，肚皮凹下去好深，不知有幾天不曾得飯吃了！一腦殼癩子[34]，身上一根紗不有，翻天睡到那裏——這少不然也是我們街坊上的事，不得不理……我才來化點錢，好買副匣子[35]殮[36]他抬上山去。可憐，這也是人家兒女！……」

韓伯的仁慈心，是街坊上無論那個都深深相信的。他每遇到所打更的這一段街上發生了這麼一類事情時，便立即把這責任放到自己背上來，認真一把鼻涕一把眼淚灑着走到幾家大戶人家來化棺木錢；而結實老靠，又從不想於這事上叨一點光，真虧他！但不懂事的弟妹們，見到媽拿二十多個銅子同一件舊衣衫遞過去，他把擦着眼睛那隻背背上已潤濕了的黑瘦手伸過來接錢時，都一齊哈哈子大笑。

「你看韓伯那副怪樣子！」

「他流老貓尿[37]，做慈悲相。」

「又不是他小韓，怎麼也傷心？」

「……」

弟妹們是這麼油皮怪臉的各人用那兩個小眼睛搜索着他的全身。他耳朵沒有聽九妹們這些小孩子說笑的閒工夫，又走到我隔壁蔡邋巴[38]家去募捐去了。

過年來了。

小孩子們誰個不願意過年呢。有人說中國許多美麗佳節，都是為小孩的，這話一點不錯。但我想有許多佳節小孩子還不會領會，而過年則任何小孩都會承認是真有趣的事！端午[39]可以吃雄黃酒[40]，看龍船[41]；中秋[42]可以有月餅吃；清明[43]可以到坡上去玩；接親[44]的可以見到許多紅紅綠綠的嫁妝，可以看那個吹嗩吶的吹鼓手脹成一個小球的嘴巴，可以吃大四喜圓子[45]；死人的可以包白帕子[46]，可以在跪經當兒偷偷的去敲一下大師傅那個油光水滑的木魚，可以做夢也夢到吃黃花耳子[47]；請客的可以逃一天學；還願的可以看到光興老師傅穿起紅緞子大法衣大打其觔斗[48]，可以偷小爆仗放——但畢竟過年的趣味要來得濃一點且久一點。

眼看到大哥把那菜刀磨得亮晃晃的，二十四殺雞敬神燒年紙[49]時，大家爭着為大哥扯雞腳。霍的血一流到鋪在地上的錢紙上面，那雞有些用勁一抖，腳便脫了。

這時的九妹，便不怕雞腳上的骯髒，只顧死勁捏着。不一會，剛剛還伸起頸子大喊大叫的雞公，便老老實實的臥到地下了。牠像伸懶腰似的，把那帶有又長又尖同小牛角一般的懸蹄的腳，用勁的抖着，直杪杪[50]的一直到煮熟後還不會彎屈。

這一個月一直到元宵，學校不消說是不用進了。就是大年初一，媽必會勒到[51]要去為先生拜年，但那時的先生，已異常和氣，不像是坐在方桌前面，雄赳赳氣呼呼拍着戒方[52]，要自己搬板櫈挨屁股打的樣子了。並且師母會又要拉到衣角，塞一串紅絨繩穿就的白光制錢[53]，只要你莫太跑快，讓她趕不上，這錢是一定到手的。

……

這時的韓伯？他不像別一個大人那麼愁眉苦眼擺佈不開的樣子；或者為怕討債人上門，終日躲來躲去——他的愉快程度，簡直同一個享福的小孩子一樣了。

走到這家去，幾個粑粑㊹；走到那家去，一尾紅魚——而錢呀，米呀，肥的臘肉呀，竟無所不有。他的所費就是進人家大門時提高嗓子喊一聲「賀喜」！

一家家把門上都刮得乾乾淨淨，如今還不到二十七夜，許多舖板上方塊塊的紅紙金字吉祥話就貼出來了。大街上跑着些賣喜錢㊺門神的寶慶老，各家討賬的都背上掛一個毛藍布褡褳……

阿韓看到這些一年一次的新鮮東西，覺得都極有意思。又想到所住的土地堂，過幾日便也要鎮日鎮夜㊻燈燭輝煌起來，那莊嚴熱鬧樣子，不覺又高興起來，拿了塊肥臘肉到單二哥處去打平和㊼喝酒去了。

土地堂前照例有陳鄉約㊽掏腰來貼一副大紅對聯。那對聯左邊是：「燒酒水酒我不論」接着便對「公雞母雞只要肥」。這對子雖然舊，但還俏皮；加之陳鄉約那一筆好顏字㊾；紙又極大，因此過路的無有不注意一下。阿韓雖不認到什麼字，但聽到別人唸那對子多了，也能「燒酒水酒，汾酒蘇酒，……」的讀着。他眉花眼笑的唸，總覺得這對子有一半是為他而發的。至於鄉約伯伯的意思？大概敬神的虔誠外還希望時時有從他面前過身的陌生人「哦，土地堂門前那一筆好顏字！」那麼話跑進他耳朵。

這幾天的韓伯連他自己都不曉得是一個什麼人了。每日裏提着一個罐子，放些魚肉，一拐一瘸的顛到城頭上去找單二哥對喝。喝得個暈暈沉沉，又踉蹌的顛簸着歸來。遇到過於高興，不忍遏止自己興頭時，也會用指頭輕輕地敲着又可當枕頭又是家業的竹梆，唱兩句「沙陀國老英雄……」[60]

「韓伯，過年了，好呀！」

「好，好，好，天天喝怎麼不好。」

「你酒也喝不完吧？也應得請我們喝一杯！」

「好吧。……咦！你們這幾天難道不是喝嗎？老闆家裏，大塊大塊的肉，大缸大缸的酒，正好不顧命的朝嘴裏送。……」

每早上，一些住在附近的舖子上遣學徒們來敬神時，這些小傢伙總是一面插香燃燭，把籃子裏熱氣蒸騰的三牲[61]取出來；一面同韓伯鬧着玩笑。學徒們日裏是沒事不慣休息的，為練習做買賣的原故，似乎當這非舖櫃上的應酬也不妨多學一點。

其實他們這幾日不正像韓伯所說的為酒肉已脹暈了！

這半月來韓伯也不要什麼人准可，便正式停了十多天工。

五月四日於窄而霉小齋

題解

本篇發表於一九二五年十一月十六日《晨報副刊》第一三八零號，署名休芸芸。一九八二年收入廣州花城、香港三聯出版社出版的《沈從文文集》第二卷。二零零二年收入北岳文藝出版社出版的《沈從文全集》（第二卷）《梓里集》新編集。

阿韓被大家尊敬地稱為韓「伯」，就因為他的和氣。人們不在意他打更不守時，更不在意他在過節的時候自己停工……因為大家知道他是個永遠為別人着想的人，誰家大門忘了關，他會和氣地去提醒；打更街上發生了事，他總會把責任歸咎於自己……阿韓雖然職業卑賤，但他卻比那些「賣水的老楊，做包工的老趙」等人更得人尊重，因為他慈善。

這樣一篇小說，其實就是一幅素描，畫出一個永遠愉快，愛喝兩口酒的打更老人。他原本是個更夫，打更卻又不守時，人們卻對此安之若素。在湘西邊民的意識中，也許時間並不重要，生命對他們而言是一個由生到死的整體，不需要被更梆細分成塊。而阿韓怡然自得的生活狀態，正折射出作者對湘西邊民「常」與「變」生存方式的思索。

註：

① 更夫：又叫「更人」，舊時打更巡夜的人。

② 幫閒：舊時指在豪富人家幫閒、湊趣的人。魯迅《集外集拾遺‧幫忙文學與幫閒文學》說「那些會唸書會

下棋會畫畫的人，陪主人唸唸書，下下棋，畫幾筆畫，這叫做幫閒，也就是篾片！」文中指沒有正當職業，靠為別人跑腿、打雜混飯吃的人。

③ 伕子：舊時稱從事勞役的人，如挑伕、轎伕等。

④ 紅薯：甘薯的通稱，有紅白兩種。也稱「地瓜」、「山芋」、「番薯」、「紅苕」等。

⑤ 轎行：出租轎子的營業機構。

⑥ 痞：公開場合說下流話，行為不正經。

⑦ 紐紐：方言，形容鬍子長得長而交結。

⑧ 娘女：對婦女的通稱。

⑨ 鎮筸：位於湖南湘西鳳凰縣以南，因附近有筸子溪而得名，地方多外來商人、屯丁與苗民混合居住。

⑩ 名器不可濫假於人：名，爵號；器，車服；假，借。名器，指爵號與車服儀制，是舊時代用以分別尊卑貴賤的標誌。文中指「伯」字的稱呼和「綽號」的使用因人的德行而異，不能隨便使用。

⑪ 土地堂：亦稱「土地祠」或「土地廟」。為民間供奉土地神的祠堂，曾廣泛分佈於中國城鄉各地，屬於舊中國分佈最廣的祭祀建築。

⑫ 佃錢：押金、租金。

⑬ 打更：舊時打梆子或敲鑼巡夜報時（一夜分為五更，每更約兩小時）。

⑭ 梆子：用竹筒或挖空木頭做成的發聲器，用於巡更或聚眾時所用。此處指打更用的梆子。

⑮ 包穀子酒：包穀即玉米。包穀子酒指以玉米為原料，加入少量蜂蜜釀製而成的純糧白酒，喝起來香甜可口，為湘西苗族、土家族等所喜愛。因酒精濃度多為五十度以上，屬烈性酒，所以又被稱為「跟斗酒」。

⑯ 二更：指晚上九時至十一時，又稱二鼓。

⑰ 道台衙門：道台，古代官職名，也稱道員（道台、道尹）。衙門，舊時對官吏辦公地方的稱謂，即官署。道台衙門是明、清兩代界於省、府之間設置的一級重要行政機構，從三品或正四品，相當於現在的副省長級別。文中的道台衙門即「道台衙門口」，簡稱為「道門口」，是鳳凰縣城內一條街道的名稱，沈從文

先生的故居就在離此處不遠的地方。清乾隆年間清政府在湘西設立辰沅永靖兵備道，掌管該地區的軍政大事。道署（道台衙門）就是設於鳳凰。道台衙門是一座很大的建築群，衙門口是一個小廣場，賣小吃和賣菜的商販都在廣場四處擺攤做生意，就如一個市場。現在這個市場和衙門口都已經沒有了。

⑱ 醒炮：古人鳴炮報時，一晝夜鳴放四炮：早晨卯正（六點）是醒炮、中午午正（十二點）是午炮、亥初（二十一點）是頭炮、亥正（二十二點）是二炮。

⑲ 轅門：古時軍營的門或官署的外門。

⑳ 揶揄：耍笑、嘲弄、戲弄、侮辱之意。

㉑ 熱巴巴：熱乎乎。

㉒ 大概：方言。指大方，有氣概。

㉓ 中營：這裏指主帥所在的軍營。

㉔ 餉銀：舊時軍警等的薪金。

㉕ 戶捐：舊時官府按戶頭每月一次徵收的稅款。

㉖ 罵雞：指雞（或財物）被盜之後，失主到人多之處謾罵（盜雞之人）。有俗語「指桑罵槐」、「指雞罵狗」之意。

㉗ 𨈏：方言，小的意思，可指身體單薄或年齡小。

㉘ 四更：指凌晨一時至三時。

㉙ 觀景山：沈從文故鄉鳳凰縣的山名，位於縣城的東南面，沈從文在晚年未完成的散文遺作——《鳳凰觀景山》（收入《鳳凰集》）中曾提及此山。

㉚ 柝聲：柝，古同「拓」，是古代軍人或巡更人敲打的梆子，此處指更伕打更的聲音。

㉛ 九妹：沈嶽萌（一九一二—?）沈從文父母養育過的九個孩子中最小的一個，比沈從文小十歲，沈從文稱其為「九妹」。童年的九妹尤其受到沈母的寵愛，並給沈從文帶來了創作靈感，其筆下的湘西少女多以九妹為參照。

㉜ 六弟：沈嶽荃（一九零六—一九五一）。曾任國民黨一二八師七六四團上校團長，八一三淞滬會戰中，率

部血戰日軍，新中國成立前夕率部起義，後解甲歸鄉。

㉝ 䠷：古同「躼」，身長的意思。

㉞ 癩子：頭上長的黃癬。

㉟ 匣子：特指薄而小的棺材。

㊱ 殮：裝殮，把死人裝入棺材裏。

㊲ 老貓尿：方言，指眼淚。

㊳ 蔡邋巴：人名，「邋巴」是綽號。

㊴ 端午：農曆五月初五，我國傳統的民間節日。相傳是紀念自沉汨羅江的古代愛國詩人屈原，有裹粽子及賽龍舟等風俗。

㊵ 雄黃酒：雄黃作為一種中藥可以用做解毒劑、殺蟲藥。雄黃酒指用研磨成粉末的雄黃炮製的白酒或黃酒，一般在端午節飲用。

㊶ 龍船：龍舟，船上畫着龍的形狀或做成龍的形狀的細長條船，多槳，民間用於端午節賽船。

㊷ 中秋：農曆八月十五日，中國的傳統節日。這一天有賞月、吃月餅的風俗。

㊸ 清明：中國的二十四節氣之一，在四月四、五或六日。人們會在此節日裏掃墓和向死者供奉特製的祭品。

㊹ 接親：迎親，迎新娘。

㊺ 四喜圓子：即四喜丸子。據傳它創製於唐朝。張九齡科考中得頭榜，被皇帝招為駙馬，舉行婚禮那天，張九齡命廚師烹製一道吉祥的菜餚，以示慶賀。菜端上來一看，是四個炸透蒸熟並澆以湯汁的大丸子。問其含義，廚師答道：「此菜為『四圓』。一喜，老爺頭榜題名；二喜，成家完婚；三喜，做了乘龍快婿；四喜，闔家團圓。」張九齡聽了哈哈大笑，連忙稱讚，説：「『四圓』不如『四喜』響亮好聽，乾脆叫它『四喜』吧。」從那以後，逢有結婚等重大喜慶之事，宴席上必備此菜。

㊻ 包白帕子：也稱「戴孝」，鄉間風俗。指人死後，親屬頭裹白布條以示悼念。

㊼ 黃花耳子：黃花為百合科黃花菜屬的多年生草本宿根植物的花蕾，又稱金針菜、七星菜。耳子，又名木

蛾、雲耳、木耳等，是生長在朽木上的一種食用菌，因其顏色淡褐、形似人耳而得名。黃花耳子即金針、木耳，是做道場時製作齋菜常用的材料。

㊽ 觔斗：跟斗。

㊾ 燒年紙：舊俗，過年時燃燒黃錢、掛錢、神馬等紙製之物以祭拜逝去的祖先及神靈。

㊿ 直杪杪：杪，方言，形容保持拉直狀態。

51 勒到：勒，原意為約束；收緊韁繩以止住馬騾等或使馬轉身，這裏是強迫、強制之意。

52 戒方：亦作「戒尺」或「戒飭」，舊時對學童施行體罰的木尺，也可用作鎮紙。

53 白光制錢：明清官局監製鑄造的銅錢，因形式、分量、成色皆有定制，故名。這裏指壓歲錢。

54 粑粑：方言，即糍粑，用糯米蒸熟搗爛後所製成的一種食品。

55 喜錢：《鳳凰廳志》風俗卷有記，在除夕時「各戶換新對聯，掛紙錢於門，貼福祿壽喜等字，統曰喜錢」。

56 鎮日鎮夜：整日整夜，日日夜夜。

57 打平和：方言，即打平夥。指大家平均分擔聚餐費用。

58 鄉約：明清時鄉中小吏，由縣官任命，負責傳達政令，調解糾紛。

59 顏字：顏，即顏真卿（七零九—七八四），字清臣，京兆萬年人，祖籍唐琅琊臨沂（今山東臨沂）。唐代中期傑出書法家，他創立的「顏體」楷書與趙孟頫、柳公權、歐陽詢並稱「楷書四大家」。文中顏字，指顏真卿的字體。

60 「沙陀國老英雄……」：「沙陀國」，京劇劇碼。描寫唐朝末年黃巢起義，唐僖宗逃到美良川，命大臣程敬思攜帶珠寶往沙陀李克用處借兵。李克用因當年曾受唐僖宗謫貶，不肯發兵，程敬思乃求李的兒子嗣源，請出李的兩個妻子劉銀屏、曹玉娥來解勸，李克用素怕老婆，無奈只好出兵。詳見《殘唐五代史演義》。此句為文中人物模仿此劇的唱腔。

61 三牲：古時祭祀用的供品，分大三牲（豬、牛、羊）和小三牲（雞、鴨、魚）兩種。

瑞龍

在我家附近道台衙門口[1]那個大坪壩[2]上，一天要變上好幾個樣子。來到這坪壩內的人，雖説是鎮日連連牽牽地分不出那時是多那時是少，然而從坪壩內擺的一切東西上看去，就很可清查出並不是一樣人的情形來了。

這裏早上是個菜市。有大籃大籃只見鱗甲閃動着，新從河下擔來，買回家還可以放到盆內養活的鯉魚，有大的生着長鬍子的活蝦子，有一擔一擔濕漉漉（水翻水天[3]）紅的蘿蔔——綠的青菜。扛着大的南瓜到肩膊上叫賣的苗代狗[4]滿坪走着；而最著名的何三霉豆豉[5]也是在轅門[6]口那廢灶上發賣[7]。一到吃過早飯，這裏便又變成一個柴草場！熱鬧還是同樣。只見大擔小擔的油松[8]金塊子[9]柴平平順順排對子列着。他們行列的整齊，你一看到便會想到正在衙門裏大操場上正在太陽下烘焙[10]着操練着的兵士們。並且，它們黃的色也正同兵士的黃布軍衣一樣。——所不同的是兵士們中間只有幾個教練官來回走着，喊着；而這柴草場上，卻有許多[11]槽房老闆們，學徒們，各扛了一根比我家大門門還壯大，油得光溜溜的秤杆子，這邊那邊走着，把那秤杆端大鐵鉤鉤着柴擔過秤。

兵士們會向後轉向左轉——以及開步走，柴擔子卻只老老實實讓太陽烘焙着一點不動。

灰色黃色的乾草，也很不少，草擔是這樣的大，日頭兒不在中天時，則草擔子背日那一頭，就挪出一塊比方桌還大的陰影來了。雖説是如今到了白露⑫天氣，但太陽畢竟還不易招架！大家誰不怕熱？因此，這陰處便自自然然成了賣柴賣草的人休息處。

天氣既是這麼悶悶的，假若你這擔柴不很乾爽，老闆們不來過問，你光光子⑬在這四圍焦枯的秋陽下陰涼處坐着，瞌睡就會於這時乘虛而來，自然不是什麼奇怪事！所以某一擔草後，我們總可以看見一個把人張開着死鱸魚口打着大鼾。這鼾聲聽來也並不十分討人嫌，且似乎還有點催眠並排蹲着的別個老庚⑭們力量。若是你愛去注意那些小部分事事物物，還會見到那些正長鼾着的老庚們，為太陽炙得油光水滑的褐色背膊上，也總停着幾個正在打瞌睡的飯蚊子⑮——那真是有趣！

草是這麼乾，又一個二個接接連連那麼的擺着：倘若有個把平素愛鬧玩笑的人，擦的刮根火柴一點，不到五秒鐘，不知坪內那些賣草賣柴的人要擾亂得成個什麼樣子了！本來這樣事我曾見到一次，弄這玩事的人據説是瑞龍同到幾個朋友。這裏坪子是這麼大，房子自然是無妨，眼見着燁燁剝剝⑯，我覺得比無論什麼還有味。後來許多時候從這裏過身⑰，便希望這玩意兒適於這當兒得再見到——可是不消説總令我失望！

晚上來了。螢火般的淡黃色燈光各在小攤子上微漾——這裏已成了一個賣小吃食的場所了。

在暈黃漾動的燈光下，小孩們各圍着他所需要的小攤面前。這些攤子都是各在上燈[18]以前就按照各人習慣像賽會[19]般一列一列排着，看時季變換着陳列貨色。這裏有包家孃[20]醃蘿蔔，有光德的洋冬梨，有麻陽[21]方面來的高村紅肉柚子，有漵浦[22]的金錢橘，有弄得香噴香噴了的曹金山牛肉疤子[23]，有落花生，有甘蔗，有生紅薯[24]，……

大概這也是根據鎮筸[25]人好吃精細的心理吧，凡是到了道門口來的東西，總都分外漂亮，潔淨，逗人心愛。至於價值呢，也不很貴，在別處買來二十文[26]落花生，論量總比這裏三十文還多，然你要我從這兩者中加以選擇時；我必買這貴的。這裏的花生既特別酥脆，而顆顆尤落實可靠。——從花生中我們便可證明此外的一切了。

若身上不佩幾個錢，那個又敢到這足夠使人肚子嘰嘰咕咕的地方來玩？但說固然那麼說，然而單為來此玩耍（不用花一個錢），一旁用眼睛向那架上襯着松毛的金橘，用小簸[27]疊羅漢[28]似的堆起的雪梨，……任意觀看；一旁把口水盡嚥着走來走去的窮孩子，似乎也還很多。

小的白色（畫有四季花）的磁罐內那種朱紅色辣子醬，單只望見，也就能使清口水朝喉裏流了。從那五香牛肉攤子前過時，又是如何令人醉倒於那種濃釅[29]味道中！金橘的香，梨的香；——以及朝陽花[30]的香，都會把人吸引將腳步不知不覺變成遲緩。酥餃兒才從油鍋中到盤上來，像不好意思似的在盤之一角。紅薯白薯[31]相間的大片小片疊着，買丁丁糖的小銅鑼在尖起聲子亂喊……嗯！這些真不消提及；說來令人胃口發癢。

他們的銷路是怎樣？請你看那簸籮內那些大的小的銅錢吧。

矮胖胖的瑞龍，是在我隔壁住家的梅村伯唯一兒子。也許這叫做物以希為貴吧？梅村伯兩口子一天無事總趕着他瑞龍叫「乖寶貝」。其實瑞龍除了那一個圓而褐像一個大銅元的盤盤臉來得有味外，有什麼值得可寶？我們見瑞龍顯得那麼淨，也就時時同他開玩笑喊他做乖寶貝。這「乖寶貝」在自己媽喊來是好的；在別個喊來就是一種侮辱：瑞龍對這個不久就知道了。因此，這不使他高興的名字，若從一個躲㉜點的弟弟們口中說出，他就會很勇敢的伸出他那小肥手掌來封臉送你個耳刮子㉝。這耳刮子的意思就是報酬你的稱謂與制止你的第二次恭維。至於大點的——不是他所能降伏得住的——那他又會趕忙變計，臉笑笑的用「哥！我怕你點好吧。你又不是我爸，怎麼開口閉口乖寶貝？」

因這三個字破壞了瑞龍對他同伴們的友誼；以至於約到進衙門大操場去攦腰㉞的事，已不知有過許多次了。可是大家對於這並不算得一回什麼事。「乖寶貝！」「乖寶貝來了！」凡是瑞龍到處，還是隨時可以聽到。

梅村伯兩口子嘴上的心上的乖寶貝，自然是來的甜蜜而又親熱的，其實論到這位乖寶貝到這街上的頑皮行為，也就很有一個樣子了！

但瑞龍頑皮以外究竟也還有些好處。

他家裏開着一個潮絲煙㉟舖子，年紀還只十一二歲的他，便能夠幫助他媽包煙。五文一包的與四文一包的上淨絲，在我們看來，份量上是很不容易分出差異的，但他的能幹處竟不必用天秤（但用手拈）也能適如其量的包出兩種煙來。他白天一早上就同到我們一起到老銅錘（這也是他為我們先生取的好名字）那裏去唸書，放夜學歸來，吃了飯，又扛着簸簸到道門口去賣甘蔗。他讀書不很行，而頑皮的舉動有時竟使老銅錘先生紅漆桌子上那塊木戒方[36]也無所用其力。但當他到攤子邊站着，腰上圍了一條短圍裙，衣袖口捲到肘彎子以上，一手把塊布用力擦那甘蔗身上泥巴，一手拿着那小鐮刀使着極敏捷的手法刮削[37]，（見了一個熟人過身時）口上便做出那怪和氣親熱的聲氣：——

「吃甘蔗吧，哥！」或是「伯伯，這甘蔗又甜又脆，您那吃得動——拿吧，拿吧！怎麼要伯伯的錢呢。」你如看到，竟會以為這必又是一個瑞龍了！

我們常常說笑，以為當到這個時候，若老銅錘先生剛剛打這過身，見到瑞龍那副怪和氣的樣子，——而瑞龍又很知趣，隨手就把簸內那大節的肥蔗塞兩節到先生懷中去，我敢同無論何人打個賭，明天進學堂時，不怕瑞龍再鬧得兇一點，也不會再被先生罰跪到桌子下那麼久了。我有我的理由。我深信最懂禮的先生絕不會做出「投以甘蔗報之戒方」的事！

瑞龍的甘蔗大概是比別人攤子上的貨又好吃又價廉吧，每夜裏他的生意似乎總比並排那幾個人格外銷行[38]。據我想，這怕是因他年小，好同到他們同學窗友（這也從老銅錘處聽來的）做生意，而且膽子大；敢賒帳[39]給這些小將——不然時，那他左手邊那位生意比他做得並不過盡，為什生意就遠比不上瑞龍？包家孃說的也是，她說瑞龍原是得人緣呢。

一個圓圓兒篾簸簸㊵，橫上兩根削得四四方方的木條子；成個十字，把簸簸劃分成了四區。照通常易於認識的尊卑秩序排列，當面一格，每節十文；左邊，值五個躰錢！右邊，三文——前面便單放了些像筍子尖尖一般的尾巴。這尾巴嫩白得同玉一樣，很是好看。若是甘蔗不拿來放口裏嚼；但同佛手木瓜一樣僅拿來看：那我就不願意花去多錢買那正格內的貨了。這尾巴本來不是賣錢的，遇到我們熟人，則可以隨便取吃，但瑞龍做生意並不是笨狗，生碼子㊶問到前格時，他口上當然會說「這你把兩個錢一總都拿去吧。」或是「好，減價了，一個錢兩節！隨你選。」不過多半還是他拿來交結朋友。

咱們幾個會尋找快樂的人又圍着瑞龍攤子在賭劈甘蔗㊷了。打賭劈甘蔗的玩意兒，這正是再好不過的有趣事！誰個手法好點的誰就可不用花一個錢而得到最好的部分甘蔗吃，小孩子那個又不願意打這種賭？我，兆祥，雲弟，喬喬（似乎陳家煥煥也在場），把甘蔗選定後，各人抽籤定先後的秩序：人人心中都想到莫抽得那最短之末籤——但最長的也不是那一個人所願意。

裁判人不用說自然而然就落到了瑞龍頭上。

這是把一根甘蔗，頭子那一邊削尖，尾上盡剁到盡頂端極尖處：各人輪流用刀來劈，手法不高明便成了輸家。為調甘蔗與本身同長，第一個總須站到那張小櫈子上去才好下手；最後呢，多半又把甘蔗擱在櫈上去，只要一反手間，便證明了自己希望的死活。在那彎彎兒小鐮刀一反一覆間，各人的心都為那刀尖子鉤着了。

「悉———」的那鋒利的薄刀通過蔗身時，大家的心，立時便給這聲音引得緊張到最高的地方去——終於，哈哈嘻嘻從口中發出了，他們的心，才又漸漸地漸漸地弛鬆下來；至於平靜。

「哈，雲弟又輸了！臉兒紅怎的？再來吧。」瑞龍逗着雲弟。又做着狡猾快意的微笑。

「來又來，那個還怕那個嗎？揀大點的劈就幹……好吧，好吧，就是這樣。」輸得臉上發燒了的雲弟，銳氣未餒㊸，還希望於最後這次恢復了他過去連敗兩次的恥辱。大凡傲性的人，都有這麼一種脾味：明知不是別人的對手，但他把失敗的成績卻總委之於命運。

「那麼，這準是『事不過三』——不，不，這正是『一跌三竄』㊹的雲弟底賬！……喂，我們算算吧，雲弟。五十三加剛才十六，共五十九——不，不，六十九了。……這根就打二十四，（他屈着一個一個指頭在數這總和），一起九十三，是不是？」

「難道劈也不曾劈你就又算到我的賬上嗎？」

「唔，這可靠得住——你那刀法！我願放你反反刀㊺；不然，過五關㊻也好：你不信邪，下次我倆來試一根躲點的吧。」

這次僥倖雲弟抽的是第二籤，本來一點沒有把握的他，一刀下去竟得了尺多長一節——輸家卻輪到喬喬了。

大家都沒有料到，是以覺得這意外事好笑。

「喬哥，怎麼！老螃蟹㊼的腳也會被人折，真怪事！」瑞龍毫不遲疑的把揶揄㊽又挪移到喬喬方面來。

「折老螃蟹的腳，哈哈，真的！」大家和着。

「乖寶貝，為你喬大爺算一算；一共多少。」

「這有什麼算呢？四十加二十四，六十四整巴巴的——剛夠稱一斤爛牛肉的數目。」

「好，乖寶貝，明天見吧。」

「莫太輸不起吧！別個雲弟一連幾次殺敗下來，都不像你這般邋遢⑲——」第一聲的乖寶貝瑞龍不是不聽見，因自己力量不如，卻從耳朵嚥下了。第二聲乖寶貝跑到他耳邊時，畢竟也有些氣憤不過。然而聲音還是很輕。

「怎麼！怎麼輸不起？你說那個邋遢？」將要走去了的喬喬又掉轉身來。

「不知是誰輸不起，不知是誰邋遢，才輸一根甘蔗就——」

「就怎麼？我不認賬嗎？」

「那你怎麼口是那麼野，開口閉口『乖寶貝乖寶貝』叫着呢？人家不是你養的；你又不是人家老子——」據着欃歪身在整理甘蔗的瑞龍眼睛濕了。

「我喜歡叫，我高興叫，……乖寶貝，乖寶貝，乖乖寶貝唉，……我願意，誰也不能撿坨⑳馬屎把我口封住！反正你又不是乖寶貝，來認什麼賬？」

這話未免太利害了！但瑞龍是知彼知此的人，喬喬的力量他也領略過——自己明知不是對手，只有忍着。其實只要再忍口把氣，喬喬稍走遠點，天大的事也熨帖㉑了！不幸他口裏喃喃吶吶㉒的詈語㉓，又落到業已隔開攤子好幾步遠了的喬喬耳尖上。

「怎麼，你罵誰？」

「那個喊我做乖寶貝——欺到我矮點的我肏他的娘！」他不加思索的回答出來。

你們不要錯急㊹！你們會以為凡事兩個到罵娘的時候，其決裂已定，行見撲攏來就扭股兒糖㊺兩個人朝泥巴渣滓窩亂滾了吧？這事今天是不會有的。喬喬雖說打架時異常勇猛，然對瑞龍是不至於就動手！

「你是乖寶貝？莫不要臉！你是誰的乖寶貝？（他又掉頭過來，對着正怔怔㊻不知所以；但也有點希望看熱鬧的心思的我們。）怎麼，你們那個要個乖寶貝？這有一個！——我是不要，難得照扶㊼。」喬喬還打着哈哈㊽慶賀他俏皮話鑽進瑞龍耳朵時的成功。

眼看到瑞龍把那塊擦甘蔗的抹布用力擦着手，黃豆般大的圓眼淚卻兩顆兩顆的落到簸簸邊上。喬喬還在獰笑。瑞龍今天是被人欺侮了。

「只敢惡到人家矮一點——」

「那讓一隻手㊾。」

「同楊家麻子打囉！」

「我怕人家——我專吃得着⑥⓪你！」喬喬還故意的撩逗⑥①。

「好，算了。都是好朋友，何必為眼屎大點的事情也相吵——就算我是你們那一個的乖寶貝吧。（大家都笑了。）各人忍一句難道就不算腳色？……去，去，我們去吧。」幸幸得知趣的兆祥出來做了和事人。

大家拖拖扯扯把喬喬推去了，又來安慰瑞龍；為他收拾攤子，勸他轉去。這場事是這麼了結，覺得無味的，怕要算那最愛逗小孩子相打的楊喜喜！他這時是正在另一個攤子邊喝包穀子酒[62]，曾一度留意到這邊甘蔗攤子上來。

不知道情形的，會以為轉身時還流着淚的瑞龍，今夜同喬喬結下了這一場仇，至少總有個十天八天不見面了！其實這些閒口角，僅僅還只到口上罵兩句，又算個什麼呢？第二天攤子邊，還不是依然是那幾個現人在那裏胡鬧。

……

「喂，雲弟輸得臉紅了！哈哈，你怎麼啦！……再來過，再來過……」

也許是雲弟為人過於老實了一點吧，大家都愛同他開玩笑；而瑞龍嘴上的挖苦話尤其單對着時常輸得臉龐兒緋紅的雲弟。

可是，自從那次瑞龍哭臉後，雲弟也就找出幾句能使瑞龍紅臉的話了；這話是：——

「罷麼！莫要同我來逞[63]，有氣概還是同喬哥哥去過勁[64]吧！」

這時的瑞龍，必是低下頭去整理那些不必整理的甘蔗。

於北京窄而霉小齋

題解

本篇發表於一九二五年十一月二十六日的《晨報副刊》第一四零四號上，署名沈從文。一九八二年收入廣州花城、香港三聯出版社出版的《沈從文文集》第八卷。二零零二年北岳文藝出版社出版的《沈從文全集》（第二卷）《梓里集》新編集收錄。

本篇小說取材於作者童年的生活經歷，將孩子們天真爛漫的人之本性融入在喧鬧繁華的日常生活之中，描繪了一幅神奇熱鬧的湘西世情圖。主人公瑞龍是一個集父母寵愛於一身的獨生子，然而他卻常常因此備受同伴嘲笑。孩子間的玩笑、打賭、爭吵成為作者津津樂道的談資，沈從文用清麗純淨的詩意之筆和帶有濃郁地方特色的方言詞彙勾勒出了生活在湘西大地上充滿血性的自然人。在時代的風雲變換中，湘西就像一條流淌在山澗中的小溪，靜謐而充滿詩意。沈從文以他對童年生活的鮮活記憶和對人之生命的獨特領悟為支點，去粗取精，創造出了一個帶有深深童年烙印的如夢似幻的湘西。

註：

① 道台衙門口：見《更夫阿韓》註釋⑰。
② 坪壩：方言中指平坦的場地。
③ 水翻水天：方言，表示水淋淋、濕漉漉的意思。

④代狗：苗語，湘西方言對小孩、少年的稱號，含有親切的意思。
⑤豆豉：是我國的一種傳統發酵的豆製品，把黃豆或黑豆泡透蒸熟或煮熟，經過發酵而成的食品，可以調味，也可入藥，主要產於四川。
⑥轅門：見《更夫阿韓》註釋⑲。
⑦發賣：賣掉。
⑧油松：常綠喬木，樹皮有魚鱗狀裂紋，針形葉，硬而短，木材為淡黃褐色，細密有香味，用做建築用材、器具、電線杆、枕木等。
⑨金塊子柴：結實耐燒的大塊松木劈柴。
⑩烘焙：用火烘乾（茶葉、煙葉等），指在物料燃點之下通過乾熱的方式使物料脫水變乾變硬的過程。
⑪槽房：亦作「槽枋」，指釀酒的手工業作坊。
⑫白露：節氣名，一般在每年西曆的九月七日前後，氣溫開始下降，天氣轉涼，清晨草木上有露水。
⑬光光子：僅僅，只是。
⑭老庚：湖南方言，本指同齡人，有時也泛稱其他年齡相似的人，以示親切。
⑮飯蚊子：湘西人把蒼蠅也叫蚊子或蚊蟲，這裏指麻色小蒼蠅。
⑯熚熚剝剝：擬聲詞，火燒東西時所發出的聲音。
⑰過身：經過、路過。
⑱上燈：點燈，多用於入夜時。
⑲賽會：指為舉辦競賽活動而進行的一種專門的聚會。文中指眾多攤位上各種吃食琳琅滿目。
⑳孃：同「娘」。
㉑麻陽：地名，今全國五個單一苗族自治縣之一，位於湘黔邊界的湖南省西部，懷化市西北部。
㉒漵浦：地名，位於湖南省西部，地處雪峰與武陵山脈之間。
㉓牛肉疤子：乾牛肉片。

㉔紅薯：見《更夫阿韓》註釋④。
㉕鎮箄：見《更夫阿韓》註釋⑨。
㉖文：量詞，指舊時的小銅錢。
㉗簸：簸籮，盛物的竹筐。
㉘疊羅漢：雜技表演項目之一，即人上架人，重疊成各種形式。這裏指雪梨層疊擺放的樣子。
㉙濃釅：汁液稠，味道厚。
㉚朝陽花：即向日葵，因其花常朝着太陽而得名。
㉛紅薯白薯：見《更夫阿韓》註釋④。
㉜躲：見《更夫阿韓》註釋㉗。
㉝耳刮子：即耳光。
㉞攔腰：摔跤。
㉟潮絲煙：與下文的「上淨絲」均為當時福建商人出售的一種高檔煙絲，為舊時湘西上層社會吸水煙袋的人所用。
㊱戒方：見《更夫阿韓》註釋52。
㊲刮削：用刀具的高度剪切或滑移作用來切除金屬薄層或薄屑。
㊳銷行：能賣出去，有銷路。
㊴賒賬：把貨款記在賬上延期收付。
㊵篾簸簸：篾，見《夜漁》註釋㉟。篾簸簸指用篾片編製成的簸箕狀器具。
㊶生碼子：指生手、新人。
㊷劈甘蔗：一種用甘蔗賭輸贏的遊戲。將甘蔗根部削尖，上端削平；先用刀背按住上端，使之直立於地；然後猛地翻轉刀背，將刀刃劈向甘蔗，劈開部分即為執刀人所得。幾個人依次將一根甘蔗劈完後，再將各自所得的連接起來，以劈得最多者為勝。

㊸餒：洩氣，喪氣。

㊹『一跌三竄』：摔倒之後一再撲倒，用來表示遭遇連續挫折。

㊺反反刀：文中指劈甘蔗遊戲時反悔，重新來劈。由於雲弟刀法較差，經常劈空或亂劈，因此同玩的瑞龍同意其反悔，重新劈甘蔗，意在譏諷雲弟技不如人。

㊻過五關：三國故事。關羽（雲長）收到劉備書信欲離許昌，奔河北前往尋兄，曹操閉門不見，故不辭而別，因不曾持有公文，關羽遭到守將阻撓，一路連闖東嶺關、洛陽關、汜水關、滎陽關和滑州關五關。文中指瑞龍不想同雲弟較真，放他一馬，讓他五刀，自己再劈。

㊼老螃蟹：螃蟹的兩隻螯，愈老愈硬，難於折斷，文中指老手，內行。

㊽揶揄：見《更夫阿韓》註釋⑳。

㊾邋遢：原意為儀容不整，這裏含有窩囊的意思。

㊿坨：量詞，塊兒。

(51)熨帖：方言，指事情辦得完全妥當。

(52)喃喃吶吶：形容自言自語，低語不絕。

(53)詈語：罵人的言語，髒話。

(54)錯急：方言，着急。

(55)扭股兒糖：用麥芽製成的兩三股扭在一起的糖食。這裏指兩人扭結在一起打架。

(56)怔怔：方言，形容發呆的樣子。

(57)照扶：照顧，侍候。

(58)打着哈哈：開着玩笑。

(59)讓一隻手：角力時，只用一隻手與對方比試。

(60)吃得着：降服得住，對付得了，不怕。

(61)撩逗：挑逗，挑動。

⑫ 包穀子酒：見《更夫阿韓》註釋⑮。

⑬ 逞：顯示，施展，炫耀，賣弄。

⑭ 過勁：比試，較量。

爐邊

四個人，圍着火盆[1]烤手。

媽[2]，同我，同九妹[3]，同六弟[4]，就是那麼四個人。八點了吧，街上那個賣春卷[5]的嘶了個嗓子，大聲大氣嚷着，已過了兩次了。關於睡，我們總以九妹為中心，自己屬於被人支配一類。見到她低下頭去，伏在媽膝上時，我們就不待命令，也不要再有希望，叫春秀丫頭做伴，送到對面大房去睡了。所謂我們，當然就是說我同六弟兩人。

平常八點至九點，九妹是任怎樣高興，也必支持不來了。但先時預備了消夜[6]的東西時，卻又當別論。把燕窩尖子[7]放到粥裏去，我們就吃燕窩粥，把蓮子放進去，我們於是又吃蓮子稀飯了。雖然是所下的燕窩並不怎樣多，我們總是那樣說。我同六弟不拘誰一個人的量，都敵得過九妹同媽兩人，但媽的說法，總是九妹餓了，為九妹煮一點消夜的東西吧。名義上，我們是託九妹的福的，因此我們都願九妹每天於晚飯時都吃不飽，好到夜來嚷餓，我們一同沾光。我們又異常聰明，若對消夜先有了把握，則晚飯那一頓就老早留下肚子來預備了，這事大概從不為媽注意及，但九妹卻瞞不過。

「娘，為老九煮一點稀飯吧。」

倘若六弟的提議不見媽否決，於是我就耀武揚威催促春秀丫頭，「春秀！為九小姐同我們煮稀飯，加蓮子，快！」

有時，媽也會說沒有糖了，或是今夜太飽了，老九那來會餓呢，遇到這種運氣壞的日子，我們也只好準備着睡，沒有他法。

「九妹，你說餓了，要煮鴿子蛋吃吧。」

「我不！」

「為我們說，明天我為你到老端處去買一個大金陀螺[8]。」

「……」

背了媽，很輕的同九妹說，要她為我們說謊一次，好吃同冰糖白煮的鴿子蛋也有過，這事總是頂壞的我，（媽是這樣加過我的批評的，）教唆六弟，要六弟去說，用金陀螺為賄。九妹的陀螺正值壞時，於是也就慨然答應了。把鴿子蛋吃後，金陀螺還只在口上，讓九妹去怨也儼然不理，在當時，反覺得出的主意並不算壞。但在另一次另一種事上，待到六弟把話說完時，她，也會到媽身邊去，扳了媽的頭，把嘴放在媽耳朵邊去，唧唧說着我們的計劃，在那時，想用賄去收買九妹的我們，除了哭着嚷着分辯着說是自己並沒有同九妹說過什麼話外，也只有臉紅。結果是出我們意料以外，媽仍然照我們的希望，把吃物叫春秀去辦。如此看來，媽以前所說全是為妹的話，又顯然是在哄九妹了。然而九妹在家中是因了一人獨小而得到全家——尤其是母親加倍的愛憐，也是真事。因了母親的專私的愛，三姨也笑過我們了。而令我們不服的，是外祖母常向許多姨娘⑨說我們並不可愛。

此次又是在一次消夜的期待中。把日裏剩下的鴨子肉湯煮鴨肉粥，聽到春秀丫頭把一雙筷子唏哩活落⑩在外面銅鍋子裏攪和，似乎又聞到一點香氣，媽怕我們傷風⑪又勒着不准我們出去視察，六弟是在火盆邊急得要不得了。

「春秀。還不好麼？」盛氣的問那丫頭。

「不呢。」

「你莫打盹，讓它起鍋巴⑫！」

「不呢。」

「快搧一搧火，會是火熄了，才那麼慢！」

「不呢，我搧着！」

六弟到無可奈何時，乘到九妹的不注意，就把她手上那一本初等字課⑬搶到手，琅琅的又像是要在媽面前顯一手本事的樣子大聲唸起來了。

「娘，我都背得呢，你看我閉上眼睛吧，」眼睛是果真大大方方的閉上了，但到第五課「狼，野狗也——」也就把眼睛睜開了。

「說大話的！二哥你為我把書拿在手上，待我背來，」九妹是接着又琅琅的背誦起來。

大門前，賣麵的正敲着竹梆梆[14]，口上喊着各樣驚心動魄的口號，在那裏引誘人。我們只要從梆梆聲中就早知道這人是有名的何二了。那是賣餃子的，但也附到賣麵，在城裏卻以餃子著名。三個銅元[15]，則可以又有餃子又有麵，得吃鳳牌湘潭醬油。他的油辣子[16]也極好，大姐每一次從學校回來，總是吃不要湯的加辣子乾挑餃子，我們因了媽的禁止，卻只能用眼睛去看。

那何二，照例的，捱了一會，又把擔子扛起，一路敲打着梆梆，往南門坨方面去了，嚷着的聲音是漸漸小下來，到後便只餘那雖然很小還是清脆分明的擂着樣的柝聲[17]。

大門前，因了寬敞，一些賣小吃的，到門前休息便成了例了。日裏是不消說，還有那類在一把無大不大[18]的「遮陽傘王」（那是老九所取的）下頭炸油條糯米糍[19]的。到夜間呢，還是可以時時刻刻聽得一個什麼擔子過路停下的知會[20]，鑼呢，梆梆呢，單是口號呢；少有休息。這類聲音，在我們聽來是難受極了。每一種聲音下都附有一個足以使我們流涎的食物，且在習慣中我們從各樣不同的知會中又分出食物的種類了，聽到這類聲音，我們覺得難受，不聽到又感到寂寞：最好的一個方法是大姐禮拜六回家，因了她，我們消夜的東西，差不多是每一種從門前過去的吃物都可以嘗試。

何二去後，不久，一個敲小鑼賣釘釘糖[21]的又在門前休息了。我知道，這鑼的大小，是正如我那面小圓硯池，是用一根紅繩子掛在手上那麼隨隨便便敲着的。許是有人在那裏抽了籤吧，鑼聲停下來，就聽到一把竹籤子在筒內攪動的響聲了。又聽到說話，但不很清楚。那賣糖的是一個別處地方人，譬如說，湖北的吧。因為他，我也常是聽到口上說着「你那家」，只有湖北人口上離不得「你那家」，那是從久到武昌的陳老闆的說話就早知道了。在他來此以前，我似乎還不曾見過像那樣敲着小鑼落雨天晴都是滿街滿巷走着的賣糖的人。頂特別的地方是他休息到什麼地方時，把一個獨腳櫈㉒塞到屁股下去坐，就悠悠揚揚打起那面小鑼來了。我們因為欣賞那張特別有趣的獨腳櫈，是以白天一聽鐺鐺鐺的響聲，就爭着跑出去，六弟還有一次要他讓自己坐坐看，我們奇怪它不會倒的原由，也想自己有那麼一張，每日讓我們坐着吃飯玩，還可以扛到三姨家去送五姐她們看。

大的木方盤內，分劃成了許多區。每一區陳列糖一種。有的顏色式樣雖相同味道卻兩樣，有的樣子不一樣味道卻又相同，有用紅綠色紙包成三角形小包的薄荷糖米，吃來是又涼又甜的。有成片的薑糖，味道微辣。圓的同三角形的各種果子糖，大的十枚五枚，小的兩枚一枚。藕糖就真像小藕，有空有節。紅的同真紅椒一般大的辣子糖，可以把尖端同蒂咬去，當牛角吹。茄子糖則比真茄子小了許多，但顏色同形式都同，把茶傾到茄子中空部分再倒到口裏去也很甜。還有用模子做成的糖菩薩，頂小的同一個拇指小，大的如執鞭的財神㉓，大肚羅漢㉔，則一斤糖還不夠做一個。他，那湖北人，把菩薩安放在盤子正中，各樣糖同小菩薩，則四圍繞着陳列，大菩薩之間，又放了一個小瓶子，有四季花同雲之類畫在瓶上，瓶子中，按時插上月季，蘭，石榴，茶花，菊，梅；以及各樣應時的草花。袁小樓警察所長卸事㉕後，於是極其大方的把抽糖的籤筒也拿出來了。籤上從一點到六點各六根，把這六六三十六根竹籤管束在一個外用黃銅皮包裹描金鬆[26]過的小竹筒內。過五關的抽法是一個小錢只能得小菩薩一名。若用銅元，則過了三次五關以後，勝利還屬於自己，則供養在盤子正中手裏拿了鞭高高舉着的那位財神爺就歸自己所有了。三次五關都得吉利的過去，這似乎是很難，但每天那湖北人回家時那一對大財神總不能一路返家，似乎是又並不怎樣不容易了。

等了一會，外面的籤筒還在攪動。

六弟是早把神魂飛出大門傍到那盤子邊去了。

我說：「老九，你聽！」我是知道九妹衣兜裏還有四十多枚小錢的。

其實九妹也正是張了耳朵在聽。

「去吧。」九妹用目答應我。

她把手去前衣兜裏抓她的財產，又看着母親老實溫馴的說：「娘，我去買點薄荷糖吃吧！」

「他們想吃了，莫聽他們的話。」

「我又不抽籤，」九妹很伶便[27]的分解，都知道媽怕我們去抽籤。

「那等一會粥又不能吃了！」

本來並不想到糖吃的九妹，經母親一說，在衣兜裏抓數着錢的那隻手是極自然的取出來了。

媽又說必是六弟的慫恿。這當然是太冤屈六弟了。六弟就忙着分辯，說是自己正想到別一樁事情，連話也不講，說是他，那真冤枉極了！

六弟所說是正想到別一樁事，也是誠然。他想到許多事情出奇的兇，……那位像活的生了長鬍子橫騎着老虎的財神爺怎麼內部是空的？那大肚子羅漢怎麼同賣糖的楊怒山竟一個樣的胖實！那個花瓶為什麼必得四名小菩薩圍繞？

籤筒聲停止後，那鐺鐺鐺漂亮的鑼聲又響着了。

這樣不到二十聲，就會把獨腳櫈收起來，將盤子頂到頭上，也用不着手扶，一面高興打着鑼走向道門口㉘去吧。到道門口後，把頂上的木盤放下，於是一群嘴邊正抹滿了包家娘醋蘿蔔碗裏辣子水的小孩，就蜂子樣飛了過來圍着，胡亂的投着錢，吵着罵着，乘了勝利，把盤子中的若干名大小菩薩一齊搬走，眼看到菩薩隨到小孩子走盡後，於是又把獨腳櫈收起，心中裝了歡喜，盤中裝了錢，用快步的跑轉家去吧。回家大約還得把明天待用的各樣糖配齊，財神重新再做，小菩薩也補足五百數目，到三更以後始能上床去睡，……為那糖客設想着，又為那糖客耽心㉙着財神的失去，還極其無意思的嗔視着又羨企着那群快要二炮㉚了還不歸家去的放浪孩子，糖客是當真收起獨腳櫈走去了。

「那釘釘糖已經過道門口去了！」六弟嗒然㉛的說。

「每夜都是這時來，」我接着。

「娘，那是一個湖北老㉜，不論見到了誰個小孩子都是『你那家』的，正像陳老闆娘的老闆，我討厭他那種恭敬。」九妹從我手上把那本字課搶過手去，「娘，這書裏也畫得有個買糖的人呢。」

娘沒有做聲。

湖北老真是走了。在鴨子粥沒有到口以前，我們都覺得寂寞。

題解

本篇發表於一九二六年八月十日《小說月報》第十七卷第八期，署名岳煥。後收入一九二八年二月上海北新書局出版的《入伍後》。二零零二年收入北岳文藝出版社出版的《沈從文全集》（第一卷）《入伍後》集。

本篇小說帶有鮮明的自我書寫傾向和濃郁的鄉土特色。作者以詩意的筆致，平和的敘述描繪了一幅鄉村夜幕下的家庭溫情圖，將童年的趣味生活娓娓道來。吃消夜原本是一件極其平常的生活瑣事，但在沈從文的筆下卻演繹出了田園生活的無限樂趣。小說講述了我和六弟為吃消夜所使的小把戲、賣麵的何二、賣釘釘糖的湖北老等，三言兩筆點染出了我和六弟的調皮機靈、九妹的天真伶俐與母親的慈愛，營造出了一種祥和寧靜的生活氛圍。作者在帶有散文筆法的小說敘事中，融入了湘西特有的風土人情和點心食物。這是一個漂泊在外的遊子對家鄉的深情回望，是一個歷經戰亂的軍人對和平的熱切渴望，更是一個信仰人性的作家對美好生活的極度盼望。樸實平淡的語言敘述中掩藏了作者的一顆真摯熱情的心靈。

註：

①火盆：一種燒木炭的盆或盛燃煤的盆，主要用於取暖。

②媽：沈母名黃素英，在娘家排行老六，人稱「六姑」。《從文自傳》中寫道：母親不僅「極小就認字讀書」，還「懂醫方，會照相」。又因為沈父從軍常年不在家，「我等兄弟姊妹的初步教育」都是「母親擔負的」……「我的氣度得於父親影響的較少，得於媽媽的似較多」。（凌宇：《沈從文》，中國華僑出版社，一九九七年版，第十六頁。）

③九妹：見《更夫阿韓》註釋㉛。

④六弟：見《更夫阿韓》註釋㉜。

⑤春卷：一種麵食，用薄面皮裹餡，捲成細長形後放於油裏炸熟。

⑥消夜：晚餐之後的進食，猶指夜裏吃的點心等。

⑦燕窩尖子：中國傳統名貴食品之一，又稱燕菜、燕根等，為雨燕科動物金絲燕及多種同屬燕類用唾液與絨羽等混合凝結所築成的巢窩，形似元寶，其中尤以金絲燕唾液的蛋白質純度和營養價值為最高。

⑧陀螺：見《夜漁》註釋⑩。

⑨姨娘：方言，即姨母，指母親的姐妹（猶指已婚）。

⑩唏哩活落：擬聲詞，把筷子或勺子放到有水的鍋裏攪動時發出的聲音。

⑪傷風：指上呼吸道被病毒感染所引致的疾病，病徵為流鼻水及輕微咳嗽。

⑫鍋巴：燜米飯時黏在鍋底的飯焦。

⑬字課：文中指識字課本。

⑭梆梆：見《更夫阿韓》註釋⑭。

⑮銅元：亦稱「銅板」，形狀圓形，因與傳統的圓形方孔錢不同，中間無孔，故而得名。是從清代末年到抗

日戰爭前通用的銅質輔幣。

⑯ 油辣子：又叫「紅油辣子」，是一種調味品，流行於湖南、四川等地。

⑰ 柝聲：見《更夫阿韓》註釋㉚。

⑱ 無大不大：鳳凰土語，指很大。

⑲ 糯米糍：又稱「狀元糍」，指用糯米煮熟後搗爛或用糯米粉製成的糕點。

⑳ 知會：通知，告訴。這裏指為了引人注意而發出的聲音。

㉑ 釘釘糖：即麥芽糖。因為賣糖人總是敲打着敲糖的鐵塊來吸引顧客，所以就有了這麼一個很形聲的名字。

㉒ 獨腳櫈：在櫈面正中心只有一個支點的小櫈子，人坐上去時需要很強的身體平衡感。

㉓ 財神：原意為道教敬奉的神仙，舊時指中國民間普遍供奉的一種主管財富的神明，傳說名叫趙公明，也叫「趙公元帥」。其像為黑面濃鬚，頭戴鐵冠，手執鐵鞭，身跨黑虎，故又稱黑虎玄壇。文中指依其外形製作而成的糖。

㉔ 羅漢：阿羅漢的簡稱，梵名（Arhat）。最早從印度傳入我國。佛教稱斷絕一切慾念，解脫一切煩惱的僧人，或已達到涅槃的佛教和尚為羅漢。佛教寺院常有十八羅漢或五百羅漢的塑像。羅漢的形象一般都是出家比丘相，頭部無鬚髮，身着袈裟，或坐或立，全身無任何裝飾。文中指依其外形製作的糖。

㉕ 卸事：卸，解除之意；卸事，指因年紀大而要離開工作崗位，即退休。

㉖ 髹：用漆塗在器物上。

㉗ 伶便：機靈。

㉘ 道門口：全稱「道台衙門口」。見《更夫阿韓》註釋⑰。

㉙ 耽心：同「擔心」。

㉚ 二炮：舊時無鐘錶，城中由官方放炮以報時，早、中、晚放炮分別叫「醒炮」、「午炮」和「定更炮」。「定更炮」表示為傍晚一更天，又叫「一炮」；「二炮」表示二更天，該睡覺了。以後不再放炮，而以打更代替，直到黎明放醒炮。

㉛ 嗒然：形容懊喪的神情。
㉜ 湖北老：同「佬」。是對湖北人的稱呼。

我的小學教育

一、木傀儡戲①

二八月，土地菩薩②生日，街頭街尾，有得是戲！土地堂③前頭，只要剩下來是兩丈寬窄的空地，鬧台④就可以打⑤起來了。這類木傀儡戲，與其說是為娛那土地一對老夫婦，不如說是為逗全街的孩子歡心為合式⑥。別的功果⑦，譬如說，單是用胡椒麵也得三十斤的打大醮⑧，捐錢時，大多都是論家中貧富為多少的，惟有土地戲，卻由募捐首士⑨清查你家小孩子多少，像我們家有五個姊妹的，雖然明知道並不會比對門張家多穀多米，但是錢，總捐得格外多。不捐，那是不行的。小孩子看戲不看戲是不問。但若是你家中孩子比別人兩倍多，出捐太少，在自己，良心上說來，也會不好意思吧。

戲雖在普通一般人家吃過早飯後才開場，很早很早，那個地方就會已為不知誰個打掃得乾乾淨淨了。惟有「土地堂前豬屎多」，在平時，豬之類，愛在土地堂前卸脱⑩牠的糞便，幾乎是成了通例的，唱戲日，大家臨時就懂了公德心，知道妨礙了看戲是大家所抱怨的，於是，這一天，就把豬關禁起來了。你若高興，早早的站在自己門前，總可以見到戲箱子過去，押箱子的我們不要問就可以知道是「管班」。每一口箱子由兩個挑水的人抬着，箱子上有各樣好看的金紅漆花，有釘子，有金紙剪就「黄金萬兩」連連牽牽的吉利字樣的字，一把大牛尾鎖把一些木頭人物關閉着。呵，想象到那些花臉⑪，旦腳⑫，尤其是愛做笑樣子的小丑⑬，鼻子上一片白粉，豆腐乾似的貼着，短短的髯子，……而它們，這時是一起睡在那一隻大木箱子裏，將要做些什麼？真可念！我們又可以看到一批年老的伯娘婆婆，搬了櫈子，預先去佔座位的。做生意的，如像本街光和的米豆腐擔子，包娘的酸蘿蔔籃子，也頗早的就去把地盤找就了。

飯吃了，一十六個大字，照例的每日功課，在一種毫不用心隨隨便便的舉動下，用淡淡的墨水描到一張老連紙上後，所候的就是「過午」那三十枚制錢⑭了。關於錢的用處，那是預先就得支配的。所有花費賬單大致如左：

麵（或餃子）一碗，十二文。
甘蔗一節，三文。
酸蘿蔔（或蒜苗），五文。
四喜的涼糕，四文。

老強母親的膏粱甜酒，三文。
餘三文作臨時費。

涼糕，同膏粱甜酒，母親於出門時，總有三次以上囑咐不得買吃的，但倘若是並無其他相當代替東西時，這兩樣，仍然是不忍棄置呀。有時可以把甘蔗錢移來買三顆大李子，吃了西瓜則不吃涼糕。倘若是剩錢，那又怎麼辦？錢一多，那就只好拿來放到那類投機事業上去碰了！向抽籤的去抽糖羅漢，有時運氣好，也得頗大的糖土地⑮。又可以直接錢換錢，去同人賭骰子⑯，擲「三子侯」。錢用完時，人倦了，縱然戲正有趣，回家也是時候了。遇到看戲日，是日家中為敬土地的原故，菜是格外豐富。「土地怎不每月有一個生日呢？」用一種奇怪的眼睛瞧着桌上陳列的白煮⑰母雞，問媽，媽卻不應，待到白煮雞只剩下些腳掌肋巴骨時，戲台邊又見到嘴邊還抹油的我們了。

在鎮筸⑱，一個石頭鑲嵌就的圓城圈子裏住下來的人，是苗人佔三分之一，外來遷入漢人佔三分之二，混合居住的。雖然是多數苗子⑲還住在城外，但風俗，性質，是幾乎可以說已彼此同錫與鉛樣，融合成一鍋後，彼此都同化了。時間是一世紀以上，因此，近來有一類人，就是那類說來儼然像罵人似的，所謂「雜種」，就很多很多。其初由總兵營一帶，或更近貴州一帶苗鄉進到城中的，我們當然可以從他走路的步法上也看得出這是「老庚⑳」，縱然就把衣服全換。但要一個人，說出近來如吳家楊家這兩族人究竟是屬於那一邊？這是不容易也是不可能的！若果「苗女兒都特別美」，這一個例可以通過，我們就只好說凡是吳家楊家女兒美的就是苗人了。但這不消說是一個笑話。或者他們兩家人，自己就無從認識他的祖宗。苗人們勇敢，好鬥，樸質的行為，到近來乃形成了本地少年人一種普遍的德性。關於打架，少年人秉承了這種德性，每一天每一個晚間，除開落雨，每一條街上，都可以見到若干不上十二歲的小孩，徒手或執械，在街中心相毆相撲。這是實地練習，這是一種預備，一種為本街孩子光榮的預備！全街小孩子，恐怕是除非生了病，不在場的，怕是無一個吧。他們把隊伍分成兩組，各由一較大的，較挨得起打的，頭上有了成績在孩子隊中出過風頭的，一個人在別處打了架回來為本街掙了面子的，領率統轄。統轄的稱為官，在前清，這人是道台[21]，是游擊[22]，到革命以後，城中有了團長旅長，於是他們銜頭也隨到轉變了。我曾做過七回都督[23]，六弟則做過民政長[24]，都督的義務是為兄弟夥出錢備打架的南竹[25]片；利益，則行動不怕別人欺侮，到處看戲有人護衛而已。

晚上，大家無事，正好集合到衙門口坪壩上一類較寬敞地方，練習打斤斗[26]，拿頂[27]，倒轉來手走路，或者，把由自己刮削得光生生的南竹片子拿在手上，選對子[28]出來，學苗子打堡子[29]時那樣拚命。命固不必拚，但，互相攻擊，除開頭臉，心窩，「麻雀[30]」，只在一些死肉上打下，可以煉磨成一個挨得起打的英雄好漢，那是事實吧。不願用傢伙的，所謂「文勁[31]」，仍可以由都督，選出兩隊相等的小傻子來，把手拉斜抱了別個的身，垂下屁股，互相紐纏，同一條蛇樣，到某一個先跌到地上時為止，又再換人。此類比賽，範圍有限，所以大家就把手牽成一個大圈兒，讓兩人在圈中來玩。都督一聲吆喝，兩個牛勁就使出了，倒下而不願再起的，算是敗了，敗者為勝利的作一個揖，表示投降，另一場便又可以起頭。亦有那類英雄，用腰帶綁其一手，以一手同人來鬥的，亦有兩人與一人鬥的。總之，此種練習，以起皰為止，流血，也不過兇，不然，勝利者也覺沒趣，因為沒一個同街的啼哭回家，則勝利者的光榮，早已全失去了。

這一街與另一街必得成仇，不然，孩子們便找不出實際顯示功夫的一天！遇到某街某衙㉜，土地戲開場，他們就有得是樂了。先日相約下來，做個預備。行使通知的歸都督，由都督檄㉝團長去各家報告。各人自預備下應用的軍器㉞，這真是少不得的一件東西！固然，正式衝鋒上，有由各方首領，各選人才，出面單獨角力，用不着軍器的時候，但，終少不了！少了軍器，到說是「各亮器械寬闊處去」時，恐怕氣概就老不老早先餒㉟下了。或是短短木棒，或是家中曬棉紗用的小竹筒，都可以。最好最正式的軍器是「南竹塊」，這東西，由一個小孩子方面打到另一小孩子身上時，任怎樣有力，也不會大傷。且拿南竹片可以藏到袖中，孩子們學藤牌㊱時，又可以充砍刀用，是以家中也不會禁止。缺少軍器的可以到都督處去領取兩枚小錢，到錢紙舖去，自己任意挑選。竹片在錢紙舖中，除了夾紙已成了廢物，也幸有了這樣一種銷路，不然，會只有當柴燒了。

其團長通知話語，大約如下：

據探子報；△月△日，△△街，唱土地戲△天，兄弟們應各備器械，前往台邊，佔據地盤。奮勇當先，各自為戰，莫為本街出醜，是所望於大家！

此出於侵略一方面，能具侵略膽量者，至少總有幾位腳色，且有聯絡或征服其他團體三個以上的力量才敢正式宣佈，不然，戲縱要看，也只好悄悄的，老老實實的，站在遠遠的地方觀望罷了。戲屬本街呢，傳語當為「△月△日，本街△段唱木人頭戲，熱鬧非凡，凡我弟兄，俱應於鬧台鑼鼓打過以前，執械戎裝到場，紮守台邊。莫為別地痞子欺侮，致令權利失去！其軍械不齊又不先來都督處領取款子的。罰如律。」

關於賞罰律，抄數則例示㊲：

見敵遠走者，罰錢一文。

被打起皰不哭哼者，賞錢一文。

在別處被二人以上圍打不傷者，賞錢二文。

被人罵娘三句，挑戰不敢動手者，罰錢二文。

不是說到這一群小寶貝預約下來的事情麼？在戲場開鑼以前，空頭嗩吶還嗚嗚的吹時，本街的孩子們，三個五個，滿面光輝，如生日是屬於自己一樣，吃得肚子飽飽的，迎上前去，就把戲台包圍了。所謂台，可不是玩意兒，冠冕堂皇，真了不得呀。十多根如同臂膊大小的木杆竹竿，橫七豎八的在一些麻繩子的束縛下綁好後，（遠看正如一個立方體的燈籠架子）接着是用破破爛爛灰布青布帳篷一類套上去，照此一來，太陽可以不會再曬到鼓起嘴巴吹嗩吶的老老[38]禿頂了，一些木頭傀儡也就很安靜於一方陰影下老老實實休息着了。布篷套上後，已不再像燈籠架子，到後又得那類廟中用的幔子把打鑼鼓一般人分隔到內房去，於是遠遠的看來，儼然也成了一個戲台模樣。

打鬧台過後，不久就是為某鄉約[39]，某保正[40]，或是某老太太，打加官[41]的一套把戲。這真討厭！在大戲台上，見到一個戴了面具，穿了紅衣，隨到「鐺鐺慶鐺鐺」的一起一落的步法走着，好久好久又才拿起那「加官賜福」或「一品當朝」的紅布片子灑開一抖，已夠膩人了，如今卻由一個木頭人再套上一個面具，也虧下面那個舞的人好意思！另一個人口中喊着為某老太太的加官呀，我們回過頭去，只要選那人眾中臉兒像貓的，必定就是她。她是快活極了，卻不知我們都為她羞。不過，這加官打到自己家中的外祖母頭上時，那便又當別論了，因為是這麼一來，過午的錢，將因外祖母的高興，把我們吃早飯時所預約下來的用費擴張了。

有一類聲音，是未經鑼鼓敲打以前，始能聽到的，就像：孥孥[42]，你媽又怎不來！婆婆，又怎不把你的外孫也帶來！代狗[43]，這裏要買鹽葵花子！嫂嫂，這裏有張空櫈！

又有一類聲音，是鑼鼓敲打以後，平息下來，歇了中台，始能聽到的，就像：老肥，米豆腐三碗，熱的，多辣子！面客，餃子多作醋！賣糕的，我不要這樣的！……

到歇晚台時，一切聲音就都為拖曳板櫈的吱吱格格聲音吞噬了。也有不少小孩子尖銳的呼聲，突出此一片嘈雜的音海，但終於抑下了，深深的陷到這類爛泥樣的吵嚷中了，全場板櫈移動聲像一批頂小的頂壞的邊響炮仗往你耳邊炸。

到末了，剩下三五個頑皮的不知足的小孩子，用一種研究態度，把手指頭塞到口裏去，權當釘釘糖吮着，很殷勤的看到戲子們把一個一個木傀儡安置到大箱中去，又看到戲台的皮剝去後，依然恢復那燈籠架子的神氣，又看到小叫化子，徘徊於灰色葵花子殼中找尋他不意中的幸運，好像一枚當十銅元㊹，一條手巾，一個僅咬去一半的甜梨。

唱戲人，在布圍子裏地下走動着，把木傀儡從暗中伸舉起來，至齊傀儡膝部；自己手掌為度，若在台邊看戲，利益就太多了。在台邊，則一面可以看戲，一面還可見到那個唱戲的人，手中耍着木頭人，口上哼哼唧唧，且極其可笑的做出儼乎其然的神氣，走着戲上人物的步法。一個場面上是旦腳㊺，如像奪阿斗㊻的麋夫人㊼，則要木頭人的那一位，腳步也扭扭捏捏，走動時也正同一個小腳女人樣，真可笑極了。揎開㊽布篷，便又可以見到那打鑼的，在空閒時把塞到耳朵邊正燃着紙煤子吸煙，吹嗩吶的，嘴巴脹鼓鼓的，同含了什麼兩枚核桃之類，又正如殺豬志成吹豬腳那一種派頭。台邊前，不怕太陽曬，也是一件舒服處，還有一件頂討便宜的事，就是隨意去扳動那些腦後一顆釘掛在繩子上休息的傀儡時，戲子見到也從不呵叱！因為這中還有一個規矩，這規矩是戲在那一街演唱時，則那一街的孩子，在大人們許可的法律中，成了戲台周圍唯一的霸有者了。在霸有者所享有的權利有如此其多，當然給了其小孩若干強烈的誘惑。帝國主義者之侵略，既無從去禁止另一街為這誘惑已弄得心癢癢的之強項君子㊾，因此一來，保護主權與野心家的戰爭，便隨時都可以發生了。

敗了，大家無聲無息的退下，把救兵搬來時，又用力奪回。或保留此仇，待他日報復。勝了，所謂野心家，懷了失敗的羞恥，也不再看別人街上唱的戲，都督帶領弟兄，垂頭喪氣回家去，這恥辱也保留下來，等另一機會去了。為競爭存活起見，這之間用得着臨時聯邦政策。毗鄰一街，若無深仇，則可合力排除強權，成功後，把帝國主義者打倒後，則讓出戲台前地位三分之一來作攜手禦外侮的報酬。也有本街孩子極少，猶能抵抗外來之人侵略主權的，此則全賴本街中之大孩子。此類大孩子，當年亦必曾作統領，有名於全城，一切孩子們所敬服，又能持中不偏，才足以濟。大孩子初不必幫同作戰，或用別的力來相助，所要的是公理的執行。遇他方的孩子，行使侵略，來佔戲台，本街小孩子訴苦於大孩子時，大孩子即作主人，再找一二好事喜鬥之徒，為執行評證，使兩街孩子，到離戲場較遠，不致擾亂唱戲的空地方去，排隊成列，各擇一人，出面來毆撲，不准哭，不准喊，不准用鐵器傷人，不准從旁幫忙：跌下的，若有力再戰，仍可起身作第二次比賽。第一對勝敗分明後，又選第二對，第三第四，繼其後，以盡本街小孩子為止。到後，總評其勝負。若本街實不敵，則讓戲台之一面或兩面，作媾和㊿割地議；若勝，則對方雖人多，亦不必退縮。因較大之公證人在旁，敗者亦只好攜手跑去，再不好意思看戲了。要報仇麼？下次有得是機會，橫順㊿土地戲是這裏那裏直要唱一個月以上的，並且土地戲以外也不是無時間。

在打架時，是會要影響到戲的演奏麼？我才說到，那請放心，決不會到那樣！他們約下來，在解決以前，是不能靠近目的地的。人人都是那樣文明，混戰獨戰總得到大田坪㊿裏，或有沙土地方去。大坪壩是空闊，平順，免得誤打別的老實小孩們，敵不過而又不甘認敗的，且可以在田坪中小跑，如雞溜頭時一樣；至於沙子地方，則縱跌猛的摔倒時，不至把身子跌傷，且衣服髒了也容易乾淨。也不知是有意還是自然哩，在城中，一塊大坪，沙子軟軟的，同棉絮樣的地方，就很多！不論他是如何，孩子們，會選地方打架，那是用不着誇張也用不着隱飾的了。

不拘是看戲。正月，到小教場[53]去看迎春[54]；三月間，去到城頭放風箏；五月，看划船[55]；六月，上山捉蛐蛐；下河洗澡；七月，燒包[56]；八月，看月[57]；九月，登高[58]；十月，打陀螺[59]；十二月，扛三牲盤子[60]上廟敬神；平常日子，上學，買菜，請客，送喪：你若是一個人，又不同你媽，又不同你爸，你又是結下了許多仇的一個人，那真危險！你一出街頭，就得準備。起炮[61]是最小的禮物，你至少應準備接受比起炮分量還重一點的東西。閃不知[62]，一個人會從你身邊擦過去，那個手拐子[63]，兇兇的，一下就會撞你倒地做個餓狗搶屎的姿勢！來撞你的總不止一人。他們無非也是上學，買菜，一類家中職務。他若是一人，明知不是你對手，遠遠的他見你來，早拔腳跑了。但可以欺的，他總不會輕輕放過。他們都是為人欺苦夠了的人。時時想到報復，想到把自己仇人踹到泥裏頭去，對仇人，沒有可報復的方法時，則到處找更其怯弱的人來出氣。他們，見了你時，有意無意的，走過你的身邊，裝裝自己爸爸夜裏吃多了酒的醉模樣，口中哼哼唧，把手撐到腰間，故意將拐子作了力來觸撞你軟地方，撞了你後，且胡胡的用鼻子說着，「怎麼，撞人呀！」不理是為一個不願眼前吃虧的上策。忍不住時，抬起頭去兩人目光一相接，那他便更其調皮起來！他將對你不客氣的笑，這笑中，你可以省得他所有的輕蔑來。或者，他更近一步，攏到你身邊來，揚起捏着的拳，恐嚇似的很快輕輕落到你背上。你不做聲，還是低了頭在走，那第二步的撩逗又出來了。他將把腳步拖緩下來，待你剛要走近他身邊時，笑笑的臉相，充滿難堪的惡意，故意若才見到你的神氣：「喔，我道是誰呀！若高興打架，就請把籃子放下吧。」這只能心裏說打架是不高興的事。雖然在另一個地方，你明知這人是不敢多事的，但如今是到了他的大門左右，一聲喊，幫忙的來打狗撲羊的⑭不知就有許多，所以「狗仗屋前」的他，便分外威風起來了。挑戰的話大要不外後五種：錄下以見一斑。

1、𡚸他媽，誰愛打架就來呀！

2、賣屁股的，慢走一點，大家上筆架城⑮去！

3、那個是大腳色⑯，我卵也不信，今天試試！

4、大家來看！這裏來一個小鬼！

5、小旦腳，小旦腳，聽不真麼，我是說你呀！

罵，讓他點吧，眼前虧好漢是不吃的。你一回嘴，情形準糟。欺凌過路人，這是多數方面一種固有權利，這權利也正如官家攔路抽税様：同是不合理，同是被刻薄，而又應當忍受之事，不然，也許損失還大。並且，此事在你自己，或者先時於你街上，就已把這税收得，這時不過是退一筆不要利息的借款罷了。

關於兩街中也有這麼一條，「不欺單身上學孩子，」但這義務，這國際公德，也看都督的腳色而定，若都督不行，那是無從勒弟兄遵守的。

木傀儡戲中常有兩個小丑，用頭相碰，揉做一團的戲，因此，孩子們爭鬥中，也有了一派，專用頭同人相打，但這一派屬於硬勁一流，勝利的仍然有同樣的吃虧，所以總不多，到後來，簡直就把這門戰略勾除了。

題解

本篇發表於一九二六年八月十八日《晨報副刊》第一四三二號，署名懋琳。收入小說集《入伍後》，一九二八年二月由北新書局初版。二零零二年收入北岳文藝出版社出版的《沈從文全集》（第一卷）《入伍後》集。

小說標題為《木傀儡戲》，但全文並非純粹對傀儡戲的描寫，而是通過土地菩薩生日唱戲這個引起兒童興趣的事件為契機，來寫湘西過節的習俗和尚武的傳統。作者從看戲按小孩數量「收費」的獨特方式，進而寫地方、街道及各類人為土地會到來所作的各種準備，包括各種設施和特色飲食，接着就是本文的主體部分：兒童們為爭奪街區對戲台的控制權而進行的武力打鬥。這種武鬥具有一整套完善的準備組織系統和規則制度，是湘西兒童世界普遍存在的矛盾解決方式，進而反映出整個湘西地區的尚武風俗。但對於尚武精神形成的歷史文化原因，由於以兒童為寫作視角，作者並沒有做出像成人世界那樣全面而深刻的分析。應該説，沈從文的這種童年回憶視角寫作與其一貫抒寫人性的主題是相適應的，即兒童的武力解決方式是自然而樸實的，湘西人正是在這種自然的生活方式中保持着原始的生命力，而不像城市人那樣在虛偽的生活中逐漸衰敗頹廢。

註：

① 木傀儡戲：也稱「木頭傀儡戲」。用木偶進行表演的戲劇，今通稱為偶戲。木偶戲是中國古老的民間戲劇種類之一，有布袋、提線、杖頭木偶等。

② 土地菩薩：又稱土地神或土地爺，是民間信仰中的土地保護神，其形象為衣着樸實，慈祥可親，平易近人的白髮黑衣老人，伴有老嫗，稱之為土地公、玄武公土地婆婆。誕辰為二月初二。

③ 土地堂：見《更夫阿韓》註釋⑪。

④ 鬧台：開台鑼鼓。

⑤ 打：這裏指「打鬧台」，即準備開台演戲。舊時戲曲多在鄉間野台演出，開演之前先用鑼鼓和嗩吶演奏，藉以招徠觀眾。演奏分為三通，每通之間停息片刻。

⑥ 合式：同「合適」。

⑦ 功果：功效和結果。

⑧打大醮：醮，指道教徒設壇唸經做法事。「打醮」，民間求神祈福的一種迷信活動，有打清醮與打大醮（亦稱皇醮或黃醮）之分。道光《鳳凰廳志》云：「每年清醮，三年大醮」。皇醮為期較長，場面較大，故稱大醮。

⑨首士：鄉民在神佛前選出拜神的代表，稱「首士」。「首士」在打醮的大部分儀式中代表鄉民侍奉神明。其主要有：發奏上表、開搭閣棚、進火用齋灶、取水淨壇、揚幡、迎神登壇、啟壇建醮、開台例戲、啟人緣榜、超幽散醮、送神回位等儀式。

⑩卸脫：排泄。

⑪花臉：戲曲中「淨」的通稱。因必須勾臉譜而得名。

⑫旦腳：即旦角，戲曲角色。扮演婦女，有青衣、花旦、花衫、老旦、刀馬旦、武旦等區別，有時亦特指青衣、花旦。

⑬小丑：戲曲裏扮演滑稽人物的角色。

⑭制錢：見《更夫阿韓》註釋㊸。

⑮糖土地：土地，見本篇註釋②。文中指依土地外形製作而成的糖。

⑯骰子：賭具。也用以占卜、行酒令或作遊戲。多以獸骨製成，為小正方塊，六面分刻一、二、三、四、五、六點；一、四塗以紅色，其餘塗黑色。擲之視所見點數或顏色為勝負，一般也稱色子，相傳為三國魏曹植創製。

⑰白煮：用清水煮。

⑱鎮筸：見《更夫阿韓》註釋⑨。

⑲苗子：西南官話，對苗族人的蔑稱。

⑳老庚：見《瑞龍》註釋⑭。

㉑道台：見《更夫阿韓》註釋⑰。

㉒游擊：清代武官名。從三品，次於參將一級。

㉓ 都督：古代的軍事長官，又稱總兵。清初總兵一般都兼都督。同知、都督僉事官銜。民國初年各省也設有都督，兼管民政。文中指孩子遊戲是扮演的角色。

㉔ 民政長：官名。辛亥革命後，部分省於都督下設軍政、民政二部，各置部長。民國二年，北洋政府劃一名稱，稱民政長。民國三年，又改為巡按使。文中指孩子遊戲是扮演的角色。

㉕ 南竹：即毛竹。竹的一種。

㉖ 打斤斗：翻跟斗；打滾。

㉗ 拿頂：技巧運動的一種。雙手撐在地上或物體上，頭朝下，兩足向上豎起。

㉘ 對子：成對的或相對的人或物，文中指選擇打鬥的對手。

㉙ 堡子：堡子，圍有土牆的小城鎮、村莊或堡塞。

㉚ 痳雀：方言，男性生殖器官。

㉛ 文勁：相對於武勁而言，這裏指比較文明的比試方式，兩人徒手較量。

㉜ 衖：「同」的異體字，衖衕，即胡同。指城鎮或鄉村裏主要街道之間的、比較小的街道，一直通向居民區的內部。衖是溝通當地交通不可或缺的一部分。

㉝ 檄：檄文，用於征戰、曉諭或聲討的文書。

㉞ 軍器：軍用的器具。如鼓鐸、槍械等。文中指小孩子玩的木棒、竹筒、「南竹塊」等。

㉟ 餒：見《瑞龍》註釋㊸。

㊱ 藤牌：藤製的盾牌。古代作戰時用以遮擋敵方兵刃矢石等的護身武器。圓形，中心向外凸出，內有上下兩藤環，可容手臂挽入，並有橫木，便於執持。

㊲ 例示：即示例。

㊳ 老老：老，見《爐邊》註釋㉜。方言，對年紀大的人的尊稱。

㊴ 鄉約：見《更夫阿韓》註釋㊳。

㊵ 保正：一保之長。宋王安石推行保甲法，規定五百家設都保正一人，副都保正一人，下有大保長、保長，

分別掌管戶口治安、訓練壯勇等事，意在加強對民間的統治。後世沿其法，因泛稱保長等為保正。

(41) 打加官：即跳加官，舊時戲曲開場或演出中遇顯貴到場時，加演的舞蹈節目，由一個演員戴假面具，穿紅袍皂靴，手裏拿着「天官賜福」等字樣的布幅向台下展示，表示慶祝。

(42) 孥孥：鳳凰土語，指弟弟，老弟。

(43) 代狗：見《瑞龍》註釋④。

(44) 銅元：見《爐邊》註釋⑮。

(45) 旦腳：即旦角，見本篇註釋⑫。

(46) 阿斗：三國蜀漢劉備之子劉禪的小名。此人庸碌無能，雖有諸葛亮等人全力扶助，也不能振興蜀漢，後指懦弱無能的人。

(47) 糜夫人：糜竺之妹，名貞。在劉備兵敗徐州時為其兄嫁予劉備。長阪兵敗，她懷抱年僅兩歲的劉禪在亂軍中走散，被趙雲發現；但糜夫人因趙雲只有一匹馬而不肯上馬，在將阿斗託付給趙雲後投井而亡。

(48) 揎開：用手推開。

(49) 強項君子：東漢洛陽令董宣格殺湖陽公主的惡奴，光武帝命董宣向公主低頭謝罪，董宣堅決不肯低頭。光武帝稱之為「強項令」。後用「強項」形容剛強不屈。強項君子，指剛強不屈的人或強橫的人。

(50) 媾和：交戰國締結和約，結束戰爭狀態。也指一國之內交戰團體達成和平協議，結束戰爭。

(51) 橫順：猶橫豎，反正。表示肯定。

(52) 田坪：田野中平坦的場地。

(53) 教場：舊時操練和檢閱軍隊的場地。

(54) 迎春：後世地方官例於立春前一日，率士紳僚佐，鼓樂迎春牛、芒神於東郊，謂之「迎春」。

(55) 划船：端午節時的一種水上運動。靠人力划槳使船舟在水面前進。

(56) 燒包：方言。指陰曆七月十五鬼節時，為死去的親人燒成包封號的紙錢。

(57) 看月：賞月。

⑸ 登高：中國古代旅遊活動。相傳源於漢代，並相沿成俗。一般於重陽節相約家人及親朋好友聚合旅遊，登高遠眺，藉以避難消災、娛樂身心。

⑲ 打陀螺：陀螺，見《夜漁》註釋⑩。打陀螺，一種民間傳統遊戲。玩時，以繩繞陀螺使其旋於地，再以繩抽打，使之旋轉不停。

⑳ 三牲盤子：三牲，見《更夫阿韓》註釋㉛。三牲盤子指裝有上述祭品的盤子。

㉛ 起皰：「皰」，同「包」，因碰撞而引起的腫塊。起皰，文中指因打鬥而造成的損傷。

㉜ 閃不知：沒有意料到的情況下。

㉝ 手拐子：把手插到腰間，形成一個以肘為頂角的三角形狀。

㉞ 打狗撲羊的：文中指打架，欺負弱小。

㉟ 筆架城：位於常德城區上南門與大西門的一段城堤中，前臨沅江，後面有文廟和鼎文閣。筆架城五垛並立，中垛最高，遠遠望去如同一個巨大的筆架，故名。

㊱ 大腳色：厲害人物。

入伍後

學吹簫①的二哥

像是他第二，其他的犯人都喊他做二哥，我也常常二哥二哥的隨了眾人喊起他來了。

二哥是白臉長身全無鄉村氣的一個人。並沒有進過城入過學堂，但當時，我比他認的字要少得多。他又會玩各種樂器。我之所以同二哥熟，便是我從小時就有着那種愛聽人吹嗩吶拉四胡②的癖好。因為二哥的指導，到如今，不拘一管簫，我都能嗚嗚的吹出聲音來，雖然是不會怎樣好，但二哥對我，可算送了一件好的要忘也無從忘的悲哀禮物了。在近來，人的身體不甚好，聽到什麼地方吹簫，就像很傷心傷心，固然身體不好把心情弄得過於脆薄，是容易感動的原因之一種，但，同時也是有了二哥過去的念頭，經不着撩撥，才那麼自由的讓不快的情緒在心中滋長！

我有時，還這樣想：在這世界中，缺少了力，讓事實自由來支配我們一切軟弱得如同一塊粑[3]的人，死或不死，豈不是同類異樣的一個大慘劇麼？忽然會生出足以自嚇的慈悲心，也許便是深深的觸着了這慘劇的幕角原因吧。

想着二哥，我便心有悲戚，如同抓起過去的委屈從新來受的樣子。二哥的臉相，竟像是模糊得同孩時每早上閉眼所見葵花黃光一樣，執了意要它清楚一點就不能，但當不注意時，忽而明朗起來，也是常有的事。不必要碰時候我也容易估定的，便是二哥樣子是頗美，各部分，尤其是鼻子，和到眉眼耳朵。或者，正因其是美，這印象便在我心上打下結實的樁來，使我無從忘懷吧。我對於這樣的自疑，也缺少自護的氣力，有一時，我是的確只有他的性情與模樣的美好溫良據在我心中，我始覺到人生頗為刻酷的。

這我得回頭說一些我們相識的因緣。

民國七年[4]，我出了故鄉，隨到一群約有一千五百的同鄉伯伯叔叔哥子弟兄們，扛了刀刀槍槍，向外就食，大地方沒有佔到，於是我們把黔游擊隊放棄了的芷江[5]的東鄉幾個大一點的村鎮分頭佔領了。正因為是還有着所謂軍民兩長的清鄉[6]剿匪的委令，我們的同鄉伯伯叔叔們，一到了砦[7]裏，在未來以前已有了命令，所傳的保甲[8]團總[9]，把給養[10]就接接連連送上來了。初到的四五天，我們便是在牛肉羊肉裏過的生活，大吃大喝，甚至於有過頗多的忘了節制的弟兄們，為了不顧命的喝吃，得了頗久的病。不是為了大吃大喝，誰想離了有趣的家鄉？吃以外我們一到像是還得了很多的錢。這錢立時就由團長伯伯為分配下來，按營按連，都很公平，照了職務等次，多少不等。營長叔叔是不是也拿？我可不知道了。團長伯伯的三百元，我是見到告示，說是全賞給普通弟兄們讓大家瓜分的。我那時也只能怪我身個兒同年齡太小，用補充兵的名義，所以我第一次得來的錢，是三塊七毛四。這只是比伙夫多七毛四分的一個數目而已。但也是我可喜的事。人家年長得多，身體又高又大，又曾打過仗，還比我這才入伍的孥孥[11]多得塊多錢哩。

三塊多錢處分的情形，除了我請過一次棚內哥弟吃過一對鴨子外，我記不清楚了。

我們就是那麼活下來，非常調諧，非常自然。

住處是楊家祠堂[12]。這祠堂大得怕人。差不多有五百人住下，卻還有許多空處。住了有一年，我是甚至於有好些地方還不敢一人去，不單是鬼，就是那種空洞寥闊，也是異樣怕人的。不知是怎麼意思，當真把隊伍扯出去打匪雖是不必做的事，但是，卻連我最怕的每日三操也像是團長伯伯可憐我們而免了。把一根索子，纏了布片，將索子從槍眼裏穿過，用手輕輕的拖過去，這種擦槍的工作，自然是應得像消遣自己來做做，不過又不打靶，是這樣鎮日的擦，各人的槍筒的來復線，也會就是那麼擦融吧。當真是把槍口擦大，又怎麼辦？不久，我們的擦槍工作於是也就停下來了。

不知是那一個副官做得好事，卻要我們補充兵來學打拳。這真是比在大田坪[13]叉了手去學走慢步還要壞的一件事情！在吹起床號之後就得爬起，十分鐘以內又得到戲台下去集合，接着是站椿子⑭，練八進八退，拳師傅且口口聲聲說最好是大家學「金雞獨立」（到如今我還不知道這金雞獨立，把一隻腳高高舉起，是有什麼用處）。把金雞獨立學會時，於是與我一樣大小的人每天無事就比起久來了。小聰明我還有一點，是以我總能把許多大的小的比敗。師傅真是給了我們一種娛樂。因為起得早，到空曠處吸了頗多的乾淨空氣，身體像是日益強壯了，手膊子成了方形，吃飯也不讓人，在我過去的全生活中，要算那時為最康健與快樂了吧。

我們第四棚，是經副官分配下來，住在戲台下左邊的。樓上是秘書處，又是軍法處，他們的人數總有我們兩倍多，但也像並沒有許多事可以送那些師爺⑮們去做，從書記處那邊欄杆空處，就時常見到飛下那類用公文紙畫上如同戲台邊的木刻畫的東西來，這可以見出大家正是同樣的無聊。我還記得我曾拾了兩張白紙頗為細緻的畫像，一為大戰楊再興⑯，一為張翼德把守蘆花蕩⑰，最動人的是張飛，鬍子朝兩邊分開，兇神惡煞，但又不失其為天真。據一個弟兄說這是軍法長畫的，我於是小心又小心，用飯把來妥妥貼貼粘在我睡處的牆上了。住處雖無床，用新鋸的還有香氣的柏木板子鋪成，上頭再用乾稻草墊上，一個人一床棉被，也不見得冷。大家睡時是腳並腳頭靠頭，睡下來還可以輕輕的談笑話的，這笑話不使樓上人聽到，而大家又可樂。到排長來察時，各人把被蒙了頭，立時假裝的鼾聲這裏那裏就起了。排長其實是在外面已聽了許久。可是雖然知道我們假裝，也從不曾發過氣。他果真是要罵人，到明天大家上後山去玩，不和他親熱，他就會找到不能受的寂寞了。說到排長也真好笑。因為年紀並不比我們大幾多，還是三月間二師講武堂畢的業，有兩個兵士是他的叔叔輩，點名到我們這一排時，常受窘到臉紅，真難為他！「四叔，我們釣魚去呀！」這是一個笑話。因為排長對他的兵士曾這樣又恭敬又可憐的邀約過，以後見到排長，一說到「四叔，我們……」排長就笑着走開了。

在放肆得像一匹小馬一樣的生活中，經過半年，我學會了泅水，學會了唱山歌，學會了嗾狗上山去攆野雞，又學會了打野物的幾樣法術（這法術，因為沒有機會來試，近來也就全忘了）。

有一天，像是九月十四樣子，副官忽然督工人在我們住處近邊建起一座棚欄來了。當那些大木枋子⑱搬來時，大家還說是為我們做床，到後才知道是特為囚犯人的屋子的。不是為恐怕我們寂寞才來把臨時監牢建築到這裏，真是沒有什麼理由。「把監牢來放在我們附近，這不是伯伯叔叔有意做得可笑的事麼？」於是用話激了丁桂生，丁桂生，是營長的二少爺，也是我們的同班補充兵，還說：

「去呀，到七叔那裏去說！」

那小子，當真便走到軍法長那裏去抗議。不過，結果是因為犯人越來越多，而且所來的又多半是「肥豬」⑲，於是在戲台旁築監牢的理由就很充分的無從搖動了。

第二天，午時以前，監牢做成後，下午就有三個新來的客，不消說看管的責任就歸了我們。逃脫是用不着擔心的。這些人你讓他逃也不敢。這原故是這類人並不是山上的大王或嘍囉。他們的罪過只是因為家中有了錢而且太多。你不好好的為他們安置到一個四圍是木柱子的屋子裏，要錢真不是一件容易事情呵！果真是到了這屋子還想生什麼野心逃走，那就請便吧，回頭府上的房子同田地再得我們來收拾。把所有的錢捐一點兒出來，大家仍然是客客氣氣的吃酒拉炕[20]。關於用力量逼迫到這類平時壞透了的士紳拿出錢來，是不是這例規還適用於另一個世界，我可不知，但在當時，我是覺得從良心上的批准，像這樣來籌措我們的餉項，是頂合式[21]而又聰明的辦法了。

桂生回頭時訴說他是這樣的辦的交涉：

「七叔，怎麼要牢？」

「我七叔就說：牢是押犯人的！」

「我又說：並沒見一個犯人；犯人該殺的殺，該放的放，牢也是無用！」

「七叔又說：那些不該殺又不能放的，我們把他押起來，他錢就屙馬屎樣的出來了。不然大家怎麼有餉關呢？」

「我就說：那麼，牢可以放到別處去，我們並不是來看管犯人的。」

「這些都是肥豬，平常同叔叔喝酒打牌，要你們少爺去看管也不是委屈你們——七叔又是這麼說。」

「我也無話可說，只好行個禮下來了。」

「好，我們就做看犯人的牢頭[22]，也有趣。」這是聽了桂生報告後大家說的。

有趣是有趣，但正當值日那時節，外面的熱鬧，可不能去看了。

第二天副官便為我們分配下來，每兩人值日一天，五天後輪到各人一次。值日的人，夜間也只能同那派在一天的弟兄分到來瞌睡。不知道的，會以為是這樣就會把我們苦了吧，其實是相反的。你不高興值夜班，不拘是誰都願意來相替。第一個高興為人替到守夜的便是桂生，以前日子，他就每夜非說笑話到十二點不能合眼。值夜班後，他七叔又為我們立了一個新規例，凡是值夜的人得由副官處領取點心錢兩毛：犧牲一個通宵，算一回什麼事？有兩個兩毛錢合攏來是四毛，兩毛錢去辦燒雞滷肉之類，一毛錢去打酒，剩一毛錢拿去大廚房向包伙食的陳大叔匀飯同豬油，後園裏有的是不要錢買的蘿蔔和芫荽㉓，打三更後，便你一杯我一杯的喝將起來，酒喝完了，架三塊磚頭來炒油炒飯，不是一件頂好玩的事情麼？並且，到酒飯完了，想要去睡時，天也快要亮了。

我之所以學會喝酒，便是從此為始。

下面我說一段我們同我們的犯人的談話：

「鬍子，你怎麼還不出去？這裏老人家住起來是太不合宜了！」

「穀子賣不出錢，家中又沒有現的——你給我個火吧。」

我給了他一根燃着的香，那犯人便吸起旱煙來了。

桂生又問：「你家錢多着咧，聽軍法長說每年是有萬多擔穀子上倉，怎麼就莫有㉔錢？」

「賣不出錢！」

「你家中地下必定埋得有窖，把銀子窖了！」一個姓齊的說。

「莫有，可以挖，試試看。」

「那我們明天就要派人去挖看！」桂生和我同聲的嚇他。

「可以，可以，……」

其實我們一些小孩子說要明天去挖，無論如何是不會成為事實的，但鬍子土財主，說到可以可以時，全身就已打戰了。這鬍子在同我們談話的三天以後，像是真怕軍隊會去挖他窖藏的樣子，找到了保人，承認了應繳的五千塊錢捐款，就大搖大擺拿了旱煙袋[25]出去了。這鬍子像是個坐牢的老手，極其懂得衙門中規矩似的，出去之後，又特送了我們弟兄一百塊洋錢。我們沒有敢要，到後他又送到軍法長處去，說是感謝我們的照料，軍法長仍然把錢發下來，各人八塊，排長十六，伙夫四塊，一百元是那麼支配的，補充兵第二次的收入，便是當小禁子[26]得來的八元！對於那鬍子，所給我們的錢，這時想來，卻對鬍子還感到一點憤恨，在當時，因為他有着許多錢，我們全隊正要餉，把他押起來，至少在我們十個年青小孩天真的眼光看起來，是一種又自然又合理的事，但鬍子，卻把我們待成了真的以靠犯人賞賜的禁子樣子，且多少有一點兒見了我們對他不虐待眼見得就是為要錢的原故，這老東西真侮辱了我們了。守犯人是一件可以發財的差使，真不是我們那時所想到的事。並且我們在那時，發財兩個字也不是能估據到心中，我們需要玩比需要錢還利害。或者，正因其為我們缺少那種人生的發財的慾望與技術，所以司令官才把我們派去辦理那樣事情吧。

牢中一批批大富戶漸漸變成小富戶了，這於我們卻無關。所拘的除了瘋子吵吵鬧鬧會不讓我們能睡覺以外，以後的是一個乞丐，我們也會仍能在同一情形下當着禁子吧。

不久，小富戶由三個變成兩個，兩個而一個，過一日，那僅有的一個也認了罰款出去了。於是我們立時便忽然覺到寂寞起來。習慣了的值夜在牢已空了之後當然無從來繼續，大的損失便是大家把吃油炒飯的權利失去了根據了。「來一個喲，來一個喲，」大家各自的在暗中來祈禱，盼望不拘是大富小富，只要來一個在木柵欄裏住，油炒飯的利益就可以恢復。

可是犯人終不來，一直無聊無賴過了那陰雨的十月。

天氣是看看冷下來了；大家每天去山上玩，隨意便撿柴割草，多多少少每一人一天總帶了一綑柴草回營盤。這一點我是全不內行的一個人。正因了不內行，就也落得了快活。別人所帶回的是冬天可以烤火的松香或別的枯枝，我則總是扛了一大束山果，回營來分給凡是我相熟的人。有時折回的是花，則連司令那裏，桂生家爹，同他七叔處，差遣棚楊伯伯，傳達處，大廚房陳叔，一處一大把，得回許多使我高興的獎語謝語，一個人夜裏在被蓋中溫習享受。不過在我們剛能用別的事情把我們充禁子無從得的悵惘拭去時，新的犯人卻來了。

我記到我是同一個姓胡的在一株大的楠木㉗樹上玩，桂生同另一個遠遠的走來，「呀」他大聲嚷着，「來了，來了，我才看到押了五個往司令部去！」從楠木上溜下來就一同跑回去看。桂生家七叔正在審訊。

「預備呀！」我是一見到那牆角三塊為柴火燻黑的磚，就想起今晚上的油炒飯。

因為看審案是一件頂無趣味的事，於是，我們幾個先回了營的人，便各坐在自己鋪上等候犯人的下來。

「今天是應輪到我！」大家都對於這有趣的勤務願意來擔負。

夜裏是居然有了五個犯人。新的熱鬧，是給了我們如何的歡喜啊！我記得這夜是十個人全沒有睡覺，玩了一個通宵，像慶祝既失的地盤重複奪還的樣子，大家一杯又一杯的喝着，樓上桂生的七叔喊了又喊「大家是要睡」，在每一次樓上有了慈愛的溫和的教訓後，大家又即刻把聲音抑下來。但誰都不能去睡！我們又相互輪到談笑話，又挑對子兩個人來練習打架。興兒還不曾盡，天是就發白了，接着，祠堂門前衛兵棚的號兵，也在吹起床喇叭了。

五個犯人之中就有二哥在。到兩天以後我們十個人便全同二哥要起好來了。知道是二哥之所以坐牢不是為捐款，是為了仇家的陷害，不久便可以昭雪，以後，便覺得二哥真是一個好人，而且這樣的好人，是比桂生家七叔輩還要好。大致或者二哥之善於説話，也是其所以使我們同情的一種吧。他告我們是離此不到二十里的石門寨上人，有媽沒有父親。這仇家是從遠祖上為了一個女人結起的，這女人就是二哥的祖母，因為是祖母在先原許了仇家，到後毀約時打了一趟堡子㉘，兩邊死了許多子侄，仇就是那麼結下，以後，那一邊受了他們祖宗的遺訓，總是不能忘記當年毀約的恥辱，二哥家父親就有過兩次被賊攀贓污盜，雖到後終得昭雪，昭雪後不久也就病死了。二哥這次入監，也已經是第二次，他説是第一次在黔軍軍法處只差一分一秒險見就被綁了哩。

問他：「那你怎不求軍隊或衙門伸冤反坐㉙？」

他說：「仇家勢力大，並且軍隊是這個去了那個來，也是枉然。」

又問他：「那就何不遷到縣裏去住？」

說是：「想也是那麼想，可是所有田坡全是在鄉里，又非自己照料不可。」

「那你就只可聽命於天了！」

他卻輕輕的對我說：「除非是將來到軍隊裏做事也像你們的樣子。」

二哥是想到做一個兵來免除他那不可抵抗的隨時可生的危險的。但二哥此時卻還正是一個犯人。怎麼有法子就可以來當兵？他說的話桂生也曾聽到，桂生答應待他無事出獄後，就為他到其爹處去說情。

因為是同二哥相好，我們每夜的消夜[30]總也為他留下一分。他只能喝一杯酒。他從木窟窿裏伸出頭來我們就餵他菜餵他酒，其實他手是可以自己拿的，但是這樣辦來，兩邊便都覺得有趣。像是不好意思多吃我們的樣子，吃了幾筷子，頭便團魚[31]樣縮進去了，「二哥，還多咧，不必客氣吧，」於是又不客氣的把頭伸出來。在消夜過後，二哥就為我們說在鄉下打野豬[32]以及用藥箭射老虎的一些事。有時不同他說話他仍然也是睡不下去，或者，想到家中的媽吧。在我們還沒有同二哥很熟時，二哥的媽就來過一次，一個五十多歲的高大鄉下人，穿藍色衣服，在窟窿邊同二哥談了一些話，抹着眼淚就去了。以後就沒有再來，問二哥才知道那就是他媽，知道這邊並無大危險，所以回家去照料山坡去了。他媽第二次來時，我們圍攏去同她說話，才看出這婦人竟與二哥一個模樣，都是鼻樑骨高得極其合式，眉毛微向上略飛，大腳大手，雖然是鄉下人樣子，卻不粗鹵。這次來時為二哥背了一背籠[33]紅薯[34]，一大口袋板栗[35]，二哥告她在此是全得幾個副爺[36]相看護，這一來卻把老太太感動了。一個一個來作揖，又用母親樣的眼光來覷我們，且說自己把事做錯了，早知道，應當要莊上人擔一挑紅薯來給大家夜裏無事燒起吃。最後這老太太便強把特為她兒子帶來的一袋栗子全給了我們，背起空背籠走了。其實是縱不把我們，二哥的東西，我們是仍然要大家不分彼此的讓着來吃的。

不知道是怎麼樣的原故，每次要桂生去他七叔處打聽二哥的案件，總說是還有所候，危險雖不有，也得察明才開釋。既然是全無危險，二哥也像沒有什麼不願意久住的道理了。我們可沒有替別人想當到大家都去山上打雀兒時，一個人住在這柵欄子裏是怎樣寂寞。照我們幾個人的意思，二哥就是那麼住下來，也沒有什麼不好的，若果真是二哥一日開釋，回了家鄉，我們的寂寞，真是一件不可受的寂寞呀！

有一天，不知姓齊的那猴子到什麼地方搶來一個竹管子，這管子我們是在故鄉時就見到過的。管子一共是七個眼，同簫樣，不過大小只能同一枝奪金標羊毫筆[37]相比。在故鄉吃了晚飯後，大街上就常有那類四十來歲的中年男子漢，腰帶上插了許多大大小小的東西，一面走一面把手中的管子來吹起，聲音嗚嗚喇喇，比嗩吶還要脆，價值大概是兩個銅子一枚，可是學會吹的總得花上一些兒工夫。桂生見到那管子了，搶過來吹，卻作怪不叫。我拿過來也一樣的不服我管理。

「我來，我來！」二哥聽到外面吵着笑着，伸出頭來見了說。

「送二哥試來吹吹！」桂生又從我手裏搶過去。

呵，柵欄裏，忽然嗚嗚喇喇起來了。大家都沒有能說話。各人把口張得許多大，靜靜的來聽。不一會，樓上也知道了，一個鬍子書記官從欄干上用竹篾㊳編好黃連紙糊就的窗口上露出個頭來，大聲問是誰吹這樣動人的東西！大家爭着告他是犯人。二哥聽到有人問，卻悄悄的把管子遞出來了。桂生接過拿上樓去給那鬍子看，下來時高興的說七叔告二哥再吹幾個曲子吧。二哥是仍然吹起來。變了許多花樣。竟像比大街上那賣管子的苗老庚㊴還吹得動人。樓上的師爺同樓下的副爺，就呆子樣聽二哥吹了一個下午。

到明天，又借得一枝簫來要二哥試吹，還是一樣的好聽。待到大家聽飽了以後，就勒着要二哥為指點，大家爭到來學習，不過，學到兩三天，又覺到厭煩放下了。可是我因此就知道了吹簫的訣竅，不拘一枝什麼簫，到我手上時，我總有法子使它出聲了。這全是得二哥傳的法。二哥還告我們他家中是各樣樂器都有的；琵琶，箏，簫，笛子，只缺少一個笙，在鄉中，笙是見也無從見到的，但他預備將來託下常德㊵賣油的人去帶，說是慢慢的自己來照到書去學。

音樂的天稟，在二哥，真是異樣的。各樣的樂器，他說都是從人家辦紅白喜事學來的。一個屈折頗多的新曲，聽一遍至兩遍也總可熟習㊶，再自己練習一會，吹出來便翻了許多更動人的聲音了。單憑了耳朵，長的複雜的曲子也學會了許多。自己且會用管子吹高腔，摹仿人的哼着的調子。又可以摹仿喇叭。關於軍歌也是異常熟習。本來一個管子最多總不會吹出二十個高低音符的，但二哥卻像能把這些三個或四個音揉碎捏成一個比原來的更壯大，又像把一個音分成兩個也頗自然的。

像是有了規則的樣子，雖然上頭也同我們一樣的明知二哥的案子全是被了別的賊匪所誣賴，仇家買合的匪是把頭砍下了，但平安無事的二哥，仍然還得花上一百元名為樂捐的罰款，才能出門。真是無聊呵，像才嫁了女的家中，當二哥出去以後！

二哥是在吃了早飯時候出去，到夜裏，又特意換了一件乾淨衣服，剃了一回髮，來到我們棚裏看我們的。不過這時我卻出了門。二哥便同桂生談笑了一陣，桂生為他打了半斤酒，買來一些滷牛肉，説是「還剛被一個人扯到喝了一頓呢」，但也勉強同桂生喝了一小茶盅㊷酒。他又要桂生為他去試問問營裏，若是不為什麼資格所限的話，是願意自己出錢買一枝槍來同我們做補充兵的。桂生同其他幾個是同聲説果若是二哥能來到營裏，班長的位置是非二哥來做不可的。我們正少一個班長哩。到我回營時，二哥卻已返到一個親戚家去了。

因為是記到二哥説的明日便當返石門寨去看看媽，過幾天稍稍把家事清理一下就又返身來候信，所以雖然是一對着棚欄便念着像嫁去的二哥，但總料想第二次見到二哥時，我們便要更其放肆的來一同喝酒説笑了。我是因了二哥允許我的一枝簫，便更覺念念，恐怕是二哥來了後一時不能入營，就時時刻刻催到桂生到他爹處去撒賴，桂生七叔是也知道二哥的為人的，經他幫到一説，事情便是這樣妥貼了。只等二哥從石門寨回來，槍不必自己買，桂生家七叔就做了保人補上一個名字。

至少是當時的我，異樣的在一種又歡欣又不安的期待中待着二哥的！我知道時間是快要下雪了。一到雪後，我們就可以去試行二哥所告我們的那種法術，用鳥槍灌了細豆子去打斑鳩㊸，桂生的爹處那兩匹狗，也將同我們一樣高興，由二哥領隊，大家去追趕那雪裏的黃山羊！若是追趕的是野豬，我們爬到大樹上去，看二哥用耳巴子㊹寬的矛子去刺野豬，那又是如何動人的一幕戲同一張畫！

一天，兩天，……二哥終於不見來，到第四天桂生從他七叔處得來一個壞消息，二哥的媽在二哥出牢第三天，就有一個稟，說是兒子正預備着一切要來當個兵，夜裏幾個臉上抹了煙子㊺的人，把兒子從家中拖出去跑了……第二個稟帖㊻便是說已在坳上為人發現了兒子的死掉了的屍頭和手腳卻已被人用刀解了下來束成在一處，掛在一株桐子樹上，顯然是仇殺，只要求為兒子伸冤。桂生說完，大家全哭了。若是二哥還是坐在監牢裏，總不至於這樣吧。這不消說是仇家見到二哥這次又沒有為軍隊認做匪，自己的陷害不成功，眼看到二哥是仍然平平安安回到家裏來；並且二哥行將來營裏當兵的消息，總又是那位爽直的老太太透露了出去，所以仇家就出了這樣一個毒計策，買人把二哥割了。

……鏞是不必學了！我們那一棚的班長也只好讓他那樣缺着下去了！桂生呵，要你爹把那兩匹狗打了吃掉吧！沒有二哥，山羊是趕不成了！

桂生聽着我的傷心的話語，一面抹着眼淚，一面爬到櫈子上頭去，把牆頭上懸着那一大綑帶殼的細綠豆，取下來擲到地上後，用腳踩的滿地是豆子。

「要這東西是有什麼用處？將來誰再打斑鳩就是狗養的！……」

這夜對着空的監牢，我們才感到以前未曾經過的大的空虛。同樣的心情，就是二姊死了讓屍身塞到棺木以後，眼見得為幾個骯髒伕子㊼抬去後，那樣的欲哭不能的到堂屋裏去燒夜香時候！

在快要過年了的那幾天，我們是正用着生的棕布㊽包了腳，在那沒膝的厚雪裏走動開差到麻陽縣㊾去的。在路上，見着那白的雪上山狸子㊿的一串腳蹤跡，經我悄悄的指點給桂生，不久是大家也都見到了。大家都會意。因為這樣小小的印子，引起了我們對二哥的懷念，又無一個人敢提出關於二哥的話語，覺得都很慘戚。山狸子的腳跡是在雪消後就會失去的，二哥卻在我們十個人心上，留下一個不容易為時間拭去的深的影子了。

到近來，使我想起死的朋友們而輒覺惘然的，是已有了差不多近十個。二哥算是我最初一個好朋友。還是能吃能喝活着的當年那九個副爺們，雖然是活的方法同趣味也許比往日要長進了許多，像桂生同小齊是在前年見着時就已經穿了上尉制服的，不過，我們的當年那種天真的稚氣，卻如同二哥一樣早已死去成灰了。想大家再一同來酒呀肉呀你一杯我一筷的不客氣的兄弟樣吃喝，是一件比做皇帝還要難的事。就是真實的過去，也成了夢幻似的傳奇似的事情，在此時要去當兵的年青人，諒亦無從去找到那同樣浪漫的不羈的生活教訓了。

死不甘心生又不能的吉弟，在無可奈何中往東北陸軍第二旅當兵去了。送他去時，見到他眼淚婆娑的一個人進那二旅司令部，回頭在車子上，我想到我在比他還幼小的年齡出門入伍的情形，又想到不期望在我如今居然卻來改了業，而改業後仍然還不能忘情於過去，心裏忽然酸楚起來，淚便墮在大褂[51]前幅上面了。吉弟呵，勇敢一點吧。這裏的軍中不比家庭，官佐[52]上司不是父母，同隊弟兄也與我們朋友是異樣，這一次我希望是我最後見到你的小孩子的眼淚，以後你就能把眼淚收拾起來，學做一個大人！我是像你這樣十七歲的年紀時，便已管理十個比我還大的人，充班長每日訓練別人了。你當隨時小心又小心，莫讓人拿你來做整理軍紀的證明。凡事都得耐煩去做，忍了痛對你生活去努力。你應當用力量固執着你的希望向前去奮鬥，到力盡氣竭為止。你當認清你生活周圍的敵人：時時想打仗的軍閥？不是的！穿紅綠衣裳用顏料修飾眼眉的女人麼？不是的！在不合理的社會制度下養成的一切權威，就是你的敵人！在兩樣的命運下，我是希望你沒有為槍呀炮呀打死，儌倖能活下找得出對於這世界施以一種酷刻的報復的。在生活的侮辱下糟踏，與其每天每天去盡了全力與柴米油鹽來打仗，結果勝負還是未可知，不如走這士大夫所不齒的一條路，還是於你我都適宜。一切的站到幸運上的人，周圍的事實是已把他們思想鑄定成為了那樣懦怯與自私，他們那能知道一個年青的人在正好接受智慧的時候為生活壓下而繼續死去是普遍的事實？他們那能知道他以外的還有生活的苦戰？那類口誦着陳舊的格言說是「好男不當兵」的圓臉凸肚紳士們，我是常常的夢到我正穿起灰衣在大街上見一個就是一個耳刮的。這可笑的夢我竟常常要做。呵，小的弟弟，那類紳士的教訓，若是在你心中居然生了足以使你自慚的壞影響，真是不應該！目下的，在此幾個窮苦朋友們，還夢着囈語着，要在藝術上建設什麼，找尋什麼，在追求中卻為了飢餓而僵僕，讓冬的寒風在頭上代表人類做冷峭的獰笑，這樣的結果一無所得，包着苦惱死去的朋友們，這裏那裏全是，從這種悲劇的繼續中，已給了我們頗大的真而善的教訓了，當兵，便是我們這類人從夢中找不到滿足復仇的一條大路！雖然這並不是一條平坦的路，但比之於類乎「秀才造反」的途徑，已是異樣的清楚了。吉弟，好好的對着新的生活努力吧。你好好的學一個大人，不要時時眼淚婆娑，不要如我六弟那樣莽，我同你村哥也就可以放心了。我們是在同一命運下竭着力量來同生活抗拒的人，看了為可怕的時間所捏碎我們的天真與青春，真是只有撫着臉兒來痛哭，但是，向渺茫的那一點兒光明去看吧。過去的是已經成為過去了。好好的運用着未來也不為遲！得你來信，說是除了帶皮帽子大家驟然相對時要不禁微笑外一切都還好過，你會不知道我在接到你這信以後是怎樣在喜悅與惆悵中眷念着我過去的自己！恐怕你仍然免不了初離開我們的寂寞，我才來寫這一篇我的入伍生活，願你有好的朋友，也能如我當時，只是不要到了我這樣年紀時，卻來改了業，寫當年的一切給你小的朋友看！

題解

本篇發表於一九二七年一月一日《現代評論》（第二週年紀念增刊），署名沈從文。一九二八年二月收入上海北新書店初版的小說集、戲劇集《入伍後》，並於一九二九年二月再版。一九八二年收入廣州花城出版社、三聯書店香港分店聯合出版的《沈從文文集》第二卷《入伍後》集。二零零二年收入北岳文藝出版社《沈從文全集》第一卷《入伍後》集。

本文是描寫沈從文早期生活經歷的小說之一，把對關押於軍隊中的一個「犯人」二哥的回憶，融入到早期的軍隊生活回憶中。整篇作品把鄉土中國和軍營生活的有機結合，把美好的情感置身於荒涼的生命悲劇之中，這種矛盾交織使作品充滿了張力。小說「內中多帶點諧謔味，或許受二周譯文影響相當多」（沈從文）。文字清新活潑，具有很強的質感。

註：

① 簫：管樂器，在古代以許多竹管排列在一起而成，在現代則一般以一根竹管而做成，竹管上有吹孔及六個音孔。

② 四胡：一種與二胡形狀相近的樂器，有四根弦。

③ 粑：見《更夫阿韓》註釋㊹。

④ 民國七年：一九一八年。

⑤ 芷江：今芷江侗族自治縣，位於湖南省西部。
⑥ 清鄉：清查四鄉以肅清盜匪等。
⑦ 砦：同「寨」。守衛用的柵欄、營壘。
⑧ 保甲：舊時統治者通過戶籍編制來統治人民的制度，若干戶編作一甲，若干甲編作一保，甲設甲長，保設保長，對人民實行層層管制。
⑨ 團總：地主武裝團防的頭目。
⑩ 給養：供給軍隊人員的主食、副食、燃料和軍用牲畜的飼料等的統稱。
⑪ 琴琴：見《我的小學教育》註釋㊷。
⑫ 祠堂：在舊時的宗法制度下，同族人共同祭祀祖先的場所。
⑬ 田坪：見《我的小學教育》註釋52。
⑭ 樁子：泛指可埋進地下的柱狀物。
⑮ 師爺：明朝中晚期以後至民國流行的職業。師爺之名，起自明，盛於清之民間。無官銜職稱，與主人屬僱傭關係。師爺為幕主出謀劃策，參與機要；起草文稿，代擬奏疏；處理案卷，裁行批覆；奉命出使，聯絡官場等。而後，師爺由各級地方行政官署擴展至士紳、工商家族，不僅稱呼依舊，而且連其類似佐僚人員亦統統名之為師爺。這裏的「師爺」是對軍隊裏的文職人員的稱呼。
⑯ 楊再興（？—一一四零）：南宋抗金名將，初為流寇，後成為岳家軍的骨幹，曾為岳飛破偽齊軍立下大功，後大破金兀朮於郾城下，史稱「郾城大捷」。
⑰ 張翼德把守蘆花蕩：張翼德是三國時代劉備手下的名將張飛，蘆花蕩是荊州以南長江邊的蘆葦蕩。張飛（？—二二一）：字益德（《三國演義》、《華陽國志》中字翼德）。涿郡（今河北涿州）人。三國時期蜀漢重要將領。官至車騎將軍，封西鄉侯。在中國傳統文化中，張飛以其勇猛、魯莽、嫉惡如仇而著稱。在《三國演義》中，劉備向東吳借得荊州後不還，周瑜很生氣，想出了一條「明取西川，暗奪荊州」之計。結果反中諸葛亮的計策，被逼進江邊的蘆花蕩，為守候在此的張飛活捉。

⑱ 木枋子：方柱形的木料。

⑲「肥豬」：這裏指有油水可榨取的有錢人。

⑳ 拉炕：「炕」是中國北方住宅裏用磚或土坯而砌成、可以燒火取暖的床，上面鋪席，下有孔道和煙囪相通。中國的炕或者床不只用來睡覺，也一直兼顧着社交場合的作用，文中「拉炕」是指把床或炕上的被褥整齊疊放，請來人坐在床或炕上喝酒、聊天，以示親密。

㉑ 合式：見《我的小學教育》註釋⑥。

㉒ 牢頭：典獄長。

㉓ 芫荽：香菜的別名。

㉔ 莫有：見《夜漁》註釋㉗。

㉕ 旱煙袋：又叫旱煙桿，一種吸煙工具。

㉖ 禁子：又稱「禁卒」，舊時對看守罪犯的獄卒的稱呼。

㉗ 楠木：常綠喬木，葉橢圓形或長披針形，表面光滑，花綠色，漿果藍黑色，木材有香氣，是一種貴重建築材料。

㉘ 堡子：見《我的小學教育》註釋㉙。

㉙ 伸冤反坐：申冤：洗雪冤屈；反坐：按誣陷別人的罪名，對誣告人施行懲罰。

㉚ 消夜：見《爐邊》註釋⑥。

㉛ 團魚：「鱉」的俗稱，也稱「甲魚」、「王八」。一種爬行動物，外形像龜，背甲上有軟皮，腹面乳白色，趾間有蹼，生活在江河湖泊中。

㉜ 野豬：哺乳動物，家豬的祖先。全身長黑褐色粗毛，犬齒發達，耳和尾均短小，生性兇暴。

㉝ 背籠：背負東西用的籠子。

㉞ 紅薯：見《更夫阿韓》註釋④。

㉟ 板栗：山毛櫸科栗屬中的喬木或灌木總稱，大約有八、九種。這裏指栗樹所結成、可食用的堅果，呈橢圓

形或長橢圓狀。

㊱ 副爺：原指將領的屬僚，官階較低的武官。舊時亦用以諛稱士兵。

㊲ 奪金標羊毫筆：羊毫筆，毛筆的一種，以青羊或黃羊之鬚或尾毫製成，約南宋以後盛行，清初之後被普遍採用。因為清代講究圓潤含蓄，不可露才揚己，故只有柔腴的羊毫能達到當時的要求而被普遍使用。「奪金」為當時著名羊毫筆的品牌。

㊳ 竹篾：剖削成一定規格的竹皮或成條的薄竹片。

㊴ 老庚：見《瑞龍》註釋⑭。

㊵ 常德：地名，現屬於湖南省常德市。位於湖南省西北部，常德府轄桃源、石門、安鄉、澧縣、漢壽、慈利、臨澧七縣。秦置臨沅縣，東漢為武陵郡治，隋改武陵縣。南宋後為常德府，路治。一九一三年改為常德縣。

㊶ 熟習：學習或掌握得很熟練。

㊷ 茶盅：喝茶用的無柄的小杯子。

㊸ 斑鳩：鳥的一種，體形與鴿子相似，身體為灰褐色，頸後有白色或黃褐色斑點，嘴短，腳為淡紅色，以穀物為食糧。

㊹ 耳巴子：巴掌、手掌。

㊺ 煙子：煙附着在其他物體上所凝結成的黑色物質。

㊻ 稟帖：舊時老百姓向官府報告、請示的文書，同前文「稟」同。

㊼ 伕子：見《更夫阿韓》註釋③。

㊽ 棕布：即「棕衣」，棕櫚樹幹周邊的葉鞘基部形成的網狀纖維。粗糙而耐磨蝕，綁在鞋底能起到防滑作用。

㊾ 麻陽縣：見《瑞龍》註釋㉑。

㊿ 山狸子：豹貓，產於亞洲的貓科動物。

⑤1 大褂：身長過膝的中式單衣。

⑤2 官佐：官長及其副職。文中指軍官。

晨

這是嵐生先生同嵐生太太另一個故事。

說到故事，就似乎其中情節是應當怎樣奇怪，怎樣動人，怎樣湊巧，才算數似的。但這仍然是故事。要嵐生先生做出一點不平常的事來給我們開心，那無望。太平常了。譬如剪髮，我敢說你們中的太太當時就有不少是這樣：先是老爺太太都對這返俗尼姑模樣頭，加以不男不女的譏笑，到後老爺每天出外去，為了這裏那裏無數的尼姑頭勾動了心思，同時生出一點無傷大雅的虛榮，於是回家便去同太太開兩頭會議，待到太太同意把髮來如法炮製時，你們倆便算站在文化水平線上的人了。雖然你不是財政部書記①，身體也不一定胖；也許你還是一個每日到國立大學講國文歷史音韻學②的大教授，遇到這潮流，你能抵擋這潮流不為所動麼？除了讓這潮流帶去，你是無法的。你除了做一個嵐生先生，讓年青的半舊式的太太趕快把髮剪去後，你來消受那儼然嶄新的愛情外，你當真是無法的。一個太太與時髦宣戰時，你將得到比沒有太太以上的苦惱，可不是麼？其實嵐生先生也不止一個，你們都是。我所說的你們就是你們。你們不拘③誰一個④，日常生活自然要比嵐生先生同嵐生太太合在一塊兒時來得更精彩，更熱鬧，但總不會與嵐生先生是兩樣。我的意思就是把平常的嵐生先生的生活來說一下，做一個參考，好讓大家都從嵐生先生身上找出一點自己的相貌，無別意。

我當說自從嵐生先生要太太把髮剪成一個返俗尼姑模樣後，嵐生先生是在怎樣一種新的光輝誘惑中過的日子。這不是一件容易事。嵐生先生是簡直跌到一種又是驚異又是生疏的愛情恣肆中去了。單就表面說，我知道墨水胡同⑤那條路，嵐生先生已是有過好久日子不走了。財政部總務廳那本簽名簿，嵐生先生名字反而全是簽在一些科長秘書屁股後。這是近日才發生的事。煮飯本來不是一樁容易事，尤其是天冷，水快結了冰，在平日，嵐生先生為避這差事，出門特別早，回家特別晏⑥，到如今，卻慷慨引為自己的義務了。

在往日，遇假期，嵐生先生起床必得晏一點，這是成了例的一件事；這晏起，不是戀太太，只是一個胖子應有的脾氣。可是到近來，則已不俟⑦假期也得沿例了。因了貪看太太新的蓬鬆不馴的短頭髮，嵐生先生便抱了比要太太剪髮還大的決心，來忍受別的方面的損失。太太不忘到⑧時間，一到九點鐘，就會催着老爺快起床。

「再呆一會兒，時間一過，又——」

嵐生先生總說：「我不要靠到⑨那一點特別獎，少用一點就有了。」

陪到太太並頭睡，比得部裏考勤特獎還可貴，這是嵐生先生新發明的一件事。

太太呢?

太太方面可說不愜意事是全沒有的。有新的體面藏青色愛國呢旗袍子⑩可穿,有嵐生先生為淘米煮飯,只除了從老爺方面送來的一些不可當⑪的溫柔,給了自己許多紅臉機會外,真不應有些子⑫懊惱了。

只是剪頭髮的事,不單是為自己和自己老爺,也可說是為他人。關於這一點,嵐生先生同太太意見一個樣;所不同的只是老爺覺得為己七分為人只三分,太太則恰恰正相反。在剪髮以後,若盡只藏躲到家裏,那是藏青色愛國呢旗袍子也不必縫了。太太對剪髮以後的希望是兩個中央——不是為到中央公園⑬去玩,又不是為到中央戲院看電影,或者在嵐生先生提出剪髮意見後,即否決,也是意中事。

太太曾私自在心裏划算過:

如果天氣好,當到⑭嵐生先生放假日,太太在前老爺在後可坐車到中央公園去玩耍。一同吃那長美軒⑮的肉包子。吃了包子又喝茶。喝了茶又繞社稷壇⑯打圈子⑰。玩厭了,回頭就又是一個在前一個在後坐車轉到中央戲院去看「陸客」。在中央,樓上男女是同座,這一來,老爺便同太太坐在一塊兒,老爺穿禮服呢馬褂⑱,太太穿新旗袍子。兩人都體面得同一個部長與部長太太,誰能知道一個是在財政部每月拿三十四塊錢月薪的師爺⑲,另一個,如同女子閨範大學女學生的便是師爺娘⑳呢?在前後左右,總有不少女學生吧,包廂內,說不定部裏廳長僉事參事㉑科長秘書的太太小姐少奶奶就不少。這些身分尊貴的娘女㉒們,頭髮不是也都剪得很短麼?身上所穿的衣服，不是有許多正同自己旗袍一個顏色麼？自己就讓別人看見也不會笑話，而且嵐生先生同事會……

委實說，這是一點算不得壞的希望。倘若是照到嵐生太太的計劃，到那兩處中央去，一個是頭有黃光的小胖子老爺，一個是小小白淨瓜子臉上披着烏青的一頭短髮衣衫入時的太太，誰能禁止誰不去猜想這是一個局長廳長，帶起㉓他在女子閨範大學唸書的太太來逛的？動人羨企也是自然事。設若是為嵐生先生的熟同事遇見，那就更有許多使嵐生先生受用的揶揄㉔了。可是偏心的是天。當到嵐生太太遵照渡迷津老神仙㉕所看的日子把頭髮剪去那一日，是晴朗得同四月間一個樣。第二天，無變化。第三天，仍然極其適於到外面去玩。第四天，天既好，又是星期日，但旗袍子還不起㉖。誰知待到嵐生先生到成衣處把衣取得時，一夜工夫天卻翻臉了。應當落雪又不落，風則只是嗚嗚喇喇颳不止。路上沙子為風吹起大把大把的灑人。甚至嵐生先生每天上部裏辦事也得吃下許多灰。四天，五天，風還沒有休息的意思，這之間，遇到一次星期，一次特別假，都不能外出，兩人都免不了有點悵惘。天晴落雨不是人做的，能怪誰？

七天，八天，風還不止，簡直是像有意同人在作對！

天不成人之美，太太不免要遇事借題發揮一下，不是怨飯煮得不好，就是說嵐生先生近來脾氣越變越壞了，夜間總不讓她好好的睡覺，日裏又特別戀床，辦公廳的事情也像可有可無的樣子。其實當到假期不得兩個人去玩，嵐生先生同樣也是消極的。不過嵐生先生是個男子漢，且還胖。我們從不曾聽見一個胖男子漢會對一樁小事情粘住到心上。凡固執到小事的人他絕不會胖。

所以縱不能出門，並加上太太的悲憤，嵐生先生仍然還是煮飯做事都高興。

每一天早晨，嵐生先生嵐生太太醒了後，聽到風在外面院子裏打哨子㉗，太太第一句話總是「早知天氣要變就不必慌到剪這頭髮了」。老爺呢，照例拿「日子多哩」來熨平太太的不快。太太可不成。為了逗太太歡喜，嵐生先生於是又把早上起來燃汽爐子燒洗臉水也歸在自己的賬上。在此時，我們才看得出嵐生先生真算一個好丈夫。

因為風，反而給了嵐生先生許多幸福了。假日因風不出門，嵐生先生便鎮日㉘陪伴着太太，無饜足㉙的將太太側面正面新的姿態來欣賞。隨時又做了些只有一個新郎或一個情人在女人面前所做的事情，讓心為太太在微嗔㉚的一度斜睇㉛中來跳躍。每一天早晨，覺得已經把太太臥着的模樣看飽後，就開釋㉜了太太，一同起床，好變更地位來到大玻璃窗下細細的觀察太太梳頭時肩上的全部。最使嵐生先生神往的，是太太頭上那蓬蓬鬆鬆，蓬蓬鬆鬆之所以蓬蓬鬆鬆，這差不多全賴嵐生先生伴到太太在床上揉搓的結果。這是嵐生先生的創作。嵐生先生當對面蓬蓬鬆鬆情景下，每會超於嵐生太太的意外發出大笑，因為他能聯想到許多事上去。不必說，就只笑，便也能使嵐生太太回憶到蓬蓬鬆鬆原因上面去，若太太因此臉一紅，就更要使嵐生先生大笑了。

「這有什麼好笑？」太太每是這樣說。

「我笑我自己，你臉紅什麼？」固定的答語也從不易一個字。

太太沒有法，只不理。說是近來越來越「痞㉝」了。

越來越「痞」是真的。嵐生先生在這種情形下，是更其不講規矩的。每到這時他就想起一些義務，在太太身上盡一些比煮飯還需要的義務。這義務是把肩膀擦過去，把嘴唇翹起，推到嵐生太太的臉邊後，於是在太太臉上任何一部分，用一個郵局辦事人蓋郵戳在信件上的速度，巧捷的又熟練的反覆其來去，直到太太口上疊連咦咦作聲用手來抵拒這愛情戳記時才停止。

然而，縱然每早晨嵐生先生都可以看到太太這蓬蓬鬆鬆的樣子，也許是梳過髻子㉞太久了，嵐生太太的頭髮又是特別柔，一起床，用梳子一整，又平了。這算是掃興的事。嵐生先生為了救濟這不是持久動人的情形，採取了從理髮館打聽來的一個好辦法，乘到吉利公司還在繼續減價的當兒㉟，又花一塊錢，為太太買了一套燙髮的器具。可是太太意思要剪要燙也都是為得陪到嵐生先生外出時的撐面子，風既不願息，自己也就不願燙。

太太意思是除非風息又值嵐生先生不辦公。風可偏不息，一拖下來就是半個月。

某一晨。說明白點，是十一月二十因總長㊱老太太做壽特別放假一天的某一晨。這天無風，晴。

嵐生先生恐怕本日又颳風，故在先一晚上不將放假的事告太太。醒來，窗子特別亮，映在窗子上部的一線光，又告明嵐生先生外面明亮並不是落雪。聽聽風是沒有。看太太，一張小小的嘴略張開，眼皮下垂，睡得是真好。

這怎麼辦？

就暫時是不把太太吵醒，一個人睡到床上籌畫本日的用費吧。

——聽到街上送牛奶的車子過去了。
——聽到賣白饅頭的人過去了。
——聽到賣馬蹄燒餅㊲的人過去了。
——聽到有洋車過去了。
——聽到一個小孩子唱「牛頭馬面兩邊排」過去了。
又聽到隔壁院子月毛毛㊳的哭聲，太太可是還是沒有醒。
太太還是沒有醒，身子翻過去，把臉對裏面，嵐生先生忽然又感動起來，頭移攏去只一下——
「老晏了？」太太醒了。
「太太，不到九點，我怕你昨晚上——我不吵你哩。」
太太不做聲，翻過身來，眼屎朦朧的望着窗子。
「晴了，皇天不負苦心人，今天可以出去玩一整天了！」頭再擠攏去，乘太太不防備就蓋了一個戳。太太只眉略蹙㊴，避開嵐生先生的呼吸。
嵐生先生當時就把今天放假的事情告給了太太，太太似信非信的問：
「當真不辦公嗎？」
「當真的。」
當真的，太太是不能再忍耐，爬起來了。

「時候還早，」嵐生先生扯着被角不放鬆。

「不早了，」太太也扯着被角。

「不早也要你再陪我睡一會，」說着，是一隻短肥的膀子壓到太太的肩上，太太就倒下。

太太臉盤仍然規規矩矩側放在枕上後，嵐生先生的臉就擱在對面。嵐生先生是笑着。大的氣息從鼻孔出來，吹到臉上是熱的。短的黑的人中兩邊一些烏青硬鬍子，鼻子左邊那麼一粒朱紅痣（鼻孔的毛也分明），眉間一彎[40]小小的肉絲，耳朵孔內那三根長毛，還有足夠留下一粒花生米的頭頂那微凹（仍然是微微返着光），很分明。嵐生先生同時也就瞅着太太不旁瞬[41]，好讓太太的眼睛同自己眼光常相遇。

太太還是不很相信嵐生先生剛才的話語，恐怕他是要藉故不上部裏去辦公，又問嵐生先生一次是不是真話。

大家都明白這是一個小春天氣的早晨，正是使青年夫婦愛情怒發的早晨，凡是有一個合意太太——又是新剪了頭髮的——他必能猜詳[42]到嵐生先生這時要對他太太所採用的方法的，我不說了。

太太因為想起燙髮的事情，雖然依舊睡下了，卻把眼睛閉上不理會。

兩方堅持下來是不會得到好的結果的。大約嵐生先生同時又在下意識裏搧着一些要同事羡妒的虛榮翅膀了，於是就把太太從自己臂圈中解放了。

嵐生太太先起床，嵐生先生就在床上看着太太熱臉水。

一會兒，汽爐子就沸沸作響了。太太把白搪磁壺擱到爐上後，就去找那開燙髮用的新買的那一瓶火酒的螺絲。

嵐生先生在床上，眼睛睜得許多大[43]，離不了太太的頭，頭又是那麼蓬蓬鬆鬆使人心上發癢的。

嵐生太太到一些大小瓶罐間把啟塞器找到後，老爺說話了。

「太太，就用我們燃汽爐子那剩下的酒精，一樣的。」

太太心想那種同煤油相混的髒東西，那裏用得？只是不理。瓶口軟木塞子終於就在一種輕巧手法下取出了。

水熱了，頭在枕上的嵐生先生還在顧自兒發迷[44]。

看到太太在那裏摩挲[45]燙髮鐵夾子，恐怕太太要誤事，嵐生先生舉起半個身子了。

「太太，做不得，」嵐生先生說，「你照我告訴你的辦法，夾上包上一點新棉花，醮[46]一些火酒，酒可不要多，把夾子燒好後，就乘熱放到髮裏去，對着鏡子，這麼那麼的捲；或者是不捲，只是輕輕的掿[47]，待會兒，你的頭髮就成一個麻雀窠[48]了。」說到掿，嵐生先生在自己頭上示着範，太太可總不大能明白。

「好人，你起來幫忙吧，報也早來了。你不願幫忙，看我燙，你就讀報給我聽。」

「遵太太吩咐。」

兩人同在一個面盆裏，把臉各用棕欖香皂擦過後，半盆熱水全成了白色。太太就坐到方桌邊去，對到那面大方鏡子試用冷夾子捲頭髮，老爺手上拿着一份報，沒打開，只能看到一些極其熟習的廣告。

「唸吧！」

「遵太太盼咐。」

於是，把第一版翻過來。

「——赤黨，即紅衣盜……唶！這不通，這不通，這是共產黨，怎麼說是紅衣盜？笑話，笑話！」

「喲，幾幾乎——」

嵐生先生抬起頭，見到太太惶遽㊾的樣子，莫名其妙。

「差點把手指也灼焦了，火酒這東西真厲害！」

隨到太太眼光游過去，還熾着碧餤的燙髮夾，斜簽在桌子旁不動。

「不要緊，不要緊，」所謂忙者不會，會者不忙：嵐生先生隨手撈得自己那頂灰呢銅盆帽㊿，隔着多遠拋過去，便把火餤壓息了。

「嗨，太太，你的膽子可是真不小呀！」這是故意說的是反話。

太太實際心是還在跳。「還說咧，險顆兒㉛不——」太太是照例說着半句話，就一面起身把嵐生先生帽子拿起來，帽子邊上的裏層濕了拇指大兒一小片。

第二次是全得嵐生先生為太太幫忙，夾子燒好後，總算像殺牛一樣把夾子埋在髮裏了。太太就用兩隻手對到鏡子壓住那夾子。

「唸你的報吧！」

又是遵太太吩咐，於是嵐生先生把那一段記載紅衣盜的新聞唸下去，中間自己又加上一些按語㊿，一些解釋。

「……他們公妻哩」，嵐生先生故意加這一句話。其實這個太太早就知道的。「實在要公那就大家公，」這話嵐生太太已就聽過嵐生先生不知說了幾多㊼次數了。

「不要這個，」太太手還舉起的，對着鏡子望着嵐生先生說。

嵐生先生就讓第一張從手中溜到地下去，唸起第四版來。

「社會之慘聞：糟糕！糟糕——糟糕了。」

「什麼糟糕？財政部部員又同教員打架了麼？」

戲是演到熱鬧處來了。

「唉，我的天，你是險極了！」嵐生先生不必再說話，站起來，將太太頭上還是熱着的燙髮夾子握到手，順手就從房門丟到外面院子裏去了。

這着㊾給太太一大驚。

「怎麼啦？」

「怎麼啦，」嵐生先生鈎[55]了腰去拾報紙。「你看，你看，為燙髮，閨範女子大學的學生燒死一對了！」

跟着是唸本日用頭號字標題的本地新聞：

昨日下午三時，本京西城閨範女子大學有女生二名，在寢室，因燙髮，不小心，延及火酒瓶，致焚身，一即死，一亦暈迷不醒……

聰明的太太，不待嵐生先生的同意，知道他目下所應做的事，伸手將桌上那一小瓶火酒拿着就從窗口擲出去，旋即聽到玻璃與天井石地相觸碎裂的聲音。危險是再不會有，命案是不會在這房中發生了。

「太太，我們左右燃汽爐子也是要火酒哩。」

然而已經是遲了。

嵐生先生要太太把腦前那已為夾子烙鬈了的頭髮用熱水去洗，共洗過三天，才能平順（這已算故事以外的事情）。

十六年三月於北京

題解

本篇作於一九二七年三月，發表於一九二七年五月七日《現代評論》第五卷第一二六期，署名從文。一九八二年收入廣州花城、香港三聯出版社出版的《沈從文文集》第一卷。二零零二年收入北岳文藝出版社出版的《沈從文全集》第一卷《蜜柑》集。

這篇小說可以說是和魯迅小說《頭髮的故事》風格迥異的另一個「頭髮的故事」，沈從文把焦點集中在紳士的家庭生活和兩性生活上，圍繞嵐生太太的頭髮展開了嵐生先生夫婦的日常生活。主人公嵐生先生是財政部二等書記，他和太太的生活充斥着無關大局和平庸的心機算計。嵐生夫妻成天盼天氣變好，可以同去兩個中央（中央公園和中央戲院），讓新剪的頭髮派上用場。他們的眼光停留在一些微不足道的事件中，為燙髮逗樂，卻對報上的赤黨、共產黨、公妻的所謂新聞毫無鑒別。顯示了沈從文對都市人不同生活方式和習性所作的嘗試性探索，暴露了都市中上層階級生活的空虛、無聊和虛榮。

註：

① 書記：民國時代機關中專門負責抄寫、記錄工作的人員。

② 音韻學：是研究漢語語音系統的科學。它包括古音學、今音學、北音學、等韻學等學科，是廣義語言學的

一個重要分支。

③ 不拘：見《棉鞋》註釋㉒。

④ 誰一個：哪一個。

⑤ 胡同：見《我的小學教育》註釋㉜。

⑥ 晏：遲、晚。

⑦ 俟：等待

⑧ 不忘到：沒忘記，沒忘了。

⑨ 靠到：靠着。下文陪到、照到意為陪着、照着。

⑩ 旗袍子：旗袍，中國的傳統女性服飾之一。

⑪ 不可當：不恰當，不合適。

⑫ 有些子：有什麼。

⑬ 中央公園：位於北京市中心紫禁城南面，天安門西側。明成祖朱棣興建北京宮殿時，按照「左祖右社」的制度，改建為社稷壇。是明、清皇帝祭祀土地神和五穀神的地方。一九一四年後，稱中央公園，為北京最早成為公園的皇家園林之一。

⑭ 當到：在……時候。

⑮ 長美軒：二十世紀二三十年代北平中山公園著名茶座（中山公園茶座分東西兩路，東有來今雨軒，西有春明館、長美軒、集士林、柏斯馨四家，匾額多為名人所題）之一，光顧者以學界人士居多，為當時社會名流茗談雅集之處。

⑯ 社稷壇：位於北京天安門西，為明清兩代祭祀社、稷神祇的祭壇社稷。是「太社」和「太稷」的合稱，社是土地神，稷是五穀神，兩者是農業社會最重要的根基。不僅在京城有國家的祭壇，地方各級城市也都有祭祀社稷的場所。

⑰ 打圈子：閒逛，溜達。

⑱ 呢馬褂：呢：一種較厚較密的毛織品。馬褂，客家又叫大襟衫，是中國清代的男式服裝之一。原為滿族騎射時穿着的一種褂子，後成為日常罩於袍子外面的服裝。

⑲ 師爺：見《入伍後》註釋⑮。

⑳ 師爺娘：對師爺妻子的稱呼。

㉑ 僉事參事：官名。僉事，金代按察司屬官有僉事。元代，諸衛、諸親軍及肅政廉訪司、宣撫司、安撫司等皆有僉事。明代提刑按察使司（按察使，管理一省監察、司法的長官）屬官有僉事，無定員，分道巡察。清代初期沿置，乾隆十八年（一七五三年）廢。清末改制，部分機關有設，地位高低不一，多在參事之下，職務相當於科長。中華民國北洋政府各部亦設僉事，薦任，分掌各廳、司事務，常兼任科長，地位則略高於科長。參事，隋時掌管橋樑渡口的都水台有參事。清末和民國初年政府機關亦設參事。清末改制，新設或改組的中央各部，每於正副大臣之下，設參事數人，由大臣奏補。辛亥革命後，北洋政府中央各部均有參事二至四人，掌擬訂與審議各種法律命令，官階地位與各司司長同等。民國十年（一九二一年），公佈《省參事會條例》，各省或置或不置。解放後，國務院和各省、市、自治區人民政府也設立參事職務。

㉒ 娘女：見《更夫阿韓》註釋⑧。

㉓ 帶起：起，用在動詞後作為補足語，表示動作的向上方向。此處表示某種狀態，意思為「……了」、「……着」。帶着。

㉔ 揶揄：見《更夫阿韓》註釋⑳。

㉕ 渡迷津老神仙：津，指渡口。迷津，迷失渡頭所在。此處的迷津是指方向、辦法或途徑。渡迷津老神仙指針對事物的困難處，提供解決的方向、辦法或途徑的人。

㉖ 不起：沒有做好。

㉗ 打哨子：形容颱風的聲音。

㉘ 鎮日：見《更夫阿韓》註釋(56)。

㉙饜足：滿足（多指私慾）。
㉚嗔：生氣。
㉛斜睇：斜着眼看。
㉜開釋：釋放被拘禁的人，這裏指放開。
㉝痞：見《更夫阿韓》註釋⑥。
㉞髻子：舊時婦女的一種髮式。將頭髮挽成髻，盤在腦後或頂部兩側。
㉟乘到……當兒：趁着……的時候。
㊱總長：北洋政府時期的官名，中央政府各部部長皆稱為總長，副部長稱為次長。國民黨政府時期長官改稱為部長。
㊲馬蹄燒餅：是用麵粉、植物油、芝麻為主要原料，用特製鍋爐烤製而成的食品，其形狀如馬蹄，故名馬蹄燒餅。相傳在清乾隆年間就已享有盛名。
㊳月毛毛：小嬰兒。
㊴蹙：皺，收縮。
㊵一欒：一塊兒。
㊶不旁瞬：瞬，眨眼，眼球一動。不旁瞬，指不眨眼，眼睛不旁視。
㊷猜詳：猜度。
㊸許多大：很大。
㊹發迷：對人或事物產生難以捨棄的愛好。
㊺摩挲：也作「摩娑」、「摩莎」。撫摩；撫弄。用手輕輕按着並一下一下地移動。
㊻醮：這裏指蘸或澆上。
㊼搭：握持，揉、捏。
㊽窠：鳥獸的巢穴。

㊾ 惶遽：驚恐慌張。

㊿ 銅盆帽：現代帽類名稱，舊時的一種帽子品種，開始由國外傳入，用氈製作，圓形平頂式，帽牆很低，下端四周有凸出的帽沿，將帽子翻過來安放，極似我國舊時使用的銅盆，故名。後來銅盆帽式樣改成目前呢帽的式樣，已經不像銅盆，但習慣上還是稱它為銅盆帽。

(51) 險顆兒：險些兒。

(52) 按語：作者、編者對有關文章、詞句所做的説明、提示、考證或評論。此處指嵐生為太太唸報紙時所加的作為説明或參考的簡略評論。

(53) 幾多：多少。幾多：多少。

(54) 這着：着，計策、辦法、行為。這裏指嵐生先生扔掉太太燙髮夾子的舉動。

(55) 鈎：彎。

草繩

今年鎮上雨水特別好。如今雨又落了整三天。河裏水，由豆綠色變到泥黃後，地位也由灘上移到堤壩上來了。天放了晴水才不再漲。沿河兩岸多添了一些扳罾人①，可惜地方上徐黑生已死，不然又說鎮上八景應改成九景，因為「沱江②春漲」當年志書③不曾有，或者有意遺落了。

至於沙灣人，對於志書上的缺點，倒不甚注意。「沱江春漲」不上志書也不要緊的，大家只願水再漲一點。河裏水再漲，到把臨河那塊沙壩全體淹沒時，河裏水，能夠流到大楊柳橋下，則沙灣人如像周大哥他們，會高興得飯也忘記吃，是一定的吧。

水再大一點，進了溪裏橋洞時，只要是會水④，就可以得到些例外的利益。到橋洞裏去捉那些為水所沖想在洄水處休息的大魚，是一種。膽大一類的人呢，扳罾捉魚以外還有來得更動人的慾望在。水來得越兇，他們越歡喜，乘到這種波浪滔滔的當兒⑤，顧自奮勇把身體擲到河心去；

就是從那橫跨大河的石橋欄上擲到河心去。他們各人身上很聰明的繫了一根繩，繩的另一端在大楊樹上繫定，待到撈住一匹從上游沖來的豬或小牛之後，才設法慢慢游攏岸。若是俘虜是一根長大的木柱，或者空漁船，就把繩繫住，顧自卻脫身泅到下游岸邊再登岸。

然而水卻並不能如大家的意思，漲到河碼頭木樁標示處，便打趣⑥眾人似的就止了。人人都失望。

橋頭的老兵做了夢，夢到是水還要漲。別的也許還有人做這樣的夢，但不說。老兵卻用他的年齡與地位的尊貴為資格，在一個早上，走到各處熟人家中把那再要漲水的夢當成一件預言的說了。當然人人都願意這夢是靈驗。

照習慣，漲水是本來無須乎⑦定要本地落雨才成的。本地天大晴，河裏漲水也是常有事。因此到晚天上還有霞，沙灣人心裏可不冷。

「得貴伯，是有的，」說話的是個沙灣人，叫二力，十六歲的小個兒猴子，同到⑧得貴打草鞋為生。這時得貴正在一個木製粗糙輪上搓一根草繩。這草繩，大得同小兒臂膊，預備用來捉魚。搓成的草繩，還不到兩丈，已經盤成一大卷。

房子中，牆上掛了一盞桐油燈，三根燈芯並排的在吸收盞中的油，發着黃色的光圈。左角牆上懸了一大堆新打的草鞋，另一處是一個酒葫蘆同舊蓑衣⑨。門背後，一些鐮刀，一些木槌子，一些長個兒鐵釘，一些細繩子，此時門關着，便全為燈光照着了。

二力蹲坐在房中的一角，用一個硬木長棒槌⑩擊打剛才編好的草鞋，脱脱脱的響。那木槌，上年紀了，在上面還返着光，如同得貴的禿頂那模樣。

得貴是幾乎像埋在一大堆整齊的草把中間的。一隻強壯的手抓住那轉輪木把，用力搖，另一隻手則把草捏緊送過去。繩子是在這樣便越來越長了。木輪的軋軋轉動聲，同草為輪子所擠壓時吱吱聲，與二力有節奏的硬木棒槌敲打草鞋聲，合奏成一部低悶中又顯着愉快的音樂。

「得貴伯，我猜這是一定會有的。」

二力説得是明日河中的大水。若是得貴對老兵的話生了疑惑時，這時繩子絕不搓得這麼上勁的。但得貴聽到二力説話可不答，只應一個唔，而且這唔字為房中其他聲音埋葬了，二力就只見到得貴的口動。

「我想我們床後那面網應當早補好，」二力大聲説，且停了敲打。「若是明天你老人家捕得一匹牛；——就是豬也好——可以添點錢，買隻船；——不，我想我們最好是跳下水去得了一隻牛，以外還得一隻船，把牛賣去添補船上的傢伙，伯伯你掌艄⑪，我攔頭⑫，就是那麼划起來；——以後鎮天⑬不是有魚吃？」

得貴把工作也稍稍慢住下來：「我跌到斤絲潭裏去誰來救援？」

這是一句玩笑話。這老人，有名的水鬼⑭，一個氽子⑮能打過河去，怕水嗎？

二力知道是逗他。卻説道：「伯伯你裝癡⑯！你説我！我是不怕的，明天可泅給你看。」

「伯伯這幾年老了，萬一吃多了酒一不小心？你能救你伯伯嗎？」得貴説了就哈哈大笑，如同一個總爺⑰模樣的偉大。其實得貴有些地方當真比一個衙門⑱把總⑲是要來得更像高貴一點的；如那在燈光下尚能返光的淺褐色禿頂，以及那個微向下溜的闊嘴唇，大的肩膀，長長的腰，……然而得貴如今卻是一個打草鞋度日的得貴。也許是運氣吧。那老兵，在另一時曾用他的《麻衣相法》⑳——他簡直是一個「萬寶全」，看相以外還會治病剃頭以及種種技藝的——說是得貴晚運是在水面上，這時節，運，或者就在恭候主人的，是以得貴想起「晚運」不服老的興奮着搓繩，高興的神氣，二力也已看出了。

「我想——」二力說，又不說。

這是二力成了癖的帶頭的，說話之先有「我想」二字，有時遇到不是想的事也免不了如此。這是年紀小一點的常有的事情。

「我想我們還應當有一面生絲網，不然到灘上去打夜魚㉑可不成。」

「我想，」這小猴又說，「我們還應有些大六齒魚叉才好。」

「還有許多哩，」得貴故意提出，好讓二力一件一件數。

「我們要有四匹槳，四根篙，兩個長杆小撈兜。一個罩魚籠㉒……得貴伯，你說船頭上是不是安一個夜裏打魚燒柴火的鐵兜子？」

「自然是要的。」

「我想這真少不了，不然，那怎麼燒柴火。我想我們船上還要一個新的篷。萬一得來的船是無篷的？我想我們船上還要——但願得來的船是傢具完全，一樣不必操心，只讓我們搬家去到上面住。」

「為伯伯去打點酒來吧。一斤就有了。不要錢。你去説是賒賬[23]，到明天一起清。」

二力就站起來伸了一個大懶腰，用拳自己打自己的腿。走到得貴那邊去，把盤在地下的粗草繩玩笑似的盤自己的身。

「這麼粗，吊一隻大五艙船也夠了。我想水牯[24]也會吊得住。小的房子也會吊得住。」

「好侄子，就去吧，不然夜深別人舖子關門了。你可以到那裏去自己賒點別的東西吃。就去吧。」

二力伸手去取那葫蘆，又捧葫蘆搖，繼遞與得貴：「請喝乾了吧，剩得有，回頭到他那去灌酒又要少一點，那老苗婆——我想她只會要這些小便宜。」

得貴舉葫蘆朝天，嘴巴逗[25]在葫蘆嘴，像親嘴一個樣。嘓弄嘓弄兩大口，才嚥下，末了用舌子捲口角的殘瀝，葫蘆便為二力攫[26]過來，二力開門就走了。

「有星子咧，伯伯！」二力在門外留話。

以後就聽到巷口的狗叫，得貴猜得出是二力故意去用葫蘆撩[27]那狗，不然狗同到二力相熟，吠是不會的。

繩子更長了，盤在地下像條菜花蛇[28]。得貴仍然不休息，喝了兩口「水老官[29]」，力氣又強了。

得貴期望若是船，要得就得一隻較大一點的，這裏能住三個人就更好——這正派人還想為二力找一老婆呢。

打了八年草鞋的得貴，安安分分做着人，自從由鄉下搬進城整整是八年，這八年中得了沙灣人正派的尊敬，侄兒看看㉚也大了，自己看看是老了，天若是當真能為正派人安排了幸福，直到老來才走運，這時已是應當接受這晚運的時節了。

不久又聽到巷口狗亂吠，二力轉家㉛了，搖得葫蘆嗡嗡響。

未進門以前，還唱着，哼軍歌。又用口學拉大胡，訇的把門揎開㉜卻不做聲了，房子裏黃色燈光耀得他眼睛發花。

「伯，聽人說沿河水消一點了。」

得貴聽到只稍稍停轉手中木輪子。

「我想這不怕，這裏天空有星子，西邊天是黑得同塊漆，總兵營一帶總是在落吧。」

在得貴捧着葫蘆喝酒時，二力也從身上取出油豆腐乾來咀嚼。

「怎不給我一點兒下酒？」

「我想，你閉着眼吧。」

得貴把眼閉時張開口，就有一坨㉝東西塞進嘴裏去。

二力把繩子試量，到三丈長了，得貴還不即住手。

繩子至少要五丈，才夠分佈的。這時得貴想，漁船大，水又大，且還有船以外的母牛，非十二丈不成功（至少是十丈），此時的成績，三分之一而已。

二力把一隻草鞋槌來槌去也厭了，又來替得貴取草。仍然倦，就埋身子在另一草堆裏做那駕漁船做當攔頭工的夢去了。

聽到碉堡[34]上更鼓[35]打四下，何處有雞在叫了，得貴的手還在轉輪木把子上用勁轉。輪子此時聲音已不如先前，像是在呻吟，在歎氣，說是罷罷罷，算了吧，算了吧，……

為了老兵的夢，沙灣的窮人全睜眼做了一個歡樂的好夢，但是天知道，這河水在一夜中的消退！老兵為夢所誑[36]——他卻又誑了沙灣許多人。河裏的水偏是那麼退得快，致使幾多人第二天在原地方扳罾也都辦不到，這真只有天知道！老兵簡直是同沙灣人開了一個大玩笑，得貴為這玩笑幾乎累壞了。

從此那個正派人還是做着保留下來的打草鞋事業，待着另一回晚運來變更他的生活——二力自然沒有去做攔頭工，也不再想做。

至於關心的人想要知道那根九丈十丈長的粗草繩以後的去處，可以到河邊楊柳橋去看，那掛在第四株老樹上做鞦韆，沙灣人小孩子爭着爬上去盪的，可不就是那個麼？

三月二十八寫成

題解

本篇作於一九二七年三月二十八日，發表於一九二七年六月二十一至二十二日《晨報副刊》第一九七八至一九七九號，署名璇若。一九八二年收入廣州花城、香港三聯出版社出版的《沈從文文集》第一卷。二零零二年收入北岳文藝出版社出版的《沈從文全集》第一卷《蜜柑》集。

這篇小說是沈從文早期創作中除童年回憶和軍旅見聞外，關於湘西鄉村平凡人生片段的速寫和湘西原始生命狀態的展示。純樸得令人不可思議的沙灣人僅憑了橋頭老兵所做的要漲水的夢，就開始去做各種發財的準備。得貴辛苦一夜搓成的一根九丈多的粗草繩，連接着得貴與二力這些最樸實的鄉下人的夢想。並沒有如願上漲的河水給沙灣人開了一個玩笑，使草繩的用途從改變命運的工具成為孩子們的玩具，記錄了卑微的鄉下人卑微的夢想的破滅。樸實的文字背後蘊藉着淡淡的悲涼與無奈。正如作者所言，「一切充滿了善，然而到處是不湊巧。」（沈從文《水雲》）

註：

① 扳罾人：罾，用木杆或竹竿做支撐的魚網；扳罾人是以罾從水中直上直下地捕魚的人。

② 沱江：湘西鳳凰縣境最大的河流，是鳳凰古城的母親河。自西向東橫貫鳳凰縣境中部地區，流經九個鄉

鎮，在武溪鎮匯入沅江。

③ 志書：以地區為主，綜合記錄該地自然和社會方面有關歷史與現狀的著作。又稱地志或地方志。有關專載江河湖海、祠廟寺觀、名勝古蹟、水利交通的著作，亦可歸入其內。

④ 會水：會游泳。

⑤ 乘到……當兒：見《晨》註釋㉟。

⑥ 打趣：拿人開玩笑，嘲弄。

⑦ 無須乎：方言，無所謂、不需要的意思。

⑧ 同到：見《夜漁》註釋㉝。

⑨ 蓑衣：語見《詩．小雅．無羊》「爾牧來思，何蓑何笠。」何，即「荷」，帶着。蓑衣是指用草或棕或稻草製成的、披在身上的防雨用具。

⑩ 棒槌：捶打用的木棒（多用來洗衣服）。

⑪ 掌艄：在船尾掌舵。

⑫ 攔頭：站在船頭看水。下文攔頭工指船航行時站在船頭看水，引導航行的人。

⑬ 鎮天：整天。

⑭ 水鬼：傳說中的水中鬼怪。此處喻指善於泅水的人。

⑮ 氽子：猛子。游泳時頭朝下鑽到水裏，即潛水。

⑯ 裝癡：假裝沒聽見（不知道），裝胡塗。

⑰ 總爺：舊時對武職人員的尊稱。

⑱ 衙門：見《更夫阿韓》註釋⑰。

⑲ 把總：明清兩代鎮守某地的武官，職位次於千總。

⑳ 《麻衣相法》：相法是以人的面貌、五官、骨骼、氣色、體態、手紋等推測吉凶禍福、貴賤夭壽的相面之術。《麻衣相法》是相書名，全稱《麻衣相法全編》，傳說是宋初大相術家陳摶的師傅麻衣道者所作。

㉑打夜魚：夜間打漁。
㉒罩魚籠：竹篾編成的圓錐狀的大竹籠，一種適合在淺水地區捕魚的工具。
㉓賒帳：見《瑞龍》註釋㊴。
㉔水牯：公水牛。
㉕逗：湊近，接在嘴上。
㉖攫：抓取。
㉗撩：見《瑞龍》註釋61。
㉘菜花蛇：學名王錦蛇，又稱大王蛇、蛇王、臭黃頜等。是無毒蛇中（除蟒蛇外）長勢最快，形體較大的蛇類。棲息在山地，平原及丘陵地帶，活動於河邊、水塘邊、庫區及其他近水域的地方。
㉙水老官：指酒。
㉚看看：眼看，逐漸。
㉛轉家：見《夜漁》註釋㊱。
㉜揎開：見《我的小學教育》註釋㊽。
㉝坨：見《瑞龍》註釋㊿。
㉞碉堡：以木、鐵或混凝土製造、用於軍事上的防禦建築物，通常將部分埋藏於地下以防禦炮火，並會作為自衛基地。
㉟更鼓：又稱更點。指夜裏為每更報時所敲打的大鼓。
㊱誑：欺騙。

山鬼

一

毛弟同萬萬放牛放到白石岡，牛到岡下頭吃水，他們顧自上到山腰採莓①吃。

「毛弟哎，毛弟哎！」

「毛弟哎，毛弟哎！」左邊也有人在喊。

「毛弟哎，毛弟哎！」右邊也有人在喊。

因為四圍遠處全是高的山，喊一聲時有半天迴聲。毛弟在另一處拖長嗓子叫起萬萬時，所能聽的就只是一串萬字了。

山腰裏刺莓多得不奈何②。兩人一旁唱歌一旁吃，肚子全為刺莓塞滿了。莓是這裏那裏還是有。誰都不願意放鬆。各人又把桐木葉子折成兜，來裝吃不完的紅刺莓，一時兜裏又滿了。到後就專揀大的熟透了的才算數，先摘來的不全熟的全給扔去了。

一起下到岡腳溪邊草坪時，各人把莓向地下一放。毛弟撲到萬萬身上來，經萬萬一個蹩腳③就放倒到草坪上面了。雖然跌，毛弟手可不放鬆，還是死緊摟到萬萬的頸子，萬萬也隨到倒下，兩人就在草上滾。

「放了我吧，放了我吧。我輸了。」

毛弟最後告了饒，但是萬萬可不成，他要餵一泡口水給毛弟，警告他下次。毛弟一面偏頭躲，一面講好話：

「萬萬，你讓我一點，當真是這樣，我要發氣④了！」

發氣那是不怕的，哭也不算事。萬萬口水終於唾出了。毛弟抽出一隻手一擋，手背便為自己救了駕。

萬萬起身後，看到毛弟笑。毛弟把手上的唾向萬萬灑去，萬萬逃走了。

萬萬的水牯⑤跑到別人麥田裏去吃嫩苗穗，毛弟爬起替他去趕牛。

「萬萬，你老子又攛到楊家田裏吃麥了！」

遠遠的，萬萬正在爬上一株樹，「有我牛的孫子幫到趕，我不怕的。——毛弟哎，讓牠吃吧，莫理牠！」

「你莫理牠，鄉約⑥見到不去告你家媽麼？」

毛弟走攏去，一條子就把萬萬的牛趕走了。

「昨天我到老虎峒⑦腳邊，聽到你家癲子⑧在唱歌。」萬萬說，說了吹哨子。

「當真麼？」

「扯謊是你的野崽！」

「你喊他嗎？」

「我喊他！」萬萬說，萬萬記起昨天的情形，打了一個顫。「你家癲子差點一巖把我打死了！我到老虎峒那邊碾壩上去問我大叔要老糠，聽到巖鷹叫，抬頭看，知道那壁上又有巖鷹在孵崽了，爬上山去看。㑚他娘，到處尋窠⑨都是空！我想這雜種，或者在峒裏積起窠來了，我就爬上峒邊那條小路去。……」

「跌死你這野狗子！」

「我不說了，你打岔！」

萬萬當真不說了。但是毛弟想到他癲子哥哥的消息，立時又為萬萬服了禮⑩。

萬萬在草坪上打了一個飛跟頭⑪，就勢只一滾，滾到毛弟的身邊，扯着毛弟一隻腿。

「莫鬧，我也不鬧了，你說吧。我媽搔急⑫咧，問了多人都說不曾見癲子。這四天五天都不見他回家來，怕是跑到別村子去了。」

「不，」萬萬說。「我就上到峒裏去，還不到頭門，只在那堆石頭下，聽到有人說話的聲音。聲音又很熟。我就聽。那聲音是誰？我想這人我必定認識，但說話總是兩個人，為什麼只是一個口音？聽到說：『你不吃麼？你不吃麼？吃一點是好的。剛才燒好的山薯，吃一點兒吧。我餵你，我用口哺你。』就停了一會兒。不久又做聲了。是在唱，唱：『嬌妹生得白又白，情哥生得黑又黑；黑墨寫在白紙上，你看合色不合色？』還打哈哈⑬，肏媽好快活！我聽到笑，我想起你癲子笑聲了。」

毛弟問：「就是我哥嗎？」

「不是癲子是秦良玉⑭？哈，我斷定是你家癲子，躲在峒裏住，不知另外還有誰，我就大聲喊，且飛快跑上峒口去。我說癲子大哥唉，癲子大哥唉，你躲在這裏我可知道了！你說他是怎麼樣？你家癲子這時真癲了，見我一到峒門邊，蓬起個⑮頭瓜，赤了個膊子，走出來，就伸手抓我的頂毛⑯。我見他眼睛眉毛都變了樣子，嚇得往後退。他說狗雜種，你快走，不然老子一巖打死你。身子一蹲就——我明白是搬大塊石頭了，就一口氣跑下來。癲子嚇得我真要死。我也不敢再回頭。」

顯然是，毛弟家癲子大哥幾日來就住在峒中。但是同誰在一塊？難道另外還有一個癲子嗎？若是那另外一人並不癲，他是不敢也不會同到⑰一個癲子住在一塊的。

「萬萬你不是扯謊吧？」

「我扯謊就是你兒子。我賭咒，你不信，我也不定要你信。明兒早上我們到那裏去放牛，我們可上峒去看。」

「好的，就是明天吧。」

萬萬爬到牛背上去翻天睡，一路唱着山歌走去了。

毛弟顧自仍然騎了牛，到老虎峒的黑白相間顏色石壁下。這裏有條溪，夾溪是兩片牆樣的石壁，一刀切，壁上全是一些老的黃楊樹⑱，當八月時節，就有一些專砍黃楊木的人，扛了一二十丈長的竹梯子，腰身盤着一卷繩，爬上崖去或是從崖頂垂下，到崖腰砍樹，斧頭聲音它它它它滿谷都是它，老半天，便聽到喇喇喇的如同崩了一山角，那是一段黃楊連枝帶葉跌到谷裏溪中了。接着不久又是它它它的聲響。看牛看到這裏頂招殃⑲。但不是八月，沒有伐木人，這裏可涼快極了。沿這溪上溯，可以到萬萬所說那碾房⑳，碾房是一座安置在谷的盡頭的坎上㉑的老土屋，前面一個石頭壩，壩上有閘門，閘一開，壩上的積水就沖動屋前木水車，屋中碾石也就隨着轉動了。碾房放水時，溪裏的水就要兇一點，每天碾子放水是三次，是以住在沿溪下邊的人忘了時間就去看溪裏的水。

毛弟到了老虎峒的石壁下，讓牛到溪去吃水。先沒有上去，峒是在壁的半腰，上去只一條小路，他在下面叫：

「大哥！大哥！」

「大哥呀！大哥呀！」

像打鑼一樣，聲音朗朗異常高，只有一些比自己聲音來得更宏壯一點的迴聲，別的卻沒有。萬萬適間說的那巖鷹，昨天是在空中盤，此時仍然是在盤。在喊聲迴聲餘音歇憩後，就聽到一隻啄木鳥㉒在落落落落敲梆梆。

「大哥呀！癲子大哥呀！」

有什麼像在答應了，然而仍是迴聲學着毛弟聲音的答應！毛弟在最後，又單喊「癲子」，喊了十來聲。或者癲子睡着了。一些小的山雀㉓全為這聲音驚起，空中的鷹也像為了毛弟喊聲嚇怕了，盤得更高了。若說是睡可難令人相信的。

「他是知道我在喊他故意不作聲。」毛弟想。

毛弟就慢慢從那小路走。一直走到萬萬說的那一堆亂石頭處時，不動了。他就聽。聽聽是不是有什麼人聲音。好久好久全是安靜的，的確是有巖鷹兒子在咦咦的叫，但是在對面高的石壁上。又聽到一個啄木鳥的擂梆梆，這一來，更像冷靜得有點怕人了。

毛弟心想或者上面出了什麼事。或者癲子簡直是死了。心裏在划算，不知上去還是不上去。也許癲子就是在峒裏為另一個癲子殺死了。也許癲子自己殺死了。……

「還是要上去看看」，他心想，還是要看看，清天白日鬼總不會出現的。

爬到峒口了，先伸頭進去，這峒是透光，乾爽，毛弟原先看牛時就是常到的。不過此時心就有點怯。到一眼望盡峒中一切時，膽子復原了。裏面只是一些乾稻草，不見人影子。

「大哥，大哥」，他輕輕的喊，沒有人，自然沒有應。

峒內有人住過最近才走那是無疑的。用來做床的稻草，和一個水罐，罐內大半罐的新鮮冷溪水，還有一個角落那些紅薯根，以及一些撒得滿地是雖萎謝尚未全枯的野月季花瓣，這些不僅證明是有人住過，毛弟從那罐子的式樣認出這是自己家中的東西，且地上的花也是一個證，不消說，癲子是在這峒內做了幾天客無疑了。

「為什麼又走了去㉔？」

毛弟總想不出這奧妙。或者是，因為昨天已為萬萬知道恐怕萬萬告給家裏人來找，就又走了嗎？或者是，被另外那個人邀到別的山峒裏去了嗎？或者是，妖精吃了嗎？

峒內不到四丈寬，毛弟一個人，終於越想越心怯起來，想又想不出什麼理由，只好離開了峒中，提了那個水罐子趕快走下石壁騎牛轉家中。

二

「娘娘，今天有人見到癲子大哥了！」毛弟在進院子以前見了他媽在坪壩㉕裏餵雞，就在牛背上頭嚷。

娘是低了頭，正把腳踢那大花公雞，「援助弱小民族」啄食糠拌飯的。

聽到毛弟的聲音，娘把頭一抬，走過去，「誰見到癲子？」

那匹雞，見到毛弟媽一走，就又搶攏來，餘下的雞便散開。毛弟義憤心頓起，跳下牛背讓牛顧自進欄去，也不即答娘的話，跑過去，就拿手上那個水罐子一擺，雞只略退讓，還是頑皮獨自低頭啄吃獨行食㉖。

「來，老子一腳踢死你這扁毛畜生！」

雞似乎知趣，就走開了。

「毛弟你說是誰見你癲子大哥？」

「是萬萬。」毛弟還怕娘又想到前村那個大萬萬，又補上一句，「是寨西那個小萬萬。」

為了省得敘述起見，毛弟把從峒裏拿回的那水罐子，展覽於娘的跟前。娘拿到手上，反覆看，是家中的東西無疑了。

「這是你哥給萬萬的嗎？」

「不。娘，你看看，這是不是家中的？」

「一點不會錯。你瞧這用銀藤纏好的提把，是我纏的！」

「我說這是像我們家的。是今天，萬萬同我放牛放到白石岡，萬萬同我說，他說昨天他到碾壩上叔叔處去取老糠，打從老虎峒下過，因為找巖鷹，無意上到峒口去，聽到有人在峒裏說笑，再聽聽，是癲子，一會看到癲子了，癲子不知何故發了氣，不准他上去，且搬石塊子，說是要把他打死，我聽到，我剛才就趕去爬到峒裏去，人是不見了，就是這個罐，同到一些草，一些紅薯皮。」

娘只向空中作揖感謝這消息，證明癲子是有了着落，且還平安清吉㉗在境內。

毛弟末尾說，「我斷定他是這幾天全在那裏住，才走不久的。」

這自然是不會錯，罐子同做臥具的乾草，已經給證明，何況昨天萬萬還是明明見到癲子呢？

毛弟的娘這時一句話不說，我們暫時莫理這老人，是好的。且說毛弟家的雞。那隻花公雞，乘到㉘毛弟回頭同媽講話時，又大大方方跑到那個廢碌碡㉙旁淺盆子邊把其他的雞群嚇走了。牠為了自誇勝利還咯咯的叫，意在誘引可以共產的女性同志近身來。這種聲音是極有效的，不一會，就有幾隻母雞也在盆邊低頭啄食了。

沒有空，毛弟是在同娘說話抱不平就不能打了，但是見娘在作揖，毛弟回了頭。咤喝一聲「好混賬東西！」奔過去，腳還不着身，花雞就逃了。那不成，逃也是不成，還要追，雞是飛上草積㉚上去了，毛弟爬草積。其餘的雞也顧不得看毛弟同花雞作戰了，一齊就奔集到盆邊來聚餐。

要說出毛弟的媽是怎樣的歡喜，是不可能的事情。太難了，尤其是毛弟的媽這種人，就是用顏色的筆來畫，也畫不出的。這老娘子㉛為了癲子的下落，如同吃了端午節㉜羊角糉，久久不消化一樣；這類乎糉子的東西，横在心上是五天。如今的消息，卻是一劑午時茶，一服下，心上東西就消融掉了。

一個人，一點事不知，平白無故出門那麼久，身上又不帶有錢，性格又是那麼瘋瘋癲癲像代寶（代寶是著名的瘋漢），萬一是頭腦發了迷，憑癲勁，一直走向那自己亦莫名其妙的遼遠地方走去，是一件可能的事情！或者，到山上去睡，給野狗豹子拖了也說不定！或者，夜裏隨意走，無心掉下一個地窟窿裏去，也是免不了的危險！癲子自從癲了後，悄悄出門本來是常有的事。為了看桃花，走一整天路；為了看木人頭戲到別的村子住的夜：這是過去的行為。但一天，或兩天，自然就又平安無事歸了家，是一定。因有了先例，毛弟的媽對於癲子的行動，是並不怎樣不放心，不過，四天呢？五天呢？——若是今天還不得消息，以後呢？在所能想到的意外禍事是至少有一件已落在癲子頭上了。倘若是命運菩薩當真是要那麼辦，作弄人，毛弟的媽心上那塊積痞㉝就只有變成眼淚慢慢流盡的一個方法了。

在峒裏，老虎峒，離此不過四里路而已，只像在眼前，遠也只像在對門山上，毛弟的媽釋然了。毛弟爬上草積去追雞，毛弟的媽便用手摩挲㉞那個水罐子。

毛弟擒着了雞了，雞懂事，知道故意咖呵咖呵拖長喉嚨喊救命。

「毛毛，放了牠吧。」

媽是昂頭視，見到毛弟得意揚揚的，一隻手抓雞翅膊，一隻手捏雞喉嚨，雞在毛弟刑罰下，叫也叫不出聲了。

「不要捏死牠，可以放得了！」

聽媽的話開釋㉟了那雞，但是用力向地上一摜㊱，這花雞，多靈便，在落地以前，還懂得怎樣可以免得回頭骨頭疼，就展開翅子，半跌半飛落到毛弟的媽身背後。其他的雞見到這惡霸，已受過苦了，怕報仇，見到牠來就又躲到一邊瞧去了。

毛弟想跳下草積，娘見了，不准。

「慢慢下，慢慢下，你又不會飛，莫讓那雞見你跌傷腳來笑你吧。」

毛弟變方法，就勢溜下來。

「你是不是見到你哥？」

「我告你不的㊲。萬萬可是真見到。」

「怕莫是[38]你哥見你來才躲藏！」

「不一定。我明天一早再去看，若是還在那裏想來就可找到了。」

毛弟的媽想到什麼事，不做聲。毛弟見娘不說話，就又過去追那一隻惡霸雞。雞怕毛弟到極點，若是會說話，可斷定牠願意喊毛弟做祖宗。雞這時又見毛弟追過來，盡力舉翅飛，飛上大門樓屋了。毛弟無法對付了，就進身到灶房去。

毛弟的媽跟到後面來，笑笑的，走向燒火處。

這是毛弟家中一個頂有趣味的地方。一切按照習慣的鋪排，都完全。這間屋，有灶，有桶，有缸子，及一切木陶器皿，為毛弟的媽將這些動用東西處理得井井有條，真有說不出的風味在。一個三眼灶位置在當中略偏左一點，一面靠着牆，牆邊一個很大磚煙囱。灶旁邊，放有兩個大水缸，三個空木桶，一個櫃，一個懸櫥。牆壁上，就是那為歷年燒柴燒草從灶口逸出的煙子燻得漆黑的牆上，懸掛各式各樣的鐵鏟，以及木棒槌[39]，木杈子。屋頂樑柱上，椽皮上，垂着十來條煙塵帶子像死蛇。還有木鈎子，——從那樑上用葛藤綑好垂下的粗大木鈎子，都上了年紀，已不露木紋，色全黑，已經分不出是樹茶是柚子木了（這些鈎子是專為冬天掛臘肉[40]同乾野豬肉山羊肉一類東西的，到如今，卻只用來掛辣子籃了）。還有豬食桶，是在門外邊，雖然不算灶房以內的陳設，可是常常總從那桶內，發揮一些糟味兒到灶房來。還有天窗，在房屋頂上，大小同一個量穀斛[41]一樣，一到下午就有一方塊太陽從那裏進到灶房來，慢慢的移動，先是伏在一個木桶上，接着就過水缸上，接着就下地，一到冬天，還可以到灶口那燒火欜上停留一會兒。這地方，是毛弟的遊藝室，又是各樣的收藏庫，一些權利，一些家產（是說毛弟個兒的家產，如像蛐蛐，釣竿，陀螺[42]之類），全都在此。又可以說這裏原是毛弟一個工作室，凡是應得背了媽做的東西，拿到這來做，就不會挨罵。並且刀鑿全在此，要用燒紅的火箸[43]在玩具上燙一個眼也以此處為方便。到冬天，坐在灶邊燒火烤腳另外吃燒栗子自然是便利，夏天則到那張老的大的矮腳燒火櫈上睡覺又怎樣涼快！還有，到灶上去捕灶馬[44]，或者看灶馬散步——

總之，灶房對於毛弟是太重要了，毛弟到外面放牛，倘若說是那算受自然教育，則灶房於毛弟，便可以算是家庭教育的課室了。

我且說這時的毛弟。鍋內原是蒸有一鍋薯，熟透了，毛弟進了灶房就到鍋邊去，甩起鍋蓋看。毛弟的媽正於此時在灶腹內塞進一把草，用火箸一攪，草燃了，一些煙，不即打煙囪出去，便從灶口冒出來。

「娘，不用火，全好了。」

娘是不做聲。她是知道鍋內的薯已不用加火，便已熟了的。她想別一事。在癲子失蹤幾日來，這老娘子為了癲子的平安，曾在儺神[45]面許了一匹豬，約在年底了願心；又許土地[46]夫婦一隻雞，如今是應當殺雞供土地的時候了。

「娘，不要再熱了，冷也成。」

毛弟還以為媽是恐怕薯冷要加火。

「毛毛你且把薯裝到缽[47]裏去，讓我熱一鍋開水。我們今天不吃飯。剩下現飯全已餵雞了。

我們就吃薯。吃了薯，水好了，我要殺一隻雞謝土地。」

「好，我先去捉雞。」那花雞，專橫的樣子，在毛弟眼前浮起來。毛弟聽到娘說要殺一隻雞，想到一個處置那惡霸的方法了。

「不，你慢點。先把薯鏟到缽裏，等熱水，水開了，再捉去，就殺那花雞。」

媽也贊成處置那花雞使毛弟高興。真所謂「強梁者不得其死。」㊽又應了「眾人所指無病而死」那句話。花雞遭殃是一定了。這時的花雞，也許就在眼跳心驚吧。

媽吩咐，用鏟將薯鏟到缽裏去。就是那麼辦，毛弟便動手。薯這時，已不很熱了，一些汁，已成糖，鍋子上已起了一層糖鍋巴㊾。薯裝滿一缽，還有剩，剩下的，就把毛弟肚子裝。娘笑了，要慢裝一點，免服急了不消化。

三

毛弟的媽就是我們常常誇獎那類可愛的鄉下伯媽樣子的，會用蕌頭㊿作酸菜，會做豆腐乳，會做江米酒[51]，會捏粑[52]——此外還會做許多吃貨，做得又乾淨，又好吃。天生着愛潔淨的好習慣，使人見了不討厭。身子不過高，瘦瘦的。臉是保有為乾淨空氣同不饒人的日光所炙成的健康紅色的。年四十五歲，照規矩，頭上的髮就有一些花的白的了。裝束呢，按照湖南西部鄉下小地主的主婦章法，頭上不拘[53]何時都搭一塊花格子布帕。衣裳材料冬天是棉夏天是山葛[54]同苧麻[55]，顏色冬天用藍青，夏天則白的，——這衣服，又全是家機織成，雖然粗，卻結實。袖子是十九卷到肘以上，那一雙能推磨的強健的手腕，便因了裸露在外同臉是一個顏色。是的，這老娘子生有一對能作工的手，手以外，還有一雙翻山越嶺的大腳，也是可貴的！人雖近中年，卻無城裏人的中年婦人的毛病，不病，不疼，身體縱有小小不適時，吃一點薑湯，內加上點胡椒末，加上點紅糖，乘熱吃下蒙頭睡半天，也就全好了。腰是硬朗的，這從到井坎[56]去擔水可以知道的。說話時，聲音略急促，但這無妨於一個家長的尊嚴。臉龐上，就是我說的那紅紅的瘦瘦的臉龐上，雖不像那類在梨林場上一帶開飯店的內掌櫃[57]那麼永遠有笑渦存在，不過不拘一個大人一個小孩見了這婦人，總都很滿意，凡是天上的神給了中國南部接近苗鄉一帶鄉下婦人的美德，毛弟的媽照例也得了全份。譬如像強健，像耐勞，像儉省治家對外復大方，在這個人身上全可以發現，他如說話的天才，也並不缺少。我說的「全份」，真是得了全份了。

自從毛弟的爹因了某年的時疫[58]，死到田裏後，這婦人，還只三十又五歲，即便承擔了命運為派定一個寡婦應有的擔子，好好的埋葬了丈夫，到廟中唸了一些經，從眼裏流了一些淚，帶了三年孝，才把堂屋中丈夫的靈座用火焚化了。毛弟的爹死了後，做了一家之主的她接手過來管理着一切：照料到田地，照料到兒子，照料到欄裏的牛，照料到菜豬和生卵的一群雞。許多事，比起她丈夫在生[59]時節勤快得多了。對於自己幾畝田，這老娘子都不把他放空，督着長工好好的耕種，天旱雨打不在意。期先預備着了款，按時繳納衙門[60]的糧賦。每月終，又照例到保董處去繳納地方團防捐[61]。春夏秋冬各以其時承受一點小憂愁，同時承受一些小歡喜，又隨便在各樣憂喜事上流一些眼淚。一年將告結束時，就請一個苗巫師[62]來到家裏穿起繡花衣裳打鑼打鼓還願[63]為全家祝福。——就這樣，到如今，快是十年了。一切是依然一樣，而自己，也並不曾老許多。

十年來，一切事情是一樣，這是說，毛弟的媽所有的工作，是一個樣子，一點都不變。然而一切物，一切人，已全異——縱不全，變得不同的終是太多了。毛弟便是變得頂不相同的一個人。當時毛弟做孝子[64]那年，毛弟還只是兩歲，戴紙冠[65]，就不知道戴的為那一個人，到如今，加上是十年，已成半大孩子了。毛弟家癲子，當時亦只不過十二歲，並不癡，伶精的如同此時毛弟一模樣，終日快快活活的放牛，耕田插秧時候還能幫點忙，割穗時候能給長工送午飯，會用細篾織雞罩[66]；雞罩織就又可拿了去到溪裏捉鯽魚，會製簟席[67]，會削木陀螺，會唱歌，有時還會對娘發一點脾氣，給娘一些不愉快（這最後一項本領是直到毛弟長大懂得同娘作鬧[68]以後才變好，但是同時也就變癡變呆了）。其他呢，毛弟家中欄內耕牛共換了三次，豬圈內，養了八次小菜豬，雞是簡直無從計算卵的數，屋前屋後的樹也都變大到一抱以外，倘若是毛弟的爹是出遠門一共出十年，如今歸來看看家，一樣都會不認識，只除了毛弟的娘其他當真都會茫然！

至於癲子怎樣忽然就癲了呢？

怎麼就癲這難說。這是一樁大疑案，全大坳人不能知，伍孃[69]也不知。伍孃就是毛弟媽在大坳村子裏得來的尊稱，全都這樣喊，老的是，少的是，伍孃正像全村子人的姑母呀。癲子癲，據巫師說他是非常清楚的（且有法術可禳解[70]），為了得罪了霄神[71]，當神灑過尿，罵過神的娘，神一發氣人就變癲了。但霄神在大坳地方，即以巫師平時的傳說，也只謂能生人死人給人以禍福的，使人癲，又像似乎非神本領辦得到。且如巫師言，禳是禳解了，還是癲（以每年毛弟家中穀米收成人畜安寧為證據，神有靈，又像早已同毛弟家議了和），這顯然知道癲子之所以癲另有原因了。

在伍孃私自揣度⑫下，則以為這只是命運，如同毛弟的爹必定死在田裏一個樣，原為命運注定的。使天要發氣，對一個正派人家的兒女，作弄⑬得成了癲子，過錯不是毛弟的哥哥，也不是父親，也不是祖先，是命運。誠然的，命運這東西，有時作弄一個人，更慘酷無情的把戲也會玩得出，平空使你家中無風興浪出一些怪事，這是可能的，常有的。一個忠厚老實人，一個純粹鄉下做田漢子，忽然碰官事⑭，為官派人抓去強說是與山上強盜有來往，要罰錢，要殺頭，這比霄神來得還威風，還無端，大坳人認這是命運。命運不太壞，去了錢，救了人，算罷了。否則更壞也只是命運，沒辦法。命裏是癲子，神也難保祐，因此伍孃在積極方面，也不再設法，癲子要癲就任他去了。幸好癲子是文癲，他平白無故又不鬧過人，鄉下人不比城裏人聰明，又不會想方設法來作弄癲子取樂，所以也見不出癲子是怎樣不幸。

關於癲子性格我想也有來說幾句的必要。普通癲子是有文武之分的；如像做官一個樣，也有文有武：殺人放火高聲喝罵狂歌痛哭不顧一切者，這屬於武癲，很可怕。至於文癲呢？老老實實一個人寂寞活下來，與一切隔絕，似乎感情關了門，自己有自己一塊天地在，少同人說話。別人不欺凌他他是很少理別人，既不使人畏，也不攪擾過雞犬。他又仍然能夠做他自己的事情，砍柴割草不會懶，看牛時節也不會故意放牛吃別人的青麥苗。他的手，並不因癲把推磨本事就忘去；他的腳，舂碓⑮時力氣也不弱於人。他比平常人，要任性一點，要天真一點，（那是癲子的壞處？）他因了癲有一些怪癖，平空多了些無端而來的哀樂，笑不以時候，哭又很隨便，他凡事很大膽，不怕鬼，不怕猛獸；愛也愛得很奇怪，他愛花，愛月，愛唱歌，愛孤獨向天，——大約一個人，有了上面的幾項行為，就為世人目為癲子也是常有的事吧。實在說，一個人，就這樣癲了，於社會是無損，於家中，也就不見多少害處的。如果世界上，全是一些這類人存在，也許地方還更清靜點，是不一定的。有些癲，雖然屬於文，不打人，不使人害怕，但終免不了使人要討嫌，「十個癲子九個髒」，這話是可靠。我們見到的癲子，頭髮照例是終年不剃，身上襤褸⑯得不堪，蝨婆⑰一把一把抓，真要人作嘔。毛弟家癲子，可與這兩樣。是有例外脾氣的。他是因了癲，反而一切更其講究起來了。衣衫我們若不說它是不合，便應當說它是漂亮。他懂得愛美。布衣葛衣全是洗得一嶄新。頭髮剃得光光同和尚一樣。身邊前襟上，掛了一個銅銻子（這是本鄉團總⑱保董以及做牛場經紀⑲人的才有的裝飾），銻的用處是無事時對到一面小鏡拔鬍鬚，癲子口袋中，就有那麼一面圓的小的背面有彩畫的玻璃鏡！癲子不吃煙，又沒同人賭過錢，本來這在大坳人看來，也是以為除了不是癲子以外不應有的事。

這癲子，在先前，還不為毛弟的媽注意時，呆性發了失了一天蹤，第二天歸來，娘問他：

「昨天到什麼地方去了？」

他卻說：「聽人說到棉寨⑳桃花開得好，看了來！」

棉寨去㉑大坳，是二十五里，來去要一天，為了看桃花，去看了，還宿了一晚才轉來㉒！先是不能相信。到後另一次，又去兩整天，回頭說是趕過尖巖的場[83]了，因為那場上，賣牛的人多，有許多牛很好看，故去了兩天。大坳去尖巖，來去七十里。更遠了。然而為了看牛就走那麼遠的路，呆氣真夠！娘不信。雖然看到癲子腳上的泥也還不肯信。到後來問到向尖巖趕場做生意的人，說是當真見到過癲子，娘才真信家中有了癲子了。從此以後因了走上二十里路去看別的鄉村為土地生日唱的木人戲，竟一天兩天的不歸，成常事。娘明白他脾氣後，禁是不能禁，只好和和氣氣同他說，若要出門想到什麼地方去玩時，總帶一點錢，有了錢，可買各樣的東西，想吃什麼有什麼，只要不受窘，就隨他意到各處去也不耽心[84]了。

大坳村子附近小村落，一共數去是在兩百煙火[85]以上的。管理地方一切的，天王菩薩居第一，霄神居第二，保董鄉約以及土地菩薩居第三，場上經紀居第四：只是這些神同人，對於癲子可還沒有行使其威嚴。癲子當到[86]高的胖的保董面前時，亦同當到一株有刺的桐樹一樣，樹是那麼高，或者一頭牛，牛是那麼大：只睜眼來欣賞，無惡意的笑，看夠後就走開。癲子上廟裏去玩，奇怪大家拿了紙來到此燒，又不是字紙，還有煮熟了的雞，灑了白的鹽，熱熱的，正好吃，人都不吃倒擺到這土偶前面讓它冷，這又使癲子好笑。大坳的神大約也是因了在鄉下長大，很樸實，沒有城中的神那樣的小氣，因此才不見怪於癲子，不然為了保持它尊嚴，也早應當顯一點靈於這癲子身上了吧。

大坳村子的小孩子呢？人人喜歡這癲子，因為從癲子處可以得到一些快樂的原故。癲子平常本不大同人說話，及與小孩在一塊，馬上他就有說有笑了。遇到村裏唱戲時，癲子不厭其煩來為面前一些孩子解釋戲中的故事。小孩子跟隨癲子的，還可以學到許多俏皮的山歌，以及一些好手藝。癲子在村中，因此還有一個好名字，這名字為同村子大叔嬸嬸輩，當到癲子來叫喊，就算大坳人的嘲謔了，名字乃是「代狗王」。代狗王，就是小孩子的王，這有什麼壞？

四

大坳村子裏的小孩子，從七歲到十二歲，數起來，總不止五十。這些猴兒小子在這一個時期內，是不是也有城市人所謂知慧教育不？是有的。在場坪團防局[87]內鄉長辦公地的體面下，就曾成立了一區初級小學的。學校成立後學生也並不是無來源，如那村中執政[88]的兒子，廟祝[89]的兒子，以及中產階級家中父老希望本宗出個聖賢的兒子，由一個當前清在城中取過一次案首[90]民國以來又入過師範講習所的老童生[91]統率，終日在團防局對面那天王廟[92]戲樓上讀新國文課本蠻熱鬧。但學生數目還不到兒童總數五分之一分，並且有兩個還只是六歲。餘下的怎樣？難道就都像毛弟一樣看牛以外就只蹲到灶旁用鐮刀砍削木陀螺？在大坳學校以外還有教育的，倘若是，我們可以拿學校來比譬僧侶貴族教育，則另外還有所謂平民的武士教育在。沒有固定的須鄉中供養的教師，也不見固定的掛名的學生，只是在每一天下午吃了晚飯後，在去場頭不遠一個叫作貓山的地方，這裏有那自然的學校，是這地方兒童施以特殊教育的地點。遇到天雨便是放學時。若天晴，大坳村裏小孩子，就是我所舉例說是從七到十二歲的小猴兒崽子，至少有三十個到此。

還有更小的。還有更大的。又還有娘女93們，抱了三歲以下的小東西來到這個地方的。那些持着用大羊奶子樹做的煙桿由他孫崽子領道牽來的老人，那些曾當過兵頸項上掛有銀鏈子還配着嶄新黃色麂皮抱肚94的壯士，那些會唱山歌愛說笑話的孤身長年95，那些懂得猜謎的精健老娘子，全都有。每一個人發言，每一個人動作，全場老少便都成了忠實的觀眾與熱心的欣賞者；老者言語行為給小孩子以人生的經驗，小孩子相打相撲給老年人以喜劇的趣味。這學校，究竟創始了許多年？沒有人知道。不過很明白的是如今已得靠小孩牽引來到這坪裏的老頭兒，當年做小孩時卻曾在此玩大的，至少是，比天王廟的小學的年齡，總老過了十倍了。

每一天當太陽從寨西大土坡上落下後，這裏就有人陸續前來了。住在大坳村子裏的人，為了抱在手上的小孩嚷着要到貓貓山去看熱鬧，特意把一頓晚飯提早吃，也是常有的事情。保董有時宣佈他政見，也總選這個處所。要探聽本村消息這裏是個頂方便地方。找巫師還願，尤其是除了到這裏來找他那兩個徒弟以外，讓你打鑼啐96也白費神。另一個說法，這裏是民眾劇場，是地方參事廳，單說是學校，還不能把他的範圍括盡！

到了這裏有些什麼樣的玩意兒？多得很。感謝天，特為這村裏留下一些老年人，由這些老年人口中，可以知道若干年前打長毛97的故事是怎樣的給了本村人以光輝啊！同輩碩果僅存是老年人的悲哀，因了這些故事的複述，眼看到這些孫曾後輩小小心中為給注入本村光榮的夢以後的驚訝，以及因此而來的人格的擴張，老年人當到此時節，也像即刻又成了壯年奮勇握刀橫槊98的英雄了。那些退伍的兵呢，他們能告給人以一些屬於鄉中人所知以外奇怪有趣的事蹟，如像草煙作興[99]賣到一塊錢一枚，且未吃以前是用玻璃紙包好。又能很大方的拿出一些銀角子來作小孩子打架勝利的獎品。這小小白色圓東西，便是這本村壯士從湖北省或四川省歸來帶回的新聞，一個小孩子從這銀角子[100]上頭就可以在腦子中描寫一部英雄史，一個小孩子從這銀角子上頭也可以做着無涯境的夢，這小東西的休息處是那偉大的人物胸前嶄新的黃色麂皮抱兜[101]中，當到一個小孩把同等身材孩子撲倒三人以上時，就成那勝利武士的獎品了。

遇到唱山歌時節，這裏只有那少壯孤身長年的份的。又要俏皮，又要逗小孩子笑，又同時能在無意中掠取當場老婆子的眼淚與青年少女的愛情的把戲，是算長年們最拿手的山歌。得小孩們山莓紅薯一類供養最多的，是教山歌的師傅，把少女心中的愛情的火把燃起來，除了山歌是像除了引線燈芯一類東西。（藝術的地位，在一個原始社會裏，無形中已得到較高安置了。）這些長年們，同一只陽雀樣子自由唱他編成的四句齊頭歌，可以說是他在那裏施展表現「博取同情的藝術」，以及教小孩子以將來對女子的「愛的技術」。

猜謎呢，那大多數是為小女孩預備的遊戲，這是在訓練那些小小頭腦，以目中所習見的一切的物件用些韻語說出來，男小子是不大相宜於這事情的。

男小孩子是來此纏腰，打斤斗[102]，做蛤蟆[103]吃水，栽天樹，做老虎伸腰，同到各對各的打平和架。選出了對子[104]，在大坪壩內，當到公證人來比武，那是這裏男小子的唯一的事業，從這訓練中，養成了強悍的精神以外還給了老年人以愉快，長毛即不會再現於此時代，同長毛樣的來去無常的邊苗還多，武藝是村中人人所必需，也很明顯了啊。

如今是初夏，這晚會，自然是比天氣還冷雨又很多的春天為要熱鬧了許多！

這裏毛弟家的癲子大哥是一個重要人物，那是不問可知的。癲子到這種場上，曾用他的一串山歌制伏許多年青人，博得大家的歡喜。他又在男孩比武上面立了許多條規則，當他為一個公證人時總能按到規則辦，這尤顯出他那首領的本事。他常常花費三天四天功夫用泥去摶[105]一個張飛[106]武松[107]之類的英雄像，拿來給那以小敵大竟能出奇制勝的孩子。這一來，癲子在這一群人中間，「代狗王」是不做也不成了。把老人除開，看誰是這裏孩子們的真真信服擁戴的領袖，只有癲子配！只要間上[108]一天癲子不到貓貓山，大家便忽然會覺得冷淡起來了。癲子自己對於這地方，所感到的趣味當然也極深。

自從癲子失蹤一連達五天以上，到最近，又明知道附近一二十里村集並無一處在唱木頭傀儡戲[109]，大家到此時，上年紀一點的人物便把這事長期來討論，據公意，危險真是不可免的事了。倘若是，那一個人能從別一地方證實癲子是已經死亡，則此後貓貓山的晚上集會真要不知怎樣的寂寞！大家為了懷想這「代狗王」的下落，便把到普通集會程序全給混亂了，唱歌的大家缺少了聲音，打架的失去了勁幫[110]，癲子這樣的一去無蹤真是給了大坳兒童以莫大損失。

上兩天，許多兒童因了癲子無消息，就不再去貓貓山，其中那個住在寨西小萬萬，就有份。昨天晚上卻是萬萬同到毛弟兩人都不曾在場，癲子消息就不曾露出。如今可為萬萬到貓貓山把這新聞傳遍了。大家高興是自然的事。大家斷定不出一兩天，癲子總就又會現身出來了。

當毛弟為他娘扯着雞腳把那花雞殺死後，一口氣就跑到貓貓山去告眾人喜信。

「毛弟哎，毛弟哎，你家癲子有人見到了！」

毛弟沒有到，別人見到毛弟就是那麼大聲高興嚷，萬萬卻先毛弟到了場，眾人不待毛弟告，已先得到信息了。

毛弟走到坪中去，一眾小孩子是就像一群蜂子圍攏來。毛弟又把今天到峒中去的情形，告給大眾聽。大眾手拉着手圍到⑪毛弟跳團團⑫，互相縱聲笑，慶祝大王的生存無恙，孩子們中有些歡喜得到坪裏隨意亂打滾，如同一匹才到郊野見了青草的小馬。毛弟恐怕癲子會正當此時轉家，就不貪玩先走了。

場裏其他大小老少眾人討論了癲子一陣過後大眾便開始來玩着各樣舊有的遊戲，這裏萬萬便把昨天上老虎峒去聽到癲子躲在峒中所唱的歌及複唱給大眾聽。照例是用拍掌報答這唱歌的人。一眾全鼓掌，萬萬今天可就得到一些例外光榮了。

「萬萬我妹子，你是生得白又白。」

萬萬聽到有人在謔⑬他，忙回頭，回頭卻不明話語的來源，又不好單提某人出面來算賬，只作不曾聽到這醜話，仍然唱他那新歌。

「萬萬，你看誰個生得黑點誰就是你哥！」

萬萬不再回頭也就聽出這是頂憖賴的儺巴聲音了。故作還不注意的萬萬，並不停止他歌喉，一面唱，一面斜斜走過去，剛剛走到儺巴身邊時，猛伸手來扳着儺巴的肩只一摜，閃不知⑭腳還是那麼一拐，儺巴就拉斜跌倒，大眾哄然笑。

儺巴爬起便撲到萬萬身上，想打猛不知⑮，但精伶便捷的萬萬，只一讓，加上是一掌，儺巴便又給人放倒到土坪上了。

儺巴可不爬起了，只在地下蓄力想乘勢騾抱萬萬的腳桿。

「起來吧，起來吧，看這個！」一個退伍副爺⑯大叔從他皮兜子內夾取一個銀角子，高高舉起給儺巴助威，儺巴像一匹獅子，一起身就纏着萬萬的腰身。

「黑小鬼，你跟老子遠去吧。」萬萬身一擺，儺巴登不住，彈出幾步以外臥下了。

「爬起再來呀！看這裏。是袁世凱⑰呀！」袁世凱也罷，魯智深⑱也罷，今天的儺巴，成了被孫大聖⑲痛毆的豬八戒⑳，坐在地上只是哼，說是承認輸。真是三百斤野豬，只是一張嘴，儺巴在萬萬面前除了嘴毒以外沒有法寶可亮了。

大叔把那角子丟到半空去，又用手捉着：「好兄弟，這應歸萬萬——誰來同我們武士再比拚一番吧。」

「慢一點，我也有分的！」不知是誰在土堆上故意來搗亂，始終又不見人下。

「來就來，不然我可要去吃夜飯㉑去了。」因此才知萬萬原是空肚子來專門告眾人的癲子消息的。

「慢一點，不忙！」但是仍然不見下。

不久，一個經紀家的長年唱起櫓歌㉒來，天是全黑了。在一些星子擁護業已打斜的上弦月的夜景中，大家儼然如同坐在一隻大麻陽㉓烏篷船㉔上順水下流的歡樂，小孩子們幫同吆喝打號子，櫓歌唱到洞庭湖[125]時鈎子樣的月已下沉了。

五

雖然說，癲子本身是有了下落，證明了他是還好好的活在這世界上面，但是不是在明天後天就便可以如所預料的歸來？這無從估定。因此這癲子，依舊遠遠的走去，是不是可能的？在這事上毛弟的娘也是仍然全無把握的。土地得了一隻雞，也正如同供奉母雞一隻於本地鄉約一個樣：上年紀的神，並不與那上年紀的人能幹多少，就是有力量，凡事也都不大肯負責來做的。天若欲把這癲子趕到另一個地方去，未必就能由這老頭子行使權勢為把這癲子趕回！

但是，癲子當真可就在這時節轉到家中了。

癲子睡處是在大門樓[126]上頭，因為這裏比起全家都清靜，他歡喜。又不借用梯，又不借用櫈，癲子上下全是倚賴門柱旁邊那木釘。當他歸來時，村子裏沒一人見，到了家以後，也不上灶房，也不到娘房裏去望望，他只悄悄的，鬼靈精似的，不驚動一切，便就爬上自己門樓上頭睡下了。

當到癲子爬他門柱時，毛弟同到他娘正在灶房煮那雞。毛弟家那隻橫強惡霸花公雞，如今已在鍋子中央為那柴火煮出油來了。雞是白水煮，鍋上有個蓋，水沸了，就只見從鍋蓋邊，不斷絕的出白氣，一些香，在那熱氣蒸騰中，就隨便發揮鑽進毛弟鼻子孔。

毛弟的娘是坐在那燒火矮櫈上，支頤[127]思索一件事，打量[128]到癲子躲藏峒中數日的原故，面部同上身，為那灶口火光映得通紅的。毛弟滿灶房打轉，灶頭一盞清油燈，便把毛弟影子變成忽短忽長移到四面牆上去。

「娘，七順長工帶了我們的狗去到新場找癲子，要幾時才回？」

娘不答。

「我想那東西，莫又到他丈人老那裏去喝酒，醉倒了。」

娘仍不作聲。

「娘，我想我們應當帶一個信到新場去才對的，不然癲子回來了以後，恐怕七順還不知道盡在新場到處託人白打聽！」

娘屈指算各處趕場[129]期，新場是初八，後天本村子裏當有人過新場去賣麻，就說明天託萬萬家爹報七順一個信也成。

毛弟沒話可說了，就只守到鍋邊聞雞的香味，毛弟對於鍋中的雞只放心不下，從落鍋到此時甩開鍋蓋瞧看總不止五次。毛弟意思是非到雞肉上桌他用手去攫[130]取膊腿那時不算完成他的敵愾心！

「娘，甩開鍋蓋看看吧，恐怕湯會快已乾了哩。」

是第七次的提議。明知道湯是剛加過不久，但毛弟願意眼睛不睒[131]望到那仇敵受白水的熬煮，若是雞這時還懂得痛苦，他會更滿意！

娘是說，不會的，水蠻多。但娘明白毛弟的心思，順水划，就又在結尾說「你就甩開鍋蓋看看吧。」

這沒毛雞浸在鍋內湯中受煎受熬的模樣，毛弟看不厭。凡是惡人作惡多端以後會到地獄去，毛弟以為這雞也正是下地獄的。

當到毛弟用兩隻手把那木鍋蓋舉起時節，一股大氣往上沖，鍋蓋邊旁蒸起汽水像出汗的七順的臉部一樣，鍋中雞是好久好久才能見到的。浸了雞身一半的白湯，還是沸騰着。雞是平平爬伏到鍋中，腳桿直杪杪[132]的真像在泅水！

「娘，你瞧，這光棍直到身子煮爛還昂起個頭！」毛弟隨即借了鐵鏟作武器，去用力按那雞的頭。

「莫把牠頸項摘斷，要昂就讓牠昂吧。」

「我看不慣那樣子。」

「看不慣，又蓋上吧。」

聽娘的盼咐，兩手又把鍋蓋蓋上了。但未蓋以前，毛弟可先把雞身弄成翻天睡，讓火熬牠的背同那驕傲的腦袋。

這邊雞煮熟時那邊癲子已經打鼾了。

毛弟為娘提酒壺，打一個火把照路，娘一手拿裝雞的木盤，一手拿香紙，跟到火把走。當這娘兒兩人到門外小山神土地廟[133]去燒香紙，將出大門時，毛弟耳朵尖，聽出門樓上頭鼾聲了。

「娘，癩子回來了！」

娘便把手中東西放去，走到門樓口去喊。「癩子，癩子，是你不是？」

「是的。」等了一會又說，「娘，是我。」

聲音略略有點啞，但這是癩子聲音，一點不會錯。

癩子聽到娘叫喚以後，於是把一個頭從樓口伸出。毛弟高高舉起火把照癩子，癩子眼睛閉了又掙開，顯然是初醒，給火眩耀着了。癩子見了娘還笑。

「娘，出門去有什麼事。」

「有什麼事？你瞧你這人，一去家就四五天，我那裏不託人找尋！你急壞我了。……」

這婦人，一面絮絮叨叨用着高興口吻抱怨着癩子，一面望到癩子笑。

癩子是全變了。頭髮像很亂，瘦了些，但此時的毛弟的娘可不注意到這些上面。

「你下來吃一點東西吧，我們先去為你謝土地，感謝這老伯伯為了尋你不知走了多少路！你不來，還得讓我抱怨他不濟事[134]啦。」

毛弟同到娘在土地廟前燒完紙，作了三個揖，把酒奠了後，不問老年缺齒的土地公公嚼完不嚼完，拿了雞就轉家了。

娘聽到樓上還有聲息知道癩子尚留在上面，「癩子，下來一會兒吧，我同你說話，這裏有雞同雞湯，餓了可以泡一碗陰米[135]。」

那個亂髮蓬蓬的頭又從樓上出現了，他說他並不曾餓。到這次，娘可注意到癩子那憔悴的臉了。

「你瞧你樣子全都變了。我晌晚還才聽到毛說你是在老虎峒住的。他又聽到西寨那萬萬告把[136]他，還到峒裏把你留下的水罐拿回。你要到那裏去住，又不早告我一聲，害得我着急，你瞧娘不也是瘦了許多麼？」

娘用手摩自己的臉時，娘眼中的淚，有兩點，沿到鼻溝流到手背了。

癲子見到娘樣子，總是不做聲。

「你要睡覺麼？那就讓你睡。你要不要一點水？要毛為你取兩個地蘿蔔[137]好嗎？」

「都不要。」

「那就好好睡，不要盡胡思亂想，毛，我們進去吧。」

娘去了，癲子的蓬亂着髮的頭還在樓口邊，娘囑咐，莫要盡胡思亂想，這時的癲子，誰知道他想的是些什麼事？但在癲子心中常常就是像他這時頭髮那麼亂雜無章次，要好好的睡，辦得到？然而像一匹各處逃奔長久失眠的狼樣的毛弟家癲子大哥，終於不久就為疲倦攻擊仍然倒在自己鋪上了。

第二天，天還剛亮不久娘就起來跑到樓下去探看癲子，聽到上面鼾聲還很大，就不驚動他，且不即放塒[138]內的雞出，怕是雞在院子中打架，吵了這正做好夢的癲子。

這做娘的老早到各處去做她主婦的事務，一面想着癲子昨夜的臉相，為了一些憂喜情緒牽來扯去做事也不成，到最後，就不得不跑到酒罈子邊喝一杯酒了。

六

顯然是，癲子比起先前半月以來憔悴許多了。本來就是略帶蒼白癆病⑬⑨樣的癲子的臉，如今毛弟的娘覺來是已更瘦更長了。

毛弟出去放早牛未回。毛弟的娘為把昨夜敬過土地菩薩煮熟的雞切碎了，蒸在飯上給癲子作早飯菜。

到吃早飯時，娘看癲子不言不語的樣子，心總是不安。飯吃了一碗。娘順手方便，為癲子裝第二碗，癲子把娘裝就的飯趕⑭⓪了一半到飯籮裏去。

娘奇詫了。在往日，這種現象是不會有的。

「怎麼？是菜不好還是有病？」

「不。菜好吃。我多吃點菜。」

雖說是多吃一點菜，吃了兩個雞翅膊，同一個雞肚，仍然不吃了。把箸放下後，癲子皺了眉，把視線聚集到娘所不明白的某一點上面。娘疑惑是癲子多少身上總有一點小毛病，不舒服，才為此異樣沉悶。

「多吃一點呀，」娘像逼毛弟吃出汗藥一樣，又在碗中撿出一片雞胸脯肉擲到癲子的面前。勸也不能吃，終於把那雞肉又擲回。

「你瞧你去了這幾天，人是瘦多了。」

聽娘說是人瘦許多了，癲子才記起他那衣扣上面懸垂的銅鋏，覺悟似的開始摸出那面小圓鏡子挾扯嘴邊的鬍鬚，且對到鏡子作慘笑。

娘見這樣子，眼淚含到眶子裏去吃那未下嚥的半碗飯。娘竟不敢再來詳細看癲子一眼，她知道，再看癲子或再說出一句話，自己就會忍不住要大哭了。

飯吃完了時，娘把碗筷收拾到灶房去洗，癲子跟到進灶房，看娘洗碗盞，旋就坐到那張燒火櫈上去。

一旁用絲瓜瓤擦碗一旁眼淚汪汪的毛弟的娘，半天還沒洗完一個碗。癲子只是對着他那一面小小鏡子反覆看，從鏡子裏似乎還能看見一些別的東西的樣子。

「癲子，我問你——」娘的眼淚這時已經不能夠再忍，終於扯了挽在肘上的寬大袖子在揩了。

癲子先是口中還在噓噓打着哨，見娘問他就把嘴閉上，鼓氣讓嘴成圓球。

「你這幾天究竟到些什麼地方去？告給你娘吧。」

「我到老虎峒。」

「老虎峒，我知道。難道只在峒內住這幾天嗎？」

「是的。」

「怎麼你就這樣瘦了？」

癩子可不再做聲。

娘又說：「是不是都不曾睡覺？」

「睡了的。」

睡了的，還這樣消瘦，那只有病了。但當娘問他是不是身上有不舒服的地方時，這癩子又總說並不曾生什麼病。

毛弟的娘自覺自從毛弟的爹死以後，十年來，頂傷心的要算這個時候了。眼看到這癩子害相思病似的精神頹喪到不成樣子，問他卻又說不出怎樣，最明顯的是在這癩子的心中，此時又正洶湧着莫名其妙的波濤，世界上各樣的神都無從求助。怎麼辦？這老娘子心想十年勞苦的擔子，壓到脊樑上頭並不會把脊樑壓彎，但關於癩子，最近給她的憂愁，可真有點無從招架了。

一向癩子雖然癩，但在那渾沌心中，包含着的像是只有獨得的快活，沒有一點人世秋天模樣的憂鬱，毛弟的娘為這癩子的不幸，也就覺很少。到這時，她不但看出她過去的許多的委屈，而且那未來，可怕的，絕望的，老來的生活，在這婦人腦中不斷的開拓延展了。她似乎見到在她死去以後別人對癩子的虐待逼癩子去吃死老鼠的情形。又似乎見癩子為人把他趕出這家中。又似乎見毛弟也因了癩子被人打。又似乎鄉約因了知事[141]老爺下鄉的原故，到貓貓山宣告，要用力把癩子關到一個地方去，免嚇了親兵[142]。又似乎……

天氣略變了，先是動了一陣風，屋前屋後的竹子，被風吹得像是一個人在用力搖。接到不久就落了小雨。冒雨走到門外土坳上去喊了一陣毛弟回家的毛弟的娘，回身到了堂屋中，望着才從癩子身上脫下洗涴過的白小褂，悲戚的搖着頭：就是那用花格子布作首巾包着雜白頭髮的頭，歎着從不曾如此深沉歎過的氣。

毛毛雨，陪到毛弟的娘而落的，娘是直到燒夜火⑭時見到癩子有了笑容以後淚才止，雨因此也落了大半天。

題解

本篇作於一九二七年六月，發表於一九二七年七月十六日、二十三日《現代評論》第六卷一三六號、一三七號，署名琳。一九二八年十月由上海光華書局編入「光華文藝小叢書」出版單行本《山鬼》。一九三六年一月上海大光書局印行《從文小説集》時，曾以《一個神秘的癩子》為篇名收入《山鬼》全文。一九八二年收入廣州花城、香港三聯出版社出版的《沈從文文集》第二卷（存目）。二零零二年收入北岳文藝出版社出版的《沈從文全集》第三卷《山鬼》集。

《山鬼》將主人公——住在野外洞穴中的毛家癩子稱為山鬼，山鬼也是源自楚地民間信仰的一種山神，屈原的《楚辭》中就有同名文章。這是一個源自民俗的審美意象，流動着濃厚的楚文化因素，浸潤着邊遠地區的文化氣質，是沈從文早期描寫湘西風情的地方志式的文字。雖然其中不乏笨拙而獨特的文字句式，但舒緩從容的敍述節奏和真切而又含蓄的抒情姿態，可以看出沈從文對湘西的回憶開始擺脱早期創作中的散亂和朦朧，走向清晰與確定。是沈從文吸收了屈騷精神，融合了湘西少數民族心理歷程和自己獨特的情感體驗後的產物。

註：

① 莓：刺莓，薔薇科懸鉤子屬植物的統稱。果實為球形或卵形，紅色。
② 不奈何：對付不了，無法處理。這裏指太多，簡直吃不完。
③ 蹩腳：此處指腿絆兒。
④ 發氣：生氣，既可籠統説生氣，也可具體説對某人生氣。
⑤ 水牯：見《草繩》註釋㉔。
⑥ 鄉約：見《更夫阿韓》註釋㊽。
⑦ 峒：山洞，石洞（多用於地名）。
⑧ 癲子：精神錯亂、失常的人。
⑨ 窠：見《晨》註釋㊽。
⑩ 服了禮：賠禮道歉。
⑪ 飛跟頭：斤斗。見《更夫阿韓》註釋㊽。
⑫ 搔急：心緒煩亂十分着急。
⑬ 打哈哈：見《瑞龍》註釋㊽。
⑭ 秦良玉（一五四七—一六四八）：字貞素。四川忠州（今屬重慶忠縣）人。明朝末期戰功卓著的民族英

雄、女將軍、軍事家、抗清名將。

⑮ ……起個：在鳳凰話中，「起」是動賓片語的賓語尾碼詞，它的作用在於限制動詞。「……起個」表示處於某種狀態，與「……了個」的意思和用法相同。

⑯ 頂毛：小孩腦頂的頭髮。

⑰ 同到：見《夜漁》註釋㉝。

⑱ 黃楊樹：黃楊木。熱帶、溫帶較常見的綠灌木或小喬木，我國東南沿海、西南、台灣都有廣泛的分佈。

⑲ 招殃：招災，給自己找麻煩。

⑳ 碾房：見《夜漁》註釋⑤。

㉑ 坎上：通過自然的過程或用人工辦法形成或堆成的土堤或土埂上。

㉒ 啄木鳥：別稱「森林醫生」。鴷形目啄木鳥科，以在樹皮中探尋昆蟲和在枯木中鑿洞為巢而著稱，是常見的留鳥。

㉓ 山雀：雀形目山雀科鳥類。外形細小、活躍，是在平原或丘陵山地林區常見的鳥類之一，體羽大多以灰褐色為主，多築巢於樹洞或房洞中，在林間取食昆蟲。

㉔ 走了去：離開

㉕ 坪壩：見《瑞龍》註釋②。

㉖ 獨行食：獨行市，獨吞，吃獨食。

㉗ 清吉：清平吉祥。

㉘ 乘到：趁着。

㉙ 碌碡：又稱「碌軸」。石製的圓柱形碾壓用農具，用牲畜或人力牽引來壓平田地、碾脫穀粒等。

㉚ 草積：草堆。

㉛ 老娘子：對老婦人、老太太的稱呼。

㉜ 端午節：見《更夫阿韓》註釋㊴。

㉝積痞：中醫指腹中痞積成塊之症。比喻積久的弊端或不好的事情。這裏指癲子這塊心病。
㉞摩挲：見《晨》註釋㊺。
㉟開釋：見《晨》註釋㉜。
㊱攢：見《夜漁》註釋⑭。
㊲不的：沒有。
㊳怕莫是：難道是，可能是。
㊴棒槌：見《草繩》註釋⑩。
㊵臘肉：經過鹽醃曬乾或浸泡醃製，再加煙燻的肉。
㊶斛：中國舊量器名，也是容量單位，一斛本為十斗，後來改為五斗。
㊷陀螺：見《夜漁》註釋⑩。
㊸火箸：方言，火筷子。
㊹灶馬：突灶螽、駝螽、灶蛐蛐。喜歡生活在爐灶等溫暖的地方。體色紅褐色至黑褐色，體形寬大，體背隆突或駝背狀，故稱「駝螽」。常於夜晚出沒、鳴叫，可入藥。
㊺儺神：迷信傳說中的驅除瘟疫的神。
㊻土地：見《我的小學教育》註釋②。
㊼缽：見《夜漁》註釋③。
㊽「強梁者不得其死」：語見《老子》「強梁者不得其死，吾將以為教父。」強梁，強暴、兇惡。意思是強暴的人死無其所，我把這句話當作施教的宗旨。此處指毛弟家即將被殺的那隻吃獨食的花雞。
㊾鍋巴：見《爐邊》註釋⑫。
㊿藠頭：又名藠子、薤白。百合科植物薤的鱗莖，可炒食，鹽漬或糖漬。
(51)江米酒：也叫酒釀、醪糟。糯米加麴釀造的食品，甘甜，酒味淡。
(52)粑：見《更夫阿韓》註釋(54)。

(53) 不拘：見《棉鞋》註釋㉒。

(54) 葛：多年生草本植物，莖可編籃做繩，纖維可織布，塊根肥大，稱「葛根」，可製澱粉，亦可入藥。

(55) 苧麻：也稱白葉苧麻。是多年生宿根性草本植物。其單纖維長、強度最大，吸濕和散濕快，熱傳導性能好，脫膠後潔白有絲光，可以純紡，也可和棉、絲、毛、化纖等混紡。

(56) 井坎：即坎井，淺井。

(57) 內掌櫃：舊時稱生意人的妻子為「內掌櫃」，也有稱「內當家」的。

(58) 時疫：見《溫疫論》。病名。即疫、瘟疫。一說特指夏季所患之瘟疫。

(59) 在生：在世。

(60) 衙門：見《更夫阿韓》註釋⑰。

(61) 團防捐：舊時地方反動武裝組織團防向百姓徵收的捐稅。

(62) 巫師：是男巫女巫的通稱；或專指以裝神弄鬼替人祈禱為職業的人。古代施術者女稱巫，男稱覡。傳說巫師可以用魔法保護他人，以免受到自然災害、外來者和敵人的傷害；巫師也有衡量對錯，操控大自然和解釋恐怖現象等職能。

(63) 還願：償還對神許下的諾言。

(64) 做孝子：指毛弟死了父親。

(65) 戴紙冠：為父母辦喪事時，孝子要身穿校服，頭戴一頂紙質的帽箍。

(66) 雞罩：用來罩雞的器具，多為竹絲、竹篾交叉編織而成。一般為圓筒形，上小下大，無底，也無頂，上面可容一飯碗進出。遍體留有如銅錢般大小齊整的網孔，可用來作網，去淺河裏罩魚用。

(67) 簟席：竹席。

(68) 作鬧：起哄鬧事。

(69) 孃：見《瑞龍》註釋⑳。

(70) 禳解：向神祈求解除災禍。

㉛ 霄神：也稱「雲霄」，是一種邪神。清末民初間盛傳鳳凰某家有雲霄不請自來，人或見之，其狀為一戴紅帽小孩，有雲霄必在樓上靜處設香案供奉，主人心想事成，想物得物。雲霄往往搬運財物來家，主人受之有不敬或拒絕之言，雲霄小氣，偶有觸犯則生禍殃，家中衣物無火自燃，或空中打來石飯，或鍋中有穢物，或財物自然不見，終至家業敗盡。

72 揣度：考慮估量，就是猜的意思。

73 作弄：故意開玩笑，使人為難；耍弄、戲弄。

74 官事：一說舊時指公家的事，官府的事宜。一說猶官司，訴訟之事。這裏指官司。

75 舂碓：舂穀的石碓。可將稻穀、包穀、高粱、小米等原糧加工成米粒或米粉，也適宜於少量加工。

76 襤褸：衣服破爛。

77 蝨婆：蝨子，淺黃或灰白或灰黑色、頭小、腹大、以吸食血液維生，能傳染疾病。

78 團總：見《入伍後》註釋⑨。

79 經紀：買賣雙方的中間人，撮合買賣雙方然後從中取得佣金的人。

80 棉寨：地名，在今湖南省鳳凰縣境內。

81 去：距離。

82 轉來：回來。

83 場：方言，集、市集的意思。

84 耽心：見《爐邊》註釋㉙。

85 煙火：祭祖時點的香火，借指後嗣。這裏指人家。

86 當到：見《晨》註釋⑭。

87 團防局：江西叫「靖衛團」或「保安隊」，湖南叫「挨戶團」或「團防局」。第一次國內革命戰爭時期（一九二四—一九二七年）湘贛邊界豪紳階級的反動地主武裝。

88 執政：主管村中事務的人。

⑻ 廟祝：寺廟裏管香火的人。
⑼ 案首：清制，各省學政於考試後揭曉名次，稱為出案。凡縣試、府試、院試之第一名，稱案首。
⑼ 老童生：年紀比較大還沒有通過鄉試的人。明清的科舉制度，凡是習舉業的讀書人，不管年齡大小，未考取秀才資格之前，都稱為童生。
⑼ 天王廟：也稱三王廟，位於鳳凰縣城東南背靠觀景山麓，面臨沱江。同知（官名，知府的副職）付鼐建於清嘉慶三年（一七九八年），是為祭祀鎮苗有功而被皇上封侯、後又被朝廷毒殺的宋代楊業第八世孫楊應龍、楊應虎、楊應豹三兄弟而建的祠廟。
⑼ 娘女：見《更夫阿韓》註釋⑧。
⑼ 麂皮抱肚：麂，通稱「麂子」。哺乳類動物，外形像鹿，腿細而有力，善於跳躍，毛皮為棕色，而且柔軟，可以製成革。抱肚，沈從文在《中國古代服飾研究》裏稱它為「腰袱」。唐後期開始出現，最常見武將服裝，成半圓形圍於腰間，其作用是為了防止腰間佩掛的武器與鐵甲因碰擊、摩擦而相互損壞。後來逐漸演變為特別形製的腰帶，用布或牛皮、麂皮等做成，有夾層或兩三層，兩端有帶，並繫於腰間，可在內裏放錢鈔。愛漂亮的還可在上面繡花和繫緞帶子。
⑼ 長年：長工。
⑼ 啐：同「喊」。
⑼ 長毛：滿清統治者對太平天國軍隊的蔑稱。
⑼ 槊：矛，古代的一種兵器。
⑼ 作興：大概、可能。
⑽ 銀角子：舊時通用的幣值一角、兩角的小銀幣。
⑽ 抱兒：一種附有錢包的闊腰帶。
⑽ 打斤斗：見《我的小學教育》註釋㉖。
⑽ 蛤蟒：同蝦蟆，見《棉鞋》註釋㉗。

⑩④ 對子：見《我的小學教育》註釋㉘。
⑩⑤ 摶：把東西揉弄成球形。
⑩⑥ 張飛：見《入伍後》註釋⑰。
⑩⑦ 武松：稱號「行者」，因為排行第二，又名武二郎。河北邢台清河縣人。在《水滸傳》中，他是下層英雄好漢中最富有血性和傳奇色彩的人物，梁山排名第十四位。也是《金瓶梅》的重要配角。曾一度被誤認為虛構，後來武松的故事被改編拍為同名電影、電視劇，亦成為了相關遊戲裏的角色。
⑩⑧ 間上：隔上。
⑩⑨ 木頭傀儡戲：見《我的小學教育》註釋①。
⑪⓪ 勁幫：得力的幫手。
⑪① 圍到：圍着。
⑪② 跳團團：轉圈跳。
⑪③ 謔：開玩笑，這裏有戲謔之意。
⑪④ 閃不知：見《我的小學教育》註釋㊷。
⑪⑤ 猛不知：冷不防。
⑪⑥ 副爺：見《入伍後》註釋㊱。
⑪⑦ 袁世凱（一八五九—一九二六）：字慰亭（又作慰庭），號容庵。漢族，河南項城人。曾是北洋軍閥的領導人，辛亥革命後，成為中華民國首任大總統。
⑪⑧ 魯智深：《水滸傳》中的人物。原名魯達，出家做和尚後的法名智深，又因職務稱魯提轄，綽號花和尚魯智深。是梁山泊第十三位好漢，十員步軍頭領第一名。
⑪⑨ 孫大聖：明代小説《西遊記》中的人物。孫悟空，法號行者，是唐僧的大徒弟，豬八戒、沙僧的大師兄。
⑫⓪ 豬八戒：明代小説《西遊記》中的人物之一。原是天庭王皇大帝手下的天蓬元帥，主管天河。因醉酒調戲嫦娥被玉皇大帝逐出天界，到人間錯投成豬胎，後經觀世音菩薩點化，保護唐僧西天取經，被封淨壇

使者。

(121) 夜飯：見《夜漁》註釋②。

(122) 櫓歌：多從洪江或麻陽唱起，當中夾以「吆和嚇」「咦來和嚇」像櫓搖動的聲音，凡是辰河櫓歌調子大體是一樣的，惟敘述式稍有不同耳。

(123) 麻陽：見《瑞龍》註釋㉑。

(124) 烏篷船：江南水鄉的獨特交通工具，兩頭尖翹，船艙覆蓋半圓形的船篷。篷用竹片編成，中夾竹箬，上塗桐油黑漆。因而得名。能自由地穿梭於密集的河道之中。

(125) 洞庭湖：中國五大淡水湖之一，長江中游重要吞吐湖泊。湖區位於荊江南岸，跨湘、鄂兩省。湖區面積廣闊，號稱「八百里洞庭」。

(126) 門樓：一家一戶的總甬道（後門，旁門不是主要通道）。門樓的高低大小、磚瓦材質、彩繪文字、和左鄰右台的關係都有所規定，應與身分相符。

(127) 支頤：以手托下巴。

(128) 打量：考慮。

(129) 趕場：又稱「趕街」。四川、湖南等地方言。與北方人說的趕集、湘贛地區說的「趕墟」、客家人講的「趕圩」意義相同，指到集市上去做買賣或玩耍。

(130) 攫：見《草繩》註釋㉖。

(131) 眏：眨巴眼，眼睛很快地開閉。

(132) 直杪杪：見《更夫阿韓》註釋㊿。

(133) 土地廟：見《更夫阿韓》註釋⑪。

(134) 濟事：頂事；成事。

(135) 陰米：糯米蒸熟後陰乾，然後用砂炒，使其膨脹，如現在的爆米花。吃時用開水和蔗糖沖泡。是湘西人過年時家家必備的食物，一般多在春節初見面時用以招待客人。

⑬⑥告把：把，見《夜漁》註釋⑮。告把，告訴給。

⑬⑦地蘿蔔：地蘿蔔，塊根植物，生長在沙壤土裏，塊根呈圓球形狀，有黃色外皮，剝皮後就是白色的肉、多汁、味甜、於秋天時分成熟，一般當作水果來吃，也可用來作菜。

⑬⑧塒：古代稱牆壁上挖洞做成的雞窩。

⑬⑨癆病：俗稱「癆病」。結核多為肺結核，因結核桿菌侵入體內而引起的感染，是一種慢性和緩發的傳染病。

⑭⓪趕：撥出去。

⑭①知事：民國初期對縣一級最高行政官的稱呼。

⑭②親兵：舊時指官員身邊的隨從護衛。

⑭③燒夜火：做晚飯。

老實人

一

「老實者，無用之別名！」

然而這年頭兒人老實一點也好，因了老實可少遭許多天災人禍。

人是不是應當凡事規規矩矩？這卻很難說。

有人說，凡事容讓過，這人便是缺少那人生頂重要的「生命力」，缺少這力人可就完了。

又有人說不。他說面子老實點，不算是無用。

話是全像很有理，分不清。

所謂生命力者充塞乎天地，此時在大學生中，倒像並不缺少啊。

看看住會館①或公寓的各省各地大學生，因點點小事，就隨便可以抓到聽差②罵三五句從各人家鄉帶來的土製醜話，「媽拉巴」與「媽的」，「忘八」與「狗雜種」，各極方言文化之妙用，有機會時還可以幾人圍到一個可憐的下人飽揍一頓，試試文事以外的武備，這類人是並不缺少生命力的人！

在一個公寓中有一個「有用」的學生，則其他的人就有的是熱鬧可看。有些地方則這種有用學生總不止一個。或竟是一雙，或三位，或兩雙，或更一大夥。遇到這類地方時，一個無用的人除了趕即③搬家就只有怨自己的命運，這是感謝那生命力太強的人的厚賜！

為那些生命力太強的天才青年唱戲罵人吆喝喧天吵得書也讀不成的原是平常事。有時的睡眠，還應叨這類天才（因為疲倦也有休息時）的光④。

以我想，在大學生中，大家似乎全有一點兒懶病，是好的了。因了懶，也好讓缺少生命力的平常人做一點應分的工作。所要的是口懶同手懶：因為口懶則省卻半夜清晨無憑無故的大聲喊唱「可憐我好一似」一類的戲，且可以使聽差少挨一點冤枉罵。手懶則別人可以免去那聽彈大正琴⑤同聽拉二胡的義務，能如己意安安靜靜讀點書。

提倡——或鼓吹「懶」字，總不算一種大的罪過吧。

不要他們怎樣老實，只是懶一點，也就是辦不到的事！

還有那類人，見到你終日不聲不息，擔心你害病似的，知道你在作事看書時，就有意無意來不給你清淨。那大約是明知道自己精神太好，行推己及人之恕道，來如此騷擾。

其實從這類小小事上也就可以看看目下國運了。

二

在寓中，正一面聽着一個同寓鄉親彈得兵嘣有致的「一枝花」⑥小調，一面寫着自己對那類不老實的人物找一些適當讚語。聽到電話鈴子響，旋即我們的夥計就照老例到院中大聲招呼。

「王先生，電話！」

「什麼地方來的？」我也大聲問。他不理。

那傢伙，大約叫了我一聲後已跑到廚房又吃完一個饅頭了。

我就走到電話地方去。

「怎麼啦！」

「怎麼啦！」

「聽得出是誰的聲音麼？」

互相來一個「怎麼」，是同老友自寬君的暗號，還問我聽得出是誰聲音，真在同我開玩笑啊！

「說！」我說，「聽得出，別鬧了，多久不見近來可怎麼啦！」

「有事不有事？」

我說：「我在作一點文章。關乎天才同常人的解釋。」

「那我來，我正有的是好材料！」

「那就快！」

「很快的。」

把耳機掛上，走回到院中，忽然有一個人從一間房中大喊了一聲夥計，嚇了我一跳。這不知名的朋友，以為我就是夥計，向我乾喝了一聲，見我不應卻又寂然下去了。

我心想：這多麼威武！拿去當將軍，在兩邊擺開隊伍的陣上，來這麼一聲咤叱⑦，不是足以嚇破敵人的膽麼?!

如今則只我當到鋒頭上，嚇着了一下，但我因聽慣了這吆喝，雖然在無意中仍然免不了一驚，也不使心跳多久，又覺得為這猛壯沉鷙⑧的喝聲可惜了。

自寬君既說就來，我回到房中時就呆着老等⑨。

然而為他算着從東城地內到夾道，是早應到了。應到又不到，我就悔忘了問他是在什麼地方打的電話。

我且故意為他設想，譬如這時是正為一個汽車撞倒到地上，汽車早已開了去，老友卻頭臉流着血在地上苦笑。又為他想是在板橋東碰見那姓馬的女人，使他幹為八曼君感到酸楚。

朋友自寬君，同我有許多地方原是一個脾氣，我料得到當真不拘⑩我們中誰個⑪見到那女人時節，都會像見着如同曾和自己相好過那樣心不受用。我們又都是不中用的人，在一起談着那不中用的事實經驗時，兩人也似乎都差不多！

因為是等候着朋友的來，我就無聊無賴的去聽隔壁人說話。

「那癲子！你不見他整天不出房門嗎？」

「頂有趣，媽媽的昨天叫夥計：勞駕，打一盆水來！」

兩人就互相交換着雅謔⑫而大笑。我明白這是在討論到我那對夥計勞駕的兩字。因了這樣兩個字，就能引這兩位白臉少年作一度狂笑，是我初料不到的奇事。同時我又想起「生命力」這一件東西來了。

……唉，只要莫拚命用大嗓子唱「我好比南來雁」，就把別人來取笑一下，也就很可以消磨這非用不可的「生命力」了。

呆一會，又聽到有人在房中吆喝叫夥計，在院中響着腳步的卻不聞答應，只低聲半笑的說着「不是」，我知道是自寬君來了。

一進房門他就笑笑的說着「哈，嚇了我一跳，你們這位同院子大學生嗓子真大呀。」

「可不是，我聽到你還答應他說不是呢。」

「不答應又像是對不住這一聲響亮喉嚨似的。」

「你這人，我才就想着有好多地方我們心情是差不多！我在接你電話回到院中也就給他吆喝了一聲，我很為這一聲抱歉咧。」

「哈哈。」

「哈哈。」

自寬君是依然老規矩的臉上含着笑就倒在我的一張舊藤靠椅上面了。

我有點脾氣，也是自寬所有的，就是我最愛在朋友言語以外，思索朋友這一天未來我處以前的情形。從朋友身上我每每可以料到他是已作了些什麼事。我有時且可以在心裏猜出朋友近日生活是高興還是失意。

在朋友說話以前所以我總不先即說話。誰說他也不是正在那裏猜我呢。

「不要再發迷⑬做福爾摩斯⑭了，我這幾日的生活，你猜一年也不會猜到！」朋友先說話。

從朋友話中，我猜出了一件事。這件事就是我猜出我朋友的話真有大意義，這意義總不離乎……不離乎窮也可以，不離乎病也可以，不離乎女人也可以，但是，他說猜一年也猜不到，我真不敢猜想了。

「我看你額上氣色很好。我近來學會看相咧。」

「別小孩子了。你瞧我額上真有好氣色麼？」

其實我能看什麼氣色？朋友也知道我是說笑，就故意同我打哈哈，說可以詳細看看。

詳細的看我可看出朋友給我驚詫的情形來了。

在平常，自寬君的袖口頸部不會這樣髒，如今則鼻孔內部全是黑色，且那耳，輪廓全是煙，呈黑色眉，也像粗濃了許多，一種憔悴落魄的神氣，使我嚇然[15]了。

朋友見我眼中呈驚詫模樣，就微笑，扭着指節骨，發脆聲。

他說：「怎麼，看出了什麼了嗎？」

我慘然的搖頭了。我明白朋友必在最近真有一種極意外的苦惱了。「唉，」我說，「怎麼這樣子？是又病了麼？」

「你瞧我這是病？你不才還說我氣色蠻好嗎？」朋友繼着就又笑。

我看得出朋友這笑中有淚。我心覺得酸。

到這世界上，像我們這一類人，真算得一個人嗎？把所有精力，竭到一種毫無希望的生活中去，一面讓人去檢選，一面讓人去消遣，還有得準備那無數的輕蔑冷淡承受，以及無終期的給人利用。呼市儈[16]作恩人，喊假名文化運動的人作同志，不得已自己工作安置到一種職業中去，他方面便成了一類家中有着良好生活的人辱罵為文丐的憑證。影響所及，復使一般無知識者亦以為賣錢的不算好文章。自己越努力則越容易得來輕視同妒嫉，每想到這些事情，總使人異樣傷心。見一個稍為標致點女人，就每每不自覺有「若別人算人自己便應算豬狗」之感，為什麼自視覺如此卑鄙？靈魂上偉大。這偉大，能搖動這一個時代的一個不拘男或女的心？這一個時代，誰要這美的或大的靈魂？有能因這工作的無助無望，稍稍加以無條件的同情麼？

因此使人想起夢葦君的死，為什麼就死得如此容易。果若是當時有一百塊錢，能早入稍好的醫院半月，也未必即不可救。果能籌兩百塊錢，早離開北京，也未必即把這病轉凶。比一百再少一半是五十，當時有五十塊錢，就決不會半個月內死於那三等病院中！這數目，在一個稍稍寬綽的人家，又是怎樣不值！把「十」字，與「萬」字相連綴，以此數揮霍於一優娼身上者，又何嘗乏人。死去的夢葦，又那裏能比稍好的人家一匹狗的命運？

努着力，作着口喊什麼運動的名士大家所不屑真為的工作，血枯乾到最後一滴，手木強，人僵硬，我們是完了。

從我們自己身上我們才相信，天下人也有就從做夢一件事上活着下來的。但在同類中，就有着那類連做夢也加以嘲誚⑰的攻擊的人，這種人在我們身旁左右就真不少！

朋友見我呆呆的在低頭想事情，就岔⑱我說是要一點東西吃。

為他取現成的梨子，因無刀，他就自己用口咬着梨的皮。

「你不是說你有材料嗎？」

「你不是說你在作天才與常人的解釋嗎？先拿來我看，再談它。」

把寫就的題目給自寬君看，使他忍不住好笑。

「別發牢騷了，咱們真是不中用，不能怪人呀。」

「那你認為吵鬧是必需的了？」

實則朋友比我更怕鬧！然而他今天說是「若果他有那種天才少吃不少苦楚了。」

關於這苦楚，朋友有了下面的話作解釋。

三

「你以為我這幾天上西山去了麼？你是這樣想便是你的錯。

「我要你猜我這幾日來究竟到了些什麼地方去。這你猜是永久猜不到。一個人，正是自己也莫名其妙，會有驟然而來的機會，使人陷身到另一種情形中去的。天的巧妙安排真使人佩服，不是一種兒戲事！

「我為人捉到牢裏去，坐了四天的牢。

「不要訝⑲。訝什麼？坐牢是怪事嗎？像我這樣的人又不接近什麼政治的人坐牢當然是令人驚詫，尤其是你。但當到這個時代也不算一回什麼事。不過這一次坐牢，使我自己也很奇怪起來了。

「這與『老實』太有關。說到這裏我要笑。你瞧我眼眶子濕了麼？然而我是真在笑。我一點沒有悲憤。我從這事上看出一個人不能的方面永遠是不能，即或天意安排得好好的一種幸福，但一到我們的頭上結果卻反而壞了。

「這話說得是長！說不完。你那裏會想到我因了那一種事坐四天牢呢！？

「不過這真應說是我反正兩面一個好經驗。

「我傷心，不是為坐牢受苦傷心，那一點不苦。其中全是大學生，還有許多大學教授，我恨我不是因同他們作一起案件入獄，卻全出於一種誤會。

「要我坐牢的人還不知我是個什麼人。若是知道我的姓名，那不知又是什麼一種情形了。」

「說半天，我還是莫名其妙！到底是怎麼回事？」

朋友說這急不得。有一天可說。說不完還有明天。

本來愛充偵探的我這一來可偵不出線索來了。我着急要想知道他為什麼去到警察廳的拘留所住那四天，又想知他在拘留所時的情形。

韓秉謙變戲法兒，一點鐘的時間倒有五十分鐘說白[20]，十分鐘動手。我想朋友這時有許多地方也同韓秉謙差不多。

「我瞧你那急相。」朋友還在那裏若無其事描覷[21]我臉色。

我說：「請老哥爽快一點。」

「那話很長的，說不盡。不是一氣說得盡的！」

「先說大體，像公文前面的摘由[22]。」

「摘由就是我坐了四天班房，正是這適於坐牢的秋天！」

使我又好笑，又急。我要知道為什麼事坐牢的，朋友偏不說。我說：「把那『什麼坐牢』一句話告了我吧。」

「為一個女人。」朋友說時又淒然的笑。

我又在這話上惑疑起來了。朋友為女人坐牢，這是什麼話？難道是到街上見到一個標致女人就冒冒失失走攏去同人搭話，結果呢……？不相信。我想去想來，總不相信。朋友的話我相信，我可不相信朋友有為女人事情入獄的。還是請朋友急把原委告我。

這真像是一種傳奇一種夢！

自寬君是那樣的告我入獄坐牢的情形：為一個不相識的女人，這女人是他的一個……

四

天氣今年算是很熱了。在寓處，房中放一大塊冰，這冰就像為熱水澆着的融解，不到正午就全變成了一盆涼水，這水到下午，並且就溫了。

在這樣天氣下頭人是除了終日流着汗以外一事不作。要作也不能。不拘走到什麼地方也一樣。這樣天氣就是多數人的流汗少數人的享福天氣！

但一交七月，陽曆是八月，可好了。

天氣已轉秋以後，自寬君，無所事，像一隻無家可歸的狗一樣，每日到北海去溜。到北海去溜，原是一些公子小姐的事！自寬君是去看這些公子小姐，也就忘了到那地方的勤。還有一件事，自寬君，看人還不是理由，他是去看書。

北海的圖書館閱覽室中，每天照例有一個座位上有近乎「革命家式」的平常人物，便是自寬君。衣服雖為絲織物，但又小又舊，已很容易使人疑心這是天橋的貨色了。足下穿一雙舊白布靴子，為泥為水漬[23]成一種天然的不美觀黃色。臉龐兒清瘦，雖乾淨卻憔悴如三十歲的人。

把書看一陣，隨意翻，從龜甲文字到一種最近出版的俗俚畫報，全都看。看到閱覽室中只剩自己一人時，自寬君，想起坐在室的中央的看守人，似乎不忍讓他在那裏為一個讀者絆着不動，就含笑的把所取的書繳還，無善無惡的點着一個照例的頭，出了圖書館大門。

出了圖書館，時間約五時，這時正是北海[24]熱鬧的下午。人人打扮的如有喜事似的到這園中來互相展覽給另外一人看。漪瀾堂[25]，充滿了人聲，充滿了嘻笑，充滿了圓頭胖臉，充滿了脂粉香，此外還充滿了人的心中稱歎輕視以及青年男女的詭計！

自寬君，無所謂的就到這些人的隊裏陣裏來了。

看看這個又看看那個，微笑着，有着別人意想不到的趣味。

沒一個熟人可以招呼一次，這在自寬君則尤其滿意。有時無意中，卻碰到那類到什麼地方過一面兩面的人，拖拖拉拉反而把自寬君窘住感到寂寞出來了。

有時他卻一個人坐到眾人來去的大土路旁木櫈上，就看着這來去的男女為樂。每一個男女全能給他以一種幻想，從裝飾同年齡貌上，感出這人回到家中時節的情形，且胡猜測日常命運所給這人的工作是一些什麼。到這地方來的每一個遊人，有一種不同的心情，不怕一對情侶也如此。

一個大兵到北海來玩，具的是怎樣一種興趣？這從自寬君細細觀察所得，就有一種極有趣味的報告。在這類情形下頭，自寬君，來此的意義，簡直是在這裏作一統計分類工作了！

又有時，他卻獨自到幽僻無人的水邊去看水，另是種心情。

然而來到北海的自寬君整個就是無聊！

自己不能玩，看人怎樣的玩也是一件好事情。抱着單來看別人玩的心情的自寬君，一看下來是一個多月，天氣更佳了。

天氣好，真適宜於玩，人反而日見稀少，各式茶座生意也日益蕭條下來，原來到這裏玩的人就無一個會玩的人，到這來，看人以外就是讓人看！自寬君，在先時，笑那些大兵，一到園裏就到「天王廟」「小西天」一類地方去，如今卻以為這些兵來此的見解倒比那些紳士老爺小姐少爺高明得多了。

人少了，在他是覺到一種寂寞，原無可諱的。不過人多也許寂寞還覺得深。人少一點則公園中所有的佳處全現出。在一些地方，譬如塔下頭白石欄杆，獨自靠着望望天邊的雲，可以看不厭。又見到三三兩兩的人從另一處緩緩的腳步走過，又見到一兩個人對着故宮若有深喟的瞧，又見到灑水的水夫，兩人用膀子扛了水桶在寂靜無人的寬土路中橫行，又見到……全是詩！

在往日，湖中的船舶追逐來去，坐八人，或十人，吆喝喧天無休息，真損失了不少湖景的幽美。如今則一二白色小船，船上各有兩個人，慢慢的在淡淡的略有餘夏味兒的銀色陽光中搖動，船上縱不一定是一男一女，那趣味也不會就不及一對情人的打槳。

到船塢㉖附近去玩，看着那些泊着成一隊，老老實實不動的小船，各樣顏色自然的雜錯，湖水作小波嚙着船板，聲音細碎像在説夢話，那又如何美麗！

説是人日益稀少下來，也並不是全無。不過人比大六月熱天少了一點，北海從類乎遊藝園的騷擾中脱出，在各處可以喝茶歇憩的地方，再見不到那些一群一黨的怪模怪樣人物罷了。

以前不敢在五龍亭㉗吃東西的自寬君，卻已大膽獨自據了一張桌子用他的中飯晚飯了。因所吃的並不比普通館子為貴，自寬君，便把上午十二點鐘那一次返寓的午餐全改作在這地方來吃。

圖書館的例規是在正午又得休息兩小時，這一種規矩當然極對，一面讓館員全體在一個桌子上一同來吃飯，一面也免得讀書人太方便。因此自寬君，在吃午飯後，總是慢慢的在一條冷清的路上走，省得到了圖書館時還不能開門，又得站在外面像等換不兑現的鈔票一樣着急。

誰料得到在三十天內那一天有什麼意外？

每天照着規矩去吃飯，每天情形差不多，只一天一天人越少下來。在自寬君意思中，北海是越美，就因為人少！

五

上星期六朋友又到那裏去。一切全有例。不消説，鐘到打十二下時，朋友已在那繞瓊島的夾道上走着了。因是禮拜六，人像多了點，兵也多。天氣既是特別好，又有人可看，自寬君，心中有種說不出的痛快。

到了五龍亭，所有老地方為別人佔去。一個素所認識的夥計，就來到面前解釋了兩句，把他安置在另一張桌邊坐下了。

隨意各處的流盼。這地方已恢復了一月以前的興旺。幾個夥計臉色也不像前幾日晦氣。亭中各個桌子上，茶盅的灰也都拭去了。亭中此時人雖並不多，可以斷定的，是到下午三時就會非常熱鬧了。

一旁吃炒麵，一旁望那在自己每天吃飯的桌子邊的人，自寬君就似乎心中很受用。其實這兩個人在自寬君一進門時也就望到了他。

這是兩個學生模樣的女人，髮剪了以後就隨意讓它在頭上蓬起似的聳得多高。自寬君，先是望到女人中一個的側面，女人一回頭，他把這女人的正面又看清楚了。不久另一個女人的臉也為自寬君看準，他就在這女人身上加以各樣的幸福估價。

女人的美不是臉，不是身，不是眼，不是眉。某一部的美總不能給人以頂深印象。看這人的美不美，當去看這人的靈魂。但還不容易。這既非容易，那就只好看她的態度與行動去了。

一個二十四五的光身㉘男子，對於女人的批評，容易持偏心，那是免不了的事。若說是「見到一匹水牛娘也覺得細眉細眼可愛，」則自寬君倒不會到這個地步。自寬君，把這兩個女人看來看去總之已在心裏覺得這女人是不壞了。

女人之中一個略胖略高，這更給朋友走向到佩服方面。

不拘到何等地方，看遊藝會或看電影，在正文以外，去身前後左右發現那些喁喁㉙說話，總是比台上戲文還更真實有趣。人人會覺得這類事的演述為更藝術底。（這當然除了那些一心一意來看跳足跳舞的人在外。）

只稍稍注意到那一方，於是就聽到：

「誰不說這幾天這裏獨好咧。」

「我是怕人多，像中央公園㉚那樣我真不敢去。」

……

顯然是同調，更使自寬君覺得這話動聽了。

於是又聽到了一些關於兩人學校中的平常趣話。

過了一陣中，一個似乎是要去到什麼地方有事，聽到同夥計要一點紙片，兩人卻一同起身。女人從自寬君身旁走過。為朋友設想，還是早早離開這裏為妙了。候着別人的歸來，也沒有所謂益處，且早早離開，也省得給人發現自己是在注意她。看人雖不算罪過，但一面愣着雙眼碌碌的對人全身攻擊，一面且在心中造着非凡大罪孽，究不是一個老實人所應作的事！且看人家到使人察覺，這不藝術的行為，再糟也就沒有了。他終於起身。

在女人那邊桌上，原是遺下了傘同手帕以外還有兩本書。來到北海圖書館看書，在自寬君看來，那是算頂合式的地方。但見人拿書到北海來或是坐到大路旁板櫈上去看，則總覺有點裝腔作勢的嫌疑。縱自己是如何歡喜看這書，從別人看這情形，多少會疑到是故意！

如今這女人就有着書兩本。自寬君，因見人還未來，就作為[31]起身去望湖中景致模樣，把眼溜到女人桌上去。這一來，使朋友心跳不已。情形的湊巧真無比這事更巧的了。這書不是別的，就是自寬君作的小說——《山楂》，再看，也一點不錯，是《山楂》那一本書！恐怕書有同名吧，不。封面也不差，自己的書自己不會瞎眼吧。其他一本也是一個樣，看那頭上的綠字可以知道。這又是一種說不出的痛快心情。

照例在平時，把麵吃完是白水漱口，漱完口就走。此時自寬君，卻嗾[32]泡一壺茶來，人是仍然坐下了。

天知道，這是一種什麼因緣啊?!

把書印出來賣拿書舖版稅，無論如何一版總有兩千個讀者，這兩千未相識的朋友於自己總算是同情者了吧。然而這類讀者雖從書的銷數上可以斷定是並不少，可是主顧儼然同自寬君本人是無關。是些什麼人來看這書，他就常常想到也是一些空想。既無一個人從他手上來寄錢買這書，也不曾在書攤子邊見到誰出錢買這書看，因此書攤出版以後，除了用着各樣柔軟言語請求書舖老闆早為結賬外，讀者卻全不問了。如今卻見到這樣兩個青年女人拿着這書，且這人又是那麼樣清雅秀麗，不能不使人在心中生一種感激，以及由感激中生出一點無害於事的分外樂觀！

重複坐下來的自寬君，就是要等這女人回來。他願意用一種方法使這女人明白在對面隔一張桌子坐的就是所看新書的作者，可是找不出這自己表現的方法。自己既不能像唱戲那麼先報上名來，從別的事上又總覺不很合式。在中國此時，男子除了涎了臉皮跟着蕩婦身後追逐外，男女間根本上就缺少那合宜的認識習慣。想認識一個陌生女人，除了照樣極無禮貌外，就沒有法子可設。

在自寬君也並非定要這女人知道自己不可，因為一個讀者也初無必得認識一書作者的義務。不過他以為若果是這書曾給了以這女人小小歡喜，那讓她知道這給她歡喜的人，就坐在五尺內外，究竟是一件兩有裨益的事！

又想起，到這世界上來得着許多非量所能擔受的罵名誤解，為人當着活奴隸，一副機械樣子的生活下來，不圖還有這樣的人來看這書，又未免傷心眼紅。就是這樣的人拿着這本書一天，就不必去看內容，也就算是有了懂過自己的人，自己是那在工作着有意義的工作的人了。看到這女人把這書中的不拘某一篇從頭閱覽到結果，那所得的愉快將比這書能為書局印行還更值欣慶。唉，女人，女人這名詞，同一個無用的在作文章為生活的窮人，真隔得是有多遠！女人為什生來要「高貴」這類名詞作裝飾？就是為得女人以外有我們這類人在！

決心等着的自寬君，想到一切只差要哭出聲來。心中只酸酸的如剛吃過一肚子楊梅㉝一樣。當然不到五分鐘這兩個女人回到座位上來了，自寬君又忍痛想索性走了到別處去好。但是走不動。一種不可解釋的吸力，從那邊過來，吸住了他動彈不得。這吸力，也可以說是在這邊，吸着了對面的人，不然別人動身他就不應當跟到又走！

「瞧呵，這下流。」誰不以為在一個青年女人身後有意無意的跟隨為可笑可恥呢?!但誰又能否認這是這個時代同女人認識其次的一種好方法？

別人走到九龍碑㉞，九龍碑左右有自寬君在。別人走到北海董事會裏去，那裏又可以見到自寬君的寒傖臉子。

久而久之像是這也給女人中那個略稚小的覺到了。這兩人不在董事會久呆，就又轉入濠濮間㉟。

自寬君，怎麼樣？自己為自己算計。是轉身到圖書館去陪那位閱覽室管理人坐冷板櫈極宜於自己。且到了那裏就可以大白日下睜起眼睛作着好夢，用眼前的事實作夢的影子，在這事實表格空處填上那自己所希望的一切好處，不失一個穩健可靠無用畏怯臉紅的法子。上策不取取中策，是全放下不去想，少胡思亂想則也少煩惱。放下自然是放下，難道不放下到眈㊱一會兒別人出了園門還跟人到學校不成？不過眼前要放也不能，真為這受窘！還有下策者，是仍然跟着下來，這地方是人人可以自由走動的地方，高興到什麼地方玩就來玩，別人可以走的我照例也可以走，實在要分手，就在莫可奈何㊲情形下，看着她走去。下策亦不算頂壞！

獨採取這下策，這就是坐牢的因！

先是怕別人察覺，以為在察覺了略露着不和氣的臉色以後，就歸一伏法避開，那結果也成「挨而不傷」。誰知到人察覺後，顏色不如他所預擬的難看，「軟泥巴插棍，越插便越進」，膽子更大心情也就更樂觀，就又繼續跟着下來了。

女人匆匆的從濠濮間東邊南門走向船塢去，自寬君，小竊一樣在後面二十步左右送着，露着又腼腆㊳又可憐的神氣。女人一回頭，就十二分忸怩㊴，擔心別人在疑他笑他。

在女人方面，也許以為在身後為一習見之窮學生，雖有意跟在後面，總不會用比跟在身後行走更可憐的方法擾鬧。也無妨於遊玩興味吧。

到了船塢碼頭邊，見有兩個人在撐一隻船離開碼頭，把水攪得起小浪。

女人似乎有意避開自寬君。兩人悄悄商量了一陣，到近水處石頭上，坐下了。

又有三個人來到碼頭邊取船。一個較年青的太太，望望這女人，又望望癡癡愣愣站在太陽下的自寬君，就同她的同伴一個小官僚樣子的中年漢子，低聲半羡半怪似的議論，不消說是這婦人已把自寬君並成同另外兩個女人是一塊同行的人了。本來在躊躇着是「走與坐下」之間不能一定的是自寬君，見有人對他下了議論，就決定揀一塊石頭休息，決定要在今天作一點足以給他日自己內慚的事了。

坐船之人把船撐出塢就上船去了，碼頭上大柳樹下縱橫剩了些新作或撈起修理的船隻，以及幾個管船人。此外遊人是自寬君與其他女人兩位。

……望不得那邊，再望別人就會走去了。

打量㊵雖是打量着，但仍免不了偷偷瞧她們是在作些什麼。在那一邊也似乎明白這邊人眼睛是不忠厚。然而卻並不想走，且在那石頭上把書翻開各人一本的看着。

設若自寬君，身上穿得華麗不相稱，是白臉，是頂光致的頭髮，又是極時髦的態度，則女人怯於這新時代青年，怕麻煩走去，也是意中事。如今在女人眼中的他，就像從模樣上也看得出不是那些專以追逐女子為樂的浪子——説「不像」還不切實，簡直還可説不配。自寬君又何嘗不是了然自己是在體態上有着不配追女人的樣子才敢坐下來的？

因為別人是在看自己所作的書，自寬君的心中只是為一些幸福小泡沫在湧。在十步以內，就是那所謂極忠實的讀者，且這讀者的模樣，又如何動人！

這裏我們不能禁止自寬君在心中幻想些什麼。假若在這情形下，聯想到他將來自己有一個妻也能如此的專心一志看他所作的小説，是算可以原諒的奢侈遐想！假若就把這在現時低了頭，誠心在讀他小説的人，幻想作他將來的妻，或將來的友，也是事實所許可的！再，假若他所想的是眼前就有這麼兩個的友人，怎麼樣？假若有，自寬君將不知道要怎樣了。這切於實際的夢，就不是一個落托㊶光身漢子自寬君所敢作的夢！

然而這可以想些什麼？他想聽聽這兩個讀者的天真坦白持中的批評。自寬君想把女人作一面鏡子，看看這鏡子所反應出來的他小説內容合不合於女子心理分析成功失敗的影子。

六

就只消遣的看看，看完了，把書便丟開，合意則按照脾氣習慣笑笑，這類女讀者，自寬君不是不見過。又或者，連看也不曾看，為應酬起見，遇於廣眾中，也順便惠而不費誇讚兩句，爬搔不着癢處的話語，如那個去拜訪法朗士㊷的某太太一樣，這樣女讀者也見過。

如今不是這人了。他相信，正因為對方人不知在十步以外坐的便是於書有關係的人，則只要她們談話談到這書上去，總有極可貴的見解！一種無機心的褒貶只在眼前即可以聽到，自寬君衷心的感謝着今天命運所能給他的機會。

他算到這女人每一句話每一個字都可以作一種教訓。凡是從這樣人口裏出來的話語，決無有那空泛的意思。假若這無心的批評卻偏向於同情這邊，那自寬君會癲。

乾急是無用的事。女人就決料不到身旁有個人在待候處置。然而呆着話來了。

「聽四姐說及，我不信，嘻，當真的，——你瞧第幾篇？」

「是說什麼地方請他去講演，又為這些人在無意中把他趕去。」

「第幾？」

「四十八頁。」

聽到兩個人說到自己頭上來，又所說的獨獨是《山楂》書上一篇全是牢騷的頂短的小說，自寬君幾幾乎不能自持到這邊答起話來。他想說：「還有那九十一頁上的可以看！」

這又歸到他的舊日主張上來了。朋友曾說過：一個十全的地道呆子，容易處置一切眼前事情。一個平常人，卻反而有時發迷，不知如何應付為好了。

自寬君將怎樣來攙入這討論？他先以為聽聽別人的批評，是頂幸福事。這時又想不單是聽讀者的意見為重要，且自以為在一個讀者面前還有指示她省卻選擇精神專讀某篇的義務。這義務缺少那認為較好的機會來盡，就非常使自寬君痛苦。

頂幼稚到頂高明的自介給這女人的方法，他想出一串，可是一個全不能實用。設若是會場，是戲院，是學校，就容易多了。可是這樣的地方，頂容易使人誤會，一開口，一舉足，就不是自寬君敢大膽無畏試試的！

接着在女人方面，其中一個又格格的笑，說：不知是誰說，「妙極了。這比許多翻譯還要好。一種樸素的憂鬱，同到㊸一種文字組織的美麗，可以看得出這人並不會像自己說的那樣不可愛。」

「先聽密司張道她的一個同學和他是同鄉，且曾見到過，是長身瘦個兒的人。……周二先生你是會過？」

「怎麼不？我聽他講希臘的詩。……」

「還有一個姓馮的，文字也非常美，據說學周二先生。」

「在文字上面講求美，是創造社㊹人罵的。不過我看我是主重視這美。兩種都重要。也不是有了內容就不必修詞。」

「是嗎！那這本書真合了你兩個條件了。」

「……我又不是批評家。」

「但你看得多。說，那幾個好？」

「我歡喜魯迅㊺。歡喜周二先生。歡喜……在年青人中那作竹林故事的文字就很美。還有這本書，我看也非常之好。」

「……真是批評家了。哈，……」

……偷聽別人談話以後又去偷看，才知道說歡喜的就是那大一點兒的女人。

女人的說話，每一個字都有一對翅膀同一根尖針，都像對準了他胸口扎過來。心為這些話語在心腔子裏跳着。血是只在身上湧。自寬君又疑心這不過是自己一種幻覺，其實別人或許並不曾說過一句話。

天下事，正難說，在這種情形下頭，自寬君若並不缺少那見機的聰明，急急走開這地方，故事也就結束了。若有另一種把握，人不走，就站起來採取一個戲劇中小丑行徑，到女人面前站定，用手指到自己的鼻子，說，對不起得很，鄙人就是某某呀。那誰能知道此後會成什麼局面？

在一種動的情勢下雖一瞬間亦可成為禍福哀樂的分野，但不動，保持到原狀，則時間在足下偷偷溜着跑着於一切仍無關係！

船塢邊，時間是正無所拘束的一分一分過去，看書的人仍然一旁看着一旁來談論，無可如何的自寬君也仍然是無可如何的呆！

那邊無意之間把自寬君的名字掛在嘴角拋來拋去，自寬君的身子也像在為這女人拋來拋去。

毒的東西能使人醉癱，也沒有比這事更使自寬君感覺到中毒一樣的苦了。

難道自己就不明白怎樣設法避開這苦楚？不是不想到。就是苦，也是非常不容易得受的苦。拿一面為人「忘卻不理」一面為人「念着憎恨」比較，自寬君所取的就毫不遲疑說是要後面一種。如今則不盡只世界上人並不把他忘卻，且口角上掛着自己的名字的又是這樣年青好女人，這苦且願無終期的忍受下去了。

遠遠陪到別人坐下行其所謂「盡人事而聽天命」的主義，是自寬君唯能採取的唯一主義！在心中，對於情形變更後，也想着那靠天吃飯的計劃了。女人走，就是跟着下來。女人出了門，就唸着那句「由他去吧」的詩，再返到圖書館去消磨這消磨不完的下午。

這一種精神算真難得，許多無用的人就用了這種精神把自己永遠陷到一種極糟糕的地位上！

倘若這時一個熟人從南邊路上過來，他便得了救。不幸是在自寬君也盼着是有個熟人來救他以前女人起了身，這一行人仍是三個！

七

走到船塢盡處將轉過大道，他與一個李逵㊻一點不差，竟趕上前去攔阻到那路。要說什麼似的不即說，吹着大的氣。

「先生，——？」那大一點的女子，似早已料到這一着，有把握的問究竟是怎麼回事，那笑着微帶怒容的神色，使自寬君將所預想的一貫美妙辭令全忘去。為這半若譏諷半若可憐的問話，路劫㊼的人倒把臉弄得緋紅了。

呆着不知說什麼的自寬君，見女人想從坡上翻過去，就忙結結巴巴的說出想要同她說兩句話的意思。

「有什麼說的？請說吧。」女人受窘不過似的輕輕的說着，就又停頓腳步下來，兩個女人且互相交換那憎着的微笑。

「我想知道你們的姓名，不是壞意思。」

這種話，在自寬君自以為是對一個上流陌生女子最誠實得體的話了。這書呆子在他作的文章上，卻並不缺少那雋妙言辭，實際上，所有同面生的女人可說的話，真沒有說得比這再失體的了。

小一點的女人聽到這話就臉紅。大一點的卻仍然不改常度的笑着說：

「先生，為什麼定要知道我姓名？我們是無認識的必要，禮貌在新的年青人中也不是可少的東西。」

「我知道，但我……」

說但我什麼？就沒有說的！別人問他為什麼定要知道姓名，就說不出口。又聽到女人說禮貌在新的年青人中也不是可少的東西，就臨時發覺自己莽莽撞撞攔阻別人的行動的過失，自寬君，真不知要怎樣跳下這虎背了。

於是他又說：——

「是明白這不應當，不過並無其他的惡意。」

女人見盡在「惡意」上解釋，又明明見到這與其說是「惡意」不如說是「傻意」的情形！就忍不住笑。

「我們今天真對不住你，不能同你先生多談。但若是要錢，說要多少，這裏可以拿一點去。」

那小的見到同伴說送錢，就去掏手袋子中的角子[48]。

「不是，不是，你莫在我衣衫上誤會了我！我想你們一定願意抽出你們空暇時間咱們來談幾分鐘的。我想你們對於認識我總不會不感到高興。我們可以到那舊地方去坐一下。我不是流氓，你手中的東西就可以作我的保證。」他指到女人手上的書。

兩個女人看自己手上只是一個錢袋子，一把傘，兩本書（書，就是書！），可是聽到這不倫不類的話，凜然若有所悟認定站在對面的人是瘋子，怕起來，把先前的客氣禮貌以及和藹顏色全消滅於一瞬間，驟然回頭跑去了。

人是真瘋了。他趕去，又追出前面攔到兩人。

「你不要裝成瘋瘋癲癲，這地方有人會來，先生，這樣的行為於你很不利，一個人應當知道自重，同時還記到尊重別人。」

自寬君，在心裏算計，「這樣行為於自己是自重？這樣行為是尊重別人？是我故意裝成瘋子？這樣為人見到把我又怎樣？……」

他見到那大一點的女人，在生氣中復保存那驕傲尊嚴的自信，因而還露那鄙夷笑容在嘴角，就非常傷心。

「你們把我誤會了。」他現着可憐的自卑的神氣說，「我要求你們談一談話，也許可以從兩分鐘的談話上面互相會成好朋友。請小姐不要那樣生氣，也不要那樣的鄙視人，一個人相貌拙魯一點，衣服破舊一點，也不是他的願意。我們常常可以從醜樣子的人中找出好心腸以及美麗靈魂來，在一本小說上面不是有人說過麼？」

說了這一篇話的自寬君，就定目去望那女人的臉上顏色。自以為這一篇文章可非常巧妙的把自己內心表示給這女人了。

女人意似稍稍恢復第一次鎮定了。但自寬君苦心孤詣在剛才所說的話上引出自己的書上的名句來，可是這時女人卻無論如何也料不到其中意思！

自寬君，為什麼又不爽快的說出自己的名？此中在他猶有別一種計劃在。他以為，照此一來或許反而僵，縱不僵，女人若是稍多經驗的人也會始終把自己瞧不起！世界上，有急於自介大聲說自己為某某的麼？若是有，這人縱算是名人，其呆子脾氣，也就不次於他的世譽！自寬君實想在談話以後再說出自己便是某某，因此一來則所給予女人欣悅的分量，必能將因冒失魯莽攔人的嫌惡分量乘除還有餘。誰知女人就因不放心面前人的言語，仍然想亟亟離開這個地方。

女人在一種討厭的攪擾中，總不失去那蘊藉微哂㊾的神態，就因此使自寬君益發以為自己姓名不應在未安定坐着以前説出來。

自寬君，見女人已不即於要從自己包圍中逃出，想怎樣來一説就更使女人認出自己是與浪子全異的人物，就繞圈子説是這裏圖書館曾到過不？

説：「到過」。是小一點的女人勉強應付似的説。

既到過，那又有話了。「是常到不是？」

説：「並不常到」。是大的女人勉強應付似的説。

「那我可常到」。自寬君，以為「同到秀才講書，同到屠戶講豬」是講話妙訣，就又接到説這圖書館中的利弊。

三人是兩人朝西一人朝東對面站在那斜坡上談。有過路的人，不知道也許以為原是在一塊的熟人，誰都不去注意了。

「你們是在什麼地方上課？我願意知道，如同願意知道我頂熟頂尊敬的朋友一樣。」

「先生，又來了！先生要談的話就是這些麼？我們實在對不起，少陪了，改日有機會再來請教。」大的攜着小的那女人的手，朝對面直衝過去，自寬君稍讓，女人翻越過那斜小坡走到大路上去了。

誰教他還隨到翻過這土堆去？是坐牢的命！

剛一到大路的自寬君，還想追上女人去，不顧旁邊是什麼，一舉步便為一黃色物擋住。頭抬起的結果是把面前的東西認清楚了。自寬君只差驚詫得大喊，一個警察官模樣的高個兒漢子，就立在身邊。悄悄的又若無其事的看警察的臉。看到警察的臉的難看樣子，自寬就明白，自己的事全給這傢伙所知道了。

然而以為一走也許就自然走去，就重新若無其事的提步向側面小路上走。

「走到那兒去？」一隻有力的手擒着了自寬君膀子。「我看您這人真有點兒歪勁。幹嗎到這裏來搗亂？」

「是搗亂嗎，警官先生？」

「不搗亂，幹嗎跟到別人走還不夠再又來攔人行動？」

自寬君心想：「那幹嗎你又跟到我走，阻攔我行動？」想是想，可不說。因這官家㊿人對自己似乎也不會怎麼下不去，他就引咎㊶似的笑一笑，且臨時記起女人才說的青年人也須要禮貌的話來，便向後斜退，對警察官把帽甩起揚一揚，點頭溜走了。

回頭望那警官還露着一個不高興的臉相站在路旁邊不走，自寬君，深怕遲了情形又變卦，就大步往前。

女人已經不知到什麼地方去了。

他把「搗亂」兩個字，細細在路上咀嚼，又不禁啞然失笑。他無可不可的原諒了警察對他的誤會。他不能在警察耳邊一五一十把這女人於自己是如何關係相告，警察執行他的職務，亦為所應為！

命運戲弄人的地方總不會適可而止。這時大約圖書館早已開門，要去也是時候了，他就過橋從東邊塔下山路走去。他又不即到圖書館，一直上，上到大白塔腳還翻過亭子上去望全京城煙樹，全是綠蔭的北京城真太偉大了，而這美又正是一種蕭條的沉靜的美，合乎自寬君認為美的條款，為留戀這光景，以及在這光景下來玩味眼前所遭逢的奇遇，自寬君耽在那亭子上就不動了。

愛人，或者友人，或者女人，……各式各樣的名詞，在他心上合成一堆雜無章次的東西。為什麼定要想這些無關於自己的事？在自寬君心上，根本就無所謂自己的事在。把每一類人每一個人的生活，收縮到心頭，在這觀察所及的生活上加以同情與注意，便是自寬君的日常工作！

有種人，善於抽象為一切冒險行為，在自己腦中，常常摹擬那另一時代的戰士勇邁情形，亦以為這是自己所不難的事，且勇於自信。但一到敵人在眼前時，全完了，自寬君就類乎這種人物。在通常日子，為了一種慾望驅使，作着各式各樣大膽的戀愛的夢，以為凡在過去所失敗的是缺於機遇，非必因怯弱不前而塌台。然而瞧，如今怎樣？一個長於在自己腦中摹演戲劇的，一上台就手忙腳亂了。一切的戲原就是為那類單止口上有戲的人所演！

他想這次可得了一個證明：證明了事實同理想完全兩樣。縱事實能按到理想的佈置顯現於眼前，可是在理想中所擬的英雄裝扮到事實裏便是傻東西。

自己傻憨的成分，不必對鏡子去看，適間那一個大一點的女人臉上就為明白告他了。

天的東南角上，一些淡灰色的雲，鑲着銀色的窄邊，在緩緩移動。天頂藍得像海，海又似乎不及它的深和明。偏東的近於天腳下的地方，藍色又漸淺，像洗過下水太多的舊藍竹布色。這樣的天覆蓋着的是一個深綠色北京城，在綠色中時時露出些淺灰色屋脊，從這些建築物的頂脊上就可以分出街道，有時還可以從聲音上辨識那街道上汽車電車的行動，新秋的北京，正是一年四季頂美的北京！

在自寬君左右比他站的地位似乎還略較低的，是柏樹榆樹的枝。這枝子上葉底綴着不知數目的蟬[52]類，比鄉下塾館中村童溫書還吵鬧得兇。這是蟬的「生命力」！再過一個月，這地方，會忽然就寂寞了。想起以後不久的寂寞，蟬的嘈雜又像並不很討人厭惡，反而覺得拚命的叫嚷為可憐。

壞的陰鬱寒傖冬月天氣，容易使人對生活抱不可治療的悲觀。但佳景良辰能使一個落寞孤身中年人更感到人生無意義。

望望那雲，雲是正在那裏變化着。雲之所以美，就在善於變幻那一端。人的生活何嘗不如是？自寬君自視是正有着那極好的機會可變，卻為一種笨拙行為把這機會讓過，如今則又儼然度着那無所依傍的生活來了。從適間的無所措手足的行為上自己又穎然悟到了這世界真已不是自己所合棲身的世界，希望乃下沉向一個無底的黑谷墮去。

這並不是今日事情的結束，還只是起頭。

轉身從塔西下去的自寬君，還未曾下完亭子石磴，聽到一種極熟習的笑語。把身子略向後靠則下面走過的人不會知道亭上有人在。

是誰？聽她們說話自然知道。

「我早就料到，這人必是一心一意要跟着下來的。我估量他縱是有意同我們打麻煩[53]也不敢有什麼兇狠舉動。」

另一個，就更說的聲音促，說，「我只怕是個顛子，遇到顛子人真少辦法。」

「神經病總是有，不然為什麼說我們同他談話就會認他為朋友？如今的男子也怪不得，我們學校什麼鬼男生作不出？我早看熟了。」

「……我記不起是誰還寫過一篇小說談到這事，莫非這就是那說為女人瞧不起的——」

來的人，原不想到亭子上先有人在，正想繞着上亭子來望故宮[54]，一面說，一面走，轉了一個灣，斗然見着自寬君顏色灰敗倚立在六尺內外牆下，嚇得一倒退。說話的是那小一點女人，見了自寬君就怔愕[55]紅臉，忙另向那大的同伴說：「這裏有人不必上去。」回身就走西邊山路過去。

心中為一股酸楚逼迫，失了自己的清明意志，自寬君忽然發癎[56]似的向女人所走的山路追去。

八

怎麼樣就入獄，這要知道麼？

追上了女人，正如以前一次一樣的彆扭⑰着時，頭一次那警官也追到自寬君了。他趕上了他時就站在他同那女人中間空處，心裏總以為正是在盡一種職務。樣子憤憤的，說：

「你這人真不是朋友！又在這兒胡鬧啦，咱們倆到那邊談談去吧。」

說不去，那變臉過來，用着那鐵打的手來擒着膀子，是在憤怒下的警官辦得到的事。

無用的自寬君可茫然了。低了頭，在說不出口的悲憤中設計。

聽到警官說：「請兩個先生⑱不要再在這兒耽，恐怕還有其他的瘋子。」自寬君就抬頭去望這兩個女人。

在女人也正望到這邊的人。女人眼中是露着一種又是惋惜又是驚詫又是快活的神氣。兩人似在商量一種計劃，細細碎碎談着話，像是想代為自寬君向警官說句情，那大的就走向警官。正說着，然而從大西邊來了一群遊人，那小點的女人卻拖着大點女人的手趕忙走去了。

官司是在這樣情形下就不得不打了。

他讓這警官把他帶到園中派出所，一間小三間瓦房，房中兩個土炕，就坐到四盆夾竹桃⑲間一句話不說，淚在眼眶子裏釀成一個湖。

這還說什麼？現眼⑳的人證俱全，在眾人遊憩的公園中，麻煩不相識的青年女人，法律就是為這類不可補救的誤解而設的！

感謝這警官辦事認真，擁護國家的法令，知所以盡職，立時就打電話到區裏請署長的示。

在沒有到這派出所時，自寬君就決於一話不答坐牢認罰了。為了同到一切弱者分途領受這法律尊嚴，每一個青年人就似乎都應找尋一點小小機會去嘗嘗我們國家為平常人民設置的合理待遇。若人人都以坐牢為不相宜，則國家特為制止青年人的思想進步而苦心設置的一切刑罰以及偵緝機關就算白費一番心了。牢獄若果單為真應坐牢的國家罪人設的，那牢獄中設備就得比普通衙門[61]講究，同時衙門的設立倒是無須乎[62]再有了。

為什麼人應胡胡塗塗在法律下送命？這在神聖法典上就有明白透徹的解釋。其不具於各式各樣法規者，那只應説為什麼人就那麼無用，殺一次就死。法律不負殺人的責任，也就像這責任不應該使槍刀擔負一個樣。刀槍的快利，在精緻雅觀一事上也未嘗無意義，但讓一個強梁[63]的人拿着刀把，則就只能怪人生有長的細的頸項了。

因了法律使人怎樣的來在生活下學會作偽，也像因了公寓中的夥計專偷煤使住客學會許多小心眼一樣。

中國人的聰明伶俐善於抓搔捉摩何嘗不是在一種教訓下養成的？

自寬君，聽到那小警官在電話間述説着今日執行職務的話語，婉約而又極詳細，心想着，這塊材料一世也只好在這職位上面終老了。

在上燈[64]時分，用兩個法警作伴，自寬君已從區裏轉到警廳拘留所外了。在管獄員的監視下他給兩個便衣人全身搜索，除了把袋中所有七塊紙幣以及一些零錢掏去代為保存外，互相無一話可說，隨即就如所吩咐暫留在待質所㊅候辦。

把人從待質所又移到優待室來，大約因了學生模樣吧。將怎樣發落？不得知。就是那麼坐下來，一年或一月，執行法律的人就可以隨早晚興趣不同而隨便定下。

在同一屋子內的人無一個臉熟，然而全年青的學生。這之間，就有着那可以把頭割下來示眾的青年人吧。這之間，就沒有比自己更抱屈的漢子麼？

來到此間以後的自寬君，卻把以前所有的入獄悲憤消盡，默想到這意外遭逢黯然微笑了。進到屋中時，不少的眼睛，就都飛過來。眼睛有大小，可是初無善惡分別。心想到，得了這坐牢經驗，也許在將來作文章讚美這國家制度有所着手吧。

屋頂一盞燈，高高的懸起。三個大土炕，炕各睡十二個人，人各一床被，房中另外兩張大桌子，似乎是吃飯所用，初初所得的印象如斯而已。

既不能說話，又無話可說，就也去細看別的同難中人。

自己居然也有資格坐起牢來，自然是自寬君在早上所料不到的事！然而，為什麼定要來麻煩這官家人？明明知道這幾月來為了擔心年青人在外面作噩夢，維持地方的人就已抓了不少年青人來到牢裏管束，忙得不開交。……於是又覺得自己是趁熱鬧為不很應該了。

設若法官在堂上，訊問起來又將如何分辯？應想到。

就不說話也許更好。牢中並不會比外面容易招感冒。在此又可以省去每月伙食。且……然而為這胡塗坐一年拘留所會為那女人所知道麼？就是這個時節在這裏的情形朋友中又有誰知道麼？……

莫名其妙在就寢時自寬君卻哭了。

到第四天時，他從管獄員手中，領回所有的存款，大搖大擺出了警察廳。

為什麼在四天以後連審訊也不曾正式審訊過一次，又即鬆鬆快快為人趕出牢外？這全只有天知道。

九

在自寬君的經過上使我想每日也到北海去。坐牢時候也許比在寓中可以清靜許多了。

當自寬君說到出了獄時隔壁有人正在唱馬前潑水[66]。

十六年冬於北京——某夾道

題解

本篇作於一九二七年冬，發表於一九二七年十二月七至十日、十二至十七日《晨報副刊》第二一四四至二一四七號，第二一四九至二一五四期，署名張戡。一九二八年七月收入上海現代書局初版的單行本《老實人》集。一九八二年收入廣州花城、香港三聯出版社出版的《沈從文文集》第一卷。二零零二年收入北岳文藝出版社出版的《沈從文全集》第二卷《老實人》集。

自寬不僅是文中第一人稱敘事者「我」的朋友，也是沈從文一九二七年十二月十二日發表文論《藝術雜談》的署名和一九二八年發表雜文時用過的筆名。作品以作者本人在北京的早期生活為藍本，通過老實人自寬君追踪兩個女學生的奇遇，反映了小知識分子在同生活奮鬥時所產生的生的苦悶。可以視為沈從文對自我形象的書寫。自寬身上體現出的種種精神病態，恰是一個掙扎於都市的青年小知識分子內心深處的歌哭。

註：

① 會館：旅居異地的同鄉人共同設立的館舍，主要以館址的房屋供同鄉、同業聚會或寄居。

② 聽差：舊時僕人的通稱。

③ 趕即：趕緊；立即。

④ 叨……光：借……的光，佔……的便宜。

⑤ 大正琴：大陸又叫「鳳凰琴」、「大眾琴」等，台灣則叫「中山琴」。是日本唯一自行發明的樂器，於二十世紀的二十年代傳入中國。相傳是日本名古屋大須森田屋旅館主人的長子——森田吾郎於一九一二年（大正元年）所創製。由於構造簡單、容易彈奏、音色清脆而深受日本民眾的喜愛。

⑥ 一枝花：民間樂曲名。

⑦ 咤叱：怒斥；吼叫。

⑧ 沉鷙：「沉」用於指性格深沉，「鷙」用於指作戰勇猛。在古漢語中往往用於形容武將的威猛。

⑨ 老等：一直等。

⑩ 不拘：見《棉鞋》註釋㉒。

⑪ 誰個：見《晨》註釋④。

⑫ 雅謔：趣味高雅的戲謔。

⑬ 發迷：見《晨》註釋㊹。

⑭ 福爾摩斯：是十九世紀末的英國偵探小説家亞瑟．柯南．道爾所塑造的一個才華橫溢的偵探形象。

⑮ 嚇然：吃驚、擔心的樣子。

⑯ 市儈：舊指買賣的中間人，現泛指唯利是圖的人。

⑰ 嘲誚：冷嘲熱諷。

⑱ 岔：岔開，轉移話題。

⑲ 訝：驚奇、奇怪。

⑳ 説白：戲曲、歌劇中唱詞部分以外的台詞。這裏指變戲法以外的台詞。

㉑ 覷：細看。

㉒ 摘由：由指事由。機關單位收發檔時，簡摘公文的事由，記錄入冊，以備查考，成為摘由。

㉓漬：油泥等積在上面難以除去。
㉔北海：指北京北海公園。位於北京市中心區，城內景山西側，在故宮的西北面，與中海、南海合稱三海。屬於中國古代皇家園林。
㉕漪瀾堂：座落在北海公園瓊華島北側，面對北海。乾隆十八年，仿鎮江金山寺而建，當時是專給皇后和妃子們做飯的地方。
㉖船塢：用於修造船舶的水工建築物。由塢首、塢門、塢室、注泄水系統、拖曳繫纜設備、動力和公用設施及其他設備構成。船塢的種類按用途分為造船塢和修船塢；按構造分為幹船塢、浮船塢和注水式船塢。
㉗五龍亭：在北海北岸西部。建於明萬曆三十年（一六零二年），清代屢有修葺。此處原是明代泰素殿的舊址，清代順治八年（一六五一年）拆除泰素殿，改建為五座亭子，五亭伸入水中，俱為方形，前後錯落佈置，其間由橋與白玉石欄杆相連呈S形，如同巨龍，故稱龍亭。
㉘光身：孤單一人。多指無配偶、無家庭的人。
㉙喁喁：形容人低語聲。
㉚中央公園：見《晨》註釋⑬。
㉛作為：裝作，假裝。
㉜嗾：慫恿，唆使別人。這裏指自寬君招呼人泡茶。
㉝楊梅：楊梅科楊梅屬的常綠灌木和小喬木的果實。呈球形，有小疣狀突起，熟時深紅、紫紅成白色，味甜酸。
㉞九龍碑：即北海公園九龍壁。一七五六年，清乾隆年間所建，壁上嵌有山石、海水、流雲、日出和明月圖案，底座為青白玉石台基，上有綠琉璃須彌座，座上的壁面，前後各有九條形態各異、奔騰在雲霧波濤中的蚊龍浮雕。
㉟濠濮間：位於北海公園內東岸小土山北端，畫舫齋的南面，中心建築是一座水榭，東、西、北三面臨水。是北海公園中著名的園中之園之一，建於清乾隆二十二年（一七五七年）。

㊱ 耽：停留；延遲。
㊲ 莫可奈何：猶無可奈何，指感到沒有辦法，只有這樣了。
㊳ 腼腆：害羞，不敢見生人。
㊴ 忸怩：形容羞愧，不好意思，不大方的樣子。
㊵ 打量：見《山鬼》註釋⑫⑧。
㊶ 落托：同落拓，意指貧困失意。
㊷ 法郎士（一八四四—一九二四）：原名阿那托爾·弗朗索瓦·蒂波，是法國近代卓越的小說家及文藝評論家。於一九二一年獲得諾貝爾文學獎。
㊸ 同到：見《夜漁》註釋㉝。
㊹ 創造社：中國現代文學團體。於一九二一年七月由留學日本歸來的郭沫若、成仿吾、郁達夫、張資平、田漢、鄭伯奇等人在日本東京成立。前期的創造社反對封建文化、復古思想，崇尚天才，主張自我表現和個性解放，強調文學應該忠實於自己「內心的要求」，為其文藝思想的核心命題，表現出浪漫主義和唯美主義的傾向。第一次國內革命戰爭時期（一九二四—一九二七年），創造社主要成員大部分傾向革命或從事革命實際工作。表現出「轉換方向」的態勢，新從日本回國的李初梨、馮乃超等思想激進的年輕一代參加，發展為後期創造社。後期創造社與太陽社一起大力宣導無產階級革命文學。
㊺ 魯迅（一八八一—一九三六）：原名周樟壽（後改名周樹人），字豫山，後改為豫才。浙江紹興人。現代著名作家，亦是中國偉大的文學家、思想家及革命家。魯迅是他發表第一篇白話小說《狂人日記》時正式用筆名。
㊻ 李逵：中國古代小說《水滸傳》中的一位重要人物，也是在《水滸傳》中最魯莽的人物，為人心粗膽大、率直忠誠、仗義疏財。
㊼ 路劫：劫路。
㊽ 角子：見《山鬼》註釋⑩⓪。

㊾ 哂：譏笑。

㊿ 官家：一般用以指公家。這裏官家指警官。

(51) 引咎：把過失歸於自己。

(52) 蟬：又名知了、黑老哇哇，幼蟲期叫做蟬猴、知了猴或蟬龜，雄性腹面有發音器，能發出很大的聲音。

(53) 打麻煩：找麻煩。

(54) 故宮：原名紫禁城。位於北京市中心，為中國明、清兩代二十四個皇帝的皇宮。

(55) 怔愣：驚懼、驚訝。

(56) 發癎：癲癎發作。

(57) 彆扭：不順心。

(58) 先生：不一定是指男士，在這裏有表示尊敬的意思。

(59) 夾竹桃：一種常綠灌木，別稱柳葉桃，半年紅。葉像竹，花似桃，有紅色和白色兩種。

(60) 現眼：出醜、丟臉。

(61) 衙門：見《更夫阿韓》註釋⑰。

(62) 無須乎：見《草繩》註釋⑦。

(63) 强梁：見《山鬼》註釋㊽。

(64) 上燈：見《瑞龍》註釋⑱。

(65) 待質所：民國時期具有監獄功能的新式機構，有罪無罪尚待審查的地方。

(66) 馬前潑水：京劇劇碼。西漢武帝時，書生朱買臣家貧如洗，妻崔氏不耐清貧，逼買臣寫休書，然後改嫁暴發戶瓦工張三。朱發憤苦讀並中第，任會稽太守。赴任時，已淪為丐婦的崔氏跪於馬前，請求收留。朱命人取盆水潑於地，若崔將覆水收回盆內，即可收留。崔知其意絕，羞愧撞死。

在私塾①

君，你能明白逃學是怎樣一種趣味麼？

說不能，那是你小時的學校辦得太好了。但這也許是你不會玩。一個人不會玩他當然不必逃學。

我是在八歲上學以後，學會逃學起，一直到快從小學畢業，頂精於逃學，為那長輩所稱為敗家子的那種人，鎮天到山上去玩的。

在新式的小學中，我們固然可以隨便到操場去玩着各樣我們高興的遊戲，但那鈴，在監學手上，喊着鬧着就比如監學②自己大聲喝嚇，會掃我們玩耍的興致。且一到講堂，遇到不快意功課，那還要人受！聽不快意的功課，坐到頂後排，或是近有柱子門枋③邊旁，不為老師目光所矚④的較幽僻地方，一面裝為聽講一面把書舉起掩臉打着盹，把精神蓄養復元，回頭到下課時好又去大鬧，君，這是一個不算最壞的方法。照例學校有些課目應感謝那研究兒童教育的學者，編成的書又真能使我們很容易瞌睡，如像地理，歷史，默經⑤等，不過我們的教員，照例教這些功課的人，是把所有教音樂，圖畫的教員不有的嚴厲，佔歸為自己所有，又都像有天意這些人是選派下來繼續舊日塾師的威風，特別兇，所有新定的處罰，也像特為這幾門功課預備，不逃學，怎麼辦？在舊式塾中，逃學是挨打，不逃也挨打：逃學必在發現以後才挨打，不逃學，則每天有一打以上機會使先生的戒尺⑥敲到頭上來，君，請你比較下，是逃好還是不逃好？並且學校以外有戲看，有澡洗，有魚可以釣，有船可以划，若是不怕腿痛還可以到十里八里以外去趕場，有狗肉可以飽吃，君，你想想。在新式學校中則逃學縱知道也不過記一次過，以一次空頭的過，既可以免去上無聊功課的麻煩，又能得恣意⑦娛樂實惠，誰都高興逃學！

到新的小學中去讀書，拿來同在外遊蕩打比，倒還是逃學為合算點，說在私塾中能呆下去，真信不得！在私塾中這人不逃學，老實規矩的唸書，日誦《幼學瓊林》⑧兩頁半，溫習字課十六個生字，寫影本兩張，這人是有病，不能玩，才如此讓先生折磨。若這人又並無病，那就是呆子。呆子固不必天生，父親先生也可以用一些謊話，去注入到小孩腦中，使他在應當玩的年齡，便日思成聖成賢，這人雖身無疾病，全身的血卻已中毒了。雖有壞的先生壞的父母因為想兒子成病態的社會上名人，不惜用威迫利誘，治他的兒子，這兒子，還能心野不服管束，想方設法離開這勢力，顧自走到外邊去浪蕩，這小孩的心，當是頂健全的心！一個十三歲以內的人，能到各處想方設法玩他所歡喜的玩，對於人生知識全不曾措意⑨，只知發展自己的天真，於一些無關實際大人生活事業上，建設，創造，認識他所引為大趣味的事業，這是正所以培養這小子！往常的人沒有理解到這事，越見小孩心野越加嚴，學塾家庭越嚴則小孩越覺得要玩，一個好的孩子謂為全從嚴厲反面得的影響，而有所造就，也未嘗不可！

也不要人教，天然會，是我的逃學本能。單從我愛逃學上着想，我就覺得就像現行教育制度應當改革地方就很多了。為了逃學我身上得到的毆撻⑩，比其他處到我環境中的孩子會多四五倍，這證明我小時的心的浪蕩不羈的程度，真比如今還要兇。雖挨打，雖不逃學即可以免去，我總認玩上一天挨打一頓是值得的事。圖僥幸的心也未嘗不有，不必挨打而又可以玩，再不玩，我當然辦不到！

你知道我是愛逃學的一人，就是了。我並且不要你同情似的說舊式私塾怎樣怎樣的不良，我倒並不曾感覺到這私塾不良待遇阻遏了我什麼性靈的營養。

我可以告你是我怎樣的讀書，怎樣的逃學，以及逃開塾中到街上或野外去時是怎樣的玩，還看我回頭轉家時得到報酬又是些什麼。

君，我把我能記得很清楚的一段學校生活原原本本說給你聽吧。

先是我入過一個學館⑪，先生是女的，這並不算得入學，只是因為媽初得六弟，順便要奶娘帶我隨同我的姐上學罷了。這我除了我每日上學，是為一些比我大七歲八歲的大姐的女同學，揹我抱我從西門上學，有次這些女人中，不知是誰個，因為爬西門坡的石級爬倦，流着淚的情形，我依稀還明白外，其他茫然了。

我說我能記得的那個。

這先生，是我的一個姨爹[12]。使你容易明白就是說：師母同我媽是兩姊妹，先生女兒是我的表姐。大家全是熟人！是熟人，好容易管教，我便到這長輩家來磕頭作揖稱學生了。容易管教是真的。但先生管教時也容易喊師母師姐救駕，這可不是我爹想到的事了。

學館是倉上。也就是先生的家。關於倉，在我們地方是有兩個，全很大，又全在西門。這倉是常平倉[13]還是標[14]裏的囤穀倉？我到如今還是不能很明白。

不過如今試來想：若是常平倉，這應屬縣裏，且應全是穀米不應空，屬縣裏則管倉的人應當是戴黑帽像為縣中太爺[15]喝道的差人，不應是穿號褂[16]的老將[17]，所以就說它是標裏囤糧的囤倉，還相近。

倉一共總是兩排，拖成兩條線，中間留出一條大的石板路。倉是一共有多少個這時也並不能再記清楚了。倉中有些是貼有一個大「空」字，有些則上鎖，且有穀從旁邊露出，則還很分明。

我說學館在倉上，不是的。倉仍然是倉，學館則是管倉的衙門，不消說，衙門是在這兩列倉的頭上！到學館應從這倉前過，倉延長有許多長，這道也延長有許多長。在學館，背完書，經先生許可，出外面玩一會兒，也就是在這大石板上玩！這長的路上，有些是把石頭起去種有楊柳的，楊柳像擺對子的頂馬[18]，一排一排站在路兩旁，都很大，算來當有五六十株。這長院子中，到夏天時還有胭脂花，指甲草，以及六月菊牽牛之類，這類花草大約全是師母要那守倉老兵栽種的，因為有人不知冒冒失失去折六月菊餵蛐蛐，為老兵見到，就說師母知道會要罵人的。

到清明以後，楊柳樹全綠，我們再不能於放晚學後到城上去放風箏，長院子中給楊柳蔭⑲得不見太陽，則倉的附近，便成了我們的運動場。倉的式樣是懸空，有三尺左右高的木腳，下面極乾爽，全是細的沙，因此有時膽大一點的學生，還敢鑽到倉底下去玩。先有一個人，到倉底去說是見有兔的巢穴在倉底大石礎⑳旁，又有小花兔，到倉底亂跑，因此進倉底下去看兔窟的就很多了。兔，這我們是也常常在外面見到的，有時這些兔還跑出來到院中楊柳根下玩，又到老兵栽的花草旁邊吃青草，可是無從捉。倉的腳既那麼高，下面又有這東西的家，縱不能到它家中去也可以看看它的大門，進倉去，我們只須腰躬着就成，我自然因了好奇也到過這倉底下玩過了！當到先生為人請去有事時，由我出名去請求四姨，讓我們在先生回館以前，玩一陣，大家來到院中捉老鼠，玩「朦朦口」的遊戲，倉底下成了頂好地方。從倉外面瞧裏面，弄不清，裏面瞧外又極分明。遇到充貓兒是膽小的人時，他不敢進去，則明知道你在那一個倉背後也奈何你不得。這罷下倉如今說來真可算租界！

怎麼學館又到這兒來？是清靜，為一事，先生同時在衙門作了點事情，與倉上有關，就便又管倉，又為一事。

到倉上唸書，一共是十七個人。我在十七個人中，人不算頂小。但是小。我膽子獨大。膽子大，也並不是比別人更不怕鬼，是說最不懼先生。雖說照家中教訓，師為尊，我不是不尊。若是在什麼事上我有了冤枉，到四姨跟前一哭，回頭就可以見到表姐請先生進去，誰能斷定這不是進去挨四姨一個耳光呢？在白天，大家除了小便是不能輕易外出到院中玩的。院中沒有人，則兔子全大大方方來到院中石板路上溜達，還有些是引帶三四匹四匹小黑兔，就如我家奶娘引帶我六弟八弟到道門口大坪裏玩一個樣：我們為了瞧看這兔子，或者嚇嚇這些小東西一次，每每借小便為名，好離開先生。我則故意常常這樣辦。先生似乎明知我不是解溲㉑，也讓我。關於兔子我總不明白，我疑心這東西耳朵是同孫猴子的「順風耳」一樣：只要人一出房門，還不及開門，這些小東西就溜到自己家去，深怕別人就捉到它耳。我們又聽到老兵說這兔見他同師母時並不躲，也無恐怕意，因為是人熟，只把我們同先生除外：這話初初是不信，到後問四姨，是真的，有些人就恨起這些兔子來了。見這人躲見那人又不，正像鄉下女人一樣的乖巧可恨的。恨雖然是恨，但畢竟也並無那捉一匹來大家把它煮吃的心思，所以二三十匹兔子同我們十七個學生，就共同管領這條倉前的長路：我們玩時它們藏在穴口邊伸出頭看我們的玩，到我們在唸書時，它們又在外面恣肆㉒跑跳了。

我們把這事也共同議論過：白天的情形，我們是同兔子打夥一塊坪來玩，到夜，我們全都回了家，從不敢來這裏玩，這一群兔子，是不是也怕什麼，就是成群結隊也不敢再出來看月亮？這就全不知道了。

倉上沒有養過狗，外面狗也不讓它進來，老兵說是免得嚇壞了兔子。大約我們是不會為先生嚇壞的，這為家中老人所深信不疑，不然我們要先生幹嗎？

我們讀書的秩序，為明白起見，可以作個表。這表當如下：

早上	背温書，寫字，讀生書，背生書，點生書	散學
吃早飯後	寫大小字，讀書，背全讀過的温書，點生書	過午
過午後	讀生書，背生書，點生書，講書，發字帶認字	散學

這秩序，是我應當遵守的。過大過小的學生，則多因所讀書不同，應當略為變更。但是還有一種為表以外應當遵守的，卻是來時對夫子牌位[23]一揖，對先生一揖，去時又得照樣辦。回到家，則雖先生說應對爹媽一揖，但爹媽卻免了。每日有講書一課，本是為那些大學生預備的，我卻因為在家得媽每夜講書聽，因此在館也添上一門。功課似乎既比同我一樣大小年齡的人為多，玩的心情又並不比別人少，這樣一來可苦了我了！

在這倉上我照我列的表每日唸書唸過一年半，到十歲。《幼學瓊林》是已唸完了。《孟子》[24]唸完了，《詩經》[25]又唸了三本。但我上這兩年學館究竟懂了些什麼？讓姨爹以先生名義在爹面去極力誇獎，我真不願做這神童事業！爹也似乎察覺了我這一面逃學一面為人譽為神童的苦楚，知道期我把書唸好是無望，終究還須改一種職業，就抖氣[26]把我從學館取回，不理了。爹不理我一面還是因為他出門，爹既出門讓娘來管束我，我就到了新的縣立第二小學[27]了。

不逃學，也許我還能在那倉上玩兩三年吧。天知道我若是再到那類塾中我這時變到成個什麼樣的人！

神童有些地方倒真是神童，到這學塾來，並不必先生告我，卻學會無數小痞子的事情了。泗水雖是在十二歲才學會，但在這塾中，我就學會怎樣在洗了澡以後設法掩藏腳上水泡痕跡去欺騙家中，留到以後的採用。我學會爬樹，我學會釣魚……我學會逃學，來作這些有益於我身心給我深的有用的經驗的娛樂，這不是先生所意料，卻當真是私塾所能給我的學問！我還懂得一種打老虎的毒藥弩[28]，這是那個同兔子無忤[29]的老兵，告我有用知識的一種：只可惜是沒有地方有一隻虎讓我去裝弩射它的腳，不然我還可以在此事業上得到你們所想不到的光榮！

我逃學，是我從我姨爹讀書半年左右才會的。因為見他處置自由到外面玩一天的人，是由逃學的人自己搬過所坐板櫈來到孔夫子面前，擒着打二十板屁股，我以為這是合算的事，就決心照辦的在校場看了一天木傀儡社戲[30]。按照通常放學的時間，我就跑回家中去，這日家中人剛要吃飯，顯然回家略晚了，卻紅臉。

到吃飯時一面想到日裏的戲一面想到明天到塾見了先生的措詞，就不能不少吃一碗了。

「今天被罰了，我猜是！」姑媽自以為所猜一點不錯，就又立時憐惜我似的，說是「明天要到四姨處去將告四姨要姨爹對你鬆點。」

「我的天，我不好開口罵你！」我為她一句話，把良心引起，又恨這人對我的留意。我要誰為我向先生討保？我不能說我不是為不當的罰所苦，即老早睡了。

第二天到學校，「船並沒有翻」。問到怎麼誤了一天學，說是家裏請了客。請客即放學，這成了例子，我第一次就採用這謊語擋先生一陣。

歸到自己位上去，很以為僥幸，就是在同學中誰也料不到我也逃一天學了。

當放早學時，同一個同街的名字叫作花燦的一起歸家。這人比我大五歲，一肚子的鬼。他自己常說，若是他作了先生，戒尺會得每人為預備一把；但他又認為他自己還應預備兩把！別人抽屜裏，經過一次搜索已不敢把墨水盒子裏收容蛐蛐，他則至少有兩匹蛐蛐是在裝書竹籃裏。我們放早學，時候多很早，規矩定下來是誰個早到誰就先背書，先回家，因此大家爭到早來到學塾。早來到學塾，難道就是認真唸書麼？全不是這麼回事。早早的趕到倉上，天還亮不久，從那一條倉的過道上走過，會為鬼打死！「早來」只是早早的從家中出來，到了街上我們可以隨意各以其所好的先上一種課。這時在路上，所遇到的不外肩上掛着青布褡褳㉛趕場買雞的販子，同到就在空屠桌上或冷灶旁過夜的擔腳漢子，然而我們可以把上早學得來的點心錢到賣豬血豆腐攤子旁去吃豬血豆腐，吃過後，再到殺牛場上看殺牛。並且好的蛐蛐不是單在天亮那時才叫嗎？你若是在昨晚已把書唸得很有把握，乘此出城到塘灣去捉二十四大青頭蟋蟀再回，時間也不算很遲。到不是產蟋蟀的時候，我們還可以到道尹㉜衙門去看營兵的操練，就便走浪木㉝，盤槓子㉞，以人作馬互相騎到馬上來打仗，玩夠了，再到學塾去。一句話說，起來得早我們所要也是玩！照例放學時，先生為防備學生到路上打架起見，是一個一個的出門，出門以後仍然等候着，則不是先生所料到的事了。我們如今也就是這樣。

「花燦，時候早，怎麼玩？」

「看雞打架去。」

我說好吧，於是我們就包繞月城，過西門坡。

散了學，還很早，不再玩一下，回到家去反而會為家中人疑心逃學，是這大的聰明花燦告我的。感謝他，其他事情為他指點我去作的還多呢。這個時候本還不是吃飯的時候，到家中，總不會比到街上自由，真不應該忙着回家。

這裏我們就不必看雞打架，也能可以各挾書籃到一種頂好玩有趣的地方去開心！在這個城裏，一天頂熱鬧的時間有三次：吃早飯以前這次，則尤合我們的心。到城隍廟㉟去看人鬥鵪鶉㊱，雖不能擠攏去看，但不拘誰人把打敗仗的鳥放飛去時，瞧那鳥的飛，瞧那輸了的人的臉嘴，便有趣！再不然，去到校場看人練藤牌㊲，那用真刀真槍砍來打去的情形，比看戲就動人得多了。若不嫌路遠，我們可包繞南門的邊街，瞧那木匠舖新雕的菩薩上了金沒有。走邊街，還可以看瀉鑄犁頭，用大的泥鍋，把鋼融成水，把這白色起花的鋼水倒進用泥作成敷有黑煙子的模型後，呆會兒就成了一張犁。看打鐵，打生鐵的拿錘子的人，不拘十冬臘月全都是赤起個膊子，吃醉酒了似的舞動着那十多斤重的錘敲打那砧㊳上的鐵，那鐵初從爐中取出時，不在錘敲打也嗦嗦的響，一挨錘，便就四散的飛花，使人又怕又奇怪。君，這個不算數，還有咧。在這一個城圈子中我們可以流連的地方多着，若是我是一輩子小孩，則一輩子也不會對這些事物感生那厭倦！

你口饞，又有錢在道門口那個地方就可以容留你一世，橘子，花生，梨，柚，薯，這不算！爛賤噴香㊴的燉牛肉不是頂好吃的一種東西？用這牛肉蘸鹽水辣子，同米粉在一塊吃，有名的牛肉張便在此。豬腸子灌上糯米飯，切成片，用油去煎去炸回頭可以使你連舌子也將嚥下。楊怒三的豬血絞條坐在東門的人還走到這兒來吃一碗，還不合胃口？賣牛肉巴子的攤子他並不向你兜攬生意，不過你若走過那攤子邊請你頂好捂着鼻，不然你就為這香味誘惑了。在全城出賣的碗兒糕，他的大本營就在路西，它會用顏色引你口餳——反正說不盡的！我將來有機會，我再用五萬字專來為我們那地方一個姓包的女人所售的醃莴苣風味，加一種簡略介紹，把五萬字來說那莴苣，你去問我們那裏的人，真要算再簡沒有！

這裏我且說是我們怎樣走到我們所要到的鬥雞場上去。

沒有到那裏以前，我們先得過一個地方，是縣太爺審案的衙門：衙門前面有站人的高木籠，不足道。過了衙門是一個麵館。麵館這地方，我以為就比學塾妙多了！早上麵館多半是正在趕麵，一個頭包青帕滿臉滿身全是麵粉的大師傅騎在一條大木槓上壓碾着麵皮，回頭又用大的寬的刀子齊手風快的切剝，回頭便成了我們過午的麵條，怪！麵館過去是寶華銀樓，遇到正在燒嵌時，鋪台上，一盞用一百根燈草並着的燈頂有趣的很威風的燃着，同時還可以見到一個矮肥銀匠，用一個小管子含在嘴上像吹哨那樣，用氣迫那火的燄，又總吹不熄，火的燄便轉彎射在一塊柴上，這是頂奇怪的融銀子方法！還有刻字的，在木頭上刻，刻反字全不要寫，大手指上套了一個皮戒子，就用那戒子按着刀背亂劃，誰明白他是從誰學來這怪玩藝兒呢？

到了鬥雞場後大家是正圍着一個高約三尺的竹篾圈子，瞧着圈內雞的拚命的。人滿滿密密的圍上數重，人之間，沒有罅㊵，沒有縫。連附近的石獅上頭也全有人盤據了。顯然是看不成了。但我們可以看別的逗笑的事情。我們從別人大聲喊加注的價錢上面也就明白一切了。

在雞場附近，陳列着竹子織就各式各樣高矮的雞籠，有些籠是用青布幕着，則可以斷定這其中有那驃壯的戰士。乘到別人來找對手作下一場比武時，我們就可瞧見這雞身段顏色了。還有雞，剛才敗過仗來的，把一個為血所染的頭垂着在發迷打盹。還有雞，蓄了力，想打架，忍耐不住的，就拖長喉嚨叫。

還有人既無力又不甘心的「牛」才更有意思，脇下挾着髒書包，或是提着破書籃，臉上不是有兩撇墨就少不了黃鼻液痕跡，這些牛，太關心了圈子裏戰爭，三三兩兩繞着圈子打轉，只想在一條大個兒身子的人脇下腿邊擠進去，不成功，頭上給人抓了一兩把，又睃着眼向這抓他摸他的人作生氣模樣，復自慰的同他同伴說，去去去，我已看見了，這裏的雞全不會溜頭㊶，打死架，不如到那邊去瞧破黃鱔有味！

我們也就是那樣的到破黃鱔的地方來了。

活的像蛇一樣的黃鱔，滿盆滿桶的擠來擠去，圍到這桶欣賞這小蛇的人，大小全都有。

破鱔魚的人，身子矮，下脖全是絡腮鬍，曾幫我家作過事，叫巖保。

黃鱔這東西，雖不聞咬人，但全身滑膩膩的使人捉不到，算一種討厭東西。巖保這人則只隨手伸到盆裏去，總能擒一條到手。看他揹着這黃鱔的不拘那一部分用力在盆邊一磕，黃鱔便規規矩矩在他手上不再掙，復次巖保在這東西頭上就為嵌上一粒釘，把釘固到一塊薄板上，這鱔臥在板上讓他用刀劃肚子，又讓他剔背，又讓他切成一寸一段放到碗裏去，也不喊，也不叫，連滑也不滑，因此不由人不佩服巖保這武藝！

「你瞧，你瞧，這東西還會動呢。」花燦每次發見的，總不外乎是這些事情。鱔的尾，鱔的背脊骨，的確在刮下來以後還能自由的屈曲，但老實說我總以為這是很髒的，雖奇怪也不足道！

我說：「這有什麼巧？」

「不巧麼？瞧我，」他把手去拈起一根尾，就順便去餵在他身旁的另一個小孩。

「花燦你是這樣欺人是醜事！」我說，我又拖他，因為我認得這被弄的孩子。

他可不聽我的話。小孩用手拒，手上便為鱔的血所污。小孩罵。

「罵？再罵就給吃一點血！」

「別人又並不惹你！」小孩是莫可奈何，屈於力量下面了。

花燦見已打了勝仗，就奏凱㊷走去，我跟到。

「要他嚐嚐味道也罵人！我不因為他小我就是一個耳光。」

我說，將來會為人報仇。我心裏從此厭花燦，瞧不起他了。

若有那種人，欲研究兒童逃學的狀況，在何種時期又最愛逃學，我可以貢獻他一點材料，為我個人以及我那地方的情形。

「春夏秋冬」最易引起逃學慾望是春天。餘則以時季秩序，而遞下㊸，無錯誤。

春天愛逃學，一半是初初上學，心正野，不可馴；一半是因春天可以放風箏，又可大眾同到山上去折花。論玩應當屬夏天，因為在這季裏可洗澡，可釣魚，可看戲，可捉蛐蛐，可趕場㊹，可到山上大樹下或是廟門邊去睡。但熱，逃一天學容易犯，且因熱，放學早，逃學是不必，所以反比春天可以少逃點學了。秋天則有半月或一月割稻假，不上學。到冬天，天既冷，外面也很少玩的事情，且快放年學，是以又比秋天自然而然少挨一點因逃學而得來的撻罵㊺了。

我第一次逃學看戲是四月。第二次又是。第二次可不是看戲，卻同到兩人，走到十二里左右的長寧哨趕場。這次糟了。不過就因為露了馬腳，在被兩面處罰後，細細拿來同所有的一日樂趣比較，天秤朝後面的一頭墜，覺得逃學是值得，索性逃學了。

去城十二里，或者說八里，一個逢一六兩日聚集的鄉場，算是附城第二熱鬧的鄉場。出北門，沿河走，不過近城跳石則到走過五里名叫堤溪的地方，再過那堤溪跳石。過了跳石又得沿河走。走來走去終於就會走進一個小小石砦㊻門，到那哨上了。趕場地方又在砦子上手，稍遠點。

這裏場，說不盡。我可以借一篇短短文章來為那場上一切情形下一種註解，便是我在別一時節寫成的那篇市集。不過這不算描寫實情。實在詳細情形我們那能說得盡？譬如虹，這東西，到每個人眼中都放一異彩，又溫柔，又美麗，又近，又遠，但一千詩人聚攏來寫一世虹的詩，虹這東西還是比所有的詩所蘊蓄的一切還多！

單說那河岸邊泊着的小船。船小像把刀，狹長臥在水面上，成一排，成一串，互相擠挨着，把頭靠着岸，正像一隊兵。君，這是一隊雖然大小同樣，可是年齡衣服槍械全不相同的雜色隊伍！有些是灰色，有些是黃色，有些又白得如一根大蔥。還有些把頭截去，成方形，也大模大樣不知羞恥的攙在中間。我們具了非凡興趣去點數這些小船，數目結果總不同。分別城鄉兩地人，是在衣服上着手，看船也應用這個方法；不過所得的結論，請你把它反過來。「衣服穿得如時漂亮是住城的人，縱穿綢着緞，總不大脫俗，這是鄉巴老，」這很對。這裏的船則那頂好看的是獨為上河苗人所有。篙槳[47]特別的精美，船身特別的雅致，全不是城裏人所能及的事！

請你相信我，就到這些小船上，我便可以隨便見到許多我們所引為奇談的酋長[48]同酋長女兒！

這裏的場介於苗族的區域，這條河，上去便是中國最老民族託身[49]的地方。再沿河上去，一到烏巢河[50]，全是苗人了。苗人酋長首領同到我們地方人交易，這場便是一個頂適中地點。他們同他女兒到這場上來賣牛羊和煙草，又換鹽同冰糖回去，百分人中少數是騎馬，七十分走路。其餘三十分，則全靠坐那小船的來去。就是到如今，也總不會就變更多少。當我較大時，我就懂得要看苗官女兒長得好看的，除了這河碼頭上，再好沒有地方了。

船之外，還有水面上漂的，是小小木筏。木筏同類又還有竹筏。筏比船，可以佔面積較寬，筏上載物似乎也多點。請你想，一個用山上長藤紮縛成就的浮在水面上走動的筏，上面坐的又全是一種苗人，這類人的女的頭上帕子多比斗還大，戴三副有飯碗口大的耳環，穿的衣服是一種野蠶織成的峒錦[51]，裙子上面多安釘銀泡[52]，（如普通戰士盔甲，）大的腳，踢拖着花鞋，或竟穿用稻草製成的草履，男的苗兵苗勇用青色長竹撐動這筏時，這些公主郡主就銳聲唱歌，君，這是一幅怎樣動人的畫啊！人的年齡不同觀念亦隨之而異，是的確，但這種又嫵媚，又野蠻，別有風光的情形，我敢自信直到我老遇着也能仍然具着童年的興奮！望到這筏的走動，那簡直是一種夢中的神跡！

我們還可以到那筏上去坐！一個苗酋長，對待少年體面一點的漢人，他有五十倍私塾先生和氣。他的威風同他的尊嚴，不像一般人來用到小孩子頭上。只要活潑點，他會請你用他的自用煙管，（不消説我們卻用不着這個，）還請你吃他田地裏公主自種的大生紅薯，和甘蕉，和梨，只全把你當客一般看待，順你心所欲！若有小酋長，就可以同到這小酋長認同年老庚㊸。我疑心，必是所有教書先生的和氣殷勤，全為這類人取去，所以塾中先生就如此特別可怕了。

從牲畜場上，可以見到的小豬小牛小羊小狗到此也全可以見到。別人是從這傍碼頭的船筏運來到岸上去賣，買來的人也多數又賴這樣小船運回，各樣好看的狗牛是全沒有看厭時候！且到牲畜場上別人在買牛買羊，有戴大牛角眼鏡的經紀㊹在傍，你不買牛就不能夠隨意扳它的小角，更談不到騎。當這小牛小羊已為一個小酋長買好，牽到河邊時，你去同他辦交涉，説是得試試這新買的牛的脾氣，你摩它也成，你戲它也成。

還有你想不想過河到對面河岸廟裏去玩不？若是想，那就更要從這碼頭上搭船了。對河的廟有狗，可不去，到這邊，也就全可以見到。在這岸邊玩可望到對河的水車，大的有十床曬穀簟大，小的也總有四床模樣：這水車，走到它身邊去時，你不留心就會給它灑得一身全是水！車為水激動，還會叫，用來引水上高坎灌田，這東西也不會看厭！

我們到這場上來，老實說，只耽在這兒，就可過一天。不過同伴是做煙草生意的吳三義舖子裏的少老闆，他怕到這兒太久，會碰到他舖子裏收買煙草的先生，就走開這船舶了。

「去，吃狗肉去！」那一個比我大四歲的吳少義，這樣說。

「成，」這裏還有一個便是他的弟，吳肖義。

吃狗肉，我有什麼不成？一個少老闆，照例每日得來的點心錢就比我應得的多三倍以上，何況約定下來是趕場，這高明哥哥，還偷得有二十枚銅元呢。我們就到狗肉場去了。

在吃狗肉時，不喝酒並不算一件醜事。不過通常是這樣：得一面用筷子挾切成小塊的狗肉在鹽水辣子裏打滾，一面拿起土苗碗來抿着包穀燒[55]，這一來當然算內行了一點。

大的少義知道這本經，就說至少各人應喝一兩酒。承認了。承認了結果是臉紅頭昏。

到我約有十四歲，我在沅州[56]東鄉一個懷化[57]地方當兵時，我明白吃狗肉喝酒的真味道，且同輩中就有人以樊噲[58]自居了。君，你既不曾逃過學，當然不曾明白在逃學時到鄉場上吃狗肉的風味了！

只是一兩酒，我就不能照料我自己。我這吃酒是算第一次。各人既全是有一點飄飄然樣子，就又拖手到雞場上去看雞。三人在賣小雞場上轉來轉去玩，蹲到這裏看，那裏看，都覺得很好。賣雞的人也多半是小孩同婦女。光看又不買，就逗他們笑，說是來趕場看雞，並非買。這種嘲笑在我們心中生了影響。

「可惡的東西，他以為我們買不起！」

那就非買不可了。

小的雞，正像才出窠不久，比我們拳頭大小。全身的毛都像絨。顏色只黑黃兩樣，嘴巴也如此。公母還分不清楚。七隻八隻關在一個細篾圓籠子裏啾啾⑲的喊叫，大約是欠它的娘！這小東西若是能讓人抱到它睡，就永遠不放手也成！

十多年後一個生雞子，賣到十個當十的銅元，真嚇人。當那時，我們花十四個銅子，把一群剛滿月的小雞（有五隻呀）連籠也買到手了。錢由吳家兄弟出，約同到家時，他兄弟各有兩隻，各一黑一黃，我則拿那一隻大嘴巴黑的。

把雞買得我們着忙到家捧雞去同別人的小雞比武，想到回家了。我們用一枝細柴，作為槓，穿過雞籠頂上的藤圈，三人中選出兩人來擔扛這寶物，且輪流交換，那一個空手，那一個就在前開道。互相笑鬧說是這便是唐三藏取經，在前開道的是豬八戒。我們過了黃風洞，過了爛柿山，過了流沙河，過了……終於走到大雷音。天色是不早不遲，正是散學的時間。到這城，孫猴子等應當分夥了。

這一天學逃得多麼有意思——且得了一隻小雞呢。是公雞，則過一陣便可以捉到街上去同人的雞打；是母雞，則會為我生雞蛋；在這一隻小雞身上我就作起無涯涘的夢來了。在手上的雞，因了孤零的失了伴，就更吱吱啾啾叫，我並不以為討厭。正因為這樣，到街上走着，為一般小孩注意，我心上就非常受用！

看時間不早，我走到一個我所熟的土地堂去向那廟主取我存放的書籃。書籃中寬綽有餘，便可以容雞。但我不。我把握在手上好讓人見到！

將要到家我心可跳了。萬一今天四姨就到我家玩，我將說些什麼？萬一大姐今天曾往倉上去，找表姐，這案也就犯上了。雞還在手上，還在叫，先是對這雞親洽[60]不過，這時又感到難於處置這小雞了。把雞丟了吧，當然辦不到。拿雞進門設若問到這雞是從什麼地方來，就說是吳家少老闆相送的，但再盤問一句不會露出馬腳麼？我躊躇不知如何是好。一個八九歲的孩子作偽[61]總不如十多歲人老練，且縱能日裏掩過，夢中的囈語，也會一五一十數出這一日中浪蕩！

我在這時非常願有一個熟人正去我家我就同他一起回。有一個熟人在一塊時，家中為款待這熟人，把我自然而然就放過去了。但在我家附近徘徊多久卻失望。在街上耽着，設或遇到一個同學正放學從此處過，保不了到明天就去先生處張揚，更壞！

不回也不成。進了我家大門我推開二門，先把小雞從二門罅塞進去，探消息。這小雞就放聲大喊大叫跑向院中去。這一來，不進門，這雞就會為其他大一點的雞欺侮不堪！

姐在房中聽到院中有小雞叫聲，出外看，我正擲書籃到一旁來追小雞。

「那得來這隻小雞？」

「瞧，這是吳少老闆送我的！」

「妙極了。瞧，欠他的娘呢。」

「可不是，叫了半天了啊。」

我們一同蹲在院中石地上欣賞這雞，第一關已過，只差見媽了。

見了媽也很平常，不如我所設想的注意我行動，我就全放心，以為這次又脫了。

到晚上，是睡的時候了，還捨不得把雞放到姐為我特備的紙盒子裏去。爹忽回了家。第一個是喊我過去，我一聽到就明白事情有八分不妙。喊過去，當然就搭訕㉜走過我家南邊院子去！

「跪到！」「是。」過去不敢看爹臉上的顏色，就跪到。爹像說了這一聲以後，又不記起還要說些什麼了，顧自去抽水煙袋。在往常，到爹這邊書房來時節，爹在抽煙就應當去吹煤子㉝，以及幫他吹去那活動管子裏的煙灰。如今變成階下囚，不能說話了。

我能明白我自己的過錯！我知道我父親這時正在發我的氣！我且揣測得出這時窗外站有兩個姐同姑母奶娘等等在窗下悄聽！父親不做聲，我卻嗚嗚的哭了。

見我哭了一陣父親才笑笑的說：

「知道自己過錯了麼？」

「知道了。」

「那麼小就學得逃學！逃學不礙事，你不願唸書，將來長大去當兵也成，但怎麼就學得扯謊？」

父親的聲音，是在嚴肅中還和氣到使我想抱到他搖，我想起我一肚子的巧辯卻全無用處，又悔又恨我自己行為，尤其是他說到逃學並不算要緊，只扯謊是大罪，我還有一肚子的謊不用！我更傷心了。

「不准哭了，明白自己不對就去睡！」

在此時，在窗外的人，才接聲説是為父親磕頭認錯，出來吧。打我也許使我好受點。我若這一次挨一點打，從怕字上着想或者就不會再有第二次這樣情形了。雖説父親不打不罵這樣一來我能慢慢想起在小小良心上更不安，但一個小孩子有悔過良心，同時也就有玩的良心；當想玩時則逃學，逃學玩夠以後回家又再來悔過——從此起，我便用這方法度過我的學校生活了。

家中的關隘[64]，雖已過，還有學校方面在。我在臨睡以前私下許了一個願，若果這一次的逃學能不為先生知道，則今天得來這匹小雞到長大時我就拿它來敬神。大約神嫌這雞太小了，長大也不是一時的事，第二天上學，是由奶娘伴送，到倉上見到先生以後，猶自喜全無破綻，呆一會，吳家兩弟兄由其父親送來，我曉得糟了。

我不敢去聽吳老闆同先生説得是什麼話。到吳老闆走去後，先生送客回來即把臉沉下，臨時臉上變成打桐子[65]的白露節[66]天氣。

「昨天那幾個人逃學都給我站到這一邊來！」

先生説，照先生吩咐，吳家兩兄弟就愁眉愁眼站過去，另外一個雖不同我們在一塊也因逃學為家中送來的小孩就站過去。

「還有呀！」他裝作不單是我，我這順便認為並不是喚我，仍不動不聲。

「你們為我記記昨天還有誰不來？」這話則更毒。先生説了以後就有學生指我，我用眼睛去瞪他，他就羞羞怯怯作狡猾的笑。

「我家中有事，」口上雖是這樣說，臉上則又為我說的話作一反證，我恨我這臉皮薄到這樣不濟事。但我又立時記起昨晚上父親說的逃學罪名比扯謊為輕，就身不由己的走到吳肖義的下手站着了。

「你也有分嗎？」姨爹還在故意惡作劇呀。

我大膽的期期艾艾㊼說是正如先生所說的一樣。先生笑說好爽快。照規矩法辦，到我頭上我總有方法。我又在打主意了。

先命大吳自己搬板櫈過來，向孔夫子磕頭，認了錯，爬到板櫈上，打！大吳打時喊，哭，鬧，打完以後又逞值價㊽作苦笑。

先生把大吳打完以後，就遣歸原座，又發放另一個人。小吳在第三，先生的板子，輕得多，小吳雖然也喊着照例的喊，打十板，就算了。這樣就輪到我的頭上來了。板子剛上身，我就喊：——

「四姨呀！師母啊！打死人了！救！打死我了！」

救駕的原已在門背後，一跳就出來，板子為攫㊾去。雖不打，我還是在喊。大家全笑了。先生本來沒多氣，這一來倒真生氣了。為四姨搶去的是一薄竹片子，先生乃把那檮木㊿戒方捏着，扎實在我股上捶了十多下，使四姨要攔也攔不及。我痛極，就殺豬樣亂掙狂嗥(71)。本來設的好主意，想免打，因此倒挨了比別人還兇的板子，不是我所料到的事！

到後我從小吳處，知道這次逃學是在場上給一個城裏千總㉒帶兵察場見我們正在狗肉攤子上喝酒，回城告給我們兩人的父親，我就發誓願說將來要在長成大人時約人把這千總打一頓出氣。不消說這千總以後也沒有為我們打過，城裏千總就有五六個，連姓名我們還分不清楚這人是誰呀。

每日那種讀死書，我真不能發現一絲一厘是一個健全活潑童子所需要的事。我要玩，卻比吃飯睡覺似乎還重要。父親雖說不讀書並不要緊，比扯謊總罪小點，但是他並不是能讓我讀一天書玩耍一天的父親！間十天八天，在頭一天又把書讀得很熟，因此邀二姐做保駕臣，到父親處去，說，明天請爹讓我玩一天吧，那成。君，間十天八天，我辦得到嗎？一個月中玩十五天讀十五天書，我還以為不足。把一個月屯㉓出三天來玩那我只好悶死了。天氣既漸熱，枇杷已黃熟，山上且多莓，到南華山去又可以爬到樹上去飽吃櫻桃，為了這天然慾望驅使，縱到後來家中學堂兩邊都以罰跪為懲治，我還是逃學！

因為同吳家兄弟逃學，我便學會劈甘蔗，認雞種㉔好壞，滾錢。同一個在河邊開水碾子房的小子逃學，我又學會了釣魚。同一個做小生意的人兒子逃學，我就把擲骰子呼幺喝六學會了。

這不算是學問麼，君？這些知識直到如今我並不忘記，比《孟子．離婁》㉕用處怎樣？我讀一年書，還當不到我那次逃學到趕場，飽看河邊苗人坐的小船以及一些竹木筏子印象深。並且你那裏能想到狗肉的味道？

也正因逃學不願讀書我就真如父親在發現我第一次逃學時所說的話到五年後真當兵了。當兵對於我這性情並不壞。當了兵，我便得放縱的玩了。不過到如今，我是無學問的人，不拘到什麼研究學術的機關去想唸一點書，別人全不要，說是我沒有資格，中學不畢業，無常識，無根柢，這就是我在應當讀書時節沒有機會受教育所吃的虧。為這事我也非常痛心，又無法說我這時是應當讀書且想讀書的一人，因為現在教育制度不是使想讀書的人隨便可讀書，所以高深的學問就只好和我絕緣，這就算是我玩的壞的結果了。不應當讀書時代為舊的制度強迫我讀書，到自己覺悟要讀書時新的制度又限制我把我除外；（以前不怕撻，可逃學，這時則有些學問你縱有自學勇氣，也不能在學校以外全懂：）我總好像同一切成規天然相反，我真為我命運莫名其妙了。

在另一個時我將同你說我的賭博。

——一個退伍的兵的自述之一——

十二月於北京窄而霉齋

題解

本篇發表於一九二八年一月十日《小說月報》第十九卷第一號，署名沈從文。後收入小說集《老實人》，一九二八年七月上海現代書局初版。二零零二年北岳文藝出版社出版的《沈從文全集》（第二卷）《老實人》集收錄。

寫作本文時，沈從文離開湘西已有四年時光，距離那個「玩上一天挨一頓打是值得」的年紀已經將近二十年的光景。當他帶着青年的夢奔赴北京，屢遭挫折，困居於陰暗狹窄的房間時，執起筆來，將那童年一段無憂無慮、無所忌憚，由着自己的性子遊蕩在學館之外的情景鋪陳在紙上的時候，我們絲毫感覺不到一個而立之年人返筆童真的暮氣和做作，相反，那是怎樣一顆天真爛漫的「童心」！

在小說中，我們跟着小從文：天未亮就起床，不急着上學，先出城捉半天大青頭蟋蟀，順道去看看營兵的操練，即使到了學堂，也假借小便之名，跑出去看小兔子。學放的早的話，不急着回家，上街上看雞打架，到城隍廟裏看鬥鵪鶉，或者乾脆逃學一天，專趕那十里、八里之外的鄉場……在這不羈的童心的浪蕩中，也許寄託着已然成人的作者對於現實世界中很多既定規則一種突破的渴望，一種近乎童心般的無所顧忌的突破。

註：

① 私塾：我國古代私人所設立的教學場所，又稱學館、教館、家塾等。學生大多六歲啟蒙，徵得先生同意後，向孔夫子聖像和先生各磕一個頭或作一個揖後，即可取得入學的資格。學館規模一般不大，學生多者二十餘人，少者數人。對學生的入學年齡、學習內容及教學水準等，均無統一的要求和規定。《三字經》、《百家姓》、《千家詩》、《千字文》，以及《女兒經》、《教兒經》、《童蒙須知》等為啟蒙教材，進一步則讀四書五經、《古文觀止》等。其教學內容以識字習字為主，還十分重視學詩作對。教學方法上，完全採用先生注入式。學館體罰盛行，遇上粗心或調皮的學生，先生經常揪學生的臉皮和耳朵、用戒尺打手心等。

② 監學：清末在中等以上學堂所設立的學官，也稱學監。主管學生的學習、生活起居和日常行為。

③ 門枋：門框的豎木。

④ 矚：注意看。

⑤ 默經：私塾教育中默誦《四書》、《五經》等傳統文化經典。

⑥ 戒尺：見《更夫阿韓》註釋52。

⑦ 恣意：放縱，肆意。

⑧ 《幼學瓊林》：中國古代兒童的啟蒙讀物，最初叫《幼學須知》，又稱《成語考》、《故事尋源》。最初的編著者一般認為是明末人程登吉，全書共分四卷。全部用對偶句寫成，容易誦讀，便於記憶。全書內容廣博、包羅萬象，被稱為中國古代的百科全書。

⑨ 措意：注意；放在心上。

⑩ 毆撻：撻，用棍子或鞭子打。毆撻指毆打、鞭撻。這裏指私塾先生用戒尺對逃學學生進行懲戒。

⑪ 學館：見本篇註釋①。

⑫ 姨爹：方言，即姨父。

⑬ 常平倉：中國古代政府為調節糧價，儲糧備荒以供應官需民食而設置的糧倉。政府於豐年購進糧食儲存，

以免穀賤傷農，荒年賣出所儲糧食以穩定糧價。

⑭ 標：清末陸軍編制的名稱，約相當於後來的一個團；亦用作計量軍隊的單位，文中指前者。

⑮ 太爺：舊稱縣官。

⑯ 號褂：即「號衣」，舊時差役或兵丁所穿的統一服裝。

⑰ 老將：在某一行業從事多年而經驗豐富的人，文中指老兵。

⑱ 頂馬：舊時官員出行時儀仗中前導的騎馬差役。

⑲ 蔭：動詞，遮蔽。

⑳ 石礎：房柱下的基石。

㉑ 解溲：溲，大小便，特指小便。

㉒ 恣肆：恣：放縱；肆：無顧忌。指放縱無顧忌。

㉓ 夫子牌位：寫有孔子名號的供人祭奠的木牌。

㉔ 《孟子》：戰國時期儒家的代表人物孟子所著，共七篇。

㉕ 《詩經》：我國第一部詩歌總集，收入自西周初年至春秋中葉五百多年的詩歌三百零五篇，又稱《詩三百》。西漢時被尊為儒家經典，始稱《詩經》，並沿用至今。

㉖ 抖氣：發脾氣、賭氣。

㉗ 第二小學：指鳳凰縣立第二初級小學，一九一五年沈從文由私塾入該校讀書，半年後轉入文昌閣小學。

㉘ 毒藥弩：弩，一種裝有臂，利用機械力量射箭的弓。這裏指裝有毒藥的弓箭。

㉙ 忤：違逆，牴觸。

㉚ 社戲：「社」原指土地神或土地廟。在紹興，社是一種區域名稱，社戲，指在社中進行的有關宗教、風俗的戲藝活動。

㉛ 褡褳：我國民間長期使用的一種布口袋，通常用很結實的家機布製成，形狀為長方形，中間開口而兩端裝放東西，大的可以搭在肩上，小的可以掛在腰帶上。

㉜ 道尹：民國時期的官名。民國三年始設，為一道之行政長官，管理所轄各縣的行政事務。民國十三年裁撤。

㉝ 走浪木：一種鍛煉平衡力，培養勇敢精神的運動，亦稱「走浪橋」。用一根長方木，兩端設鐵鍊，平懸木架上，離地約一尺。人站木上，用力使之搖盪，順勢來回走或跑。

㉞ 盤槓子：在槓子上做各種旋轉翻騰的動作。

㉟ 城隍廟：中國古代有水的城塹叫做「池」，無水的城塹叫做「隍」。城隍，道教所傳的守護城池的神。城隍廟，即奉祀城隍的廟。

㊱ 鬥鵪鶉：我國古代民間習俗，流行於全國各地。每年初冬進行。始於唐玄宗時代，西涼人進獻鵪鶉，能隨金鼓節奏爭鬥，宮中養以為戲，一直沿襲到清代。

㊲ 藤牌：見《我的小學教育》註釋㊱。

㊳ 砧：捶、切、剁、砸東西時墊在底下的器物。

㊴ 爛賤噴香：文中指牛肉價錢便宜，熟透酥軟，香氣四溢。

㊵ 罅：見《棉鞋》註釋⑲。

㊶ 溜頭：溜走、逃走。

㊷ 奏凱：謂戰勝而奏慶功之樂。後泛指勝利。

㊸ 遞下：依次向下遞減。

㊹ 場：見《山鬼》註釋㉝。

㊺ 撻罵：撻，見本篇註釋⑩。撻罵，鞭打責罵，文中指因逃學而遭受老師或家長責罰。

㊻ 呰：見《入伍後》註釋⑦。

㊼ 篙槳：篙，撐船用的竹竿或木杆。篙槳，合指指船槳。

㊽ 酋長：部落的首領。

㊾ 託身：棲息、安身。

㊿ 烏巢河：湖南省鳳凰縣沱江源頭，發源於禾庫都沙南山峽谷中，灘險流急，行旅多阻。

(51) 峒錦：土家族的一種紡織品，被漢人稱為「溪布」或「峒布」。

(52) 銀泡：一種用白銀製成的釘狀物，多用於少數民族裝飾及服飾。

(53) 老庚：見《瑞龍》註釋⑭。

(54) 經紀：見《山鬼》註釋(79)。

(55) 包穀燒：即包穀子酒，見《更夫阿韓》註釋⑮。

(56) 沅州：民國時期指湖南芷江縣。

(57) 懷化：位於湖南省西南部，素有「黔滇門戶」、「全楚咽喉」之稱。

(58) 樊噲（前二四二—前一八九）：江蘇沛縣人。西漢開國元勳，大將軍，左丞相，著名軍事統帥。為漢高祖劉邦第一心腹，楚漢時期僅次於項羽的第二猛將，封舞陽侯，謚武侯。樊噲出身寒微，早年曾以屠狗為業。

(59) 啾啾：擬聲詞，文中指小雞的叫聲。

(60) 親洽：親密和洽。

(61) 作偽：言行虛偽或做假為。

(62) 搭訕：見《棉鞋》註釋⑫。

(63) 吹煤子：吹火紙撚兒、火紙筒。

(64) 關隘：險要的關口，這裏指事情的難關。

(65) 打桐子：採集桐子。桐子，油桐的果實，可榨桐油。

(66) 白露節：見《瑞龍》註釋⑫。

(67) 期期艾艾：原形容人口吃結巴，在文中指吐詞重複，說話不流利。

(68) 逞值價：逞能。

(69) 攫：見《草繩》註釋㉖。

⑺ 檮木：檮，剛木。檮木，木材堅碩的樹木的木質。
⑺ 狂嗥：大聲哭叫，叫喚。
⑺ 千總：官名。清時為武職中的下級，位次於守備。
⑺ 屯：聚集，儲存。
⑺ 雞種：這裏指鬥雞下注前，辨別鬥雞品種的優良。
⑺ 《孟子．離婁》：《孟子》中的一篇，名句為「不以規矩，不能成方圓」。

爹爹

一

在湖南保靖縣①城沿河下游三里路遠近一個地方，河岸有座小小的墳。這墳小到同平常土堆一樣，若非這土堆旁矗立的一塊小碑，碑上有字，則人將無從認識這下面埋得有一個人了。說是碑，也只是一段刨光了的柏木罷了。木上用生漆②寫得有字，字不記這死者姓名籍貫，不寫立這一段木頭的人姓名。

碑詞是這樣的——

朋友們，你們拉縴從這裏經過，
不拘是薄暮，是清晨，請你們

把歌聲放輕。
這土堆，下面有一個年青朋友
的長眠，他死的是不很心甘。

這地方，是正在那所謂拐角的洑流③高岸旁，拉船人到此是有願吃苦的一段努力。為使載重的貨船上前，拉船的人全是應在這個地方把身子趴伏下來，腳與手綳得撐撐的④。口上喊着「搖老和里」「咦老和里」才能使船前進的。在一些船夫們吆喝中，在一些船主蹬腳到艙板上有節奏的聲音鼓勵中，船於是如一匹大象，慢慢的搖擺着它那龐大的身體，分開白的浪沫爬上這個急流了。

誰能因這個木塊上的半淹滅的文字把歌聲稍稍放輕麼？不，辦不到。歌聲早上有，晚上有，除了是河水過大，淹過了再下游數十里的縴路，船隻無從行動，平常每一個日子裏就都有這歌聲！因了這歌聲，住在上游一點的人才有各樣精緻的受用，才有一切的文明。這些唱歌的人用他的力量，把一切新時代的文明來輸入到這半開化的城鎮裏，住在城中的紳士，以及紳士的太太小姐，能夠常常用絲綢包裹身體，能夠用香料敷到身上臉上，能夠吃新鮮鮑魚蜜柑的罐頭，能夠有精美的西式傢具，便是這樣無用的，無價值的，爛賤的，永遠取用不竭的力量的供給拖拉來的。

這在河中有船行走時，大致也許就成了如此情形了吧，這歌聲，只是一種用力過度的呻吟。是歎息。是哀鳴。然而成了一種頂熟習的聲調，嚴冬與大熱天全可以聽到，太平常了。在眾人中也不會為這歌聲興起一種哀感了，不會的。把呻吟，把歎息，把哀鳴，把疲乏與刀割樣的痛苦融化到這最簡單的反覆的三數個字裏，在別一方面，若說有意義，這意義總也不會超乎「漁歌欸乃⑤勝過蛙鼓⑥兩行」的意義吧。但在自己這方面，似乎反而成了一種有用的節拍，唱着喊着，在這些雖有着人的身體的朋友軀幹上就可以源源不絕的找出那牛馬一樣的力量，因此地方文化隨到交通也一天一天的變好了。

睡到這高岸上三尺土下的年青的人，顯然是非常安靜，靈魂已離開了這裏，不怕這些人在他頭上踏着沉重的腳步與唱歌與喘氣了。這一段柏木似乎是空立的。死了的是把這世界上一切事拋開，生前的苦悶，生前的愛憎，全撒手不要，很和平的閉了眼睛用那黃土作枕長眠了。若果當日立那段柏木的是一個拉過船縴的人，或者他將把這碑語是這樣寫：

地下年青人，吾不為汝悲！
汝今已長臥，應忘餓與疲。

誰能斷定在這一條河上有那行船不用許多骯髒的漢子揹縴的一天嗎？這裏有了這樣一條河，天生就的又是許多灘，就已經把這個地方的許多人的命運鑄定了。在這墳頭上，長年不斷的，來往的，全是在飢與疲的日子中過度着每一天的時光的，到消磨了骨裏最後的一點力量時，則這類人才能同王侯將相平均得到這死亡的一份厚禮，早一點把這個得到，在自己還可說是一種不當的幸福慾望，不為有餘憾吧。

但是，把一個健壯有為的身體，毀滅到一件無意而得的意外事上，這對生命仍然可以說是一種奢侈浪費。這年青的夭亡的朋友，對於生命揮霍的結果，把另外一個活着的人生活全變了。

二

我想問：你們住在鳳凰縣城那時節，認識到一個外科醫生名叫儺壽先生的人不？這人姓吳，名字是吳成杰，但別人都只喊他作儺壽先生。

認識那就好。我也想，在那方呆過一年半載的人，當沒有不知道洞井坎⑦上那個門前掛有「家傳神方」的醫生家的。這又是一個藥舖，儺壽先生便是這藥舖的掌櫃，日常靠在那個舊的脫了漆的硬木長舖櫃上，玩弄着他的花貓，那是不必買藥看病，只要有過一次打這兒過身，就可以瞻仰瞻仰這位先生的。

把一些起花的，微微返着亮光的，圓的長的，大小不等的，藥罏作了背景，儺壽先生常常是像一尊羅漢⑧一樣坐在那舖櫃裏頭，凡是這個樣子給了不拘誰一個粗心人，也不很容易把這好的印象消失。

從藥舖的招牌上看來，從那「家傳神方」的文字上看來，我們可以估定這個藥舖的年齡，或若已比藥舖掌櫃的年齡是多了一倍；儺壽先生年紀是四十七，那至少這藥舖已將近八十個週年了。凡是老藥舖，生意總不會極其蕭條，這只看着另外一家在東門開舖子的益壽堂藥舖，就可以完全明白了。何況藥舖老闆又是全縣著名的外科醫生，那這舖子的生意，不消說，很發達。

不過如今關門了，倒閉了。

不是賠本，也不是生意蕭條來歇業。只是店上的舖櫃板子再不全下⑨了。舖板不下則從那兒過的，只能看到舖板上因過年貼的紅紙金地的「開張駿發」的四個字，這字代了儺壽先生的圓圓的和氣臉兒給人看了悵惘。

那是這當家門面上的人死了吧，這也不是。死是死了一個人，可不是當家的儺壽先生。儺壽先生還是活着，不過從前是「好好的活着」，如今可說「還是活着」吧，倒似乎並不「好好的」了。雖說到南門打從洞井坎上過身的人，已不會再見到這圓臉闊額雙下巴高身材的好醫生，但聽人說若是要找他，到玉皇閣⑩去，玉皇閣僧人打鐘的地方，可以很容易的遇到儺壽先生。初初看，臉子已全走了樣，但你仍然可以從那疏疏的眉與下巴認得這便是那個醫生。他是在這兒鎮天的隨便哭，如同一個小孩子，儺壽先生並不死，倒把他的唯一的兒子死了。

上了年紀的人，常常把眼淚來當飯，那算得是什麼生活呢？但是中年喪子的情形，使人哀毀⑪終是免不了的事。這兒子，死的時間是太不合式，要死也不應當到這個時候死。早死點，則儺壽先生可以再找一個伴，看儺壽先生不是再能養兩個兒子的；遲到這老子歸土以後再死，那就更妙。死得不是時候，則簡直是同時死了兩個人了。儺壽先生因了兒子的一死，自己至少也死了一半。這算一件最不幸的事。然而是無法。人要死，就死了，那死了的人，在生前想不到要死，則死後也總不會再擔心到活着的父親了。

作父親的得到了兒子死去的信息以後，把大門前的匾牌摘下，把舖板關上，就到玉皇閣這平素相熟的老和尚處，來鎮天悲泣，一些來得勢子[12]太兇的憂愁，把這老頭子平空毀了。

人人可憐他。可是「可憐」這一件事那裏能夠抵得一個兒子的好處？為了兒女的一切，有些人是連別的什麼好處都不要的。儺壽先生他也不是想到要人憐憫來活下度着這下半世的每個日子的。就是恨他，虐待他，假若是這樣可以把那個兒子從死神的手上奪回來，他願意。若是他一死，就可以使兒子活轉來，也願意。總之他認為兒子是有着那活到這世界上的權利，要死也只有像自己老年人死的，如今兒子卻先死了，所以這是一種頂偉大的悲哀。

玉皇閣，是有着那所謂子爾鐘[13]，每天每夜有和尚在鐘下敲打，到子午二時則把鐘聲加密，在鐘樓的四面，全是那些本地人在異鄉死去魂魄無歸的靈牌子，地方算是為孤魂野鬼預備的。儺壽先生把兒子一死，也成了與孤魂野鬼相近的一個人了，所以來此。來此則自己反而好過一點了。不期然而來的事，應歸於命運項下[14]，儺壽先生命運是壞到這個樣子的。行善有「好報應」，那不過是鼓勵本不想行善而錢多的人，從「好報應」上去行善罷了，儺壽先生是曾經作着那真的善事多年，給了全縣城人以許多好處，又結果如此，卻並不怨天怨人的。

雖然藥舖關了門，生意不作了，人是逃到玉皇閣與孤魂野鬼為鄰，在長長的鐘聲下哭着過日子了，關於所謂好事，仍然推辭不來。一城中的人，知道儺壽先生的，家中兒子同人打架打傷了，或是玩毛馬[15]，騎高蹺[16]，無意摔傷了，扭了腰，破了皮，甚至於上樓梯碰傷膝蓋骨，還是來請他幫忙調理。白天家中無儺壽先生影子，則到玉皇閣來找他。這老人，見到小孩子的娘帶了鼻涕眼淚的孩子來到這個地方，就是在哀痛中也從不拒絕來人的請求。一面是瘋子一樣懷戀着已經埋到異地土裏了的兒子，一面又來為人看病敷藥。本來在平常時節，就不一定責人以報酬的儺壽先生，到近來，設或有人因為不好意思不得不設法將財禮備上，儺壽先生就歎氣。他說：

「唉，不必要這個。這我是找不到用處的，把這東西拿回去，是不送鋪子中錢的就退他們，有多的時候就拿送給窮人吧。」禮物是決不要了。

知道儺壽先生具西河之痛[17]，又因着家中病人非儺壽先生親來診視不成的，這主人總每每具備許多禮物親自帶了僕從來到玉皇閣委婉的請他，同時且把禮物陳[18]上去。結果當然是來，禮物卻真無用處，全不要。

這老頭子在哀痛中並不忘了他的本事，處治別人的病痛，總能夠有很好的效果，只是對自己的心上的病就不會怎樣調理了。

因為全不收受診病的禮物，於是在城裏知道他的人中才覺到他真是一個全好人，且所有同情也似乎比以前更多，這個我說及，更不是儺壽先生所要的！

人家的憐憫，雖不一定比送禮物來得不慷慨，卻實在比禮物還無用的一種東西。儺壽先生不是為要人稱他為好人才來為人治病施藥，正像不要人為憐憫他才讓這兒子死掉一樣。人是天然好性格，兒子卻意外的死去；這其間，不說有那命運存在，那在他是不行的。若說無命運，兒子決不會死。死是沒有理由的死，正因為這樣，無法來抵抗這命運所加於其身的憂愁負荷，所以儺壽先生也只有盡自己悲痛下來了。

遇到不拘⑲一個作母親的引帶了哭哭啼啼的兒子，來到玉皇閣那殿外，把一個頭伸進門隙探望儺壽先生時，即或是這老頭子正流着身世無望無助眼淚，也會即時站起來。

「儺壽伯伯，這孩子又把手割了，告他莫劈甘蔗又不信我的話，瞧，」於是說着這些話的母親，必定還裝作很惱這孩子頑皮，出了事又要來勞動儺壽先生很不好意思的樣子，把孩子的身上輕輕的拍打了兩下。孩子這時本來要人安慰，還正哭喪着臉，經這一打當然又哭了。

「算了算了小孩子是這樣的，在什麼地方？讓我來看。」於是儺壽先生就陪小孩坐到那殿前石櫈子上，給小孩檢查傷口，到玉皇閣廚房去舀水來為洗創，再敷上一點藥末之類，再同小孩說兩句笑話，小孩子是打架打傷的，就同小孩討論一下打架時用腳去怎樣套別個腳的技術，劈甘蔗所傷則同小孩子研究用刀的方法，直到這小孩子嬉嬉笑笑說儺壽伯是什麼都內行的話以後，作母親的見是時候已夠把孩子就帶走了。儺壽先生就一個人站到這院子中出神。

「唉，老朋友，別這樣子了！」那老和尚知道在外面的儺壽先生，為了見到別的小孩子，心上載不住悲哀，就在裏邊喊。「來，我們下盤棋吧。」

「我說，你是這樣，就別給他們孩子診病了。」

「辦不到。你瞧他們多可憐。作娘的，作孩子的，都要我這兩手來安慰，我好說我不幹嗎？」

說話要他不理病人的和尚，想起佛的慈悲為懷，就覺得自己火性不退，悪悪的⑳不說話去想棋式去了。儺壽先生見無話可說，無端的又把同那小孩子說笑的話搬到回想上來痛心。

打架頑皮作一件不當作的事，是他自己小時經過的。到兒子長大，則兒子又每天到外面同人打鬧給自己看。兒子在外面同人打架，管教是無法。或者兒子被人打流血，到家來，哭着要藥，到上好藥以後，又笑笑的說要爹爹交一兩手拳腳好報仇，這小孩的麻煩事情，這個時候那裏會再有？把別個人打傷了兒子，回家來答答訕訕㉑不好意思說同別人打過架，到爹爹說明被打傷的人已經給爹爹給了傷藥，又為他調解講和了以後，兒子那種羞愧感激的樣子，這個時候也不能見了。在爹爹面前撒賴㉒，不上學，也不再有了。在爹爹身邊走着，一面唸自己作的詩給爹爹聽，也成了過去的很久的事了。在離開爹爹以後，從四川寄回野山七㉓來，謊爹爹說是從峨嵋山上採來的，直到為爹爹認識是假貨，才又說是撿得的，這天真的謊話這個時候也不能夠再聽到了。這以後，又有誰能寄這個藥來？兒子一死一切皆完了。什麼也不有。兒子把作爹爹的所有快樂，以及一點小小脾氣，也帶到土裏去了。

為別的人的兒子治點病痛，在施行手術時節，在談笑話給這些頑皮孩子聽時逗得這類孩子歡喜的時節，儺壽先生似乎稍稍好點了。可是一到別的小孩成了哭臉，這作父親或作母親的，就全不體會到儺壽先生，趕忙把這孩子從儺壽先生身邊帶回家去了。

儺壽先生在平常，就是常常為人所笑為那類近於傻的單身漢子，把妻死過後不續弦㉔，這是給了一些人的談助㉕的。失了妻，不再娶，就只抱養到這遺雛㉖把日子延長下來，許多人都說這男子講的義道㉗近於無稽㉘。先是人勸他，說，醫生年紀既不老，家中無一個女人也寂寞，並且家事也得人料理，就找一個相近的女人填房㉙也不算罪過，他那時，總說這個不必。一面很有禮貌的感謝這為他設法的人，一面訥訥的㉚說是自己行醫的人是單身漢子也較方便點。

「那你太太在時節，別人三更半夜來敲你的門，要你起床也並不曾聽到過你女人抱到你不准起身？」這樣話一出，那忠厚人就給窘住了。

別人說醫生你也隨便點，不要太固執好了，聽人說到這類話，顯然是辯也無可辯的，醫生就只好說慢慢的商議，把話才岔開。

勸醫生續弦，其中不是無那貪醫生小康㉛，想從自己親戚中選一相宜㉜女人給醫生，來結這一門親，為自己打算的自利人。但醫生，卻並不疑心到這些事上。其所以不在三十歲以前續娶，只是記到妻在臨歿㉝時說好好待這四歲兒子的話。醫生見到許多許多後妻待前妻兒子的薄行㉞，怕新的妻一進門，這兒子就得受苦。到了後妻又產孩子時，則這小孩當更無人過問，為了這件事，所以凡是人來說到續弦的利益，無論如何說得怎麼動聽，也只有全拒絕下來了。到三十歲以後，則又以為倒不如再過幾年主兒子討媳婦，所以更不願為兒子找那後媽了。

到如今，醫生可成了正牌的單身漢子了。假如醫生還能記起往年在為人勸他續娶時節拒人的話語，說是自己行醫單身漢子也較方便點的舊話，會只有更傷心！如今的醫生，把兒子一死，倒像凡事不方便。以前一顆心，像全寄存到兒子胸腔子裏，作什麼事都只為兒子，多吃一碗是為兒子歡喜，少吃一碗飯是為兒儉積㉟，如今兒子既不再到這世界上，這顆心，已不知要放到什麼地方去了。若說從前是春天，則如今已到了淒涼的秋，以後也永遠只有這秋天吧。

這時節，是不是還想着再從一個婦人身上找尋一個小孩？不。醫生自己覺得人已快到五十歲，不中用，遲早間就會平空死去，縱再有小孩子已不會見到這小孩子在自己面前來淘氣的情形了。

兒子在，醫生實以為縱有六十歲也仍然是四十歲的心，就因為兒子的成立使醫生忘卻時間在人身上的意義。如今是完了。如今似乎已有七十歲，把兒子的年齡也增加到自己身上來了。

若能隨到兒子死，儺壽先生也願意。此時但是半死半活。人家還說：「老頭子雖傷心，過一陣兒自然就好了。」這話只使他更苦。過了一陣兒便能夠好？永不！

悲哀這東西，中於人，像中毒。血氣方剛的少年，亦有不知這是怎麼一回事者，這從許多許多例子上可以得到憑據。縱也免不了有一時中毒，抵抗力量異常強，過一會，復元了。有人說，發狂之事多半為青年人所獨有，這發狂來源，則過分悲哀與過分憂鬱足以致之。然而年青人，因中毒而能發狂，高度的燒熱，血在管子裏奔竄，過一陣，人就恢復平常狀態了。老人到縱陽陽若平時，並不稍露中毒模樣，可是身體內部為悲哀所蝕，精神為刺激所予沉重的按揣[36]，表面即不露痕跡，中心全空了。老年人感情中毒，不發狂，不顯現病狀，卻從此哀頽委靡不振下去，無藥可治了。

醫生是已不能發狂的人了，所以雖初初得着兒子噩耗時，也正如那少年人罹[37]憂患模樣，哭鬧叫號不已，但這是最初一個月的事。稍稍過了一陣以後，即如別人所說的話一樣，居然好了。

他不再去到玉皇閣大鐘下哭了。

他只呆坐到家中度着蕭條的每一個日子，幫工把飯開來就吃，在吃飯以外誰也不明白在這老頭子腦中有些什麼事情。

醫生的精神，就在這種潛伏着的痛心裏消磨着。每日讓一種從回想上得來的憂愁齧啃食着這顆衰敗的心，不知道在什麼時候為止。他自己，則是這樣算定到，總有一天心為這小蟲齧空，自己於是忽然就撒手死了。

到醫生重複回到家中時，醫生的事又忙起來了。人家正如懷着好意不讓醫生坐在家裏自悲自歎一樣，請醫生幫忙的每一天總有多起。

到別人的家中去，無心無意的喝着蓋碗中的新泡雨前茶㊳，不說話，或者說話就同小孩子說話，倒很好，至少暫時可以得到一點安慰。一到為主人用那好像是極同情的話談到這個死在異鄉水裏的人時，儺壽先生可又要從眼中流淚了。他不願人提到這個，而人家卻總不了解偏又同他談這個。這以為是一番好心的，只是增加醫生的淒惻㊴，可是這增加儺壽先生痛苦的一切在別人倒真以為是與醫生要好咧。

三

儺壽先生又把舖櫃門開了，是在三個月以後。

仍然是那麼在一種罎子罐子的背景中我們可以見到這個醫生的臉兒。來看病的人，凡是窮，我是裝做忘了帶藥錢來的，這藥總仍然得由醫生這方面捨給，醫生是全不在乎此。

醫生樣子似乎略略不同一點了。不是瘦，不是老，只是神氣變了。

在對待來照顧生意或勞駕診病的方面，這個醫生笑容可掬的臉兒，仍然是如往天一樣。可是這個笑，不是往天的笑了。若有一個人能稍稍注意到這臉上，就不忍心再看醫生如此的笑臉。不過人家都說是醫生已完全忘卻了兒子，認為醫生再不會在兒子方面傷心了，且儼然是醫生就是為他們這些小孩子治病送藥才活到這世界上的樣子。人類的自私當然是各處一樣的，他們實在已經就把「好人」的名聲給了儺壽先生，也可以算是難得的一種慷慨了！

某一天，天快斷黑了，街背後的坡上的樹林已經聽到有烏鴉喊着歸林的聲音了，儺壽先生忽然想起一件事，忽然又要走到玉皇閣去。

「先生，怕下雨吧。」這個作幫手有了七年的矮子，意思是要儺壽先生就在家裏得了。

「不要緊。不會的。」

說着，也就不再作聲，揚揚長長的走向玉皇閣去。

老和尚是正敲打着木魚[40]唸那消食經[41]的。這時佛堂中的常明燈[42]已慢慢的有了權勢[43]。燈把一些碧綠色的光，給佛堂中照得如同一座墳，從這黯澹[44]的燈光中看見的一切全是幽沉沉的可怕。和尚是習慣這個事了，儺壽先生也不是怕鬼的人，他們倆就在這殿中同這無數尊佛爺[45]作伴。

這個老和尚，把唸經事是看得並不比說話為有用處的。唸經與其說修祐[46]，不如說是無人談話消除寂寞吧。雖然出了家有二十年，但一個平常人的愛情在這老師傅身上也找得出一份兒（然而一個方丈的好處他也並不缺少）；正因其如此，乃成了儺壽先生歡喜的朋友，也成了許多人都歡喜的師傅。儺壽先生能同老和尚合得來，是因這和尚並不全成一個和尚，不是一見到人就談因果㊼，更不是一見人就勸人唸佛：這和尚最有道行㊽的一點，只是不矯情，又沒有勢利眼睛。且這個和尚會作各種蔬菜，倒很可以說是一個懂味㊾的高僧！

和尚見到醫生來到，木魚就停了。

「嗨，我老以為你到鄉下去了！」

「我哪裏還有心思下鄉玩？」說話的儺壽先生，就坐在那個跪經㊿的蒲團(51)上面，抱了膝只是搖頭。

「還不能夠放下麼？」其實和尚自己也就有許多事放不下。他就常常念及這個死到異鄉的人。他作了這年青人的寄父(52)，是有過十一年了，這年青人在生時，和尚就教過他書，又教過他做詩，到後這年青人離開這個地方了，每一次給他爸爸寫信來時又總不忘問候到寄爹(53)，這一來，真也無聊！雖說相信死者憑了他唸的三個月經，是已安然到了西天，但假若唸一年經就可以復活，那這老和尚倒以為暫時莫往西天為好啊。

和尚見到醫生不說話，知道是這悲痛在這個心上並不曾稍殺(54)，就說：「應當要快樂一點才好」。

「我是極力想找尋一點快樂的，辦不到！」

「我見你這多久不來，還以為你為什麼人請下鄉去了。這幾天來我也不知道怎麼會事，心神恍恍惚惚。人老了，真是難。」

「我想請你來為他作一次道場55，你看一個日子。」

「好，回頭翻翻曆書56吧。」

他們倆人就在這些佛爺面前討論起各樣用項來。香，燭，黃表紙57，以及鞭炮五供58之類，和尚也不怕當到面前的佛爺發氣，就只從省儉上開出數目。醫生說這個未免太少，和尚就說決不會少。醫生的意思，是為這死人熱鬧一場，則一切鋪派來得大一點也不為過分，然而和尚對這個就否認。

和尚說：「親家，這個是無益，用錢多是好了和尚，我這個和尚可並不想你這次法事59上叨光60！」

「那外面看來也太不像樣！」

「是為給人看嗎？」和尚對這個話就未免不平。

醫生意思，就是給人看。從人的快活中以為自己也可以安慰這無可奈何的心，才是他作道場的本心，若說為死者超度61，那是為有罪惡的死者而設，自己的兒子，並不是壞人，就死自然而然也就會到西天去！

結果順到醫生意見，只好加上一些花樣，如像水陸施食燃天蠟62等等，假使是別一個和尚辦這件事，儺壽先生的胡椒，至少也會要用到五斤六斤。「一個姓黃的家大醮63中，」和尚說，

「那一次用胡椒末是二十斤，到最後還有一頓素麵不下胡椒的。」

話正說到用胡椒的趣事，忽然聽到山門外有一個人喊着進來。轉過了韋陀殿㉄，聲音是更明白了。

「儺壽先生，儺壽先生，……」一個婦人氣急敗壞的竄進殿中來。明明白白是儺壽先生剛站起身來在她面前，這奶媽樣子的婦人卻並不曾見到醫生似的，問和尚儺壽先生究竟在不在這裏。

「我問你，什麼事？」醫生見這婦人已快瘋，就擰着這婦人膀子問她。

「唉，天！……」她也不再說什麼，拉着醫生的長袖子就去。

「究竟是怎麼回事啦？」

「救命救命，快去快去！」

醫生是踉踉蹌蹌便為這個婦人拖出玉皇閣了。若不是許多人都認識這個是儺壽先生，則這樣一個年青婦人把這樣一個中年漢子從廟裏拖出，匆匆忙忙的，且深怕他逃走的模樣，真有的是新聞笑話！

醫生在街上時也察覺到這個真不很好看了，就問明了是在什麼地方什麼病痛，且要這個婦人先跑到洞井坎上去拿刀與藥瓶之類。

「儺壽先生你快走！恐怕趕不及了！」婦人是鼻涕眼淚橫流四溢的去了。醫生望到這個情形只笑。他是常常就為人那麼催促到了別人家中，到後又不過是鼻子流血一類小病的。

然而醫生仍然照到婦人所告的街名衕㉅名走去，忙得像充軍㉆。

別人的兒子，這樣的關心，自己的兒子卻見也不能見一面即為水淹死，醫生的兒子死時，可有過一個本地方人這樣關心過？在醫生這一方面，本地方人所能唯一給這好人的好處，就只是麻煩。醫生在憂愁中也只得這個。正因為太隨便不講究排場，像一縣城的當差的醫生，不拘何時都可以隨喊隨到，一般人把這個權利也就都不頗放鬆了。誰都不能說儺壽先生是他們有了兒子才來在這地方行醫，可是誰一有了痛苦總就記起這個公差[67]來了。並且，為了儺壽先生的藥方，又神靈，又簡便，那些作父母的遇事疏忽，盡兒子去玩刀打架也有之。醫生在什麼時候能為人忘記？除非每一個人都沒有病痛，這個我們可以從許多人處知道這話是很對，在醫生兒子死過後，來看醫生或說是悼慰醫生的人，全不是那類家中孩子無災無難的人！家中孩子沒有病，他們就知道不麻煩醫生了。

醫生這個時候已到了那婦人指定的家中了，一些人見了儺壽先生氣吁吁的走來，也不說請坐一坐，把那通常的裝煙倒茶[68]禮數也簡略了去，只是即刻就引帶他到病人床邊去。

作母親的見了醫生已來，就把一個哭過的已不成形了的焦急的眼睛望醫生。「唉，儺壽伯伯來了！」

「到什麼地方成了這個樣子？」

「他們到叫作什麼地方玩……」那個作母親的也說不清楚。

還是另外一個女人來同醫生說，才知道是剛才那位到玉皇閣去的奶媽，把這孩子在吃過飯後領到營堡[69]上去玩，不知如何一失神，這孩子從奶媽的監視下逃出，走過到橋邊去，奶媽不久就聽到呱的一聲喊，回頭看小孩子已不見，再到橋邊去，則橋下的小孩正抽搐蜷成一堆。人是昏了。吮他咂他又不知道過了多久才哭出聲來。於是抱回來家了。於是就想起儺壽先生了。

孩子只四歲，這一坍還不知是傷了什麼。回到家來又不哭，又不喊，只把眼睛緊閉像一匹小貓兒的低低嘶着。醫生非常憐憫的到床邊去按揣孩子的全身，不到一會兒那奶媽到醫生家拿來一切用具了，醫生就開始把袖子挽到肘上來灌小孩的藥。一面又安慰到那家中人說不要緊不要緊。

把藥灌下去以後，約有十分鐘，孩子忽然呱的哭出聲來了。且不止，哭得聲音非常長，醫生搭着他的兩隻肥手，說這是氣厥⑰，既然喊得出聲來，從聲音中可以知道內臟還不傷，無妨了。

醫生看那奶媽，見到奶媽在一旁只是作揖。「以後小心點好了，小孩子是本來也難照扶的。」那奶媽，因為醫生對她的過錯，既在小孩子那裏補救，又來用言語在主人面前補救這過失是免不了的事，就非常感激的對醫生望着，且在眼睛中流出那感激的淚。

孩子全身在哭喊時也動彈了，醫生又去脫了孩子全身衣裳各處的檢視，見外面只腕上劃破了一點皮，臀部成了青色。

「不要緊，幸好是跌下的時候是並非橫到下地，我看這樣子還似乎是有意跳下去因為地方過高才築⑪壞了氣的。」

奶媽在心中，可把醫生佩服的了不得。原是奶媽就望到這孩子跳下橋的！她們玩，先只以為跳到第二級石段上面，誰知這少爺心太大，以為奶媽鼓勵他從頂上那地方跳下，一面為了給奶媽一驚，就在奶媽不防備的當兒湧身向下躍，待到奶媽聽到一種聲音時，這少爺已如同那另外女人所說的蜷成一堆昏過去了。

主人見到孩子已無大危險，又見到醫生顏色很泰然，才想起喊丫頭舀水給醫生洗手，又才記起拿煙茶出來。

醫生額上因走路匆促而出的汗，還大顆大顆貼在上面，洗手的水還不來，就用袖子去揆拭。這一家的人，只除了那下廚房去倒水的丫頭外，全望到儺壽先生的額上的大汗以及扯袖子揆汗水的情形好笑。

四

儺壽先生死了。這作爹爹的，就為了不能讓兒子一人在地下寂寞，自己生着也寂寞，要兒子復活既不能，於是就終於死了。

死是忽然的，如一般人所說很沒理由的，然而當真死了。以後是當到每一個人家的小孩子，磕破了頭或割破了皮，別人想起要止痛止血，作父母的就歎氣說，「如今是儺壽伯伯已經死了，」就是那麼來念到這個人的。

醫生一死給了許多人不方便倒是真的。

題解

本篇發表於一九二八年上海《中央日報·摩登》第十三、十五、十六、十七號，署名沈從文。後收入小說集《好管閒事的人》，一九二八年七月由上海新月書店初版。二零零二年收入北岳文藝出版社出版的《沈從文全集》（第二卷）《好管閒事的人》。

沈從文的小說不以情節來取悅讀者，總是在平平淡淡中展開，然後再平平淡淡地結束，但結局卻總不讓人失望。《爹爹》的結尾那個在衆人心目中的好人也伴隨着兒子而命歸黃泉。他對兒子的愛是那樣熱烈，卻又無限深沉。儺壽先生在妻子死後沒有再續弦，甚至有人看上他的小康生活而想從自己親戚中選一相宜女人給他，都被他婉言謝絕。因為三十歲以前，他怕後母對孩子不好，而三十歲以後，又要想着為孩子結婚娶媳婦。平凡的父親無時不在小說中表現着自己對兒子的關愛，兒子活着的時候如此，兒子死後也不忘懷，更把他的愛給了周圍所有的人。

沈從文用溫暖的抒情筆墨描寫了村野間耕夫船户的淳樸人性。筆調如散文般自如抒發自己的感情，表達對這個世界的看法；又如詩歌般通過誇張的手法來創造一種意境，在主人公感受的那份憂傷中，人性的美以及純樸的情感和欲望得以表現。

註：

① 保靖縣：位於湖南省西部，武陵山脈中段，今湘西土家族苗族自治州中部。

② 生漆：漆樹樹皮割開後所流出來的乳白色樹脂，在空氣中逐漸變成黑色，是做塗料或油漆的原料，也叫「大漆」。

③ 洑流：迴旋的水流。

④ 撐撐的：平直的樣子。

⑤ 漁歌欸乃：文中指行船時，漁歌聲與搖櫓及划槳聲相和。

⑥ 蛙鼓：亦作「蛙鼓」，群蛙叫聲。

⑦ 洞井坎：湖南湘西自治州鳳凰縣城街道名。

⑧ 羅漢：見《爐邊》註釋㉔。

⑨ 全下：全部卸下。

⑩ 玉皇閣：道教道觀，為紀念玉皇大帝生日而建，每年農曆正月初九祭祀。

⑪ 哀毀：指居親喪，悲傷異常而毀損其身。

⑫ 勢子：勢頭；情勢。

⑬ 子爾鐘：由高精度母鐘及由它控制並與其時間相一致的若干子鐘所組成的計時系統，文中指和尚每天集體準時敲鐘。

⑭ 項下：名下。

⑮ 毛馬：古代一種用來玩蹴鞠的皮球，多為獸毛鞣製而成，可踢可打。

⑯ 騎高蹺：高蹺，也稱拐子，民間舞蹈「高蹺秧歌」。騎高蹺，方言，意踩高蹺，表演者踩着有踏腳裝置的木棍，邊走邊表演。

⑰ 西河之痛：語見《史記·仲尼弟子列傳》：「孔子既沒，子夏居西河教授，為魏文侯師。其子死，哭之失

明。」一，指喪子之痛。

⑱ 陳：排列，呈遞。

⑲ 不拘：見《棉鞋》註釋㉒。

⑳ 恧恧的：慚愧的樣子。

㉑ 答答訕訕：見《棉鞋》註釋⑫。

㉒ 撒賴：蠻橫胡鬧；耍賴。這裏有胡攪蠻纏，撒嬌耍賴之意。

㉓ 野山七：也稱珠子參，一種中藥材，來源於五加科植物珠子參的乾燥根狀莖。蒸煮後淡紅棕色，半透明角質。氣微，味苦微甜。

㉔ 續弦：古人常以琴瑟比喻夫妻關係，所以將妻故再娶稱「續弦」。

㉕ 談助：談話的資料，即談資。

㉖ 遺雛：原指失去親鳥保護的雛鳥，這裏是指失去親人保護的幼兒，即棄嬰。

㉗ 義道：道義。

㉘ 無稽：無從查考，沒有根據。

㉙ 填房：丈夫原配妻亡，再續之妻稱「填房」。多為年輕寡婦或大齡姑娘，或為翁婿關係密切，長女出嫁後亡故，以次女續配。

㉚ 訥訥的：說話遲鈍謹慎的樣子。

㉛ 小康：初指儒家理想中的所謂政教清明、人民富裕安樂的社會局面。後多指境內安寧，社會經濟情況較好。文中指醫生家裏吃穿不愁，經濟情況較好。

㉜ 相宜：適合；適宜。

㉝ 歿：死亡。

㉞ 薄行：本意是品行不端，輕薄無行。文中指後母虐待養子的行為。

㉟ 儉積：節約，積累。

㊱按揣：打擊、捶擊、摧抑。
㊲罹：遭受、遭逢、遭遇。
㊳雨前茶：雨前是指穀雨前，即茶區四月五日以後至四月二十日穀雨前，採摘細嫩芽尖製成的茶葉稱雨前茶。雨前茶雖不及明前茶（清明前採摘的茶）那麼細嫩，但由於這時氣溫高，芽葉生長相對較快，累積的內含物也較為豐富，因此雨前茶往往味濃且耐泡。
㊴淒惻：哀痛；悲傷。
㊵木魚：佛教法器名，為僧尼唸經、化緣時敲打的響器，用木頭製成，中間鏤空。
㊶消食經：佛教徒餐前供養，首先供養諸佛，供養眾生，感念此餐得來不易，故需感恩珍惜，也期望一切飢餓眾生能得飽足。有為信施、眾生祝福之意。
㊷常明燈：即長明燈，因供在佛前晝夜不滅，故名。
㊸權勢：文中指燈光隨着天色漸暗而越來越明亮。
㊹黯澹：亦作「黯淡」，陰沉、昏暗。
㊺佛爺：佛教徒對釋迦牟尼的尊稱，亦泛稱佛教的諸神。
㊻修祐：修行以求神靈保佑。
㊼因果：語見《涅盤經．遺教品一》「善惡之報，如影隨形，三世因果，迴圈不失。」佛教語，謂因緣和果報。依佛教輪迴之說，善有善報，惡有惡報，今生種因，來生結果。
㊽道行：僧道修行的功夫。
㊾懂味：指深諳烹飪之道。
㊿跪經：做佛事或祭典時，施主跟着跪拜誦經，以表虔誠。
51蒲團：以蒲草編織而成之圓形扁平坐具，又稱圓座，乃僧人坐禪及跪拜時所用之物。
52寄父：義父。
53寄爹：即「寄父」。

⑭ 稍殺：漸衰；稍差。
⑮ 道場：道士或和尚做法事的場所，也指所做的法事。僧尼設壇誦經，禮佛拜懺，遍施飲食，以超度水陸一切亡靈，普濟六道四生。
⑯ 曆書：依一定曆法編制的推算年、月、日、時節等的專門書籍。
⑰ 黃表紙：用來敬神或祭祀死者的黃紙。
⑱ 五供：祭祀時放供品的器皿，包括香爐、兩燭台、一香筒、一燈盞。
⑲ 法事：指僧道拜懺、打醮等事。
⑳ 叨光：見《老實人》註釋④。
㉑ 超度：佛教和道教用語，指僧尼、道士、道姑為人誦經做法事，以救度亡者脱離或超越苦難，故名。
㉒ 水陸施食燃天蠟：湘西少數民族一種祭祀鬼神的活動。在街頭街尾豎桅子的地方散紙錢、點蠟，水陸相交的地方施食，以求消災。
㉓ 大醮：見《我的小學教育》註釋⑧。
㉔ 韋陀殿：韋陀，佛的護法神，文中指供奉韋陀的大殿。
㉕ 衕：見《我的小學教育》註釋㉜。
㉖ 充軍：發配流放，舊時遣送犯罪者到邊遠地區服役的刑罰。
㉗ 公差：官府執行公務的差役，文中指儺壽醫生去治病。
㉘ 裝煙倒茶：裝煙，即敬煙。舊時吸煙，用水煙筒或旱煙袋，請人吸煙時必先為對方裝好一袋煙，以示尊重，故曰裝煙。在這裏，裝煙、倒茶連用，表示對來人尊敬的意思。
㉙ 營堡：亦作「營保」。堡壘，舊時的城牆。
㉚ 氣厥：失去知覺，呈昏迷狀態。
㉛ 築：原意為搗土的杵，文中在方言裏用作動詞，杵。

卒伍

不是為任何希望，我就離開了家中的一切人了。

照規矩——我倒不明白為什麼我們的這個地方有這種規矩。照這地方規矩，我就了小學畢業以後，要到軍隊上作兵，也不是打仗須人，也不是別的，只是全像那麼辦，一面自然為的是自己太不像是可以讀書成器的人，所以在七月間就決定了。

六月間畢業考在第三，方高興到了不得，每次見到阿姨她要為我作媒，還誰不應當考第三來找紅臉機會，誰知到中元節①以後我就離開了家中，從此是世界上的人，不再是家中的人了。

想起傷心，是我出門的年紀未免太小。比大哥②，比六弟③，還都小。照我的十三歲半的年齡論來，有些人出家到別處吃酒還要奶媽引帶，但我卻穿上不相稱的又長又大的灰布衣服，束了一條極闊的生皮帶子，隨到我們家鄉中的叔叔伯伯到外面來獵食了。

日子是七月十六，那一天動的身。

我永遠不會忘記這一天的。是落雨，直到如今一落小雨我就能記起那第一次出門的一天！先是十五，給人在十四約下來到河裏去洗澡，就答應下來。

洗澡，不是任何人想得到的有趣！從早上，吃過飯以後，一直洗到下午三點，這是成了很平常的事情的。把身子泡到水中厭了，幾個人又光身到淺灘上摸魚。又並不是一定要摸一斤兩斤魚，即或把魚摸得許多，誰也不敢拿回家去說是摸來的。把魚摸來，那運氣頂壞的魚一到了我們手中，就在灘頭上挖一小池，把魚放到池子裏去，用手為魚運一些新鮮河水，回頭又常常忘記釋放這魚，於是泰然的在估定應當回去的時候回去，魚是就誰也不再理它終於成了涸鮒④了。洗澡呢，互相比賽這泅過河的速度，互相比賽打氽子⑤誰能潛在水中久一點，又互相比賽澆水，人是天真爛漫那麼十個八個年齡相同的人，儌天幸⑥在水中從不聞淹壞一個。

一個熱天把身子每天浸泡到水中，泅水是特別進了步，正因如此卻在這一件事上決定了我的此後命運了。

「又到洗澡了，不准吃飯！」娘⑦或者大姐，見到回家的我神氣就明白。

於是就分辯。這分辯明知是無用，顯然的是皮膚為水泡成蒼白，而臉上又為日頭炙成醬色了，就說不吃飯也成。然而回頭自然而然就又有那作好人的外婆送飯來空房中吃。

大哥在家時，那時有點害怕的。遇到在河中正高興玩着各樣把戲，大哥忽然遠遠的來了，就忙把功夫顯出來，一個氽子打到河中間去，明知是近視眼的大哥就不會見到了。或者一個兩個把身子翻睡到水中，只剩一個頭蓋在水面，正像一些瓢，那是縱留心在岸上檢察也不能知道水中究是誰的。然而有時大哥可以找到我們藏衣服的地方，則事情不容易如此過去，必定是用手拈了我耳朵，一直拈到家，又得罰跪，可是這個頂大的仇人已出門有一年了，除了大哥我誰都不怕。

打，不是不挨，挨得太多了，反而不怕了。又不能把我關上一間房子裏我總有方法出去，只要莫洗澡，省得家中擔心我為水淹死，也許我還可以勉強再在家中呆一兩年吧，可是這個比任何禁止還難過。水就是我的生命，除開是河中水過大，恐怕氣力太小，管狎[8]不着浪，則一個熱天，在我同學中，誰都不願有一天不把身子跳到潭裏去過回癮。

每早上，常常把買菜的錢輸到一些賭攤上去，不敢回家，是常事，我是在洗澡以外又有這門武藝的。把錢輸盡又悄悄的返到家中來同外祖母打麻煩，要她設法，也成了屢見不一見[9]的故事了。我真奇怪我竟有這樣一段放蕩的過去。我也不明白這趣味究竟因何事養成，又因何消滅到無影無蹤。

總之我是一個小痞子，完全的，一件不缺的，痞到太不成形，給家中的氣憤太多，家中把我趕出來了。

到目下，我非常怕與水狎了。賭博與我也好像無緣。一切跳蕩[10]的事也好像與我無緣。因了昔日的我形成今日的我，我是已經又為人稱為「老成[11]」了。

十五，那一天，是我「洗禮[12]」的最末一次。到早上，如家中所命的把一張黃竹連紙胡胡塗塗寫了一遍靈飛經[13]，把飯一吃，家中就不見到我的影子了。我到了我們所約定的學校操場，幾個人正爬在樹上等我。

「還有四個不來呀！」

聽他們所說的話，顯然是不必忙到河裏去，我於是也爬到一株楊柳樹上去了。

在樹上的同伴是八個，各人據在最高枝，那麼把身子搖着宕⑭着，膽子大一點的且敢用手扳着細條，好身下垂到空中。又來互相交換着昨天晚上回家分手以後的話，又互相來討論到今天應當如何辦法，來消磨一個整天。說話說到第三者，不拘是教員校長，總不忘在話前面加上一點「媽的」的助語。一些蟬，無知無識的飛來，停到這操場周圍任何一株楊柳上，這楊柳若無人佔據，則大家就追到這蟬叫聲所在，爭爬到那樹上去把蟬嚇走。這工作，是我們所能在這大毒秋日下唯一的工作！各人能把身體訓練得好好的，也許這也不無用處吧。

大家既是那麼耽⑮下來，於是本來的幾個人也全來了。

每一個人都會爬樹，因此後來的人總不會就在場裏站，即或見到我們已預備在下樹，仍然也得爬上去一趟。爬到上面後，或使勁在樹身上翻一次倒掛金鈎，或從頂高地方跳下，意思是並不一定為旁人看，自己就是一個人在此似乎也有這樣需要。

「去！」

「去！」

大家應和着，出了北門。北門實即學校的大門一樣，到北門，則已見到湯湯⑯河水了。

沿河上。上到一里多，要過一個跳石⑰，或者不過這跳石，則須到上面時把衣褲纏在頭上泅過河去才行。

時間雖然早，可是在那長潭上泅來泅去，以及在那淺磧壩下彎了腰摸魚的已有些人了。各人在一種頂熟習頂快捷的手法下，已把身子脱得精光，凡是那屁股白白的，被太陽曬的資格就淺，下水總慢一點兒，我們三五個人是把衣褲向頭上一纏，如一群鴨子見水一樣，無聲無息的都早在水中游着了。

「不准打水！」你也喊。

「不准！」我也喊。

為的是各人頭上有衣褲。其實衣褲回頭全得濕了水。在大的毒的能夠把河灘上石子曬得不敢赤足走過的日頭下面，誰還怕衣服曬不乾？然而規矩是不能打水，我們全是踹水去過的河，誰都不會忘記這一件本領！若不能踹水，則就是那類屁股還不曾曬黑的人，他們是只能從淺處過河了。

一切的事在水面上開始了。各人任意玩自己歡喜的，所歡喜的是什麼就做什麼。

我最餓⑱蟋蟀，就像一個水鬼一樣不必再穿衣服就追逐了一種彈琴的蟋蟀聲音跑到高岸旁土坎下去。太陽越大則陰處的蟋蟀聲音越好，這是只有河邊有這情形的。

在一種頂精細的搜索中這個帶了太太在唱歌的混賬東西立時就在我手窩中了。我歡喜到不願説話。我叫他們來看這個我從不曾經見到過的大蟋蟀，於是我身邊即刻就圍了一堆水淋淋的小鬼。

蟋蟀是給一般同學都吃驚了。我綜計我從養蟋蟀以來就不曾有過一次得到這樣一頭大東西，我不大願再下水去洗澡了，想法子來安置這俘虜。得一個竹筒之類，則這個東西就不愁它逃跑了，各處尋找的結果，卻又沒有一件可以說是能安插這東西的。各處找大蚌殼到今天卻不拘⑲怎麼設法也不見到一對較大的蚌殼了。

「唉，我不下水了！」為的是我不能讓這東西跑去，我只能用手握着這東西在岸上呆着看這些人泅水了。

我實在又願意下水泅一陣，又感到無法處置這手上東西。

凡是洗澡的初初不很會泅水，一到深處即下沉的，救濟方法把自己褲子下腳用線綑好，將褲子先用水泡濕，再用一個人提到兩隻褲腳，一個人拿着褲頭驟往水中一鑽，將褲頭用線綑好，則褲子即刻膨脹起來，成了「水馬」。有水馬在胸前，則深水中去也無妨了。我到後見到了他們的作水馬的情形，才想起用我褲子來收容這蟋蟀的方法，我且採了不少樹葉墊到褲中，好好的把這傢伙放到褲子裏去，各處用褲帶綑上，以後是我也自由到水中去同他們廝鬧⑳去了。

又不知道疲倦又不記起肚子餓，到回家，已是許多人家燒夜飯時候了。

我手中揑着的東西簡直使我歡喜到忘記回到家中又要受質問，到家後，走到書房去取蓋碗㉑安置蟋蟀，大姐跟到後邊來，只好笑。

「為什麼？」

「我看你樣子是又到洗澡了。」

「只洗一點鐘，並不久。我上午是到觀音山玩的。」

「有人看到你，還扯謊！」

不扯謊，我是簡直就無話可說了。大姐就望到我為蛐蛐洗澡，為蛐蛐餵飯，也不再說什麼話，只告我夜間有一點兒事，莫出來去玩。

我答應她後，我卻在她轉到上面房裏時，偷偷溜出大門，帶領我新得的將軍㉒同人決戰去了。打兩次都是勝利屬於我這一面，就高高興興回家吃飯。

我見到娘只是對我哭，是吃飯時候，還不明白是什麼事。我並不心怯。這一兩天我不曾同誰打過架，又不曾到米廠上去賭過錢，心裏想不出有毛病給家中找出，也就坦然的把飯吃了。

吃過飯以後，娘卻要我換一件長衣，且給我新鞋新襪，簡直莫名其妙。這一個熱天來全是赤腳的我，對於鞋子真感不到興趣，然而是新的，也就好。到把一切穿得整齊時，娘卻要我送她到一個親戚家去。

是的，我去了。那地方我是願意去而不常敢去的，那家有一個女兒，是一個時候曾同我住在隔鄰，這女兒是妝過觀音菩薩當打大醮㉓時抬着在街上走過的，看起似乎很給人舒服，且曾聽到說過還沒有人家。這次不是「看郎㉔」吧，我疑心到這個時卻不敢進這個親戚家了。

「娘，我在這個地方等你吧。」

「為什麼？」

「我不願。」

「應當願，這來是為你找事作！」

我不十分懂找事作是什麼情形。我何嘗想到作事？在我的年齡中我只想家中給我自由的玩，我決不會玩厭。聽到找事的話倒茫然了。

「還是送我進去，你可以到花園去玩，蓮姑或者在花園。」蓮姑便是我所說的那個好看的女孩子，比我小，人卻比我高。我就答應了。也不是像母親所說同蓮姑玩，我只是想到花園去看看她家金魚也好，就從她家大院轉到花園去了。

這花園很大，各樣花全有。這時池子中全是蓮花，金魚極其多，我答應母親到花園裏來一面還有一種偷摘一個蓮蓬的野心，倒以為那個蓮姑不在此方便一點。

沿到了荷池跑去，這個時晚風是很熱。日頭是快要落到山後去了，天空中有霞，又有無數的鷹在空中打團。

我把腳步聲音加重，好使那一邊，為牽牛籬笆隔開的地方有人則可以聽去。沒有說話的聲音，因此我卻膽大起來了。

我沿到荷池走就是為找那伸手可摘的蓮蓬。把蓮蓬找到，似乎是用手還不來及，就又折了一枝籬笆上的竹子去撈那蓮蓬到身邊來。很小心，不讓聲音擴大，然竹枝打在水上的聲音卻給一個人發見了，正當我用手把蓮蓬抓着在扭那梗子時，忽然從那大花台子背後躍出一個人來。

「哈，是賊！」

這聲音，一聽就明白是那個女孩子。可是我給人這一聲呼喝，非常的羞愧，手中的蓮蓬也隨便仍然恢復它的原來地位了。

我只好站起來腼腼腆腆對她笑。

「同誰來？」

「同母親。」

「見我的媽了不？」

「不，我不到上房去，只在此等我母親。」

「你是不是要這蓮蓬？」

「恐怕吃是吃不得，我想摘回家去玩也好。」

問到說，想不想要這蓮蓬？我真不好意思！不想，卻費神來摘麼？見到摘又還來問我想不想，這小女孩也就夠天真了。她聽到我說想摘一個玩玩，就忙跑到那角門上，不到一會兒，就拿來一把長長的鉤子，又拿了一個小魚撈斗來了。

她把撈斗交給我，卻用鉤子很熟練的去找尋那老一點的蓮蓬。

「我告你，你剛才那個太嫩了，要選這樣子的才有子。」這樣的一下，鉤子就把那蓮蓬勾着了。

「來！快用你撈斗接到它！」

蓮蓬是得了。先說是拿回去玩，當然就不好意思剝來吃了。其實我倒非常願意得一個蓮蓬吃吃，拿回去也只是給六弟搶的。

「請你來這邊！」說着就對我作一個白眼。這白眼作的俏皮，是曾給過母親她們笑過，說是

「怪傷心了」的。我於是讓這白眼引到花園偏南一個地方來了。

原來是看她的小金魚。魚用小缸子裝着，共五缸。這魚還不到一年，顏色還是黑的，但看這形象是頂好的種，我歡喜極了。她又指點那一缸為她所有，那一缸為她小妹妹所有，那一缸歸她堂兄。

「好不好，你瞧。」

我是頂懂金魚的，且極愛金魚，見到這個就不忍離開缸子。問到我那一缸好看，當然我是憑了拍馬屁的本能說是她的那一缸極好。聽到我的一句話，卻把這女孩子樂瘋了。

她說她曾同堂兄打過賭，請人告她究竟是誰的魚好，別個又不很懂金魚，就以為堂兄的魚大一點為好，實則好的魚並不在大，末了對我的內行，又免不了稱讚，我是也頂痛快的。

「我們明天要下辰州㉕了，這一去才有趣！」說到這個，她似乎就想起辰州來了。

「是下辰州嗎？」

「是的。應當坐三四天的船，在船上玩三四天，才能攏岸。」

我忽然想起母親同我說的話來了。母親說為我找事情做，不是要我也跟到走嗎？我就告她，——

「蓮姑，我恐怕也要去！」

「誰同你去？」

「我也不明白。大哥在長沙，或者去長沙。」

「那是太遠了。我聽請餉的人說去長沙當過洞庭湖㉖，湖裏四面全望不見岸，可怕人。」

我們暫時就不說話又來看金魚，看了這缸又那缸。天氣熱，雖然在白天，缸上全蓋得厚的幾層簾子，缸中的水也不很好，魚是近於呆板了。我自己覺得我家中的魚缸的水就比這個好得多。

我說：「蓮姑，我家今年魚也有幾匹頂難得的！」

「可惜明天走，就見不到了。——我問你，你怎麼知道你也要動身？」

「聽到我母親說為我找事做。」

「哎呀，那在一起才好！你若同到我爹一塊動身，你到了辰州，我就可以引你去許多地方玩。那地方河邊的船多到數不清，到河邊去看船，那些拉縴㉗的，搖櫓的，全會唱歌！」她想起唱歌，就裝成搖櫓人一樣，把手上那個竹鈎子搖着宕着，且唱起來了。

我覺得這個也倒好聽。但是我即刻惆悵起來了。從她這歌上，我似乎已經到了辰州河邊，再不是在家中的情形了。我且明白若是真要走，則當然同大哥下省讀書一樣，就是一個人那麼走的。我的蛐蛐，我的朋友，還有我的許多東西都將離開我了。我即刻懷着小小的鄉愁了。然而我見到蓮姑卻又似乎對於下行非常高興。聽到她那唱搖櫓人的歌就可明白她對於那些事情是如何熟習，我問她到辰州是不是可以隨便玩的。

「好玩多了。那是大地方！」

「可不可以洗澡？」

「你們男人就只講究洗澡」，她就用手指頭在那嫩臉上刮着羞我。

我不怕。我是沒有害羞的。我心中那時所佩服的只是蔣平㉘石鑄㉙一類人物，這個那裏是她們姑娘家所了解呢。

若不是洗十年二十年的澡，那個碧眼金蟬㉚就不會有如此能耐。我把那個蛤蟆口的英雄為我自己的榜樣，還在心中老以為到將來也總會有一天如他成名！

蓮姑這個人，說話一天就不知道厭，見到我們的話停下來了，就又問我我的大姐近來怎麼。我說大姐只每天逼到我寫字。

「我的媽還不是勒到㉛要我寫字！我真不高興。」

「但是我聽我的大姐說你字很好！」

「才好！我氣來了一天用一支新筆，隨便畫。氣我的媽。」

我是知道蓮姑平素極嬌的。他娘就怕她，爹也是怕她，只聽說她服奶媽管，聽她說寫字把筆亂塗，就問她，奶媽是不是要罵她。她說不。奶媽已到龍山㉜去了。龍山出好大頭菜㉝，於是我又問她得不得過好味道的大頭菜吃。

「你莫忙，讓我去就來。」這個粉紅衫子的女孩，便像一朵大荷花，消失到綠的荷葉中了。望到這背影，我就隱隱約約在我身上煽動一種慾望來，只覺得同這女孩子在一塊是極舒暢的一件事。且我平素在學校時是以唱高音歌出名的，到她面前我就知道唱歌我是無分了。我比她年紀稍大，可是比她矮，這高一點的女子的淡淡的戀着的印象保留，乃形成了我成年以後對長大女子的傾心理由。把那髮，四垂到眉下，白白的耳朵垂着那珠耳環，眼又是兩粒寶石樣晃着青光，這個記憶在心上是深的，然而當時卻並沒有那種抱摟她衝動在！

去了不久的她又來了，使我好笑的，是她拿了兩個黑色龍山大頭菜來，給我試，因為我問她吃不吃過味道好的大頭菜，為證明她家並不缺少這個，就取了些來了。

我們就一同並排坐在魚缸邊石條子吃那大頭菜，且數點天上那鷹的數目。天的四垂㉞是有暮色了。

一個聲音從那綠色角門傳來，是走着的人叫的。

「蓮！蓮！沈四少爺在園裏嗎？」是丫頭聲音。

這一邊，蓮姑卻無事樣子的懶聲懶氣說：「在的。」

「叫他來！」

我忙把還不曾吃完的大頭菜丟到一邊，走到角門進去，她是隨到我身後來的。見到了蓮姑的爹媽，忙行禮，房子中已點燈了，這燈是在城中少有的白光燈，為這燈光耀得我眼花。

坐在一隻矮木櫈上的蓮姑的爹，見了我就笑。

「嗨，一年不見了呀！我見到你是在文廟㉟折桂花，不知同誰個小孩子在樹上打架，是不是？」

我臉紅，我記起那一次見蓮姑的爹的情形，臉無從禁止它不紅了。

蓮姑的媽卻讓我坐。蓮姑也就進來了，站到她媽身邊輕輕的說。——「娘，他是不是同我們一起下辰州？」

「……」只見到她娘在她耳朵邊不知說了些什麼話，蓮姑就不再作聲了。

坐下了，我見到母親想要同我說什麼話又不說。

那團長，蓮姑的爹爹，口上含了一根極粗的煙，過了一陣才說：

「你媽說你同我明天下辰州，好不好？」

「好。」我輕輕答應。

蓮姑在一旁就高興得跳：「好呀，一塊呀，娘，娘，他剛才問到我辰州好不好玩呢，娘你說，辰州不是比這城裏強多了嗎？」

蓮姑媽卻用眼睛瞪。

我的母親說話了。她告我是如何與表叔這邊商量，明天就隨到他們動身，又同蓮姑的爹說：

「是吧，只要這孩子聽表叔的話，我也放心了。他爹既是這樣不理，放到家裏又鎮天同壞孩子在一起，我想書就再讀兩年也無用處，倒不如這樣……」

「那倒不要緊。」蓮姑的爹又回頭同我打趣。「軍隊裏頭可不能隨便玩了！哈哈，我知道你必定捨不得北門河的長潭，這一去可不能每天洗澡了。你的水性我還不明白，若是泅得過長潭來去五次，我們到辰州我要蕭副官就帶你去大河裏泅水。」

「每天洗，做夢也只喊泅過來！」母親說到這裏就笑了。

蓮姑的媽也大笑，說是小孩多是這樣。蓮姑則只記到母親說的話，只學到我的聲氣喊「泅過來」，「泅過來」，使我害臊到了不得。

「你告我，到底泅得幾次？」

又不好意思不告給這個鬍子，我只得含笑的說：「三次是泅得過。」

「那好極了！我作小孩子時候也才泅過三次！」

「爹，你也能泅嗎？我不信。」蓮姑的懷疑我就同意。我也實在不敢相信這個瘦個兒鬍子能有氣力泅三次來回。可是他卻說洞庭湖也洗過澡！

「我不信，我不信，爹爹吹牛皮！」

「什麼牛皮，爹爹是馬玉龍[36]，比石鑄還本事好！」

說得全房子人都笑了。我聽他說才知道鑄字不應當唸為「濤」字，這個上司在作我上司以前，倒先作我一次先生了。

坐一陣，把動身的話說妥，天已斷黑多久了。到回家，蓮姑的媽一定要她家弁兵[37]打燈送我們，在喊叫弁兵時節，蓮姑卻悄悄的把那個放在房門邊的蓮蓬給我，我就拿着這個蓮蓬跟着母親返家了。

見到母親給我清理着一切東西，就在她身邊癡癡的弄着那蓮蓬。九妹[38]見到我今天是特別不同，也聽大姐勸告不再來同我爭這蓮蓬了。我記起了我的蛐蛐，就又到書房去看它，蛐蛐還是好好的在茶碗裏，只用草一逗，就掉過頭來，張開牙齒，咀咀的叫着。我見到這個樣子，下決心要帶它出門了，就又拿燈到廚房去找得一個小竹筒，預備明早一起來就裝她到竹筒裏去。

回到母親房中去，則見到母親正在那兒哭，大姐卻在為我打包袱，眼睛中也似乎是有淚。九妹一聲不作傍着母親，見我進房就用小手搖擺，我還不明白是什麼意思。

「四弟，你還捨不得你那蛐蛐嗎？」

聽到大姐的話我羞愧得哭了。我才明白我離開母親去看望那蛐蛐時母親傷心起來了。我立時且想起這一去的一切難過，我只覺得我的過錯都是不應當，我即刻就走轉到書房去把那蛐蛐捉到手中拋到瓦上去。回頭時，就告給大姐說已經放了。

母親對我望着，大的淚只從眶中湧。我生平只見到母親哭過兩次，一次是二姐死哭得昏死兩回，這一次則是為我出門流淚。大哥出門母親還是笑笑的，因為大哥是大人不必擔心了，我則不過比一個茶几稍高。且我的身體又是這樣的小，平常簡直還不敢一個人睡一個床，若非外祖母作伴就不能睡覺，如今卻是就要一個人去當兵，怎麼能夠使這個良善的老人放心？我的行為又是這樣壞，在家中，雖然管教打呀罵呀總還是自己的人，如今則把他交付給別個人，錯事又是免不了，那麼給人打呀罵呀又定是作母親的不堪設想的事？就是明明知道在一起的也總不外乎城中幾個熟人，不過離家既已是這麼遠的路程，倘若有一點小病小疼，誰又能像家中人來照料？

母親的心是碎到我這次動身的上面了。母親為兒子打算的事，也總不是忍心說給我受苦。在家庭方面，既已到了把老屋字契到處借錢度日的情形，在我又還是如此胡作胡為，即或把我送進中學又有什麼益處？不過見到我就是這麼離開了家中一切的人，為我到外面以後生活着想，卻傷心到極點了。

那麼一個小小的人兒，也得為命運捲到生活漩渦裏來嘗味那生活的苦辣，在我自己倒正因為小卻一點不知道！如今卻只給我痛哭到這回憶上。有人從大族中把家從中落到破產麼？有人在小孩子時正當着這個頂壞的命運麼？從這個來的，他都能體會到那種情形。我的家，在我出世那一年，是還正給爹爹大抖㊴特抖，讓一個姓龐的撫台㊵到家為我取名的，誰知這個名字卻在他十四年後給人作副兵喊叫用！在口北㊶的爹爹㊷，也許還正在兒子身上做着那好夢，誰知兒子卻應在十五歲以前來把時間消磨到供人使喚的下作中？

我當時，雖然不明白這一離開家中是怎樣為難，在我前面等候我的又是一些什麼，然而見到母親的傷心，我也再不能忍我的眼淚了。我只明白母親的淚是為我流的。母親在兒子離開家中時，所有的愛是再不能用到眼淚的以外事物上了。在我弟兄姐妹中，我永遠是給母親難過。我的病體，我的行為上錯誤，以及我的好像對家中也特別愛的反應，一直買得了母親的眼淚十一年。離開母親十一年，我從我自己的行為上看就知道母親沒有一天不是用眼淚洗面。生活既是這樣難，我又是這般無用，一時要同母親在一起又總不容易，我不明白在我同母親的命運中，還應給母親以多久流淚！娘，我想起你我要努力活下來了。這世界上還有你這樣一個人，我就應當活到這世界上了。我不要一切，只願意將一切所得供獻到你面前，我好好的作人，我找錢，我找名譽，都只是想把這些來給娘賠償那用愛兒子而流得太多的珍貴眼淚！只願能夠從這些事上贖我所有的罪過萬分之一。我就死得了。作兒子的即或永遠是窮困下去，讓娘長此隨到親戚飄蕩，但娘你所給我的愛，我卻已經把她擴大到愛人類上面去了。我能從你這不需要報酬的慈愛中認識了人生是怎樣可憐可憫，我已經學到母親的方法來愛世界了。

我是終於就把母親同姐用眼淚灑在上面那小小包袱背起，來到世界上混入人群中，參加人類的活動，為扮演這時代人類的百年悲劇的角色一員了。

以後為生活的變動，把我揪過來，抓過去，無抵抗的就到了今天。

當我見到大姐為我把包袱裹好，就想睡。洗了一整天的澡的我，一到夜來不拘什麼重大事情我仍然需要是睡！我哭也哭倦了。我在母親未讓我上床以前，已經就在母親膝邊從哭泣中把眼睛閉上了。

聽到大姐喊我，又聽到母親歎氣。

「讓他去睡好了。這是只有這一次在家中放肆，回頭就要隨到軍營中喇叭作一切事的人！」母親似乎見到我這情形還作着苦笑。

為了預備明天的早起，這次是同大姐在一床睡。到上床，又似乎心中有事不能即睡，就聽到母親同大姐討論我的事情，到後我且聽我那隻大蛐蛐在瓦上得了露水的叫聲，那已經是在夢中，大姐什麼時候睡，母親又在什麼時候睡，我全不知道。

醒來，竟是為大姐搖醒的。

我還以為是當夜，第一次明白的是的的確確那蛐蛐極悶大的聲音正在叫。

「天亮了嗎？」

「不，你起來的了。你是就要動身的人！」

我記起我是即刻要離開這個地方的人，心上便忽然加上一件莫名其妙的東西。這東西墜在心上發沉，在床卻啜泣了，從此以後要自己揩擦這眼淚了，從此以後要自己穿衣服了，還有從此要……

「大姐，我不想去了！」

「我們也並不想要你去，但是你應當知道娘的苦處……」

起身了，第一件事是見到這陪我出門的包袱。包袱是大得可笑。

我也不明白我的包袱裏究竟是些什麼東西，只是我嫌這包袱重了點，因為要自己背就不很願如此重。

「大姐，」我同這個代理母親一樣的姐姐商量，我說，「似乎太大了。」

「不。這個時候就快要冷起來了，你在冷天怎麼不要棉衣？」

「我揹不起，那又怎麼辦。」

「試一試，試一試。」

我於是就來試揹這個包袱。包袱比我的腰大兩倍，放在背後就如奶娘揹小孩。我自己好笑這個奇怪的東西，我說：「我不要！」

「這不能說不要！你不是做客，是出門！」

「那麼，今年不回家來過中秋節了嗎？」

「但你可以轉家㊸過年，到過年時蓮姑的媽總要回家的，你就跟到她轉來。」大姐一面安慰我，一面為把包袱中一件緞子馬褂取出，說，「這個不必要倒可以了。」

在把包袱重新打好時，天已經快見亮了。母親問大姐是不是已經天亮，大姐卻要母親莫忙到起床。其實母親似乎就整夜不曾合眼。

起了床的只是我同到大姐，還是大姐去喊張嫂起身燒水，到水燒好洗過臉以後，母親同外祖母全起來了。

外祖母卻扯我到另一個地方去，幽幽的同我說：「乖，要走了，我不知還能見到你不？且去你娘面前磕兩個頭，你是太麻煩倒她了。你這次出門，她的心也是在你身上！」往日外祖母從不說這些話，這時把我感動得太利害了，我就扯着老人的圍腰擦我的眼淚。

我照到她說的話，到坐在一張琴櫈上為我搓那草鞋上的耳子的母親身邊去，我只能說：「媽」，就哭倒在她腳邊。

母親卻是強忍悲痛，哽哽咽咽的，說：

「這時是到別人處去當兵，再不要像在家中淘氣了。到家中挨一打總不什麼要緊，到外面去淘氣撞了禍，犯了軍紀，那就非常丟家中的醜。你應當記到從前蓮姑的爹是幫你爹當過差的人，這時你卻去侍候蓮姑，再不要以為是在家中的情形了。你好好的去作一個正派人，則我們也就非常放心！這一去，又並不是要你升官發財，只是你若不是這改變一下生活，你到家中也只有一天一天變壞。你也不要抱怨我，說我不送你讀書，你是永遠與學問不會發生感情的一個人了。你好好的去自己在你命運上作人，家中這一棟房子至少也總還可夠支持五年。你能在五年六年後有機會能力救濟到我同你九妹，則自然是好。若你仍然這樣脾氣，我也只好看你大哥同你爹去了。……」

「娘，我全記得到。」是的；我真一世也不會忘記母親這話！母親把我看透了。母親知道我處比我自己知道的就還要多。我對母親給我的一切只有感激。母親給了我的新生機會，我對這第一段到世界上的機會就非常感謝母親！

我跪在母親面前，讓這個好人來教訓我，我把一個字一個字安置到心上，我告她我是決不會忘記。我綜計我在這個好人身邊十四年，只有過這一次是規規矩矩聽過她的訓誡。我只有這一次覺得我應當要遵守人家的話作人。就是這一次，以後這好人的臉，每一次為我想起，我眼睛就要紅！我真能聽娘這話，我真能在以後凡事遵守娘這話作人，也少要母親在以後的歲月中為我原故流許多淚了。我並不缺少那向善的心，這是母親明白的。我同時有那容易給一切誘惑搖動我心的短處，母親對這個也很知道。前者使母親永遠相信我是好人，後則因這好人偏免不了作壞事，就更給我母親無數傷心慪氣機會了。

動身，是細落雨了。雨是天未亮以前落的。初以為或到天亮以後會止，誰知仍然落。聽到街頭已有人喊賣油粑粑，再不得不動身走了。

家中所有的人把我送到大門外，各人全是眼睛濕濕的。我是穿着那身在技術團學軍事操縫就的灰帘綢㊹軍服，把那大包袱壓到脊樑上，眼淚巴渣走到蓮姑家的。

「來了，好極了！」一個副官姓周的，是我所認識的人，見了我就笑着說。

我為我的樣子非常害羞。我又見到好幾個馬弁，全是比我稍大的人，然而人家穿的卻是黃色制服，且領章肩章全不缺少。我看看我自己，衣服雖然是綢子作成，但不合式的樣子，總像是一個可笑的鄉下人。並且這些年青差弁馬弁，那樣子全是又大方又標致好看，在往天，見了吾時不理我，倒並不以為怎麼難過，如今我卻先給那周副官為我介紹給這一輩年青人，且說我是個少爺，別人又尊敬又和氣的來同我說話，我真不好意思起來了，在每一個人的眼中，就都可以察出他對我是有點可憐的神氣，就為這個原故我的心就酸到非流淚不可。我又不敢在這些人面前來哭，這個我還記到大姐說的話，「不能在生人前面流淚」，且當到我面前的幾個人又全是那麼歡歡喜喜的樣子，結果我只好又走到那花園裏去了。

又到那個荷池邊旁。頭上飛着毛毛雨，我卻不顧它，就站在那池子邊恣肆㊺的流淚！我覺得我此後到這世界上是孤獨的一個人了。我覺得我的未來已墜入到那做夢的一種情境裏了。我覺得這在我面前擴張無垠的陌生生活太可怕了。我覺得我忽然太小，一個人獨立着當不住這許多生疏事情的應付。

我不知道我是應當怎麼辦。為未來的眼前已來的新生活所恐嚇，我流淚的意味是同怕鬼一樣流的！又像是在往天做夢哭喊一樣，可是那種哭喊以後即時就醒了，如今在什麼時候是我醒轉來取得我在小學校每天同人打鬧的自由時候？

想起蛐蛐，想起河裏的一切，想起看戲，想起到米廠上去擲六顆骰子，又想起同幾個打架的同學的事情，以後是全不能得了。

然而小孩子，所謂悲哀，究竟是容易找到寄託這悲哀的事，我想起這裏的金魚，就走到那養魚的缸子邊前去。今天的魚活潑多了，全浮在水面換氣。我來細細的數那每一缸子裏魚的尾數，從第一缸數去到第五缸。在第四缸上，可是總不能得到一個確實數目。忽然在我背後有一個人咕咕的一笑。我嚇得忙把頭掉轉去看望，便是這一缸魚的主人蓮姑！

「嗨，怎麼這個神氣！」

我就即時又把剛才忘去的羞愧找回來了。我背上還正壓着那個大包袱，我不好意思說話就說到這包袱是我大姐勉強要我帶的。

「難道你自己能揹？」

「是吧，當然要自己！」

「我告你，路是並不近，有一天的路走，才能走到有船那個地方呀！」

「我想我走得起的。」

「我看你必定走不起。我是同我蘭妹坐一頂轎子的。」

「下蠻[46]總走得起吧。」自己這話是喔，下蠻做得去，我以後凡事都因為我勉強做過去了。

我隨即問她怎麼知道我來，才明白她一起床就問周副官我來了不曾，問頭一次還說不見我，到後又問到，才知我已經來了，來了各處又不見，所以猜到是必定在這個地方了。

我記起媽所告我的話，說我以後便應給蓮姑當差，在母親說時好像非常痛心，我卻以為就是給這個女孩不拘作什麼事也是很好的。我又來看蓮姑的臉，是像看來頂受用，也不明白是什麼受用。我想起觀音菩薩的蓮姑，我就笑笑的說，——

「蓮姑，我記起你去年作觀音遊街！」

「再不作那個了，他們都笑我。還有人說——」似乎又想起一件事情，就不再說了。但稍稍默了一會，就用着她那天真的膩膩的腔調問我，「四哥，你名字是不是沈岳煥？」

「是呀。」

「昨晚上媽告我以後不能再喊你作四哥了。我應當喊你名字。我爹也說這才是規矩，我不知道是什麼規矩。」

「我媽也告我，說以後我是應當侍候你，幫你裝煙倒茶的！」

「別說這個！」又是那個俏皮的白眼。「誰要你裝煙倒茶？我不吃煙看你怎麼裝法！」為這個話我們都好笑，但我看得出在這時候我們已經就不同昨天摘蓮蓬的我們了。蓮姑總還聽到了她父母告的多少話，只是不好對我說罷了，然而在這很天真的胸中仍然藏不下，隨即她就又告我說她媽曾告她以後不要再同我在一起隨便說話，且告我她爹爹說我應稱她為小姐。

「四哥，我是不信她們的話的。」為申明她仍然可以在無人時喊我作四哥，就又來給我一點證據。當然是不很相信爹媽的話，才把這話又來同我說！但以後事實給我們的教訓只是使我守我作小兵的分，小姐也只好守她小姐的分了。

這一次，算是一次很可紀念的一次事情吧。我們卻還能平等在一塊，雖然已經穿上了當差的衣服，而仍然是作着那嬌媚入骨的白眼逼我相信她的話是全無歹心，且見到我樣子很難走六十里路，又說為我向她爹要了一匹小白騾子給我騎坐。

關於騾子，我拒絕了，我說這個恐怕不好。

「好的，你不見我家那白騾子嗎？我就去問問。」

蓮姑就走了。不到一會兒，一個馬弁喊我去看馬。我只好跟到這個人去。

「大小姐說為你找一匹騾子，是不是？」這個人提到大小姐給我找馬騎就有點不舒服的意思。

「是的。」我看得出他這人的意思，卻硬硬的答應正是。

我們就到了馬房。他指點給我那一匹白騾子看。

「試牽它一下吧。」

我就如他所說去扯這騾子的籠頭。

這騾子的鞍是小小的洋式鞍子，是紅色牛皮釘有黃銅圓泡，騾子又是那麼馴善，真給了我極大的歡喜！

因了這匹騾子我就把一切眼前的未來的憂愁全忘了。

題解

本篇分四次發表於一九二八年三月十二日上海《中央日報·藝術運動》第四號，同年三月二十日、二十二日、二十四日、上海《中央日報·文藝思想特刊》第一至三號，署名沈岳煥。初收入一九二八年七月上海新月書店版《好管閒事的人》，一九八二年收入廣州花城、香港三聯出版社出版的《沈從文文集》第二卷，二零零二年收入北岳文藝出版社出版的《沈從文全集》（第二卷）《好管閒事的人》集。

小說以回憶自述的方式講述了自己入伍的經歷。入伍之前，作者每天的生活就是和玩伴們逃學、爬樹、洗澡、摸魚、鬥蟋蟀、看戲、閒逛，充分享受着童年童趣。在作者生活的世界裏，山水風光優美，人們純樸善良，親人慈愛關懷，少男少女天真爛漫，社會生活豐富多彩，是一個充滿人性的詩化樂園。小說不僅描寫了母親對我無微不至的關愛，更在入伍中體會出母親對我未來人生的殷切期望，使我懂得了親情甚至懂得了生活的意義和愛的博大。同時大姐、外婆和蓮姑的描寫中也透露出作者對美好人性的讚美。語言清新質樸，而富含濃郁的溫情，又透露出淡淡的感傷情懷，於平凡樸素細微的故事中寄託着深層的對人性、生活和愛的思考。

註：

①中元節：道教以一、七、十月之十五日分稱上元、中元、下元：上元是天官賜福日，中元為地官赦罪日，下元為水官解厄日。但俗以農曆七月十五日為中國民間的傳統節日「中元節」，又稱「鬼節」。

②大哥：即沈雲麓，從小酷愛藝術，畢業於鳳凰圖畫學堂，擅長書畫，解放後為湖南省文物委員會委員，在家鄉致力於文物的徵集與整理，「文革」中病逝。

③六弟：見《更夫阿韓》註釋㉜。

④涸鮒：涸轍之鮒，在乾涸了的車轍溝裏的鯽魚。

⑤氽子：見《草繩》註釋⑮。

⑥徼天幸：徼，「僥」的異體字。「徼天幸」即僥倖，作非分冀求，希望得到意外的成功，由於偶然的原因而取得成功或免去災害。

⑦娘：即沈從文的母親。見《爐邊》註釋②。

⑧狎：指親近而態度不莊重。

⑨屢見不一見：同「屢見不鮮」，多次見到，並不新奇。

⑩跳蕩：放縱不羈，恣意行事，不受約束。

⑪老成：老練成熟，閱歷多而練達世事。

⑫洗禮：基督教的入教儀式，表示洗淨原有的罪惡，接受耶穌基督為救主，來更新自己的生命。文中指在艱難的磨練和考驗後，生命有了新的認識，新的起點和開端。

⑬靈飛經：道教經名。主要闡述存思之法。《漢武內傳》謂此經用於請命延算、長生久視、驅策眾靈、役使鬼神。

⑭宕：耷拉着；懸掛。

⑮耽：見《老實人》註釋㊱。
⑯湯湯：水勢浩大、水流很急的樣子。
⑰跳石：矗出水面的石頭，可供人跨渡。
⑱餓：貪戀得如飢似渴。
⑲不拘：見《棉鞋》註釋㉒。
⑳廝鬧：朋友間親密地打鬧。
㉑蓋碗：是一種用來喝茶的，上有蓋、下有托，中有碗的茶具。
㉒將軍：武官名稱，文中是對善打鬥的蟋蟀的愛稱。
㉓打大醮：見《我的小學教育》註釋⑧。
㉔看郎：相女婿。湘西人將女婿稱為「郎」。
㉕辰州：古地名，在今湖南省。隋改武州為辰州，後移沅陵，明清為府。
㉖洞庭湖：見《山鬼》註釋⑫⑤。
㉗拉縴：用繩子在岸上拉船前進。
㉘蔣平：武俠傳說中的人物。姓蔣名平，字澤長，北宋金陵人氏，擅長游泳，能在水中潛伏數個時辰，並開目視物，因而得名「翻江鼠」。
㉙石鑄：清代《彭公案》中的傳奇人物，曾盜過皇上的九點桃花玉馬，水性極好。
㉚碧眼金蟬：《彭公案》中石鑄的綽號，寓意其精通水性。
㉛勒到：見《更夫阿韓》註釋㉛。
㉜龍山：今湖南省湘西土家族苗族自治州龍山縣。
㉝大頭菜：二年生草本植物，芥菜的變種，根部肥大，有辣味，花黃色；塊根和嫩葉供食用。
㉞四垂：四境、四邊。文中指天空。
㉟文廟：祭祀孔子的廟。唐朝封孔子為文宣王，稱其廟為文宣王廟。元明以後簡稱為文廟。

㊱ 馬玉龍：《彭公案》中的人物，武藝高強，曾奉旨西征西夏，為小說後半部的「書膽」。
㊲ 弁兵：舊時指低級軍官和士兵。
㊳ 九妹：見《更夫阿韓》註釋㉛。
㊴ 抖：指人突然發跡而有錢有勢。
㊵ 撫台：官名。中國明清時地方軍政大員之一，又稱巡撫。清代主管一省軍政、民政。以「巡行天下，撫軍按民」而名。
㊶ 口北：也稱口外，指長城以北的地方，主要指張家口以北的河北省北部和內蒙古自治區中部。
㊷ 爹爹：即沈從文的父親沈宗嗣。沈宗嗣從小就立志做一名將軍，但終其一生，只做到大沽口炮台提督羅榮光的裨將（副將，專任一方的將領）。
㊸ 轉家：見《夜漁》註釋㊱。
㊹ 甯綢：甯，「寧」的異體字。
㊺ 恣肆：同恣意，見《在私塾》註釋⑦。
㊻ 下蠻：文中指下決心，努力去做。

煥乎先生

煥乎先生是坐着，在窗前。

像老童生①的脾氣，一坐下來就是三點四點鐘。不看書，不作文，單只坐在這地方也辦得到。這脾氣可就是近來才養成的，當然假使不拘②何處寄來一點錢，這脾氣馬上會又失去，桌子邊成了不可耐的地方了。

雖說是坐到桌邊，且神氣還坦然泰然。但把一堵白粉牆作背景，前身點綴一個骯髒不堪的墨水瓶，兩枝曾代替過火箸③職務把頭子燃去的櫻挑木桿鋼筆，三個因積垢而成不透明的玻璃茶杯，一個火酒瓶，一個醬油瓶，一個黑色鋼質熱水瓶，以及一些散亂無章的稿紙，或者稿紙上除了三兩行字以外又畫得有一隻極可哭的牛，與一個人頭一類，得不拘一個人為在這樣情形下攝一個影，這便是一幅可以名之為憂鬱的創作了。若是畫為一幅畫，畫由他自己指定，則這個畫將成一幅苦悶象徵的名作；他是苦惱着。就在桌前用着儼然十分興發的神氣在寫什麼，不久又低頭用拳打自己腿，用手爪抓自己的髮，這便是內心在自煎自熬時候，人是頂難受的。

他又常常笑着自己從心中幻出的好的事情，為這所能想到的生活片斷而笑，然而這個卻多數只能給他哭的機會，少數能使他笑；而且這笑是苦的。

天知道，這個人把他那無着落的心，寄託到些什麼事情上面，就有勇氣活下來！

一

能夠鎮天④坐，把心當成一座橋，讓憂鬱每天慢慢的爬着過去，這耐力，正不下於一個司法廳裏的謄錄生⑤。不，他是作過謄錄生的！四年五年的訓練，終日坐在一張舊白楊木條桌⑥前，用「奪金標」筆在公文紙上寫着那「等因奉此」「仰祈鑒核」一類枯燥無味的文字，無事也很不容易離開桌子，他就慢慢的養成幻想的本領了。有了幻想的營養，這個在小時一天玩到晚還不夠要在夢中玩的他，把身體上活動的不羈習慣漸漸除去，成為一個平常我們所引為挖損某一類沉默人的「精神生活者」了。

這精神生活者在自己方面常常容易覺到偉大墮入驕傲現世的，這驕傲在他卻全找不出。精神生活者常常表示着超物質超實際的希望與信仰，這個退職謄錄生，則非常需要比虛空來的落實一點的東西在他生活上出現。

他是在北京城所謂許多年青窮人中把作小說來抵抗生活的年青人之一，這個生活方法，那以前四年五年在中國南部一個小縣分上的可憐事業，倒幫助了他的許多好處：一面供給了他人生的經驗，一些希奇古怪的材料；那另一面又助成了他長呆在一張桌子面前人不吃虧的本領。事業固然靠得是自己信心，與命運——，我們是明白國內的文學界情形，一個作者的命運，全在一個雜誌報館編者手中，就是自己並不缺少信心，也常常因了初初出世被編輯先生壓迫終於從失望中夭折了自己的希望的。——信心在他既並不缺少，在他分內所有的命運又並不算壞，到如今，在生活上他似乎不會再遇到搖動得太厲害的事情發生了。

把文章，就如當年鈔公文一樣，鈔下他自己的經驗，以及在經驗中所能產生的幻夢，且在一些頭尾腰上莫忘記精巧的措置，一面先就在這文章的創作上得到一點悲痛或歡樂，文章是這樣的終於脱稿了。文章一脱稿，就寄到所熟的有過交易的報館或雜誌編輯處去，盡這編輯人所能給予的慷慨，在一月或半月之中把一紙稿費通知或一張支票之類寄來，錢一得，就又房租呀，伙食賬呀，洗澡呀，吃一點什麼糖呀，玩呀喝呀的用，錢稍多則買一點本不必要的東西，如像很高價的玩具與只合給女人用的貴重香水之類，回頭又隨便的棄去或給一個人。若説錢的來源是來的比起其他作工的人未免太容易了點，那麼這個花錢方法也已經比其他富人還容易了。

在他最初一次預算中，每一個月能有三十塊錢（當然這已近於奢望），則生活雖不説充裕，至少「安定」是可以得到了。一個初初從內地小地方來到大都會的窮小子，生活的保障只是三年當兵四年作謄錄生——以及一點內地小學教育的幼稚知識，——倘若這也算資格的話。拿這樣資格，來到全是陌生充滿了習慣勢利學問權力的北京城，想每月得到三十塊錢，這希望，就真算一種勇敢的希望！初初是，一半也不到。把所有能耐盡量放出，若不是說有命運不讓他死的話，就總值不上一月拿十五塊錢，學士或碩士，腦中充滿了哲學幾何學以及莎氏比亞⑦但丁⑧孟祿⑨羅素⑩的精粹言語，仍然倒在公寓中挨餓的，並不是少數。一個時代在紛亂中實在每一個人都似乎為一種不可知的命運支配着，不信這個那是不成的。這不是說在這時代中生活的人，就應當放下自己工作去讓命運擺佈（當真如此辦的青年自然正不少），一種政治的紛亂，一切事業全離了它固有軌道，一切行為都像用不着責任，時代原是這樣的時代！

也可以說他是叨這時代的光⑪，雖然明明白白是供着那市儈⑫賺錢與吃文化運動的飯的領袖們利用，努着生命的力給這那種人當着物質的奴隸，然而他是這樣的在四年中間，居然把生活提高到出他初心意料以外了。

四年前所希望的實際到四年後成了一個幾乎可以說是渺小到可笑的數目。在一種市儈賺錢方便的機會上，別人把他價值提高到一般所謂名家大家的地位上去，這樣的攛掇⑬當然是他所得的無論如何還不及各處文化運動的老闆十分之一，然而每月將近五倍三十塊的收入，在他是已經應當說很合式了。看看那些頭腦中充滿了哲學幾何學文字學教育學等等的大學教授，每天翻參考書編講義，忙得廢寢忘餐，不善於同新校中當局要好的且時時刻刻恐怕飯碗打掉（到部裏去做小官的，則得費了比辦公五倍以上的精力去迎合上司，今天為這個拜壽，明天為那個送喪，而所得仍然不過如斯），在生活上的他，到如今，真不應說是苦了。

然而是苦着。實際生活與內心的不調和，長期的衝突着，這就苦了他。且一種生活上應有的秩序全糟蹋到單調中，他就初初不能因為收入較多把生活改變成為不單調！

我們常常見到那類人，每月到一個小公司中去拿七十元或八十元，回家來，把這錢應付到各方面去，且家中還並不缺少生兒育女的事情，一面把家中太太收拾得成命婦⑭模樣，而自己也官派十足，這是所謂能幹人，社會上很多。

我們又常常聽到過有的一家五口七口人，全依賴到一個以拉車為生的漢子，而全家人口似乎也並不怎樣比別人臉上顯露飢瘦顏色的。說到他，卻令人不相信似的仍然常常顯着很窮很窮的相。在四年前所有的窘迫，在這個時節就仍然時時有，自己也莫名其妙。這樣說，似乎又是窘迫倒並不是為錢了。

錢見那麼近乎輕鬆的來，得來總不忍盡它在衣袋中久處，這樣就只好分送到各消費方面去了。受窘迫既成了習慣，則錢一得來，要他為明天生活想想，也成了辦不到的事。

當一個朋友走來，見到他那用兩隻手支撐着了頭顱到桌邊憂愁，就明白這是怎麼回事。朋友見這個是已四年，這是他在文章以外保留下來的東西。

「又空了麼？」這樣問，則答得是：

「是！不只空，心也全空了。」

把錢用到可以說是不合他身分的點心鋪與電影場的包廂上去，用到買一面鏡子（回頭這鏡子就有一打機會可以摔碎），或者竟買一些頂貴重的紙來胡胡塗塗寫草字，當用錢時人似乎是得到一點報復的快意。但錢一用完，自己就看出自己可憐起來了。錢一用完則感覺到金錢與女人兩者的壓迫，心是當真為了一種連自己也說不明白的戀愛希望蝕空了。低頭到桌邊，就是把日間電影場的咖啡館的大路上的車上的各樣年青女人的印象聯在一起，或者一個一個在印象上跑過，自己就為這惱着。似乎是這一群女人中不拘誰一個⑮都給他一點想望的心情，似乎一些小小的嫩白的臉，或者一隻手，就都可以要這個人的多量的痛苦。

在這種痛苦的慷慨中，想來誰個女人也不會知道。人是那麼無意的一面，挨身過去或稍久的並坐在一處，因此就得耗費多量的苦惱，這責任，要說若要一個女人去擔負，則一個姿色稍佳的女人，為了她的美麗就永遠只在擔負對他的責任中生活去了。這漢子（可以說是無用的漢子），「勇敢」二字不知在什麼時節就離開他身體而消失到不可找尋的地方去了，若能在戀愛中稍勇敢一點，則所給女人的就是不愉快，也許別人總能把他放在心上吧。他所能的只是在心頭的無望無助的黏戀着女人，就從不給女人以明白有人在愛她的機會。這種人，當然也只合在生活中永遠不求報酬的來揮霍他的熱情的固執的愛！

這理想主義者在先則以為是窮，故悲憤成了不可免的事。到見着別人比起自己更窮也憑了勇氣上前把女人征服帶走時，才明白在自己性格上，原缺少了勇敢成分，對女人的悲憤倒不再有，只永遠在女性的美的懷想上去難過了。

他見到好些戀愛的英雄，勇猛如火的去愛他全不了解只很方便的女人，不久又勇猛如風的把這愛移到另一個更方便的女人方面去，別人是這樣縱失敗於西方也可以征服東方，作着所謂英雄事業的，自己則倒類乎被別人侵略過時節還要退避，把自己弱點看得如此清白，又不能設法除掉，故一天一天下去就更見其安分了。

「我這樣的難過不是任何男人女人所知的」，他在他的一本小說集的序上曾這樣說過。正是，別人是不會知道的，除非是心情正是他一樣，而又在某一種內部的康健下轉成病態，是永不能感到這人的苦惱的。

就是那麼過着煩惱日子的每一天，他在他自己心身兩方面還是找不到隨同春天而來的新的生命。然而春天卻是真來了。

天氣從冬的僵死中轉到春的蘇生，在他只有更多無可奈何機會的。

心中的不安分又只僅僅是心中的事。雖不缺少那慾望，卻缺少了那推使慾望向前同實際證明的力氣，這究竟中什麼用？

若把女人當成一個神，則在朋友中正有着新的教訓，是只要覺得自己崇拜，也就不必問她是不是別人所專有，去大膽的愛，未始不會產生好結果的。若把女人當成豬狗，低男子一等，或簡直不能有所謂平等觀念，則手中並不是不能得四十五十去買女人一次兩次。這地方，女人又是如何爛賤！

女人即或具有佛的哀憐與耶穌的慈愛，似乎也要懇求她的憐愛的那人在她面前去陳訴，才能蒙到所賜。他究竟曾經把誰當成神對這神訴過苦？在他觀察中，則凡是好的女人，都對他具有神的威力，他相信全能使他得救，不拘那一個的愛。但他在命運安排下，各以時間的長短，卻全是癡癡的站立在這個神的面前，連臉上也不敢安置一點要神對他注意的顏色。

凡是使他傾心的女人，別人在他面前提到這女人名字，心也緊，臉且會發燒。一個朋友無意中說到他所認識的女人，已同誰成了極親密的朋友時，則他就誠心希望這作情人的某男子對這女人永遠忠誠，希望他們愛情的圓滿，堅固，且希望女人對男人極其滿意。在這私心的希望中，這無用的人，生活與經驗使他認識自己的如何無用，卻常常露着可憐的謙卑情形，以為任何男子總比自己配作這女子情人。這自視無當於女人心的平凡認識，當然更無誰能了解了！

既承認女人的人格與自由，則用錢去作這可恥的交易就從不曾有氣概去做過一次。一個人，在二十五歲年齡的左右，在身體方面的需要至少不次於心靈方面，他不否認的。然而把一個女人，陳列於面前，一面從這儼若極隨便的勸駕下，發揮着習慣的諂笑，他能同樣閉了眼睛來與這女子？……他要一種放肆：一種娼妓的放肆，然而他卻要這件好處在他所歡喜的女人行為中。認作娼妓的女人是為莫可奈何而如此大方，也正如自己是莫可奈何⑯而守身如玉，要他把別人的弱點來補救自己弱點，當然是作不到的事了。

做夢似的在他作品上，一再寫着同一個土娼怎樣怎樣的好，夢而已。把命運所安排的事，來接受的無依無賴的青年女子，自然其中也總不會無一個天生就缺少那女性的心靈的美處的人，但他若有從這情形中去發掘他的愛情的金礦能力。在一些更有把握的普通女人中也早去努力了。

「阿那托爾⑰」這個人，在他印象上還不失為一個勇士，可以明白自煎自熬，這一件事給這個理想的維特⑱是怎樣相宜！

有一次，給一個朋友寫信，說是「只要有一次戀愛落到我頭上，我願意為這個死，我相信我別的勇氣缺少，同維特作一樣的事倒並不以為難的。」

朋友回得妙，那友人說：

「我也相信你能作維特，不過，戀愛是應當自己去尋，去找，去發現，決不是如你所說『落到頭上的』可能事！就是『落』的話，以我瞧，老弟名分下也常常落過不少的機會了，除非你不承認都是『落』！」

是，在這個無用人頭上落下的，倒並不缺少，很有過，可是到那時節只見其他更顯出無用，終於另一個人便搶上前把這機會伸手接去罷了。

春天來了，發着大誓願，要另外作一個人，這個人大致至少能如阿那托爾。

——「若不再勇敢一點，

願天罰我這一世永不為女人垂青！」

然而當賭咒時，卻把眼淚濕了兩頰，自己是很明白自己，真只合永不為女人垂青了。愛情上的勇敢近於氣質，勇敢的貧乏則與天才的貧乏一樣：在學問上努力有時用不着天才，在戀愛上則除了期望命運中的女人具特別勇敢外，在他的本身，祈禱是永遠也不敢大聲的了！

二

煥乎先生坐在窗前的時間，到近來似乎更長了。

再不作什麼，只呆坐。

住住上海的弄堂⑲房子，住得有經驗的人，全明白有許多事是不像住北京地方公寓那麼隔閡的。房子的構造特別，給了許多機會使左鄰右舍生出一種不可免的關係。在早上，把窗子打開，或者上曬台⑳，適如其會的情形，互相望得到，那是常有的；晚上則房中的燈更成了認識的媒介。即或是人人都知道把窗簾一類東西來蓋掩自己房中的一切，不使給另一人知道，但那非故意的給別人機會的事，仍有許多許多。何況是縱間隔一層薄簾，且即或是一層厚氈，假若是，——譬如說，一個女人的笑聲，能不能用窗前的絨簾遮掩，就不再讓鄰居聽到呢？——假若是，女子又並不缺少，且假若是這女子為年青的相貌也很好的女子，這影響，會不會使對樓或隔戶一個男子為到這邊一舉一動心跳？

各把一堵牆，分開來各自生活，我們人類是原本不相通的。各人的哀樂，各人的得失，因為一堵牆，能使各人是各的生活。兩夫婦於勃谿㉑以後，在心上各築起一堵高牆，則這夫婦雖成一塊不可分的錫，也不能心與心相通。當然沒有所謂關係的人，就更容易互相疏忽了。然而有一事，是能夠不受任何高牆厚牆擋攔的，這便是戀愛的心情。從不拘那一方出發，只要這是真，牆這東西是擋不住的。

雖然間隔着重洋，兩顆心，還是一樣熱，還是一樣儼然在一塊的糾纏着，是愛情。要解釋這事，誰能夠？但誰都正是這樣在他生活中總有這樣一段事，把生活糟蹋到這事上面。

凡是愛，一見傾心也有之。本來不覺得怎麼好，但命運，把這一對青年人放在一塊，——又不很近，仍然說是近，久而久之則兩人間不拘誰一個就會油然的在心上生了一種戀愛的情緒，無意中為他一個人影響到生活上一切。還有人，是太需要女人了，在自己的心中把女性的麻煩人處全棄去，擇取了女性的各樣的好處，當女人成一尊神，又因為無從證明這具有神的本領的女人究竟是怎麼會事，就見了任何一個女人也覺得可以把心中所想象的女性清潔的靈魂寄託到這個陌生的女人身上去，愛會不很顧吝的浪費。這三種事各以其因緣粘附了每一個年青人的命運。他卻在最後的話上中了毒，是那麼，非常可憐的，無望無助懷想着一個女人的，機會有是第二種機會。無形中，在他窗戶對面住亭子間[22]的一個女人，就把他的心抓着了。

女人的搬來還是很近的事，不到一禮拜，從住亭子間的生活上去看，則這女人當是生活也很苦的一個人，這種認識反而更給了他對這女人放不下的理由。他要一個女人，若說這女人是一個比自己還窮的人，則給他的勇氣同方便都比一個小姐之類所能給他的為多，所以三天左右他的心，就不是他自己的心，只要在那一邊稍稍有點聲音，這心就跑過去了。

這女人，或者是一個美術學校的學生吧，這也只是大概估想而已。但總是學美術的，或者是繪畫，是音樂，從那模樣可以明白。

先是不知道對窗那屋子搬來了這樣一個年青女子的。大約在搬來了第二天，一個清早上，他到曬台上去曬他的一條手巾，無意中見到了對面窗戶裏一個剪了髮的女人的臉。這臉隨即消失了，但一個淨白的圓臉同一對眼睛，卻在他面前晃着。

……不拘是怎樣身分的人，有一個很好的頭，以及似乎並不壞的身體，人又是那麼年青，則可愛也一定了。想到這樣的他，就不能不在曬台上呆着，在心中希冀那第二次的一面了。第二次，則所見到的是一隻小小的白手，這手是為了想拉下那窗簾而伸到窗邊的。似乎明白了另外有人注意到這窗中一切，那手是遲遲疑疑的伸到窗邊，到後又忽然決心把窗簾一拉的。

在窗簾拉下以後，立在曬台上的他，感到一種羞慚，一種悵惘，最後是一種悲哀佔據了心頭，走回自己房中了。

「這是一件罪孽」！想着，便把兩隻手撐托自己那顆頭，擱到窗前桌子上。又不能抵抗這一種罪孽的誘惑，他把臉，隨即就從自己窗口望到別的窗口去了。窗並不是正對着，所以縱能望到對面窗戶，而那窗又無簾幕，他所能見到的也恐怕只是那一邊的窗裏一條狹狹地方吧。

然而他就儼然透視過去，他看到那床，那椅子，那寫字梳妝用的條桌，且看到這女人正坐在那床邊，而所想的是適間拉窗簾的。

他又苦惱了。假使女人真如他所幻想的情形，那女人當不會忘記望到他的臉是怎樣寒傖的一個黃色尖臉，是這樣，自己的討厭樣子將把女人的輕蔑增加起來，他以後只有絕望了。

又想到，或者是正在讀自己的文章吧，因為他在曬台時還見到這房裏一個椅子上有一分依稀像現代評論㉓的雜誌，若果這雜誌是這幾期現代評論，則女人當不會不見到了。

……是呵，一個女人看雜誌，決不會放過了小說來注意前面的政局評論！

……那麼，知不知道這作押寨夫人一小說的便是站在曬台上發癡望着的尖臉漢子？

……若是知道又怎麼辦？

知道不知道，與看小說不看，總之他很難過。在文章上他以為或不致使一個女人感到他的寒傖處，但他在他自己的臉貌上的自信，等於零。他又從一些過去經驗上找那因相貌不揚為人瞧不上眼的證據，這戀愛，他就似乎已經看得明明白白，是在女人第一面的印象上破壞了。

悲哀着，如同為這還未曾戀的失戀預兆悲哀着。這樣也是在另一時有過的事，不是第一次！

若不知道住在對窗隔一丈遠近的房子裏是一個年青女人，則他坐在桌邊的意義當另是一種意義。那時縱有一些戀愛的情緒，燃燒着心子，當是那離得很遠很遠的渺茫的薄薄無望的悲哀情緒。在自己幻想的戀愛上來失戀，還可用目下工作來抵抗這不落實的遐想。如今則明明在一個女人身旁，而又似乎明明遭女人拒絕，他把這失敗原由全放在自己不大方的相貌上，一個樣子不敢自信的人，在未經女人選中以前，就先餒[24]了這希望，無法啊！

他願意在假設中把自己的長處補足了不標致的短處，這長處總以為並不缺少。且將另外一個生得極醜的麻臉男子得好女子垂青的榜樣保留，以為自己假使辦得到，則自然是可以照例成功的事。然而那朋友，所補救的是一個劍橋的碩士頭銜，與將近二十萬元的遺產。他有什麼呢？這時代，已進化到了新的時代，所有舊時代的千金小姐憐才慕色投奔的事已不合於新女子型，若自認為在標致上已失敗落伍，還不死要愛新時代女子的心，則除了金錢就要名譽。他的名譽是什麼？

一個書舖可以利用他賺錢，一個女子則未見得有這樣一個情人引為是幸福。一個雜誌編輯者，在同他要稿子的信上，可以客客氣氣稱他為先生，朋友，一個書舖在他賣書廣告上，可以稱他為天才，名家，——然而這不能算做抵得過一個情人或一個丈夫的資格。反之凡是作這一門事業的年青人，在實際上許多人可以享受的實惠，這類人卻因了工作上把性格變成孤僻無用，應付思想中的問題儼若有餘，應付眼前一件小事卻彷徨無措，戀愛則更容易居於失敗地位了。並且除了那少數中少數的女子，真需要愛情，其餘多數的女人，她們就都如何聰明，懂得到用各樣方法去偵察向她要好的男子的門戶與事業。還有另外一種女人，就都如何蠢笨，只曉得讓一個機會內的男子隨意用熱情攻襲；結果則在征服下歸了那她怕他還比愛他成分還多的男子：他，讓人挑選既已決不會及格，征服人又缺那無恥無畏的勇氣，憑什麼敢在對女人事上樂觀？

「然而我有長處，這長處也將有女人需要這個」，他想着，又稍稍自慰了。「女人不是一個樣，也像鴨子不是一個樣那麼：不住溪不見過水的鴨子，也許不歡喜泅水，倒歡喜上樹。這那裏能斷定這個女人不是一個特別性格的女人？」

他唯一的又很可憐的，是希望女人中也有特別的，而這特別的意義，又似乎是不要他去愛她也將來糾他纏他，撒賴定要同他要好。也許是有！也許他這時所遇的就是這樣一個女人！

命運安排中使這個無聊漢子要更多一點苦，這女人恰恰從後門挾了書去上學。聽到門開時，他把臉貼到窗上去，就見到這女人打下面弄堂過身㉕。從窗中所見的女人，卻不是全體。

一件青色毛呢旗袍把身子裹得很緊，是一個圓圓的肩膀，一個蓬蓬鬆鬆的頭，一張白臉，一對小小的瘦長的腳幹，兩隻黑色空花皮鞋。是一種具有羚羊的氣質，膽小馴善快樂的女人。是一個夠得上給一個詩人做一些好詩來讚頌的女人。是一個能給他在另一時生許多煩惱的那種女人。

他想在這個印象上找一點毛病出來，譬如說，年紀大，臉上有雀斑，或者胸部不成形，或者臀部發育過火，……想在這毛病上提出一點自尊心，卻不能找出。從走路上他想看出這女人是個阿姨之類的女人來，好莫在心中太難過，可是這女人的俏處美處，卻有一半是在走路的腳步上。那麼輕盈與活潑，那麼勻稱，都只給他更相反的一些希望。

這樣一個好女人，住的地方去自己住處又只是那麼一丈二尺遠近，真是一具使靈魂也不忒安寧的鬧鐘啊！

先是自傷着，這時卻又睜大了眼睛，作起許多荒唐的夢來了。

他想到同這女人認識以後的一類事：他想到他將使這個女人如何搬家搬到一個好一點的房子裏去。他想到幫助這個女人，使她在唸書中不受生活上壓迫。他想到這個女人將來可以同他在一起過生活，而這生活又是很充裕，一切滿足的。他又想到他將來會為這女人——那當然算是他的妻——寫一本長長的小說，大致超過一切目下的長篇小說，從這小說上她成了一個不能老去的美麗漂亮人物，以後社會上許多人都把他們生活拿來作談話資料，他卻便把這小說得來的一千塊錢稿費為女人買精緻的畫具，以及一個值四百塊錢的提琴，女人自然就常常用這個提琴為他拉有名的外國曲子，讓他坐在大寫字台邊一旁寫小說一旁聽。……

他且想到他那個時節兩人來說當初相識的事。「是的，我要問她第一次見我是怎樣一種心情！要她說她怎麼就愛上了我！那自然只抿了口笑。然而一定要說。然而一定不說，只是笑。那笑的神氣，就值得在頰的左邊右邊親一百次！」

他想到妻的笑着的神氣，卻在瘦瘦的頰上漾着枯澀的笑容。可憐的樣子，在他心中不但愛情溫暖着的家庭已完成，他把小孩子也在最短一瞥中培養到五歲了。

……新學得吸煙，就把一枝大炮台用小牙煙嘴吸着，小東西來了。去，爸爸要做事，為去學阿麗絲㉖遊我們苗鄉里時的故事啊！不肯去，則罰坐在桌邊，為爸爸數稿子頁數。

……還應當有一個女兒，小洋囝囝那麼愛嬌，為小東西找一個妹妹！是的，哥哥五歲則妹妹三歲，是這麼才合式！

怎麼樣就同這女人好下來，他忘了。

三

他自己傷起心來了。無緣無故的，只傷心。心中酸着，辣着。他要哭。要揉打自己，要嘲弄自己以後又來可憐自己。在一種已漸成了規則的浪蕩生活上，忽然加上一件把心神攪得無主的事情，這事情過細研究起來且正若是自討自找，他為了儼若慳吝這荒唐夢境所耗的精力，就在要求與犧牲上生出賠本的難過起來了。

是賠本的事。

就是那麼單想，單戀，來在腦中結成若干崇樓傑閣，若干喜劇與悲劇，若干眼淚與纏綿，以及一切有室家人有愛情人的痛苦與歡樂，把實際權且抛開，但眼睛一睜，當面站的就是一個圓臍形的墨水瓶，墨水瓶，是這夢與墨水瓶，只是兩個敵人。在勢便難於兩立。做着夢下去，墨水瓶上便只合積上一層灰，墨水也只合慢慢起了沉澱，下月的用費便成問題了。使墨水瓶能盡其天職，終日把那枝形同僵蛇的櫻挑木筆桿周旋於墨水瓶與白稿紙之間，則這夢已破碎到成了小片小粒，——是這樣，一面寫着一點什麼小說，一面讓鄰家一些儼若含有惡意的軟語輕歌搖撼着這不安定的靈魂，這又將成什麼生活！

在損失上去計劃，是這個人所不惜時時划算的。

在光明美滿的夢中他發見了一種自己終不能忘了自己是在做夢的苦楚，這個使他自餒下來，想找另一條路走。走另一條路，便是他應當學一個騎士（戀愛中原是有騎士風味一類人者），學騎士，便是說他應鹵莽一點，臉厚一點，怎麼設法先試同與這女人接近。

也許是這樣作去，這夢的基礎就居然穩固了。也許這樣作去是給他勇於自保的一種好方法，前進既有了阻礙，則急流勇退不失其為明哲。

然而煥乎先生能成其為騎士或明哲不？全不的。

他想如此還不如死了吧。也不會真如此輕易死的。然而想。

「想到死」，凡是一為了類乎這種麻煩便要想到死，是成為生活上必需的一種思想了。從死上，於是到怎樣難受的創處。把手指按到腰或頭的某一部分，被按這一部分便灼着燒着。於是便儼然一具屍骸的陳列。於是第二天便有若干混賬東西，裝作朋友來為開追悼會，或在報紙上做成若干追悼專號的文字，結果則好了一些曾花了些錢買有他小說集的市儈，……就為了不能盡讓這些人賺錢，便應好好活到世上了。好好活到世上啊，那為女人也就暫時莫過分從好奇中悲哀吧。不過到另一陣兒，仍然就應得要從這可笑的思想上救出自己！

不死，那怎麼來活，還「好好的」？結果是想還是想，悲哀也還是悲哀，到悲哀抵擋不來，又想死，仍然也讓它想。所以放心的是決不會因僅僅想到就能去做，想到不一定能做。

「在笑！」這是與先一段思想距離一點鐘以後的事。就聽到一種笑聲。輕倩的，嬌的，甜的，以及近於在謔戲中被誰擰着扭着掙扎不來的縱聲的笑。這笑聲，影響及呆坐在桌子前的煥乎先生，比吃酒還容易醉。——不，這是說比嗅着酒還無可奈何。當一個酒徒把一種好酒置在鼻下聞着時，感覺到要喝要嚥的慾望（至少是要抿一口），連抿一口也無從的嗅着，真是無可奈何！

這女人或者是從前面大門回的家，不然那走路聲音，從衕子[27]口到門前，是那麼長長一段，他總不會不知道。也許又是另外一個女人，因為這笑聲的放縱竟似乎不應出於那女人。即或是另外一個女人，這笑聲也很可愛。

「不拘是誰一個的笑聲，總之全是作孽！」他想着，「若我是一個女人，我就不亂笑，因為我明白在隨意一笑中，即或不是當面，所能給另一個男子的痛苦也就很大！」

然而笑者還自笑，不到一會且輕輕唱起歌來了。

一個年青男子的趣味，在女人的不拘某一事上總比在許多事業上還固執。煥乎先生就是那麼一個年青人。他把所應作的事全擱下不幹，一個下午全在一種聽隔壁戲中消磨了。

日子是這樣消磨，與在一個電車上消磨究也無多大分別，不在此呆就跳上電車，讓一個車匣子把自己從靜安寺㉘搬到靶子公園㉙，一趟至少將近花一點鐘，來去既當加倍，則應在兩點鐘左右了。花兩點三點，到電車上坐着，去看一切人，與一切貨物房子，並嗅一切女人身上的香味，及一切男子的臭味，這已作過無數次，似乎也應換換方法了。如今則所換的卻近於意中所選擇下來的一件事，不過假使是下文還能如意中所選擇，那煥乎先生將成另外一個人的。

這另外一個人，將把幸福與苦悶揉成一個生活，這生活是因來到這上海而得的一種事業，事業的繼續把自己就變成另一個人，……只有天知道這樣一件事！

這生活，如果如所摹擬的繼續的下去，那真是一個荒唐不經的夢了。在不拘誰一個人，總能如所希冀去做吧。到煥乎先生，則將成為一個笑話同一件喜劇。他要的是生活，隨到生活後面的一切責任初初還不曾想到。譬如同一個女人玩一次的代價，至少是花貢獻殷勤十二天，用錢二十元，寫信八次。（也有本不必要的，但那是什麼樣的命！）他並不缺少空閒，也有錢，可是這方法，真是一個「大舉」！他會設什麼方法使一個女人陪到他去上卡爾登㉚看一次卓別林㉛的馬戲？他會設什麼法要人離得他近一點？他能想什麼方法把自己靠攏不拘誰一個女人一點？

要，那是要的。他就只知道要，還學不到怎麼就可得到這東西。女人是那麼多，正像是隨處都有碰觸肘子的可能，但要他認真去撞一個女人，那撞法在他便成為一件難事。不合宜也罷，就在頂不入時的方法中，仍然就有無數女子長年陪到一個陌生男子睡覺了。在他的情形中無一個女子不像是不配同他生活，但把自己接近女子方法用到新舊兩種女人中，則似乎都不相宜。結果則須要自是須要，想要而不能得的難堪也幾幾乎成為一種平常義務。這義務，如今是輪到為對窗這女子盡的時候了。

「是這樣，那就多麼好！是那樣，那又多麼好！好是好了，然而，……」接着，他便自己如同與另一個他說，「全都好；失也罷，得也罷。朋友，可是我還不明白怎麼樣去把這一件事成為兩邊都引為責任的時候！」

問題仍然是要另外那個女人知道。就是盡她笑話，也得明白才好。

盡她笑話，正是，假若這一邊，所有的熱情，全用了一種鄉下禮節送過去，在那一方又正是一個頂瞧不起這類男子的，那才真有笑話講！

從笑話上他便看見了他的一個失敗以後的未來日子。那時這女人，正拿着他寫滿了蚊子頭大的字的一紙自白，笑着遞給她那個原有的情人。

於是男子也笑。

男子且說話了。

「胡鬧！一千個無聊加上二十個混賬，成為這樣東西！」

「是啊！在先，見到他，常常有意無意的從那個窗子口露出一個可笑的頭來，我就為這個心裏怪着，不知道還是一個癡情漢子咧。」

「癡情漢子」，那大概是吧。在那女人口中，這樣稱呼恐怕是頂相宜了，夾一點嘲弄，一點可憐，一點兒恨。然而全無愛的意思。且那男子至少是同情於這一句批評。男子或且說，「癡情漢子？」把這句話加上一個疑問符號，那是更合於一個被保護者受人無理取鬧時其保護者從冷笑中說出的口吻了。男子或且應該採用一些本地土產罵人言語，贈給這癡情漢子。

男子，這是一個情敵！

煥乎先生在這個虛空的情敵身上，把價值估計下了。

……是白臉。是長身。是穿青色洋服，有着那通常女子所愛的一種索裏㉜習慣，以及殷勤的天才。還有着錢。雖然這女子的情人應是一個窮人，因為女子像並不富，但一個窮女子並不妨有一個有錢男人。

……這男子，就是在美術學校與她認識的。怎樣就認識，自然也不出於平常的幾種。到認識，於是她成了他的情人，他也成為她的情人了。

……他在她歡喜的時候必定很放肆，作着一個年青男子對於女人所作的平常事情，她為此便更歡喜。

……他必善於作偽，會假哭假笑，會在認錯時打自己嘴巴以取悅於這女人。又必能賭咒，用為堅固他們愛情之一種工具。

……她見他一事不遂意，臉上有憂愁顏色，必用口去親他哄他，使他發笑，於是他在這樣勝利下就笑了。其實這就是假裝，他為了試驗女人的心，常常是如此作偽的。

……男子家中必定家裏已有了太太，且曾同別的婦人戀愛過了，可是在她面前他會指天誓日說自己是黃花兒㉝，同她戀愛是第一次。

……這男子，在口上必用着許多好話，在行為上用着許多柔馴，在背地裏又用着許多鬼計，來對付這女子！

煥乎先生憤然了。憤然於此男子之壞，且以為女子因怕這男子，是以明明不滿意這關係，也不敢另外再來愛誰，他想象她必定有時候是以眼淚為功課的一個女子了。他又想象她是曾想到自殺，且終於還真去嘗試這自殺方法，不過到後卻為這男子阻攔，且為男子所威嚇，只有委屈下去。

「一個該殺的男子！一個滑頭！一個——」

那一邊，忽然聽得一個男子的聲音，戛戛㉞唱着革命歌，煥乎先生心中矍然㉟自失了。料不到，當真就有一個，且是一個革命者！一個這樣青年給佔有了這樣一個好女子，煥乎先生自己便又看出自己落伍的可憐情形起來。

四

「我問你，對面那個女人——」

那房東老太頂知趣，懂到當一個年青男子打聽不相識的女子時，所欲明白的是些什麼事，便貢獻了煥乎先生一些作夢的新材料。

第一是學生，第二是學音樂的學生，第三是同了一對年青夫婦住此，她住的便是這亭子間。房東老太婆還很謙虛的說所知道的不多，以後當代為問詢，但煥乎先生已心滿意足了。他要知道比這個更多，也是沒用處的事。他只要明白所估計的不差到太遠，便已算是夠了。

當到老太婆一出房門，他便自言自語：「自己的錯誤，多可笑的一種錯誤！」他因為記起在另外一個時節聽到那個男子的說話聲音，才了然於剛才唱歌的那一位即對樓另外一女人的男子，便馬上又心中若有一種希望在動着，這希望，為了到涼台㊱上一看的結果，且滋生長大，又慚到以前一般情形了。

上到涼台上去，是下午十點左右光景了。望到街上的燈光，以及天上的星光。但煥乎先生注意的是那對巷亭子間的窗。

窗子是關着，然而玻璃可以透過見到房中一切。他見到的是一種類乎特為演給他看的劇之一幕。先是房子空空無一人，只能見到一張寫字桌的一角，以及一張有靠背的平常花板椅。人是到那一邊臨街房子去了，在那一間房中則厚厚的白窗簾，遮掩了一切動作。所無從遮掩的是燈光與人聲。大致人數總在四個以上，其中至少且有三個以上女人聲音。唱着不成腔的歌曲，且似乎在吃酒，豪興正復不淺。女人中他算着必有她在。

像一個花子㊲在一個大館子前的盡呆，煥乎先生所得的是惆悵而已。然而這惆悵，到後邊轉成說不出口一種情形了。是為了那亭子間房中有了一個人。這便是日間所見的主人了。第一眼使煥乎先生吃驚的，是這女子若有重憂，又若疲乏不堪。白白的臉在燈光下輝映着，似乎比白天所見更白淨了。剪短的髮蓬成一頭，且以一隻手在頭上搔㊳着。一坐到在那張椅子上後，便雙手捂了臉伏在桌前了。

人是縱不在哭泣，已經為一種厭倦或憂愁苦惱着，想要哭泣了。

這樣的情形，若是在白天，煥乎先生所想到的，必定以為是為那所懸想的男子欺騙傷心，故獨自在此暗泣。但此時卻以為另為一種事了。另外一種事，誰能說不正是思量着一個男子作着那荒唐的夢而傷心呢。又誰能說不正是感着一種身世寂寞與孤獨而難過呢。總之是有着痛苦，一個女子的苦痛，在對男子失望與想望兩事上，還有什麼？

若果是事情所許可，煥乎先生便能憑藉着一件東西沿着過去勸慰。他自己是覺得太應在一個女人身上盡一點溫柔義務，故這時便儼然又以為是一個機會了。真算是一個很好的機會！不到一會兒，房子中已有了三個人，全是年青女子，看情形，便知道是他所揣測不錯，是來勸慰這女人了。

女人在一種牽扯中反而更放賴了，只見其用手捶桌子邊，頭卻仍然伏在桌上不起。聲音無從聽到，看樣子則女人已大聲哭着了。

怎麼辦？真使一面煥乎先生為難！

看到那種混亂，煥乎先生便着急萬分。只願意把自己攙入，作一個賠禮的人。即或是過錯在女人，他也願意把賠禮作揖的一切義務由自己盡。他覺得，女人的痛苦全是男子的不善，他願意以不認識人的資格來用一種溫柔克制了那眼淚，即或止此一次的義務！

看到這種種，卻終無法明白這事的原委比見到的稍多一點，煥乎先生忽又為自己難過起來，感覺到別人即或是相打相罵也仍然是有一個對手，自己則希望有一個人發氣[39]發到頭上來也終無希望，便不能再在涼台上久呆，顧自百無聊賴轉回房中了。

且想着，一個大學生，與酒與眼淚連合起來，這身世的研究亦太有趣味了。

另外他為這女人又製成一種悲哀成因。他把這悲哀安置到一件類於被欺被騙的事上去。

……必定是一個男子，或者便如白天所設想那類男子，把熱情攻破了她最後那一道防線，終於獻身了。到最後，她卻又從友朋中發現了這男子在另一個朋友身上所作的同一事情，於是……該殺！……

假若這男子這時正在此，煥乎先生的義憤，將使這男子如何吃虧！他想：「是的，這樣人實應在身體上得一種報應，才能給作女子的少少出氣！」可是他也想到自己是無從為一個人報仇，但她要的若是補償一類事，他卻可以作到的。

什麼地方有一個被人欺騙的女子，要來欺騙男子一次，或從一個癡蠢男子方面找到報復麼？盡人來欺騙，也找不出這樣一個女人啊！至於身為女子，在社會上來被男子一群追逐拖挽磕頭作揖，終於被騙，那又正是如何平常普遍！

在悲憫自己中煥乎先生又想到這樣徒自煎熬為賠本之事，便睡。

五

涼台上，常常有煥乎先生，徘徊復徘徊，望四方。

涼台為房東老太婆曬衣之用。當頭全是一些竹竿，太陽好，煥乎先生把自己被頭也拿了出來，擱㊵在架子上。把被擱在架子上，把自己留在涼台一角，同是在讓太陽曬而已。

冬天太陽雖熱，能如在對角小曬台上橫橫一根竹竿子上的一雙長絲白襪之使煥乎先生心熱？望那一雙白絲襪，則煥乎先生便如在同爐邊。然而假如此時照得是六月毒日，則這去身不到一丈遠近之女人腳上物，便又成為一把綢遮陽了。

單單只是一雙襪子，也便知道美的全體的陳列到眼前，煥乎先生是太善於聯想了。

把眼望四方，則望見的是突突作聲的各色汽車奔馳，汽車中大半坐的是女子。女子，則煥乎先生又把思想移過來，到那一雙白襪子的主人了。

那麼近！相距的是不到一丈，（然而心的距離真不知正有多遠！）在平常，一對情人，一對夫婦，同在一個大房子中，不正常常有離開一丈兩丈時候？如把這兩間房子，與一條甬道圈在一處，不是還比別人寢室小？但是如今卻如此隔膜，如此不相關，儼然各在一世界。雖在這一世界上的人如何願與另一世界人認識親近，而另一世界人倒像全無知道可能。煥乎先生在此時，便想到自己欲偉大而實渺小的情形，不知如何措手了。

在往常，這人與人隔膜，是使煥乎先生想努力成一點什麼偉大東西的引子。他想若果能在這隔膜的上面找到一種相通的機會，那就好。文字是一把破除人間隔閡的刀，他是信這一句話。然而他這時，是把這目下的慾望來寫一點什麼小說，還是直接寫一封足使這女人感動的情書？

不拘是何種，總之因這慾望的驅使，他將在一支筆上發洩他這一腔奔放的熱情，那是一定的。

坐到桌邊後，筆是拿起了。然在兩者中他不知道選擇的是那一種。

時間便在他呆子一樣的佔據桌前情形中，一分一秒過去，要作什麼全不能作的煥乎先生，到後在房東老太婆到門邊噓噓作聲時，他便喊老太婆為他拿飯上來。

飯是吃過了，又無事。在這一邊雖無可作為，那邊亭子間的燈光卻已明亮，歌聲輕輕的，緩緩的，越唱越起勁，正像有意來誘引他一樣。真是一種難於抵抗的誘引！漸漸的，這歌聲，就把他拖到外面去了。從涼台上望對面燈光，則燈光下的人影隱約可見。

這是為誰而唱？真只有天知道了。或者為房中另一個人，或者為她自己，或者就正為這個露立在涼台上讓風吹的傻漢子。可是這輕輕的緩緩的歌聲，在煥乎先生耳邊宕着搖着，不問其用意，仍然只是一種影響，這影響便是使他難過。

把許多問題到心上來過堂，問了又問卻不能自己開釋㊶自己成為一個清白人。站到這裏只是一件可笑的事，不過雖明知是可笑也仍得怯怯的站到這地方，那就是他莫能自解的心境了。怕人家知道又似乎願意別人知道，站到這涼台上真不明白是出氣好還是不出氣好！連出氣與否也成為一問題，則其他類乎直接麻煩人的事情當然不會發生了。

假若說，這是一幕喜劇或悲劇，恐怕自始至終也只能這樣閉幕，我們的主角，所能的就是這類角色的扮演，即或是事實可以再熱鬧，也只能這樣終場了。

到了二月他搬了家，搬家也只是為朋友勸告見面方便。但女人的影子總是在心上，不能去。但也自幸是搬了好，雖略略對離開這個地方難過。

要忘也無從忘的結果是一有機會過霞飛路時節，他便繞道走善鐘路，到舊居停處去問有信沒有。

問房東老太婆，他知道人還是在現地方，每日上課與在家中唱笑，皆如常。然而知道就只此。窗簾是似乎常常開着，常常的開。則煥乎先生之惆悵又可知已。

「搬回來了吧，」那老太太似乎明白他的心思，那麼勸着這年青人。

「想到搬」！真是想到了。到後卻又說：「很費事就不搬了。」

想到搬，終於也就不搬的。

然而在目下半年中煥乎先生不會把這個女人從心中開釋的。夢還是做下去，只是不思量可以從兩邊涼台上互相說話了。

題解

本篇曾以《新夢》為篇名發表於一九二八年五月一至五日，七至十日《晨報副刊》第二二七九至二二八三號，署名王玖。一九二八年七月收入上海新月書店初版的單行本《好管閒事的人》集時改名為《煥乎先生》。一九八二年收入廣州花城、香港三聯出版社出版的《沈從文文集》第二卷。二零零二年收入北岳文藝出版社出版的《沈從文全集》第二卷《好管閒事的人》集。

本篇主人公煥乎也曾是沈從文一九二七年十月發表短篇小說《十四夜間》時的署名。帶有自敘傳意味。如果說，《老實人》反映了小知識分子在同生活奮鬥時所產生的生的苦悶。《煥乎先生》則是通過煥乎先生對對門亭子間女人的單戀，體現了孤身奮戰於都市的青年知識分子性的苦悶。在自我抒寫中，沈從文試圖尋找自身的精神歸宿和安頓靈魂的生命方式。

註：

①老童生：見《山鬼》註釋㉑。

②不拘：見《棉鞋》註釋㉒。

③火箸：見《山鬼》註釋㊸。

④鎮天：見《草繩》註釋⑬。

⑤謄錄生：舊時機關中擔任抄寫工作的最低級職員。

⑥條桌：桌面長度超過寬度兩倍以上的長方形桌面的桌子。腿與桌面呈九十度直角，腿不向裏縮进。

⑦莎士比亞（一五六四—一六一六）：英國文藝復興時期偉大的劇作家、詩人，亦是歐洲文藝復興時期人文主義文學的集大成者。主要代表作品有《羅密歐與茱麗葉》、《哈姆雷特》、《奧塞羅》、《麥克白》和《李爾王》等。

⑧但丁（一二六五—一三二一）：意大利詩人，現代意大利語的奠基者，歐洲文藝復興時代的開拓人物之一，以長詩《神曲》留名後世。

⑨孟祿（一八六九—一九四七）：美國教育家，教育「生物起源論」的代表人物。曾任哥倫比亞大學教授、師範學院院長。一九二一年來華進行教育調查。後來又擔任中華教育文化基金董事會副董事長。著有《教育史教科書》，並主編《教育百科辭典》。

⑩羅素（一八七二—一九七零）：全名伯特蘭．羅素。二十世紀英國哲學家、數學家、邏輯學家、歷史學家，無神論或者不可知論者，也是二十世紀西方最著名、影響最大的學者和和平主義社會活動家之一。一九五零年諾貝爾文學獎得主。

⑪叨……光：見《老實人》註釋④。

⑫市儈：見《老實人》註釋⑯。

⑬ 攛掇：張羅，安排。

⑭ 命婦：封建時代被賜予封號的婦女。在宮廷中妃嬪等稱為內命婦，在宮廷外則臣子之母妻稱為外命婦。

⑮ 誰一個：見《晨》註釋④。

⑯ 莫可奈何：見《老實人》註釋㊲。

⑰ 阿那托爾：十九世紀俄國批判現實主義文學的偉大作家列夫．托爾斯泰的巨著《戰爭與和平》中四大家族之一庫拉根家族的小兒子，一個卑鄙墮落的花花公子。他勾引安德列公爵的未婚妻娜塔莎，使娜塔莎愛上他並解除與安德列的婚約。戰爭中阿那托爾在保羅季諾受傷，被截掉了一條腿。

⑱ 維特：為歌德的作品《少年維特之煩惱》的主人公。歌德是十八世紀中葉到十九世紀初德國和歐洲最重要的劇作家、詩人及思想家。故事中的維特出身市民階級，與已和別人訂婚的綠蒂相愛，帶着戀愛的苦惱去做公使館的秘書，最後因感到絕望而自殺。維特身上集成了當時德國那一代青年的憧憬和痛苦。

⑲ 弄堂：上海人對於里弄的俗稱。是上海特有的民居形式，由連排的石庫門建築而成。石庫門建築脱胎於中國傳統的四合院，是十九世紀後期於上海出現的、用傳統木結構加磚牆來承重而建造出來的住宅。

⑳ 曬台：建造在屋頂上供曬衣物的露天小平台。

㉑ 勃谿：吵架，爭鬥。

㉒ 亭子間：上海等地某些舊式樓房中的一種小房間，一般位於正樓後下方的樓梯中間。

㉓ 現代評論：中國現代文學團體現代評論派創辦的週刊。一九二四年十二月十三日在北京創刊，一九二八年十二月二十九日出至第九卷二零九期停刊。其間還出版三期增刊和一批「現代叢刊」。王世傑負責編輯，主要撰稿人有胡適、高一涵、唐有壬、陳源、徐志摩等。

㉔ 餒：見《瑞龍》註釋㊸。

㉕ 過身：見《瑞龍》註釋⑰。

㉖ 阿麗絲：英國作家路易士．加樂爾筆下的蜚聲國際的兒童讀物《阿麗思漫遊奇境記》的主角。

㉗ 衕子：見《我的小學教育》註釋㉜。

㉘靜安寺：上海的著名古剎之一。相傳始建於三國孫吳赤烏年間，初名滬瀆重玄寺。宋大中祥符元年（一零零八年），更名為靜安寺。南宋嘉定九年（一二一六年），寺從吳淞江畔遷入境內蘆浦沸井浜邊，至今已有七百八十年歷史，早於上海建城。在清末，寺成現今規模。

㉙靶子公園：今上海魯迅公園。其前身為工部局的靶子場，一九零五年正式對外開放，名為「新靶子場公園」、「靶子公園」。一九二二年改稱為「虹口公園」。

㉚卡爾登：今上海長江劇場，原名卡爾登大戲院，民國十二年（一九二三年）二月建成。初時專放映外國電影，也利用舞台優勢接待演出任務。

㉛卓別林（一八八九－一九七七）：為英國電影喜劇演員、導演、製片人及反戰人士。他奠定了現代喜劇電影的基礎，尤其在荷里活電影的早期和中期非常活躍並取得成就，亦是從無聲片時代成功過度到有聲片時代的喜劇大師。

㉜索裏：乾淨利索。

㉝黃花兒：處男。

㉞戛戛：象聲詞。形容物體互相碰擊時所發出的聲音或鳥兒發出的叫聲。文中是指男子唱歌的聲音。

㉟矍然：驚懼貌。

㊱涼台：邊上開敞或多窗可供乘涼的陽台。

㊲花子：花子指乞討者。

㊳搔：撓，用手指甲輕刮。

㊴發氣：見《山鬼》註釋④。

㊵撂：放，擱。

㊶開釋：見《晨》註釋㉜。

雨後

「我明白你會來，所以我等。」

「當真等我？」

「可不是。我看看天，雨是要落了。誰知道這雨要落多大多久。天又是黑的，我喊了五聲，或者七聲。我說，四狗，四狗，你是怎麼啦！雨快要落了，不怕麼？全不曾回聲。我以為你回家了。我又算，……雨可真來了。這裏樹葉子響得怕人，我不怕，可只擔心你。我知道你是不會拿斗篷①的。雨水可真大。我是躲在那株大楠木下的。就是那株楠木②，我們倆……忘記了麼？你裝。我要問你到底打那兒來。身上也不濕多少，頭又是光的，我問你，躲到什麼洞裏。」

四狗笑。四狗不答。他不說從家中來，她便明白的。

他坐到那人身邊去，擠攏去坐，坐的是桐木葉。

這時雨已過前山，太陽復出了，還可以看前山成塊成片的雲，像追趕野豬，只飛奔。四狗坐處四圍是蟲聲，是樹木枝葉上積雨下滴的聲音。頭上是個棚，雨後太陽蒸得山頭出熱氣，四狗頭上卻陰涼。頭上雖涼心卻熱，四狗的腰被兩隻手圍着了。

「四狗，——」想說什麼不及說，便打一聲唿哨。

因為對山有同伴，同伴這時正吹着口哨找人。

同伴是在雨止以後又散在山頭摘蕨③，這時陪四狗坐的也是摘蕨人。在兩人背後有一背籠，是她的。四狗便回頭扳那背籠④看。

「今天怎麼只得這一點？……喔，花倒得了不少。還有莓⑤咧。我正渴，讓我吃莓吧。下了一陣雨，莓是洗淡了，這個可是雨前摘的。我餵你一顆。算我今天賠禮，不成嗎？」

「要你賠禮？我才……」

她把圍着四狗的腰的兩隻手放鬆了，去採地上的枯草。

「我告你，我也總有一天要枯的，——一切也要枯，到八月九月。我總比你們枯得更早。」

四狗，莫名其妙。他說道：

「我的天，我聽不懂你的話。」

「我也不一定要你懂，你總有一天懂的。」

「讓我在這兒便懂，成不成？」

「你要懂，就懂了，載不得我說。」她又想，「聾子耳邊響大雷」，就哧的笑了。

四狗不再吃莓了，用手扳並排坐的人頭。黑色的皮膚，紅紅的嘴，大大的眼睛與長長的眉，四狗這時重新來估價。鼻子小，耳朵大，下巴是尖的，這些地方四狗卻放過了。他捏她辮子，辮子是在先盤在頭上，像一盤烏梢蛇⑥，這時這蛇掛在背後了，四狗不怕蛇咬人，從頭捏至尾。

「你少野點。」說了卻並不回頭。

因為蛇尾在尾脊骨下，四狗的手不得到警告以前，已隨隨便便到……

四狗漸漸明白自己的過錯了。通常便如此，非使人稍稍生氣，不會明白的。於是他親她的嘴——把臉扭着不讓這麼辦，所親的只是耳下的頸子。四狗為這個情形倒又笑了，他算計得出，這是經驗過的，像看戲一樣，每戲全有打加官⑦。打加官以後是……末了雜戲⑧熱鬧之至。

稍停停，不讓四狗看見，背了臉，也笑了，四狗不必看也清楚。

四狗說：「莫發我的氣好了。」

「怎麼還說人發你的氣。女人敢惹男子嗎？……噓，七妹子，你莫癲！」

後面的話聲音提得極高，為的是應付對山一個女人的唱歌。對山七妹子，知道這一邊山草棚下有阿姐與四狗在，就唱歌弄人。

四狗是不常常唱歌的，除非是這時人隔一重山——然而如今隔一層什麼？他的手，那隻拈吃過特意為他摘來的三月莓的手，已大膽無畏從她脇下伸過去，抓定一隻奶了。

但仍然得唱，唱的是：

大姐走路笑笑底，一對奶子翹翹底，

心想用手摩一摩，心子只是跳跳底。

四狗的心跳，說大話而已。習慣事情不能心跳了，除非是把桐木葉子作她的褥，四狗的身作她的被，那時得使四狗只想學狗打滾。

對山的七妹，像看清四狗唱這歌情形下的一切，便大聲的喊：

「四狗！四狗！你又撒野了，我要告！」

「七妹你再發瘋你讓我捶你！」

作妹的怕姐，經過一陣嚇，便顧自規規矩矩扯蕨去了。這裏的四狗不久兩隻手全沒了空。像捉魚，這魚是活的，卻不掙，是四狗兩手的感覺。

四狗不認字，所以當前一切卻無詩意。然而聽一切大小蟲子的叫，聽掠乾了翅膀的蚱蜢⑨各處飛，聽樹葉上的雨點向地下的跳躍，聽在身邊一個人的心跳，全是詩的。

「請你唸一句詩給我聽。」因為是她讀過書，而且如今還能看小說，四狗就這樣請。

明白她是讀書人，也就容易明白先時同四狗說話的深意了。她從書上知道的事，全不是四狗從實際上所能了解的事。為是要枯了，女人只是一朵花。真要枯。知道枯比其他快，便應當更深的愛。然而四狗不是深深的愛嗎？雖然深深的愛，總還有不夠，這是認字的過錯。四狗幸好不認字，不然這一對，當更不知道在這樣天氣下找應當找的樂了。

說是請唸一句詩，她就想。

唸深了又不能懂，淺了又提不上山歌好，她只唸：「落花人獨立，微雨燕雙飛。」⑩景不洽，但情緒是這樣情緒。總還有比這個更好的詩，她不能一一去從心中搜了。

四狗說這詩好，——不是說詩好，他並不懂詩。是說唸詩的人與此時情景好罷了。他說不出他的快樂，借詩洩氣。

手是更其撒野了，從奶子滑下去，停到褲帶邊。

「這樣天氣是不准人放蕩的天氣，不知道麼？」

四狗聽到說天氣，才像去注意天氣一樣，望望天。天是藍分分，還有白的雲，白的雲若能說是羊，則這羊是在海中走的。四狗沒見過海，但是那麼大，那麼深，那麼一望無邊，天也可以說是海了。

「我說天氣太好了，又涼，又清，又……」

「你要成癆病⑪才快活。」

「我成癆病時，你給我的要好多！」四狗意思是身體強，縱聽過人說年青人不注意身體就會害癆病，然而癆病不是一時起的事。

「給你的，——給你的什麼？呸！」

到底給什麼，四狗也說不出口。於是被呸了也不爭這一口氣。說出來，難道算聰明麼？

到後他想到另外一個事情，要她把舌子讓他咬。頑皮的章法，是四狗以外的別一個也想不出，不是四狗她也不會照辦。

「四狗你真壞，跟誰學到這個？」

四狗不答。仍然吮。那麼饞嘴，那麼粘糍，活像狗。

「四狗……你去好了。」

「我去，你一個人在這裏呆着成？」

她卻笑。望四狗。身子只是那麼找不到安置處，想同四狗變成一個人。她去捏四狗在平時不能輕易盡人損害的一樣東西，像生氣的是附屬於四狗的那個它。

她把眼閉了，還是說，「四狗你去了吧。」

四狗要走，可也得呆一會兒。

他看她着急。這是有經驗的。他仍然不鬆不緊的在她面前纏，則結果她將承認四狗在她面前放肆是必要的一件事。四狗壞，至少在這件事上是壞的，然而這是有縱容四狗壞的人在，不應當由四狗一人負責。

「我讓你擺佈，四狗可是你讓我……」

一切照辦，四狗到後被問到究竟給了他多少，可胡塗得紅臉了。頭上是藍分分海樣的天，壓下來，然而有席棚擋駕，不怕被天壓死。女人說，四狗你把我壓死了吧。也像有這樣存心，到後可同天一樣，作被蓋的東西總不是壓得人死的。

四狗得了些什麼？不能說明。他得了她所給他的快活，然而快活是用升可以量還是用秤可以稱的東西呢？他又不知道了。她也得了些，她得的更不是通常四狗解釋的快樂兩字。四狗給她一些氣力，一些強硬，一些溫柔，她用這些東西把自己醉，醉到不知人事。

一個年青女人，得到男子的好處，不是言語或文字可以解說的，所以她不作聲。仰天望，望得是四狗的大鼻子同一口白牙齒，然而這是放肆過後的事了。

「四狗，不許到井邊吃。那個冷水！」

在草棚的她向下山的四狗遙喊時，四狗已走到竹子林中，被竹子攔了她的眼睛了。

天氣還早，不是燒夜火⑫時候。雨是不落了，她還是躺，也不去採蕨。

題解

本篇發表於一九二八年九月十日的《小說月報》第十九卷第九號，署名甲辰。後被譯成英文，刊於《東西方評論》第三卷第二期。一九二八年十月收入上海春潮書店初版《雨後及其他》。一九三五年十二月收入巴金編《文學叢刊》第一集上海文化生活出版社初版的短篇小說集《八駿圖》。一九四六年收入由陳磊選編、上海綠楊書局作為「現代文藝選輯」叢書出版的《沈從文選集》。一九八二年收入廣州花城出版社、三聯書店香港分店聯合出版的《沈從文文集》第二卷《雨後及其他》集。一九八二年和二零零四年收入人民文學出版社《沈從文小說選》。二零零二年收入北岳文藝出版社《沈從文全集》第三卷《雨後及其他》集。

《雨後》的場景設置在天降大雨之後，寫天地「雲雨」之後四狗與他鍾情的女子在山草棚下盡情享受性愛的情趣和歡悅。作者認為「寫這類故事，在我手下較順」，「因之當抒情詩來試筆」。小說將鄉野男女的自然真切、毫不掩飾的愛情盡情展示，表現出最原始最自然的生命狀態，這種淳樸自然的人性同美麗的大自然和諧地融為一體，寄託着作者的審美理想。

註：

① 斗篷：一種披在肩上沒有袖子的外衣，一般用來防雨。
② 楠木：見《入伍後》註釋㉗。
③ 蕨：蕨菜。多年生草本植物，根莖橫生在地下，葉子羽狀分裂，用孢子繁殖。嫩葉可供食用，根莖可製成澱粉，全株可入藥。
④ 背籠：見《入伍後》註釋㉝。
⑤ 莓：見《山鬼》註釋①。
⑥ 烏梢蛇：見《夜漁》註釋㉘。
⑦ 打加官：見《我的小學教育》註釋㊶。
⑧ 雜戲：又稱「雜伎」。古代娛樂形式之一，包括百戲、雜樂、歌舞戲、傀儡戲等。
⑨ 蚱蜢：昆蟲名，體形像蝗蟲。
⑩ 「落花人獨立，微雨燕雙飛。」：北宋詞人晏幾道《臨江仙》中的詞句，是作者別後懷思歌女小蘋所作，為感舊懷人的名篇。此處表現苦戀之情、孤寂之感。

⑪ 癆病：見《山鬼》註釋⑬⑨。
⑫ 燒夜火：見《山鬼》註釋⑭③。

有學問的人

這裏，把時間說明，是夜間上燈①時分。黃昏的景色，各人可以想象得出。

到了夜裏，天黑緊，紳士②們，不是就得了許多方便說謊話時不會為人從臉色上看出麼？有燈，燈光下總不比日光下清楚了，並且何妨把燈捻熄。

是的，燈雖然已明，天福先生隨手就把它捻熄了，房子中只遠遠的路燈光從窗間進來，稀稀的看得清楚同房人的身體輪廓。他把燈捻熄以後，又坐到沙發上來。

與他並排坐的是一個女人，一個年青的，已經不能看出相貌，但從聲音上分辨得出這應屬於標致有身分的女人。女人見到天福先生把燈捻熄了，心稍稍緊了點，然而仍坐在那裏不動。

天福先生把自己的肥身鑲③到女人身邊來，女人讓；再進，女人再讓；又再進。局面成了新樣子，女人是被擠在沙發的一角上去，而天福先生儼然作了太師④模樣了，於是暫時維持這局面，先是不說話。

天福先生在自己行為上找到發笑的機會，他笑着。

笑是神秘的，同時卻又給了女人方面曖昧的搖動。女人不說話，心想起所見到男人的各樣醜行為。他料得當前的男子是什麼樣的一個人，所採取的是什麼樣的行動，她待着這事實的變化，也不頂害怕，也不想走。

一個經過男子的女人，是對於一些行為感到對付容易，用不着忙迫無所措手足的。在一些手續不完備的地方男子的鹵莽成為女人匿笑的方便，因了這個她更不會對男子的壓迫生出大的驚訝了。她能看男子的呆處，雖不動心，以為這呆，因而終於盡一個男子在她身體上生一些想頭，作一些呆事，她似乎也將盡他了。

「黃昏真美呵！」男子說，彷彿經過一些計算，才有這樣精彩合題的話。

「是的，很美。」女人說了女人笑，就是笑男子呆，故意在找方便。

「你笑什麼呢？」

「我笑一些可笑的事同可笑的人。」

男子覺得女人的話有刺，忙退了一點，彷彿因為女人的話才覺到自己是失禮，如今是在覺悟中仍然恢復了一個紳士應有的態度了。

他想着，對女人的心情加以估計，找方法，在言語與行為上選擇，覺得言語是先鋒，行為是後援，所以說：

「雖然人是有年紀了，見了黃昏總是有點惆悵，說不出這原由……哈哈，是可笑呵！」

「是吧……」女人想接下去的是「並不可笑」，但這樣一說，把已接近的心就離遠了。這是女人的損失，所以她不這樣說。她想起在身邊的人，野心已在這體面衣服體面儀容下躍躍不定了，她預備進一步看。

女人不是怎樣憎着天福先生的，不過自己是經過男子的人，而天福先生的妻又是自己同學，她在分下⑤有制止這危險的必需。她的話，像做詩，推敲了才出口，她說：「只有黃昏是使人恢復年青心情的。」

「可是你如今仍然年青，並不為老。」

「二十五六歲的女人還說年青嗎？」

「那我是三十五六了。」

「不過……」

女人不說完，笑了，這笑也同樣是神秘，搖動着一點曖昧味道。

他不承認這個。說不承認這個，是他從女人的笑中看出女人對於他這樣年齡還不失去胡思亂想的少年勇敢的嘲弄。他以為若說是勇敢，那他已不必支吾，早鹵莽的將女人身體抱持不放了。

女人繼續說：「人是應當忘記自己年紀來作他所要作的事情的——不過也應把他所有的知識幫到來認清楚生活。」

「這是哲學上的教訓話。」

「是嗎？事實是……」

「我有時……」他又坐攏一點了，「我有時還想作呆子的事。」

女人在心上想，「你才真不呆呀！」不過，說不呆，那是呆氣已充分早為女人所看清了。女人說，「呆也並不壞。不過看地方來。」

天福先生聽這話，又有兩種力量在爭持了，一是女人許他呆，一是女人警他呆到此為止：偏前面，則他將再進一點，或即勇敢的露出呆子像達到這玩笑的終點。偏後面，那他是應當知趣。不知趣，再呆下去，不啻將自己行為盡人機會在心上增長鄙視，太不合算了。

他遲疑。他不作聲。

女人見到他徘徊，女人心想男子真無用，上了年紀膽子真小了，她看出天福君的遲疑原故了，也不作聲。

在言語上顯然是慘敗，即不算失敗，說向前，依賴這言語，大致是無望吧。本來一個教物理學的人，是早應當自知用言語作矛，攻打一個深的高的城堡原是不行的。他想用手去，找那接觸的方便。他這時記起毛里哀⑥的話來了，「口是可以攻進女人的心的，但不是靠說話」。

不是靠說話，那麼，把這口，放到女人……這敢麼？這行麼？

女人方面這時也在想到不說話的口的用處了，她想這呆子，話不說，若是另外發明了口的用處，真不是容易對付的事。若是他有這呆氣概，猛如豹子擒羊，把手抱了自己，自己除了盡這呆子使足呆性以外，無其他方法免避這衝突。

若果天福先生這樣作，用天福先生本行的術語說，物理的公例是……但是他不作，也就不必引用這話了。

他不是愛她，也不是不愛她；若果愛是不必在時間上生影響，責任只在此一刻，他將說他愛她，而且用這說愛她的口吻她的嘴，作為證據，吻以外，要作一點再費氣力的事，他也不吝惜這氣力。若果愛是較親洽的友誼，他也願說他愛她。

可是愛了，就得……到養孩子。他的孩子卻已經五歲了。他當然不能再愛妻的女友。那就不愛好了。然而這時妻卻帶了孩子出了門，保障離了身，一個新的誘惑儼若有意湊巧而來。且他能看出，面前的女人不是蠢人。

他知道她已看出的年青的頑皮心情，他以為與其說這是可笑，似乎比已經讓她看出自己心事而仍怯着的可笑為少。一個男子是常常因為怕人笑他呆而作着更大的呆事的，這事情是有過很多的例了，天福先生也想到了。想到這樣，更呆也呆不去，就不免笑起來了。

他笑他自己不濟⑦。這之間，不無「人真上了年紀」的自愧，又不無「非呆不可」的自動。

她呢，知道自己一句話可以使全局面變卦，但不說。

並不是故意，卻是很自然，她找出一句全不相干的言語，說，「近來密司王怎麼樣？」

「我們那位太太嗎？她有了孩子就丟了我，……作母親的照例是同兒子一幫，作父親的卻理應成天編講義上實驗室了。」

話中有感慨，是仍然要在話上找出與本題發生關係的。

女人心想這話比一隻手放到肩上來的效力差遠了，她真願意他勇敢一點。她於是又說：「不過你們仍然是好得很！」

「是的，好得很，不像從前幾年一個月吵一回的事了。不過我總思若同她仍然像以前的情形，吵是吵，親熱也就真……唉，人老了，真是什麼都完了。」

「人並不老！」

「人不老，這愛情已經老了。趣味早完了。我是很多時候想我同她的關係，是應維持在戀愛上，不是維持在家庭上的，可是——」

說到這裏的天福先生，感慨真引上心了，他歎氣。不過同時他在話上是期待着當成引藥，預備點這引藥，終於燃到目下兩人身上來的。

女人笑。一面覺得這應是當真的事，因為自己生活的變故，離婚的苦也想起來了，笑是開始，結束卻是同樣歎息的。

那麼，一面盡那家庭是家庭，一面來補足這闕陷⑧，從新來戀愛吧。這樣一來在女人也是有好處的，天福先生則自然是好。

女人是正願意這樣，所以盡天福先生在此時作呆樣子的。她要戀愛。她照到女人通常的性格，雖要攻擊是不能，她願意在征服下投降。雖然心上投了降，表面還總是處處表示反抗，這也是這女人與其他女人並不兩樣的。

在女人的歎息上，天福先生又找出了一句話，——

「密司周，你是有福氣的，因為失戀或者要好中發生變故，這人生味道是領略得多一點。」

「是吧，我就在成天領略咀嚼這味道，也咀嚼別的。」

「是，有別的可咀嚼的就更好。我是……」

「也總有吧。一個人生活，我以為是一些小的，淡的，說不出的更值得玩味。」

「然而也就是小的地方更加見出寂寞，因為其所以小，都是軟弱的。」

「也幸好是軟弱，才處處有味道。」

女人說到這裏就笑了，笑得放肆。意思彷彿是，你若膽子大，就把事實變大吧。

這笑是可以使天福先生精神振作來幹一點有作有為的大事的，可是他的頭腦塞填了的物理定律起了作用，不准他撒野。這有學問的人，反應定律之類，真害了他一生，看的事是倒的，把結果數起才到開始，他看出結果難於對付，就不呆下去了。

他也笑了，他笑他自己，也像是捨不得這恰到好處的印象，所以停頓不前。

他停頓不前，以為應當的，是這人也並不缺少女人此時的心情，他也要看她的呆處了。她不放鬆，見到他停頓，必定就又要向前，向前的人是不知道自己的好笑處胡塗處，卻給了「勒馬不前」的人以趣味的。

天福先生對女人，這時像是無話可說了，他若是非說話不可，就應當對他自己說，「誰先說話誰就是呆子！」他是自己覺得自己也很呆，但只是對女人無決斷處置而生出嘲弄自己的理由的。在等候別人開口或行為中，他心中癢着，有一種不能用他物理學的名詞來解釋的意境的。

女人想，同天福先生所想相差不遠，雖然冒險心比天福先生來得還比較大，只要天福先生一有動作，就準備接受這行為上應有的力的重量。然而要自己把自己挪近天福先生，是合乎諺語上的「碼頭就船」⑨，是辦不到的。

我們以為這局面便永遠如此啞場⑩下去，等候這家的女主人回來收場麼？這不會，到底是男子的天福先生，男子的耐心終是有限，他要話說！並且他是主人，一個主人待客的方法，這不算一個頂好的頂客氣的方法！

且看這個人吧。

他的手，居然下決心取了包圍形勢，放到女人的背後了。然而還是虛張聲勢，這隻手只到沙發的靠背而止，不能向前。再向前，兩人的心會變化，他不怕別的，單是怯於這變化，也不能再前進了。

女人是明白的。雖明白，卻不加以驚訝的表示，不心跳，不慌張，一半是年齡與經驗，一半自然還是有學問，我們是明白有學問的人能穩重處置一切大事的。這事我們不能不承認是可以變為大事的一個手段啊！

天福先生想不出新計策，就說道：

「密司周，我們適間⑪說的話真是有真理。」

「是的。難道不是麼？我是相信生活上的含蓄的。」

「譬如吃東西，——吃酒，吃一杯真好，多了則簡直無味，至於不吃，嗅一嗅，那麼……」

「那就看人來了，也可以說是好，也可以說不好。」

「我是以為總之是好的，只怕不有酒！」

天福先生打着哈哈，然而並不放肆，他是仍然有紳士的禮貌。

他們是在這裏嗅酒的味道的。同樣喝過了別的一種酒，嗅的一種卻是新鮮的，不曾嗜過的，只有這樣覺得是很好。

他們談着酒，象徵着生活，兩人都彷彿承認只有嗅嗅酒是頂健全一個方法，所以天福先生那一隻準備進攻的手，不久也偃旗息鼓收兵回營了。

黃昏的確是很美麗的，想着黃昏而惆悵，是人人應當有的吧。過一時，這兩人，會又從黃昏上想到可惆悵的過去，像失了什麼心覺到很空呵！

黃昏是只一時的，夜來了，黑了，天一黑，人的心也會因此失去光明理知⑫的吧。

女人說：「我要走了，大概密司王不會即刻回來的。我明天來。」

說過這話，就站起。站起並不走，是等候天福先生的言語或行為。她即或要走，在出門以前，女人的誘惑決不會失去作用！

天福先生想，乘此一抱什麼問題都解決了，他還想象抱了這女人以後，她會即刻坐沙發上來，兩人在一塊親嘴，還可以聽到女人說「我是也愛你，但不敢」的話。

他所想象是不會錯的，如其他事情一樣，決不會錯。這有學問的上等人，是太能看人類的心了。只是他不做。女人所盼望的言語同行為，他並不照女人希望去作，卻呆想。呆想也只是一分鐘以內的事，他即刻走到電燈旁去，把燈明了。

兩人因了燈一明，儼然是覺得燈用它的光救了這危難了，互相望到一笑。

燈明不久，門前有人笑着同一個小孩喊着的聲音，這家中的女主人回來了。

女主人進了客廳，他們誠懇親愛的握手，問安，還很誠懇親愛的坐在一塊兒。小孩子走到爹爹邊親嘴，又走到姨這一旁來親嘴，女人抱了孩子不放，只在這小嘴上不住溫柔偎熨。

「福，你同密司周在我來時說些什麼話。」

「哈，才說到吃酒。」他笑了，並不失了他的尊嚴。

「是嗎，密司周能喝酒吧？」女主人彷彿不相信。

「不，我若是有人勸，恐怕也免不了喝一口。」

「我也是這樣——式芬，（他向妻問）我不是這個脾氣嗎？」

女人把小主人抱得更緊，只憨笑。

題解

本篇發表於一九二八年九月十二日的《中央日報·紅與黑》第二十四期，署名沈從文。一九二八年十月收入上海春潮書店初版《雨後及其他》。一九三五年十二月收入巴金編《文學叢刊》第一集上海文化生活出版社初版的短篇小說集《八駿圖》。一九八二年收入廣州花城出版社、三聯書店香港分店聯合出版的《沈從文文集》第二卷《雨後及其他》集。二零零二年收入北岳文藝出版社《沈從文全集》第三卷《雨後及其他》集。

本篇被認為是「顯示出這一時期創作的新變化」的開篇之作，作者開始着意刻畫「都市社會的形形色色」，其思想的藝術功力「預示着沈從文創作漸趨成熟」（凌宇《沈從文選集·編後記》）。作品通過描寫有婦之夫天福先生在黃昏時刻和妻子的女友欲偷情而終未成的整個微妙的心理變化過程，諷刺了都市中「有學問的人」虛偽、怯懦、委頓的畸形欲望，與同期創作的反映湘西社會充滿原始自然生命力的男女形象形成鮮明的對比。

註：

① 上燈：見《瑞龍》註釋⑱

② 紳士：該詞最早出現在英國，後專指衣裝考究、舉止文雅、尊重女性、追求生活品質、彰顯男性剛毅、堅

韌、深沉、寬宏大量和心地善良的男士。

③ 鑲：挨靠。

④ 太師：官職名，又名太宰。「三公」之一，古代稱太師、太傅、太保為「三公」。文中指天福先生端坐沙發中央的舉止和坐態。

⑤ 分下：名位、職責、權利的限度。此處指女人當時的身分和處境。

⑥ 毛里哀：即莫里哀（Moliere，一六二二—一六七三）。法國十七世紀古典主義文學最重要的作家，古典主義喜劇的創建者，代表劇作有《偽君子》、《慳吝人》等。

⑦ 不濟：不中用。

⑧ 闕陷：闕，同缺。文中指瑕疵、缺點、欠缺、不完美。

⑨ 「碼頭就船」：諺語，通常為「船就碼頭」，引申為不可能的事。文中指女人可以接受天福先生的曖昧行為，但要自己投懷送抱是辦不到的。

⑩ 啞場：冷場。

⑪ 適間：剛才。

⑫ 理知：同「理智」。

屠夫

第一章　因為戲，所以說到吃，因為吃，所以……

雖然曾有人反對，說是今年這一季，戲是不能唱，反對的理由即或是同法律一樣，然而這地方，法律就永遠是被習慣支配，戲是仍舊由當事人把班子從浦市①請來，搭了台，開了鑼，按着鄉紳的嗜好，唱着下來了。

唱戲是使神歡喜的事。我們雖不曾見過神打哈哈②，但一些當地老太太，一些小孩子，一些靠擺賭攤為生的閒漢子，一些官，一些生意人，……的確是同神分到得了不少喜悅了。他們這些人，在平時，全是很省儉的人，一些不省儉的人在平時也無可花錢地方，因這社戲③一開始，於是自然而然可以把錢的用處得到了。譬如說，平常時節我們有錢也不能拿錢去請一個人來恭維，且把這揮霍的大量給同鄉知道，因了唱戲，因了唱戲有着那打加官④的習俗，於是這錢的用處就成了有意義的事了。其次是買坐位，買茶，買點心，也可以把這省儉下來的錢痛快的揮霍。還有小孩子，地方一有戲唱，學校是就不必進。這自然是更妙的事了。至於賣東西的，可以賺錢，我想這個用不着來說明白了，我們大致總不會不明白賺錢一事是應當歡喜或憂愁。

戲是按了規矩，照着規矩上的秩序，加以地方有勢力的鄉紳意見，以及鄉紳老太太，小軍官的姨太太，省議員的小姐等人的趣味，編排着三國志[5]，封神榜[6]，施公案[7]，以及各樣新戲唱下來的，誰也不明白這戲是唱三十天還是四十天就可以唱完！要神來說，這夠了，就可以不唱，恐怕這事也辦不到吧。唱戲是為神，但為神唱戲的地方當事人，若是錢不花完，若是家中人還不厭倦戲，若是做生意的同擺賭的還以為收入不夠，這戲即或是神已厭倦不看，他們也不能讓他就此卸台啊。

至於官家[8]人，那才更不會掃地方人的興把戲的日子縮短呀！他們不是蠢人，（這當然你們也總有知道的，）多唱一天戲，凡是衙門[9]中人也多有一種理由找錢取樂。他們這些好副爺[10]，正清閒得生病，既不需要成天扛槍下操場習操打靶，又不至於成天出差，地方上一有戲唱，那才真是運！有了戲，他們也就從新找到當副爺的責任了，他們於是藉口維持秩序，分班派十二個人到戲場官棚子[11]上一坐，彈壓一切，當然戲是得看了，此外茶同瓜子點心也就用不着出錢。那些輪不到當值的呢，就更好。他們可以到戲台後去抽頭[12]，把抽頭得來的錢拿去賭博，又可以到酒館子裏去吃麵喝酒，身上的號褂子[13]是省略會賬[14]的免票。他們可以三五成群的到橋頭去同來看戲的苗女人開玩笑，摸摸奶子，說一點粗話蠢話，到這時是不愁缺少標致的苗女人的。他們在散了戲以後，喝醉了，玩夠了，就把號衣紐扣解開，兜着風，走回營去，一面口上哼着軍歌或戲文中秦瓊[15]哭頭[16]一類悲壯蒼涼字句。這是一些快活人，獨在地方上有戲時，這氣分便得了機會盡量發露了，至於平時，也不怎樣無聊！

看戲的人真多。不唱戲，到這地方來，是彷彿猜不出這地方有這樣多年青人，閒人，鄉下人，與作生意的人。若辦選舉的人，知道應用這樣辦法於選舉，是必定可以得到比用其他方法召集二十倍多選民的。這樣多人都願意從遠遠近近的另一地方來，站一天或坐一天，看聽戲台上幾個穿花衣的把臉塗得骯髒不像人的怪東西唱喊哭打，這興味的專一，這耐心，這誠心，是比任何處的有知識的人用同一趣味與同一專誠來聽一個學者講演還值得佩服的。若果我們明白了這些人對這戲感到的興奮，是如何的深，我們也就不會再以為美國人看打拳的狂熱，與英國人比球的狂熱為可笑了。雖說歐美的文明人是不與這中國鄉下人相同，他們有的是絲禮帽同硬性的白襯衣，還有雪白的領子，以及精緻的絲手套，與象牙作把的手杖，用錢也總是講金鎊，講鈔票，但仍然有些傻地方是一樣，拿來打比[17]是不至於不相稱啊！

你好讀者，不怕擠，不怕頭痛，不怕囂擾，不怕氣味逼人，（氣味逼人是免不了的，這裏有廚子，有製牛皮廠的經理，還有……）隨我來到這坪裏看看吧。

好熱鬧！不要慳吝氣力——一個男子，到了這裏，是知道不能慳吝氣力的。請你用力，擠上前一點，我們可以到台邊一點，縱聽不懂台上人唱的戲文，至少也可以看清楚台前的人物。岳飛[18]，黃忠[19]，蔣平[20]，竇爾墩[21]，……這些全是大人物，我們不能不承認。雖然是裝的，聽他們咳嗽，喊人，邁步走路，至少起碼是比坐在兩旁官棚的千把外額[22]英雄得多。一個台上的員外[23]，比這裏看座上帶起㉔茶晶眼鏡喝蓋碗茶的紳士，也彷彿更使人感到那相貌堂堂尊敬。一個旦角㉕，風騷處也總超過這裏小姐們的十倍，更能使男人心癢。無怪乎看戲的人有這樣多了，無怪乎這裏這樣熱鬧。我們人的性情，不是常常存了莫名其妙的幸望心，想在人中找英雄，首領，菩薩，大王，等等來崇拜傾倒麼？在管領我們的上流人中，除了少數的少數，有幾個是值得我們在臉貌儀容上也生出敬畏的？具平常相貌，穿平常衣服，雖然權力使我們不得不低首，但我們想象中的主子，總不是這類平鼻扁臉舉動濡緩㉖的人。

從戲台上，這裏的人，是把一切好的可以傾心的模型全找到了。

全場的人都樂着，台上的混亂與神鬼的顯隱，給了這些原始民族以驚訝中的興奮。每一個簡單的心都盡這戲的情調跳躍着了，連那在平時專以打算盤過日子的米商人，到了這裏也似乎只能放下心上那一具算盤，讓這一顆機警的心為台上那場戰爭搖動了。

台上戰事一畢，觀眾手與口的戰爭便開始了，他們看戲也看餓了，就吃麵，吃包子，吃豆粉，吃……。誰知道這樣吃傷食㉗了是不是非請醫生不可的事。誰知道他們憑什麼信仰敢吃了這樣又那樣。他們的腹量，我們真可以不必去過問好了，知道了也只多給我們吃驚的機會。眼看到那大托盤涼麵涼粉㉘從這面遞到那面去，眼看到整隻的燒滷㉙鴨子在一個斯斯文文的十八九歲女人手下撕得碎成小塊，眼看到那大碗的生辣子醬（彷彿是單是用來看的或嗅的），眼看到小孩子哭着喊要吃東西的情形，我們對於飢餓的戰爭，才真可以看到不少驚心動魄的事實！

沒有見慣這情形的人，也許將疑心以為這是更偉大的一幕劇——然而這樣說是不行的，這樣說就彷彿挖苦了這地方人了。這些人，並不是平時挨餓，當此時才能顯出各人的腹量，競爭於饕餮[30]的。能夠吃是無法的事。平時不是放縱時候，這時卻非放縱不可了。我們還可以放心，本地人，很少有因此得着很重胃病的，這地方，醫院就沒有一個，沒有醫院的地方，大概一切嬌養的病與奇怪的病，總不至於產生！

戲子呢，也總有人想明白吧。其實因了有戲享樂是一樣的。除了唱，他們也就是吃喝，在台上打觔斗[31]耍刀，費力是比坐着的看戲人費力的，但因此也就更吃得下東西了。他們的運氣，是並不比看戲人為壞的，一個唱完了一曲戲的角色還可以拿賞號[32]去戲台後邊賭骰子[33]，輸了也算得是輸了這一天他的嗓子。（輸嗓子的事，不是成天有不少傻東西在幹嗎？）一個戲子他還有另外的好運氣在，譬如唱旦角同唱小生[34]的，他能因他的裝扮出色而得到一種巧遇，但這個不是這一章書上應提及的事，所以不說了。

若果是一年三百六十天這地方全是那麼唱戲下去，若果是這戲唱下去是可能的事，那麼，這地方不知將成為什麼地方。戲唱得一久，我們可以想起一個人的可憐情形來了。

在下一章裏我將提起這可憐的人，怎樣便覺得可憐的原故。

第二章　說到他，唉！

讀者們，我請你每天五更[35]時到南門坪去。南門坪是這裏一個人人皆知的地方，問一問就可以知道。（我應附及說到的，是這個地方問路用不着小費，他們還不知道報路㊱可以要小費的。）到了南門坪，站在那溪邊打鐵的門前，等一會，就可以看到我所說的人來了。來到這裏他是要休息一會的。他將同這打鐵過夜的人談一陣天，除非是落雨，這規矩他不至於破壞。我們可以靠這打鐵的爐中熊熊的火明望清楚這人的臉同身材。我們可以照這樣為這人寫一張單子：

殺豬人阿大，年紀約略四十歲。高大的個兒，身長約五尺一寸。頸項短。膀子粗。嗓子嘶啞。光頭。臉有毛鬍子。兩腿勁健有力，壯實如牛。腰大且圓，轉動顯笨拙。

還有……

這人殺了不知有多少年的豬，儼然每一隻豬的精華都有一點兒在這人的身上，所以把這人變成如此結實了。但若同鐵匠打比，則這人的精壯又將成為另外一種意義，若說殺豬人身上有豬的精華，那鐵匠是在身體各部分全安得有鋼的。

這兩個人一見面，必定是鐵匠先說：

「早，阿大！」

「不早，哥。」阿大這樣回答，在回答以先，是已經就把肩上扛的殺豬武器放下了。

簡單的談話，便告了結束。於是這殺豬人暫時休息下來，從腰邊取下一隻旱煙桿㊲，抓一把煙塞到煙斗裏後，便就熱鐵上吸煙。吸着煙，看鐵匠同幫手揮動了大鐵錘打砧上的熱鐵，紅的鐵花四處飛，就好笑。打鐵不比殺豬，用的是死力氣，所以趣味是不同。因為彷彿趣味不同，是以殺豬人到這時，就不免手癢。鐵匠是對於阿大的興趣也看成習慣了，必定就說，「來，幫忙打一錘。」

不消說，這提議是即刻成為事實的。阿大手上拿了錘，舉起到頭上，先是很輕落到熱鐵上，到後不久就很沉重的隨到㊳拍子起落了，這時在他像喝酒，是在工作上找到一種甜味的，所以也像喝酒一樣，適量而止，打過一回鐵，錘就放下了。人是仍然不走的，就同鐵匠說一點閒話，或者蹲到一條粗木枋㊴製成的櫈上，一邊吸煙一邊看鐵匠同幫手打鐵。那塊熱鐵退回到爐中以後，風箱㊵是即刻便歸那幫手拉動，爐中也即刻發生碧綠的火燄，這火燄把鐵匠的朋友的臉映得分明不過。請你們看吧，乘到㊶這光明，證明我不是說假話，這人雖是做殺豬生意的人，樣子並不兇惡的。他不是像咬人吃人的人，也不像通常暴戾殘忍的劊子手。若是他在笑，那他這笑還可以證明這人是比其他許多人還可愛的。都因為忠厚，所以……

但是我先說完他在鐵匠處的情形，以及離開鐵匠以後的情形，再說這個人其他方面吧。

把煙吸過一半，就再上一斗，這一斗他可不吸，把煙管㊷抹抹，遞給鐵匠這面來。鐵匠照例是不拒絕，煙歸鐵匠吸，話就歸殺豬人說了。他總把一個笑話說着，一個老笑話，但在他說來卻以為並不重複，他勸鐵匠結婚。這殺豬人勸誘人的本事是不錯的。他總是一成不變的這樣說：

……這應當要了，年紀已到。一個老婆，可以陪到睡，也可以幫到打鐵。也可以幫到——打鐵，趁熱打，可以打出一個兒子，這是要緊的事！

鐵匠總照例是搖頭。鐵匠是不反駁這意見，也始終不承認這意見的。我們可以笑這殺豬人說的話不確實處是照到他的話，他自己在幾年中至少也應打出一個小孩子了。然而事實卻是雖「打」也並不曾有太太養一個孩子。誰能對這加以問題研究呢？誰明白呢？

不過他勸鐵匠討妻，是在「打」小孩子以外另有意義的。妻一到了家，就有磨難來到，這是他自己領教過的。妻來家後就生出許多事故，他尤其明白的。可是他還是勸他朋友討妻，也沒有說明妻的好處，這大約是他認為一個男子都應知道妻的好處，所以對鐵匠就不再在妻的用處方面加以解釋了。

勸者自勸，而鐵匠仍然是鐵匠，鐵匠雖然仍舊是一個人，勸者卻仍然每一天談到這事。把討老婆的話談完以後，兩人是應當在某一種事上打哈哈的，打着哈哈鐵匠就把煙桿遞回煙桿主人，於是殺豬人便應扛上傢業㊸走路了。

「時候還早啊！」

「不早啊，回頭見。」

出了門，便可以聽到各處雞叫。醒炮㊹還不曾放，守在城門邊的小販生意人已不少了。這些人全很容易的就認識了，作為這友誼交換的便是旱煙管那類東西。每人腰邊全不缺少一枝馬鞭子或木煙桿，他們客氣的互相交換的吸煙，又互相在對手行業上加以問訊，還來同在一種簡單笑話上發笑，在這裏簡直是「男女不分」。單是說說笑話，真用不着說誰是男的誰是女的，且在男女兩樣意義上誰就叨光㊺誰就上當！

在城門邊是有不少空灶的。這些灶在白天為賣狗肉牛雜碎的人所佔據，在這時，可為一些灶馬㊻的天下了。雖是冬天這裏灶馬也仍然活潑不過。誰也不知道牠們有什麼就生存下來，誰也不過問。也許是這地方的灶王㊼事情特別多，也許是這是灶王中頂有錢財的，所以用得着這許多灶馬。候城的人一面還同城門裏的老兵談着話，從門罅㊽裏交換煙袋，一面就坐在這類大的空灶上聽灶馬唱歌。

殺豬人也來到了，認識殺豬人的頂多，他們因殺豬人一來，話的方向便轉到肉價上來了。大家討論着，爭持着，瞎估着，殺豬人卻照例如在屠桌前時一個樣，沉默的在那裏估計手法。雖然這時不是拿刀時候，但已快到了。刀子一上手，什麼話也沒有說的，耳邊聽着各樣人說斤兩的聲音，只把刀在幾方肉上隨便砍割，砍割下來以後又很敏捷的拿秤杆在手，一手抹秤錘。

然而，坐到這裏聽小販子談豬價，或者是正擒着一隻黑豬，或者是同鐵匠打鐵，殺豬人，不說話，仍然另外總有原因啊！太太使他沉默了。用太太威儀，把人壓下，不敢多事，這是有許多人在事實下受着磨難，卻說不出口的。有些人彷彿又不很願意毅然承認。將軍，總理，在中國就總不缺少這類人。因為丈夫蹩㊾，太太因此更可以有權力同別一個男子作一點無害於事的故事，老爺是也裝着不聞不見的。殺豬人不幸是有把這富人貴人的弱點保有了在氣氛上，太太卻是一隻母大蟲㊿，一個平時以殺豬為職業的人，對於虎，當然就束手無法了。

他讓她，就因為讓，便有了例子，成為法律。這殺豬人在一種成規下把脾氣變成更好，也就變成更可憐了。他怕她，因為怕她就更任其她縱性行事。一個怕老婆的人，是比其他男子多得到不少義務的，於是這殺豬人也因了一種份內的所得，把自己變成責任加重一個人了。

所謂可憐者，還是這類人把權力與義務份量成為兩樣的輕重，雖成天有機會可以打太太一拳，不但不，反而有被打模樣，被打以後還在磨難中勸人討妻，以為妻是應當有，而妻的行為也都應當如此。

這人每天這樣老早就起來，不怕風，不怕雨，作着他造孽事業，卻讓太太在被中享福。這人不辭勞苦的把一隻活豬處置到變成錢以後，卻讓太太把這錢銷耗到戲場的各樣事情上去。這人還得有許多機會得到睜了眼看一些怪事，以及張了耳朵聽人議論到關於自己一家的笑話，因為太太原是那麼一個年青多情的太太啊。

別人問他豬生意叨了多少光，意思就彷彿在說「某一個小子得了你太太賙濟51多少錢。」別人談到生意好，就比如說「因為生意好忙不過來，所以得請旁人代勞照料太太。」總之，說話的人說的話是一面還是兩面，這殺豬人聽來卻全是話外的話。雖然能這樣聽，在證明耳朵不聾之下他的對太太手段仍然不會另有花樣，真不能說這有力氣的漢子便是有志氣的漢子了。

這時在眾小販中，就有那所謂幫過殺豬人忙照料過他太太的年青小子在，見了殺豬人來不但不走，且反而走攏來同他打招呼。

殺豬人坐到灶頭等候開城，不說一句話。他有什麼可說呢？沒有的。若是這時非說不可，他就應當罵這些人一頓娘，用口來辱這些人三代，這是他可以採用的戰略一種。其次他便應當把這殺豬的刀去殺面前那個年青小子。在本地，比這個被污辱以下的許多小事，也作興[52]用刀來流血的，但殺豬人的刀，卻彷彿只能流豬的血，而且這弱點為太太與外人看得清清楚楚了。

「老闆，你這樣出來幹嗎？」話中的意思，是太早了把太太放到家中不是很給了些方便麼？

殺豬人笑笑的答應不早。

「實在太早了。」

殺豬人就不再作聲了，他無可奈何。他以為自己的事倒被這些旁人操心，真是無辦法的受窘。

我們且讓醒炮一放，看殺豬人進城到它它街，怎樣的殺他的豬。

在它它街的土地廟[53]前，守廟的夥計，是早已把一鍋水燒沸，大木盆同俎座[54]已位置妥當，無仇無怨的豬也似乎醒了，只等候殺豬人來，來以後，就問道：

「水已好了麼？」

「好了。」

「一切預備了麼？」

「預備了。」

幫手答着照例的話，於是把豬放出。這時殺豬人勇氣出來了，露着膊，把刀銜在口上，雙手不客氣的拖着豬的大耳，不管豬如何掙扎如何叫喊，上了俎座，幫手幫扯腳，殺豬人用他的肥身壓定了豬身，刀子從豬的脖下扎進去，把缽[55]接着血，於是近街的人皆在睡夢中聽到豬的聲音漸漸漸沉，到以後，卻只有一聲沉頓的肉與地面接觸的聲音，一切全在沉寂中了。

在幫手的幫助下，殺豬人流着大的汗，交換着刮毛，吹腳，上架，破腔等等工作，一點鐘以後肉便上了市，殺豬人已站在那屠案的一端，在用刀斫56剁刮得淨白的一方豬肉了。

斫一天，忙一天，耳朵聽着斤兩的吩咐，口上答着價錢，守到屠桌邊一整天，全身為豬油所沾污，直到晚。人倦了賺來的錢全虧太太在戲場中（不在戲場時是還有牌場的）花掉，太太也倦了。回到家來等候太太，或者還到戲場中找到太太吃飯，太太卻因為倦了，不作飯，不作菜，坐到房的一角吃水煙57。

問到戲，太太是答應得出的。不過太太另外還有說的，便是某某麵館的肉賬已取得，某某的肉錢已取得；這些人，在殺豬人屠案桌邊掛賬58買的肉，卻把肉一滷，用五倍或三倍的價錢折給這老闆娘請客吃光了。

殺豬人，只有一面點首一面塗銷那本賬上的款項。太太還是吃煙，到後就要男人送她錢，明天上戲場。

（本章完）

題解

本篇發表於一九二八年九月二十一日、二十五日、二十六日上海《中央日報·紅與黑》第三十至三十二號，署名巴庫。二零零二年收入北岳文藝出版社出版的《沈從文全集》第二卷《梓里集》。

在這篇文章中沈從文把鏡頭對準屠夫阿大這個生活在社會最低層的普通百姓。文章題篇名為《屠夫》，但是三分之一的篇幅寫看戲和唱戲。把屠夫阿大這個平凡人的平凡人生，可憐人的可憐人生置於戲台之上，在阿大非道德、非倫理的「特殊家庭」生活中，沈從文懷着憂慮參半的心情，關注這些底層人的靈魂。

註：

① 浦市：地名。位於湘西西南瀘溪縣境內的沅江邊，湘西四大名鎮之一。
② 打哈哈：見《瑞龍》註釋㊳。
③ 社戲：見《在私塾》註釋㉚。
④ 打加官：見《我的小學教育》註釋㊶。
⑤ 三國志：晉代陳壽（二三三—二九七）編寫的一部主要記載魏、蜀、吳三國鼎立時期的紀傳體國別史，詳細記載了從魏文帝黃初元年（二二零）到晉武帝太康元年（二八零）六十年的歷史，受到後人推崇。位列

中國古代二十四史記載時間順序第四位元，與《史記》、《漢書》、《後漢書》並稱前四史。

⑥ 封神榜：又名《封神演義》、《商周列國全傳》、《武王伐紂外史》、《封神傳》。是一部中國神魔小說，作者不可考，約成書於明代隆慶、萬曆年間。其內容依託「周興商滅」歷史背景，用武王伐紂為線索，從女媧降香開書，到姜子牙封三百六十五位元正神結束，根據評話《武王伐紂》，參考古籍和民間傳說創作而成。

⑦ 施公案：亦稱《施公案傳》、《施案奇聞》、《百斷奇觀》，為晚清小說。八卷，九十回，未著撰人。小說的中心人物施公施仕綸，實即康熙年間施世綸，字文賢，清漢軍鑲黃旗人，曾任揚州、江甯知府、漕運總督等官，著有《南堂集》，《清史稿》有傳。書中許多公案題材和情節，大都出於虛構。書中大小十餘案，大都靠託夢顯靈、鬼神鑒察來解決，靈異色彩很濃。表現了維護忠孝節義和封建等級制度的明顯傾向。

⑧ 官家：見《老實人》註釋㊿。

⑨ 衙門：見《更夫阿韓》註釋⑰。

⑩ 副爺：見《入伍後》註釋㊱。

⑪ 官棚子：舊時戲場中為官員設置的席位。

⑫ 抽頭：原指賭場主人從贏家所得中抽取一定數額的利錢。後泛指假借各種名義向人索取財物，或依仗與權勢有某種關係，招搖撞騙，收受賄賂。此處指士兵向戲班索取好處。

⑬ 號褂子：與所說號衣，見《在私塾》註釋⑯。

⑭ 會賬：在飯館、酒館、茶館等處邂逅親朋而代為付賬。

⑮ 秦瓊（？—六三八）：字叔寶。齊州曆城（今山東濟南市）人。唐初著名大將，曾追隨唐高祖李淵父子為大唐王朝的穩固南北征戰，因其功居於凌煙閣二十四功臣之一。民間把他與尉遲恭視為傳統門神。

⑯ 哭頭：也叫哭腔。戲曲中附屬板式之一。是劇中人傷心哭泣時的一種專用唱腔。其本身不能構成完整的獨立唱段，只作為某一種板式的附加部分出現，用以渲染傷心、悲痛的氣氛。

⑰ 打比：比較。

⑱ 岳飛（一一零三—一一四二）：字鵬舉。河北西路相州湯陰縣永和鄉孝悌里（今河南省安陽市湯陰縣菜園鎮程崗村）人。漢族。著名軍事家、民族英雄、抗金名將，南宋中興四將（岳飛、韓世忠、張俊、劉光世）之一。

⑲ 黃忠（?—二二零）：字漢升。荊州南陽（今河南省南陽市）人。漢族。三國時期蜀漢名將，本為東漢末年群雄劉表麾下，後成為三國時期蜀漢著名將領，官至後將軍，死後謚為剛侯。

⑳ 蔣平：見《卒伍》註釋㉘。

㉑ 竇爾墩：原名竇開山，乳名二東。清直隸河間府縣竇三町人。因排行第二，長得虎背熊腰，故又叫竇二墩。出身貧苦農民家庭，行俠仗義，嫉惡如仇，因不滿地主為富不仁，涉足綠林，抗清反暴。官兵捉拿竇爾墩的老母，誘其投案而亡。

㉒ 千把外額：千把是清代對武官千總、把總的並稱。外額是對清代駐守邊防的額兵（清八旗綠營兵）或額兵統領的稱呼。

㉓ 員外：古時官職員外郎，此處指有錢有勢的地主豪紳。

㉔ 帶起：見《晨》註釋㉓。

㉕ 旦角：見《我的小學教育》註釋⑫。

㉖ 濡緩：遲滯緩慢。

㉗ 傷食：見《夜漁》註釋⑱。

㉘ 涼粉：夏天時類似果凍的清涼食物。湘西所謂涼粉，是用一種野生植物的籽（涼粉籽）在水裏揉製而成，吃時放糖，或加白醋，與其他地方用糧食佐食的涼粉時所放的油鹽醬醋等佐料不同。沈從文在《往事》中有「士元涼粉是玫瑰糖的」之說。

㉙ 滷：用五香鹹水或醬油等濃汁製作食品。

㉚ 饕餮：古代傳說中一種惡獸名，古代銅器上多刻有牠的頭部形狀作裝飾。比喻貪吃的人。

㉛打觔斗：打斤斗，見《我的小學教育》註釋㉖。

㉜賞號：即現今的「紅包」。賞給每人一份兒的東西或錢。

㉝骰子：見《我的小學教育》註釋⑯。

㉞小生：京劇中比較年輕的男性角色。特點是不戴鬍子，扮相一般都是比較清秀、英俊。在表演上最大的特點是唱和唸都是真假聲互相結合，假聲比較尖、細、高。聲音聽起來比較年輕，跟老生有所區別。

㉟五更：寅時，後半夜三時至五時。

㊱報路：給別人指路。

㊲旱煙桿：見《入伍後》註釋㉕。

㊳隨到：同下文陪到、幫到、照到見《晨》註釋⑨。

㊴木枋：見《入伍後》註釋⑱。

㊵風箱：壓縮空氣而產生氣流的裝置。最常見的一種由木箱、活塞、活門構成，用來鼓風，使爐火旺盛。

㊶乘到：見《晨》註釋㉟。

㊷煙管：見《夜漁》註釋⑦。

㊸傢業：「傢」是「家」字的異體。家業，此處指屠夫阿大殺豬的器具。

㊹醒炮：見《更夫阿韓》註釋⑱。

㊺叨光：與後文叨……光同見《老實人》註釋④。

㊻灶馬：見《山鬼》註釋㊹。

㊼灶王：灶神。也稱灶君、灶王爺、灶公灶母、東廚司命、灶司爺爺等。中國古代神話傳說中的司飲食之神，舊俗供於灶上。晉以後則列為督察人間善惡、掌握一家壽夭禍福的司命之神。傳說灶王於農曆臘月二十三日至除夕上天陳報人家善惡。

㊽門罅：見《棉鞋》註釋⑲。

㊾鼈：本領不高。

⑤⓪ 母大蟲：在中國古代，大蟲特指老虎，母大蟲即母老虎，指雌性虎。藉指潑婦或刁婦。

⑤① 賙濟：接濟，救助。

⑤② 作興：見《山鬼》註釋⑨⑨。

⑤③ 土地廟：見《更夫阿韓》註釋⑪。

⑤④ 俎座：俎，切肉或切菜時墊在下面的砧板。俎座在此處指殺豬的條案。

⑤⑤ 缽：見《夜漁》註釋③。

⑤⑥ 斫：原意為大鋤；這裏引申為用刀、斧等砍。

⑤⑦ 吃水煙：水煙是一種煙草製品。中國西南地區稱黃煙、刀煙。產於福建、甘肅。將煙草配以食油等佐料將餅塊刨絲製成，然後裝在水煙袋上點燃抽吸。水煙袋一般是底下有一扁圓形的水筒，裏面裝着清水；水筒上面連着長短、粗細各不相同的兩根硬管。其中短而粗的為煙斗，裝煙絲用；長而細且頂端彎曲的為吸管，供吸煙用。吸煙時，煙氣先從水中通過，發出陣陣有節奏的「咕嚕」聲，然後才進入口腔中。這樣既能達到吸煙的目的，又可減輕煙氣對口腔的刺激。

⑤⑧ 掛賬：指臨時性往來借欠款不及時結賬。

第一次作男人的那個人

這是早晨了。

雖然人正是極其胡塗，且把胡塗的眼看看自己以外的一切，這是作得到的一件事。

他就這樣辦了。

大致這看覷一切的才能，在他事業上有了互相幫助，所以他能按了一種藝術上顯隱的原則，把觀察支配得匀稱之至。他看見的是，——

一個舊木床（不消說床上是自己同女人）；包裹了自己同女人的是一幅綠花綢面的薄被。被是舊了的。頭上的頂棚是白色，白的顏色還帶灰，也舊了。壁上是用小圓釘釘固了四張小畫片①，（這又是上了年紀的古董！）……

牆的東邊角上，另外有掛衣傢具。他的素色長衫是掛在三件有顏色的花紗女人長袍子中間，顯出非常狼狽樣子。……

窗前一幅大窗紗，原本似乎是白色，是用過很高價錢換來的東西，這時模樣卻如故家命婦②，風姿的剩餘，反而使人看來更覺蕭條可憐了。在紗簾下窗台前是一個粉盒，是一把剪。……

一縷紅線繫在床頭牆壁小釘上。……

小小的梳妝台上放得是茶壺，杯，女人的帽，一個小皮錢袋，一些不知用處的小瓶小盒。……

最後於是見到地下了，一些鞋，白色高跟的，黃皮的，黑皮空花的，薄底青緞的……鞋子有五雙六雙吧。

莫名其妙的，他微笑了。

一個女人就等於這些眼所見的東西，這些東西也等於一個女人。單單說要一個女人，不要鞋子，香水，剪，以及……那恐怕是不行吧。

這發現，超乎常識以上了，他便玩味着，彷彿還考慮着，是永久作一個女人的男子下去好，還是仍然依舊作光身③漢子好。

當然是找不出什麼結果！

「還是對付眼前吧，」這樣想，就把心收回了。他讓觸覺來支配自己，這時節，身是光身，為一個溫暖的肉體所偎依，手是恰恰如旅行者停頓到山水幽僻處模樣停頓在女人的腹下。

陌生的身體，每一處，在一夜來已成熟地方了，他為這樣便驚異起來。只一夜，就是這樣的熟習，那些把身體給了一個男子，一年半載的在一塊，這狎玩④，這習慣，真不堪設想了！在平時，還奇怪別人的在人面前的放肆親嘴為不可恕的示威，但想想，假使身前並無他人，這應當是怎樣情形呢？

他能從自己的放肆上想出別人的一切。這才真是不可恕的荒唐，假使讓這樣行為給了一個光身漢子有知道的機會！

年青人，為了一種憧憬的追求，成天苦惱着，心上掀着大的波濤，但所知道真是可憐的少。為一度家常便飯的接吻，便用着戰士的犧牲與勇敢向前。為一次不下於家常便飯的摟抱，這想望，也就能毀了自己一切生活上的秩序。但在另外任何一處，這樣事真是怎樣不足道的平常事啊！一個女人在這事上或在沒有發現男子可憐以前只看出男子是可笑東西。是的，男子永遠是可笑東西。為了好奇，他追求，不顧一切，但是，發現了這事以後，那看得平常的心情，便把過去的損失從輕視這行為上找到利息與本錢了。這本利是非拿回不可的。

沒有一個男子不是這樣的，他也是。

此後，沒有那所謂驚訝了，也沒有神秘，沒有醉。放蕩一點，或者在情慾上找到一種沉醉吧。但這樣，去第一次的幻的美麗更遠了。

一個男子在不曾接近女人以前，他的無知識，愚鹵⑤，是可憐可笑的。不過，作了一個女人的夫或情人以後，對人生較淵博的這人，再也不能想到當初的美的夢了。他所發現的仍然是很多使他驚奇，但全不是所預料的一切一切。

從這方面說來，所有的損失，是不能在何等支票下兑取本利的。

他想到這些，並沒有結論。因為所謂支票者，是在自己身邊。數目是在自己填寫。他在一晚來已填過一些了，似乎還可以再開一個數目。

他把手移動，這樣事，找不到怎樣恰當名詞。他對於這手的旅行是感到愉快的。他不願意她醒，因為只有這樣可以得到一些反省機會，機會是極難得於平時找到的東西。

這荒唐不經的行為，在將來，將怎樣影響到他的生活上來？他並不計到。他同時所覺到的，是在昨夜以前的自己，所作的女人的夢，太膽小，太窄，太泛了，這時的所得只給了一個機會，是從此更能憐憫一切未曾作男子的男子。

讀十遍遊記，敵不過身親其地旅行一回。任何詳細的遊記，說到這地方的轉彎抹角，說到溪流同小岡，是常常疏忽到可笑的。到這時，他才覺得作一個女人身上的遊記，是無從動筆的。天才或者是例外。但旅行的天才盡有，記述這樣旅行的遊記是從沒有一本較佳的東西。因此想到自己的事業，不過自己能作得好麼？這是問題。

女人的味，用眼睛看的所得，是完全與用手或別的什麼去接近有兩樣感覺的吧。眼睛的適宜不一定同樣適宜於手或別的東西。用眼睛來選擇愛情是很危險的。眼睛看女人是一首有韻的詩，其實則用手來讀這詩時才知道女人是散文，是彷彿來不及校對而排印的散文，其中還有錯字，雖然錯字多數是夾在頂精彩的一句中。

女人的味道是雄辯，到佳處時作者與讀者兩不知還有自己存在。

情慾是鴉片，單是想象的抽吸，不能醉人。嗅，也不能醉，要大醉只有盡量，到真醉時才能發現鴉片本質的。鴉片能將人身體毀壞靈魂超生，情慾是相反的。

說是鴉片能怎樣把人的靈魂超度，那是沒有的事吧。不過一種適當分量下的情慾滿足，是能使人得着那神清氣爽機會的。

它是帶着極和悅的催眠歌在一塊的，那是應當被人承認的一種事實。

至少他是承認了，他在今年來算是第一次得到安眠，比藥劑的飲服還多效驗。他盡了量的用了這女人過後，便為睡眠帶進另一個夢裏去了，醒來雖比女人還早，一種舒暢是在平時所不曾有的。

這合了鴉片能治病的一個故事，沒有上癮，間一次的接近，他的失眠症，是從此居然可以獲救了。

覺悟到這些的他，同時手上得的學問是一種文字以上的詩句，是夢中精巧的音樂的節奏，是甜的——但不是蜜棗或玫瑰龍眼。他屏心靜氣，讓手來讀完這一幅天生就的傑作。

她是和平的安靜的側身與他並頭睡下的。氣息的勻稱，如同小羊的睡眠。臉色的安詳，抵除了過去的無恥，還證明了這人生的罪惡並沒有將這人的心也染了污點。

到這時，還有什麼理由說這是為錢不是為愛麼？就是為錢，在一種習慣的慷慨下，行着一面感到陌生一面感到熟套的事，男子卻從此獲到生命的歡喜，把這樣事當成慈悲模樣的舉動來評價，女人：不是正作着佛所作的事麼？無論如何一個這樣女人是比之於賣身於唯一男子的女人是偉大的。用着貞節或別的來裝飾男子的體面，是只能證明女人的依傍男子為活，才犧牲熱情眷戀名教⑥的。

女人把羞恥完全擲到作娼的頭上，於是自己便是完人了。其實這完人，心的罪孽是造得無可計量的。熱情殺死在自私手中，這樣人還有驕傲，這驕傲其實便是男子給她們的。她們要名教作什麼用。不過為活着方便罷了。娼也是活。但因為無節制的公開增加了男子的憤怒，反佔有的反抗使專私的男子失了自尊心，因此行着同樣為活的本分，卻有兩樣名稱而且各賦予權利與義務了。男子是這樣在一種自私心情中把女子名分給佈置下來的，卻要作娼的獨感到侮辱，這是名教在中國的勢力。據說有思想的女人是這樣多，已多到一部分純然自動的去從軍，作軍閥戰士之一員，另一部分又極力去作姨太太，娼妓的廢除也日益喊得有勁，是辦得到的事麼？

所謂女子思想正確者，在各樣意義上說話，不過是更方便在男人生活中討生活而已。用貞節，或智慧，保護了自己地位，女人仍不免是為男人所有的東西。

使女人活着方便，女人是不妨隨了時代作着哄自己的各樣事業的。雄辯能掩飾事實，然而事實上的女人永遠是男子玩弄。

說到娼，那卻正因為職業的人格的失墜，在另外一意義上，是保有了自己，比之於平常女人保有的分量彷彿還較多了。

其一，固然是為了一點兒錢，放蕩了，但此外其一，放蕩豈不是同樣放蕩過了麼？把娼的罪惡，維持在放蕩一事上，是無理由的。

這時的他，便找不出何等理由來責備面前的女子。女人是救了他，使他證實了生活的真與情慾的美。倘若這交易，是應當在德行上負責，那男子的責任是應比女人為重的。可是在過去，我們是還沒有聽到過男子責任的。於此也就可見男子把責任來給女子，是在怎樣一種自私自利不良心情上看重名分了。

女人的身，這時在他手上發現的倒似乎不是詩不是美的散文，卻變成一種透明的理知了。過去的任何一時節，想到了女人，想到了女人於這世界的關係，他是不曾找到如此若干結論的。

她醒了。

先是茫然。凝目望空中。繼把眉略皺，昨夜的回憶返照到心上了。且把眸子移身旁，便發現了他。

她似乎在追想過去，讓它全部分明，便從這中找出那方法，作目下的對付。

他不作聲，不動，臉部的表情是略略帶愧。這時原是日光下！

她也彷彿因為在光明下的難為情了，但她說了話。

「是先醒了麼？」

「是醒過一點鐘了。」

她笑，用手摟了他的腰。這樣便成一個人了。她的行為是在習慣與自然兩者間，把習慣與自然混合，他是只察覺得熱情的滋補的。

「為什麼不能再睡一會兒？」

「也夠了，」他又想想，把手各處滑去。「你是太美了。」

「真使你歡喜麼？我不相信。」

「我那裏有權使你相信我？不過你至少是相信我對女人是陌生的，幾幾乎可以說是——」

「我不懂你，你說話簡直是做文章。」

「你不懂麼，我愛你，這話懂了麼？」

「懂是懂了，可不信。男子是頂會說假話的。」

「你說愛我我倒非常相信，我是從不曾聽女人在我耳邊說愛我的。」

女人就笑。她倒以為從她們這類人口上說出的話，比男人還不能認真！

她是愛他的。奇怪的愛比其他似乎全不相同。

因為想起他，在此作來一些非常不相稱的失了體裁⑦的行為，成為另外一種風格，女人咀嚼這幾乎可以說是天真爛漫的愛嬌，她不免微笑。她簡直是把他當成一個新娘子度過一夜。一種純無所私的衷情，從他方面出發，她是在這些不合規矩的動作上，完全領受了的。

在他的來此以前，她是在一種純然無力的工具下被人用，被人吃。這樣的陳列在俎⑧上席上，固然有時從其他男子的力上也可以生出一點炫耀，一點傾心，一點醉。但她不知道用情慾以外的心靈去愛一個男子的事。

她先不明白另外一種合一的意義，在情慾的恣肆下以外可以找到。

在往常，義務情緒比權利氣質為多，如今是相反的。雖然仍免不了所謂「指導」的義務，可是，「指導別人」與「相公請便」真是怎樣不同的兩件事呀！

她開始明白男子了。她明白男子也有在領略行為味道以外的嗜好，（一種刻骨的不良的嗜好呵！）她明白男子自私以外還可以作一些事。她明白男子想從此中得救者，並不比世界上沉淪苦海想在另一事上獲救的女人為少。

至於她自己，她明白了是與以前的自己截然相反。愛的憧憬的自覺，是正像什麼神特意派他來啟發她的。

因此，她把生意中人不應有的腼腆也拿回了，她害羞他的手撒野。

「不要這樣了，你身體壞。」

「……」他並不聽這忠告。

「太撒野了是不行的，我的人。」

「我以後真不知道要找出許多機會讚美我這隻手了，它在平常是只知拿筆的。」

「恐怕以後拿筆手也要打顫，若是太撒野。」

「不，這只有更其靈敏更其活潑，因為這手在你身上鍍了金。」

「你只是說瞎話，我也不信。我信你的是你另外一些事，你是誠實人。」

「我以為我是痞子滑頭呢。」

「是的，一個想學壞時時只從這生疏中見到可笑可憐的年青人。一個見習痞子⑨吧。」

「如今是已經壞了。」

「差得多！」

他們倆想起昨天的情形來了。他是竭力在學壞的努力中，一語不發，追隨了她的身後，在月下，在燈下，默默的走，終於就到了這人家，進了門，進了房，默默的終無一語。

坐下了。先是茫然的，癡立在房的中央，女人也無言語，用眼睄。所謂睄，是固定的，雖暫時固定而又飄動的，媚的，天真而又深情的，同時含着一點兒蕩意，於是他就坐下了。坐下了以後，他們第一次交換的是會心的一笑。

我們在平常，是太相信只有口能說話的事實了，其實口所能表白的不過是最笨的一些言詞而已。用手，眼，眉，說出的言語，實就全不是口可以來說盡的。所謂頂精彩的文字，究竟能抵得過用眉一聚表白得自己的心情的真？是很可以懷疑的。

他們倆全知口舌只是能作一些平常的嘮叨廢話，所以友誼的建立，自始至終是不着一文一字的。

不說話，拋棄了笨重的口舌（它的用處自然是另外一事），心卻全然融合為一了。

在他不能相信是生活中會來的事，在女人心上何嘗不是同樣感想：命運的突變，奇巧的遇合，人是不能預約的。

他玩味到這荒唐的一劇，他追想自己當時的心情，他不能不笑。

不說話，是可以達到兩心合而為一的。但把話來引逗自己的情緒，接觸對方的心，也是可能吧。口是拿來親嘴的東西，同時也可以用口，說着那使心與心接吻的話。嘮叨不能裝飾愛情，卻能洗刷愛情，使愛情光輝，照澈幽隱。

女人說她是「舊貨」，這樣說着聽的人比說的人還覺傷心。

用舊的傢具是不值價了，人也應當一樣吧。用舊的人能值多少呢？五塊錢，論夜計算，也似乎稍多了吧。行市⑩是這樣定下，縱他是怎樣外行，也不會在一倍以上吧。

他的行為使她吃驚。

說是這有規矩，就是不說用舊的人吧，五塊六塊也夠了。他不行。

他送她的是四張五元交通銀行⑪鈔票。是家產一半。昨天從一個書店匯來的稿費四十。他把來兩人平分了。

她遲疑了，不知怎麼說是好。

告他不要這樣多，那不行，從他顏色上她不能再說一句話。至於他呢，覺得平分這僅有的錢，是很公允的一件事。她既然因為錢來陪一個陌生男子，作她所不願作的事，是除了那單是作生意而來的男子，當不應說照規矩給價的話的。盡自己的力，給人的錢，少也行。多則總不是罪惡。若一定說照規矩給價，那這男子所得於女人的趣味，在離開女人以後，會即刻就全消失了。這樣辦當然不是他所能作的。

「請你收下好了，這不是買賣，說到買賣是使我為你同我自己傷心的。」

「但沒有這樣規矩，別人聽到是不許的。」

「這事也要別人管嗎？別人是這樣清閒麼？」

「不過話總是要說的，將說我騙了你。」

「騙我麼？」他再說，「說你騙我麼？」

他不作聲了，把錢拿回。他歎了一聲氣，眼中有了淚。

在過去，就是騙，也沒有女子顧及的他，聽到這樣誠實話，心忽然酸楚起來了。

他是當真願意給人用癡情假意騙騙，讓自己跌在一件愛的糾紛中受着那磨難的。彷彿被人騙也缺少資格的他，是怎樣的寂寞中過着每一個日子呀！

如今，就把這錢全數給了女子，這樣的盡人說是受了騙，自己是無悔無怨的。別人是別人，說着怎樣不動聽的話，任他們嘴舌的方便好了。說被騙的是呆子，也無妨。若一個人的生活憑了謠言⑫世譽⑬找那所謂基礎，真是罔誕極了。

不過這之間，謠言是可怕東西。可怕的是這好管閒事的人的數量之多。社會上，有了這樣多把別人的事馳騁於齒牙間的人，甚至於作娼妓的人還畏懼彼等，其餘事可想而知。

他哭了。

她更為難了。也不能說「我如今把錢收下，」也不能說「錢不收是有為難處。」她了解他的哭的意義，但不能奉陪。一個作娼的眼淚是流在一些別的折磨上去了，到二十歲左右也流完了。沒有悲觀也沒有樂觀，生活在可怕懵懂中，但為一些惡習慣所操縱，成為無恥與放蕩，是娼妓的通常人格。天真的保留是生活所不許的一種過失，少滑巧便多磨難。他把她僅有的女性的忠實用熱情培養滋長，這就是這時為難的因緣了。若所遇到的是另外一個男人，她是不會以為不應當收下的。她是在一種良好教訓下學會了敲詐以及其他取錢方法的一個人，如今卻顯得又忠實又笨，真真窘着了。

他哭着，思量這連被騙也無從的過去而痛心。加以眼前的人是顯得如此體貼，如此富於人的善性，非常傷心。

「我求你，不要這樣了，這又是我的過錯。」女人說了女人也心中慘。

一切的過失，似乎全應當由女人擔負，這是作娼者義務。責任的承當卻比如命運所加於其他災難一樣，推擺不脫也似從不推擺。喔，無怪乎平常作小姐太太的女人覺得自己是高出娼妓多遠，原來這委屈是只有她們說的婊子⑭之類所有。婊子是卑賤而且骯髒的，我們都得承認。作婊子的也就知道自己算不得人，處處容忍。在這裏我們卻把婊子的偉大疏忽了，都因為大家以為她是婊子。

他聽到女人的自認過錯，和順可憐，更不能制止自己的悲苦。

世界上，一些無用男子是這樣被生活壓擠，作着可憐的事業，一些無用的女子，卻也如此為生活壓力變成另一型式，同樣在血中淚中活下，要哭真是無窮盡啊！

他想起另外一個方法了，他決心明天來，後天來，後後天又來，錢仍然要女人先收，轉給了那彷彿假母⑮的婦人。

「當真來麼？」

「當真。」

「我願意我——」她說不下去了，笑，是苦笑。

「怎麼樣呢？你不願意我來麼？」

「是這樣說也好吧。」

「不這樣說又怎樣？」

「我願意嫁你，倘若你要我這舊貨的話。」她哭了。「我是婊子，我知道我不配作人的妻，婊子不算是人，他們全這樣說！即或婊子也有一顆心，但誰要這心？在一個骯髒身上是不許有一顆乾淨的心吧。……可是我愛你，我願意作你的牛馬，只要你答應一句話！」

似乎作夢，他能聽她說這樣話。而且說過這些話的她，也覺得今天的事近於做夢了，她說的話真近於瘋話了。

他們都為這話愣着了，她等他說一句話。他沒有作聲，她到後，就又覺得是不成，仍然哭下來了。

他不知道說什麼為好？

他能照她所說，讓她隨了自己在一塊住，過那窮日子的可憐生活麼？這樣說過的她，是真能一無牽掛，將生活一變麼？

是不行吧。

他來細想。想到自己，是很可憐的無用的人，還時時擔心到餓死，這豈能是得一個女人作伴的生活。生活的教訓，養成了他的自卑自小，說配不配的話，在他一考慮，倒似乎他不配為一個女人作夫了。即說女人是被人認為婊子的人，把她從骯髒生活中拖出，自己也不是使人得到新生的那類男子。

他心想：「我才真不配！」

靜靜的來想一切，是回到自己住處以後的事。

總之，這樣想，那樣想，全是覺得可慘。

把自己關在自己的小房中，把心當成一座橋，讓一切過去事慢慢爬過這橋，飯也不吃了。他想先看清楚自己，再找第二次機會看清楚別人。他想在過去生活上找一結論，有了結論則以後對這婊子就有把握了。

……

在上燈⑯出門以前，他在那一本每日非寫一頁字不可的日記冊上，終於寫道：

「我是第一次作一個女子的男人了。」

他的出門是預備明天可以再寫這樣一行，把第一次的「一」字改成「二」字。

題解

本篇作於一九二八年八月十日，發表於同年十一月十日《小說月報》第十九卷第十一號，署名甲辰。一九二八年十月收入上海春潮書店初版《雨後及其他》。一九八二年收入廣州花城出版社、三聯書店香港分店聯合出版的《沈從文文集》第二卷《雨後及其他》集。二零零二年收入北岳文藝出版社《沈從文全集》第三卷《雨後及其他》集。

作品描寫了一個青年男子和風塵女子發生關係後的情感和心理變化。作品的情節並不曲折，重在心理描寫，同時加入了許多議論性文字，沈從文曾評價這部作品，「作小說，事實的寫述太少，心情的辯解太多，成了幾乎像是論文那類東西了。我是無法把小說作好的。雖然這是同過去許多作品一樣，並不缺少力與真，但這為過多的問題上詭解所影響，不是能使我滿意的東西。」雖然如此，但是作品對於我們了解他的思想，體會他的小說散文化的風格具備重要意義。

註：

① 小畫片：印刷製作成的小幅圖畫。
② 命婦：見《煥乎先生》註釋⑭。
③ 光身：見《老實人》註釋㉘。

④狎玩：輕薄地玩弄。

⑤愚鹵：同愚魯，愚笨魯鈍。

⑥名教：以正名定分為主要內容的封建禮教。

⑦體裁：原指文學作品的分類，文中指行事的原則。

⑧俎：見《屠夫》註釋54。

⑨痞子：惡棍；流氓無賴。

⑩行市：行情，指證券或商品的現時的出價、發價或價格。

⑪交通銀行：始建於光緒三十三年（一九零七年），由郵傳部奏准後開辦，係官商合辦性質，該行業務除了普通銀行業務外，所有陸路、海運、郵、電四政的款項，均歸其經營。

⑫謠言：沒有事實根據的傳言。

⑬世譽：一世的聲譽。

⑭婊子：對妓女的蔑稱。

⑮假母：指鴇母。

⑯上燈：見《瑞龍》註釋18。

龍朱

寫在「龍朱」一文之前

這一點文章，作在我生日，送與那供給我生命，父親的媽，與祖父的媽，以及其同族中僅存的人一點薄禮。

血管裏流着你們民族健康的血液的我，二十七年的生命，有一半為都市生活所吞噬，中着在道德下所變成虛偽庸懦的大毒，所有值得稱為高貴的性格，如像那熱情、與勇敢、與誠實，早已完全消失殆盡，再也不配說是出自你們一族了。

你們給我的誠實，勇敢，熱情，血質的遺傳，到如今，向前證實的特性機能已蕩然無餘，生的光榮早隨你們已死去了。皮面的生活常使我感到悲慟，內在的生活又使我感到消沉。我不能信仰一切，也缺少自信的勇氣。

我只有一天憂鬱一天下來。憂鬱佔了我過去生活的全部，未來也仍然如骨附肉。你死去了百年另一時代的白耳族王子，你的光榮時代，你的混合血淚的生涯，所能喚起這被現代社會蹂躪過的男子的心，真是怎樣微弱的反應！想起了你們，描寫到你們，情感近於被閹割的無用人，所有的仍然還是那憂鬱！

第一　說這個人

白耳族苗人中出美男子，彷彿是那地方的父母全曾參與過雕塑阿波羅神①的工作，因此把美的模型留給兒子了。族長②兒子龍朱年十七歲，為美男子中之美男子。這個人，美麗強壯像獅子，溫和謙馴如小羊。是人中模型。是權威。是力。是光。種種比譬③全是為了他的美。其他的德行則與美一樣，得天比平常人都多。

提到龍朱相貌時，就使人生一種卑視自己的心情。平時在各樣事業得失上全引不出妒嫉的神巫④，因為有次望到龍朱的鼻子，也立時變成小氣，甚至於想用鋼刀去刺破龍朱的鼻子。這樣與天作難的倔強野心卻生之於神巫，到後又卻因為這美，仍然把這神巫克服了。

白耳族，以及烏婆、猓猓、花帕、長腳各族，人人都說龍朱相貌長得好看，如日頭光明，如花新鮮。正因為說這樣話的人太多，無量的阿諛，反而煩惱了龍朱了。好的風儀用處不是得阿諛（龍朱的地位，已就應當得到各樣人的尊敬歆羨了。）既不能在女人中煽動勇敢的悲歡，好的風儀全成為無意思之事。龍朱走到水邊去，照過了自己，相信自己的好處，又時時用銅鏡觀察自己，覺得並不為人過譽。然而結果如何呢？因為龍朱不像是應當在每個女子理想中的丈夫那麼平常，因此反而與婦女們離遠了。

女人不敢把龍朱當成目標，做那荒唐艷麗的夢，並不是女人的錯。在任何民族中，女子們不能把神做對象，來熱烈戀愛，來流淚流血，不是自然的事麼？任何種族的婦人，原永遠是一種膽小知分的獸類，要情人，也知道要什麼樣情人為合乎身分。縱其中並不乏勇敢不知事故的女子，也自然能從她的不合理希望上得到一種好教訓。相貌堂堂是女子傾心的原由，但一個過分美觀的身材，卻只作成了與女子相遠的方便。誰不承認獅子是孤獨？獅子永遠是孤獨，就只為了獅子全身的紋彩與眾不同。

龍朱因為美，有那與美同來的驕傲不？凡是到過青石岡的苗人，全都能賭咒作證，否認這個事。人人總說總爺的兒子，從不用地位虐待過人畜，也從不聞對長年老輩婦人女子失過敬禮。在稱讚龍朱的人口中，總還不忘同時提到龍朱的相貌。全砦⑤中，年青漢子們，有與老年人爭吵事情時，老人詞窮，就必定說，我老了，你青年人，幹嗎不學龍朱謙恭待長輩？這青年漢子，若還有羞恥心存在，必立時遁去，不說話，或立即認錯，作揖賠禮。一個婦人與人談到自己兒子，總常說，兒子若能像龍朱，那就賣自己與江西布客，讓兒子得錢花用，也願意。所有未出嫁的女人，都想自己將來有個丈夫能與龍朱一樣。所有同丈夫吵嘴的婦人，說到丈夫時，總說你不是龍朱，真不配管我磨我；你若是龍朱，我做牛做馬也甘心情願。

還有，一個女人同她的情人，在山峒⑥裏約會，男子不失約，女人第一句讚美的話總是「你真像龍朱。」其實這女人並不曾同龍朱有過交情，也未嘗聽到誰個女人同龍朱約會過。

一個長得太標致的人，是這樣常常容易為別人把名字放到口上咀嚼！

龍朱在本地方遠遠近近，得到的尊敬愛重，是如此。然而他是寂寞的。這人是獸中之獅，永遠當獨行無伴！

在龍朱面前，人人覺得是卑小，把男女之愛全抹殺，因此這族長的兒子，卻永無從愛女人了。女人中，屬於烏婆族，以出產多情多才貌女子著名地方的女人，也從無一個敢來在龍朱面前，閉上一隻眼，蕩着她上身，同龍朱挑情。也從無一個女人，敢把她繡成的荷包⑦，擲到龍朱身邊來。也從無一個女人敢把自己姓名與龍朱姓名編成一首歌，來到跳年時節唱。然而所有龍朱的親隨，所有龍朱的奴僕，又正因為美，正因為與龍朱接近，如何的在一種沉醉狂歡中享受這些年青女人小嘴長臂的溫柔！

「寂寞的王子，向神請求幫忙吧。」

使龍朱生長得如此壯美，是神的權力，也就是神所能幫助龍朱的唯一事。至於要女人傾心，是人為的事啊！

要自己，或他人，設法使女人來在面前唱歌，狂中裸身於草席上面獻上貞潔的身，只要是可能，龍朱不拘⑧犧牲自己所有何物，都願意。然而不行。任怎樣設法，也不行。七梁橋的洞口⑨終於有合攏的一日，有人能說在這高大山洞合攏以前，龍朱能夠得到女人的愛，是不可信的事。

不是怕受天責罰，也不是另有所畏，也不是預言者曾有明示，也不是族中法律限止，自自然然，所有女人都將她的愛情，給了一個男子，輪到龍朱卻無分了。民族中積習，折磨了天才與英雄，不是在事業上粉骨碎身，便是在愛情中退位落伍，這不是僅僅白耳族王子的寂寞，他一種族中人，總不缺少同樣故事！

在寂寞中龍朱用騎馬獵狐以及其他消遣把日子混過了。

日子過了四年，他二十一歲。

四年後的龍朱，沒有與以前日子龍朱兩樣處，若說無論如何可以指出一點不同來，那就是說如今的龍朱，更像一個好情人了。年齡在這個神工打就的身體上，加上了些更表示「力」的東西，應長毛的地方生長了茂盛的毛，應長肉的地方增加了結實的肉。一顆心，則同樣因年齡所補充的，是更其能頑固的預備要愛了。

他越覺得寂寞。

雖說七梁洞並未有合攏，二十一歲的人年紀算青，來日正長，前途大好，然而什麼時候是那補償填還時候呢？有人能作證，說天所給別的男子的，幸福與苦惱，也將同樣給龍朱麼？有人敢包，說到另一時，總有女子來愛龍朱麼？

白耳族男女結合，在唱歌。大年⑩時，端午⑪時，八月中秋⑫時，以及跳年刺牛大祭⑬時，男女成群唱，成群舞，女人們，各穿了峒錦⑭衣裙，各戴花擦粉，供男子享受。平常時，在好天氣下，或早或晚，在山中深洞，在水濱，唱着歌，把男女吸到一塊來，即在太陽下或月亮下，成了熟人，做着只有頂熟的人可做的事。在此習慣下，一個男子不能唱歌他是種羞辱，一個女子不能唱歌她不會得到好的丈夫。抓出自己的心，放在愛人的面前，方法不是錢，不是貌，不是門閥⑮也不是假裝的一切，只有真實熱情的歌。所唱的，不拘是健壯樂觀，是憂鬱，是怒，是惱，是眼淚，總之還是歌。一個多情的鳥絕不是啞鳥。一個人在愛情上無力勇敢自白，那在一切事業上也全是無希望可言，這樣人決不是好人！

那麼龍朱必定是缺少這一項，所以不行了。

事實又並不如此。龍朱的歌全為人引作模範的歌，用歌發誓的男子婦人，全採用龍朱誓歌那一個韻。一個情人被對方的歌窘倒時，總說及勝利人拜過龍朱作歌師傅的話。凡是龍朱的聲音，別人都知道。凡是龍朱唱的歌，無一個女人敢接聲。各樣的超凡入聖，把龍朱摒除於愛情之外，歌的太完全太好，也彷彿成為一種吃虧理由了。

有人拜龍朱作歌師傅的話，也是當真的。手下的用人，或其他青年漢子，在求愛時腹中歌詞為女人逼盡，或者愛情扼着了他的喉嚨，歌不出心中的事時，來請教龍朱，龍朱總不辭。經過龍朱的指點，結果是多數把女子引到家，成了管家婦。或者到山峒中，互相把心願了銷。熟讀龍朱的歌的男子，博得美貌善歌的女人傾心，也有過許多人。但是歌師傅永遠是歌師傅，直接要龍朱教歌的，總全是男子，並無一個青年女子。

龍朱是獅子，只有說這個人是獅子，可以作我們對於他的寂寞得到一種解釋！

年青女人到什麼地方去了呢？懂到唱歌要男人的，都給一些歌戰勝，全引誘盡了。凡是女人都明白情慾上的固持是一種癡處，所以女人願意減價賣出，無一個敢囤貨在家。如今是只能讓日子過去一個辦法，因了日子的推遷，希望那新生的犢中也有那不怕獅子的犢在。

龍朱是常常這樣自慰着度着每個新的日子的。我們也不要把話說盡，在七梁橋洞口合攏以前，也許龍朱仍然可以遇着與這個高貴的人身分相稱的一種機運！

第二　說一件事

中秋大節的月下整夜歌舞，已成了過去的事了。大節的來臨，反而更寂寞，也成了過去的事了。如今是九月。打完了穀子了。打完桐子了。紅薯早挖完全下地窖了。冬雞已上孵，快要生小雞了。連日晴明出太陽。天氣冷暖宜人。年青婦人全都負了柴耙⑯同籠上坡耙草。各處坡上都有歌聲。各處山峒裏，都有情人在用乾草鋪就並撒有野花的臨時床上並排坐或並頭睡。這九月是比春天還好的九月。

龍朱在這樣時候更多無聊。出去玩，打鳩本來非常相宜，然而一出門，就聽到各處歌聲，到許多地方又免不了要碰到那成雙的人，於是大門也不敢出了。

無所事事的龍朱，每天只在家中磨刀。這預備在冬天來剝豹皮的刀，是寶物，是龍朱的朋友。無聊無賴的龍朱，是正用着那「一日數摩挲劇於十五女」⑰的心情來愛這寶刀的。刀用油在一方小石上磨了多日，光亮到暗中照得見人，鋒利到把頭髮放到刀口，吹一口氣髮就成兩截，然而還是每天把這刀來磨。

某天，一個平常日子似乎更像是有意幫助青年男女「野餐」的一天，黃黃的日頭照滿全村，龍朱仍然磨刀。

在這人臉上有種孤高鄙夷的表情，嘴角的笑紋也變成了一條對生存感到厭煩的線。他時時凝神聽察堡外遠處女人的尖細歌聲，又時時望天空。黃的日頭照到他一身，使他身上作春天溫暖。天是藍天，在藍天作底的景致中，常常有雁鵝⑱排成八字或一字寫在那虛空。龍朱望到這些也不笑。

什麼事把龍朱變成這樣陰鬱的人呢？白耳族，烏婆族，猓猓，花帕，長腳，……每一族的年青女人都應負責，每一對年青情人都應致歉。婦女們，在愛情選擇中遺棄了這樣完全人物，是委娜絲神⑲不許可的一件事，是愛的恥辱，是民族滅亡的先兆。女人們對於戀愛不能發狂，不能超越一切利害去追求，不能選她頂歡喜的一個人，不論是白耳族還是烏婆族，總之這民族無用，近於中國漢人，也很明顯了。

龍朱正磨刀，一個矮矮的奴隸走到他身邊來，伏在龍朱的腳邊，用手攀住他主人的腳。

龍朱瞥了一眼，仍然不做聲，因為遠處又有歌聲飛過來了。

奴隸撫着龍朱的腳也不做聲。

過了一陣，龍朱發聲了，聲音像唱歌，在揉和了莊嚴和愛的調子中挾着一點憤懣，説：「矮子你又不聽我話，做這個樣子！」

「主，我是你的奴僕。」

「難道你不想做朋友嗎？」

「我的主，我的神，在你面前我永遠卑小。誰人敢在你面前平排？誰人敢說他的尊嚴在美麗的龍朱面前還有存在必須？誰人不願意永遠為龍朱作奴作婢？誰……」

龍朱用頓足制止了矮奴的奉承，然而矮奴仍然把最後一句：「誰個女子敢想愛上龍朱？」恭維得不得體的話說畢，才站起。

矮奴站起了，也仍然和平常人跪下一般高。矮人似乎真適宜作奴隸的。

龍朱說：「什麼事使你這樣可憐？」

「在主面前看出我的可憐，這一天我真值得生存了。」

「你太聰明了。」

「經過主的稱讚呆子也成了天才。」

「我問你，到底有什麼事？」

「是主人的事，因為主在此事上又可見出神的恩惠。」

「你這個只會唱歌不說話的人，真要我打你了。」

矮奴到這時，才把話說到身上。這個時候他哭着臉，表示自己的苦惱失望，且學着龍朱生氣時頓足的樣子。這行為，若在別人猜來，也許以為矮子服了毒，或者肚臍被山蜂所螫，所以作這樣子，表明自己痛苦，至於龍朱，則早已明白，猜得出這樣的矮子，不出賭輸錢或失歡女人兩事了。

龍朱不作聲，高貴的笑，於是矮子說：

「我的主，我的神，我的事瞞不了你的，在你面前的僕人，是又被一個女子欺侮了。」

「你是一隻會唱諂媚曲子的鳥，被欺侮是不會有的事！」

「但是，主，愛情把僕人變蠢了。」

「只有人在愛情中變聰明的事。」

「是的，聰明了，彷彿比其他時節聰明了點，但在一個比自己更聰明的人面前，我看出我自己蠢得像豬。」

「你這土鸚哥平日的本事在什麼地方去了？」

「平時那裏有什麼本事呢，這隻土鸚哥，嘴巴大，身體大，唱的歌全是學來的歌，不中用。」

「把你所學的全唱過，也就很可以打勝仗了。」

「唱過了，還是失敗。」

龍朱就皺了一皺眉毛，心想這事怪。

然而一低頭，望到矮奴這樣矮；便了然於矮奴的失敗是在身體，不是在嚥喉了，龍朱失笑的說：

「矮東西，莫非是為你的相貌把你的事情弄壞了？」

「但是她並不曾看清楚我是誰。若說她知道我是在美麗無比的龍朱王子面前的矮奴，那她定為我引到老虎洞做新娘子了。」

「我不信你。一定是土氣太重。」

「主，我賭咒。這個女人不是從聲音上量得出我身體長短的人。但她在我歌聲上，卻把我心的長短量出了。」

龍朱還是搖頭，因為自己是即或見到矮人在前，至於度量這矮奴心的長短，還不能夠的。

「主，請你信我的話，這是一個美人，許多人唱枯了喉嚨，還為她所唱敗！」

「既然是好女人，你也就應把喉嚨唱枯，為她吐血，才是愛。」

「我喉嚨是枯了，才到主面前來求救。」

「不行不行，我剛才還聽過你恭維了我一陣，一個真真為愛情絆倒了腳的人，他決不會又能爬起來說別的話！」

「主啊，」矮奴搖着他的大的頭顱，悲聲的說道，「一個死人在主面前，也總有話讚揚主的完全的美，何況奴僕呢。奴僕是已為愛情絆倒了腳，但一同主人接近，彷彿又勇氣勃勃了。主給人的勇氣比何首烏⑳補藥還強十倍。我仍然要去了。讓人家戰敗了我也不說是主的奴僕，不然別人會笑主用着這樣的蠢人，丟了白耳族的光榮！」

矮奴就走了。但最後說的幾句話，激起了龍朱的憤怒，把矮子叫着，問，到底女人是怎樣的女人。

矮奴把女人的臉，身，以及歌聲，形容了一次。矮奴的言語，正如他自己所稱，是用一支禿筆與殘餘顏色，塗在一塊破布上的。在女人的歌聲上，他就把所有白耳族青石岡地方有名的出產比喻淨盡。說到像甜酒，說到像枇杷，說到像三羊溪的鯽魚，說到像狗肉，彷彿全是可吃的東西。矮奴用口作畫的本領並不蹩腳。

在龍朱眼中，是看得出矮奴餓了，在龍朱心中，則所引起的，似乎也同甜酒狗肉引起的慾望相近。他因了好奇，不相信，就為矮奴設法，說同到矮奴一起去看。

正想設法使龍朱快樂的矮奴，見到主人要出去，當然歡喜極了，就着忙催主人快出寨門到山中去。

不到一會這白耳族的王子就到山中了。

藏在一積草後面的龍朱，要矮奴大聲唱出去，照他所教的唱。先不聞回聲。矮奴又高聲唱，在對山，在毛竹林裏，卻答出歌來了。音調是花帕族女子的音調。

龍朱把每一個聲音都放到心上去，歌只唱三句，就止了。有一句留着待唱歌人解釋。龍朱就告給矮奴答覆這一句歌。又教矮奴唱三句出去，等那邊解釋，歌的意思是：凡是好酒就歸那善於唱歌的人喝，凡是好肉也應歸於善於唱歌的人吃，只是你好的美的女人應當歸誰？

女人就答一句，意思是「好的女人只有好男人才配」。她且即刻又唱出三句歌來，就說出什麼樣男子是好男子的稱呼。說好男子時，提到龍朱的名，又提到別的個人的名，那另外兩個名字卻是歷史上的美男子名字，只有龍朱是活人，女人的意思是：你不是龍朱，又不是××××，你與我對歌的人究竟算什麼人？

「主，她提到你的名！她罵我！我就唱出你是我的主人，說她只配同主人的奴隸相交。」

龍朱說：「不行，不要唱了。」

「她胡說，應當要讓她知道是只夠得上為主人搽腳的女子！」

然而矮奴見到龍朱不作聲，也不敢回唱出去了。龍朱的心是深深沉到剛才幾句歌中去了，他料不到有女人敢這樣大膽。雖然許多女子罵男人時，都總說，「你不是龍朱。」這事卻又當別論了。因為這時談到的正是誰才配愛她的問題，女人能提出龍朱名字來，女人驕傲也就可知了。龍朱想既然是這樣，就讓她先知道矮奴是自己的用人，再看情形是如何。

於是矮奴照到龍朱所教的，又唱了四句。歌的意思是：吃酒糟㉑的人何必說自己量大，沒有根柢的人也休想同王子要好，若認為摻了水的酒總比酒糟還行，那與龍朱的用人戀愛也就可以寫意了。

誰知女子答得更妙，她用歌表明她的身分，說，只有烏婆族的女人才同龍朱用人相好，花帕族女人只有外族的王子可以論交，至於花帕苗中的自己，是預備在白耳族與男子唱歌三年，再來同龍朱對歌的。

矮子說：「我的主，她尊視了你，卻小看了你的僕人，我要解釋我這無用的人並不是你的僕人，免得她恥笑！」

龍朱對矮奴微笑，說：「為什麼你不說應當說『你對山的女子，膽量大就從今天起來同我龍朱主人對歌』呢？你不是先才說到要她知道我在此，好羞辱她嗎？」

矮奴聽到龍朱說的話，還不很相信得過，以為這只是主人的笑話。他哪裏會想到主人因此就會愛上這個狂妄大膽的女人。他以為女人不知對山有龍朱在，唐突了主人，主人縱不生氣，自己也應當生氣。告女人龍朱在此，則女人雖覺得羞辱了，可是自己的事情也完了。

龍朱見矮奴遲疑，不敢接聲，就打一聲吆喝，讓對山人明白，表示還有接歌的氣概，盡女人起頭。龍朱的行為使矮奴發急，矮奴說：「主，你在這兒我是沒有歌了。」

「你照到意思唱，問她膽子既然這樣大，就攏來，看看這個如虹如日的龍朱。」

「我當真要她來？」

「當真！要來我看是什麼女人，敢輕視我們白耳族說不配同花帕族女子相好！」

矮奴又望了望龍朱，見主人情形並不是在取笑他的用人，就全答應下來了。他們於是等待着女子的歌聲。稍稍過了些時間，女子果然又唱起來了。歌的意思是：對山的雀你不必叫了，對山的人你也不必唱了，還是想法子到你龍朱王子的奴僕前學三年歌，再來開口。

矮奴說：「主，這話怎麼回答？她要我跟龍朱的用人學三年歌，再開口，她還是不相信我是你最親信的奴僕，還是在罵我白耳族的全體！」

龍朱告矮奴一首非常有力的歌，唱過去，那邊好久好久不回。矮奴又提高喉嚨唱。回聲來了，大罵矮子，說矮奴偷龍朱的歌，不知羞，至於龍朱這個人，卻是值得在走過的路上撒花的。

矮子爛了臉㉒，不知所答。年青的龍朱，再也不能忍下去了。小小心心，壓着了喉嚨，平平的唱了四句，聲音的低平僅僅使對山一處可以明白，龍朱是正怕自己的歌使其他男女聽到，因此啞喉半天的。龍朱的歌意思就是說：「唱歌的高貴女人，你常常提到白耳族一個平凡的名字使我慚愧，因為我在我族中是最無用的人，所以我族中男子在任何地方都有情人，獨名字在你口中出入的龍朱卻仍然是獨身。」

不久，那一邊像思索了一陣，也幽幽的唱和起來了，歌的是：你自稱為白耳族王子的人我知道你不是，因為這王子有銀鐘的聲音，本來拿所有花帕苗年青的女子供龍朱作墊還不配，但愛情是超過一切的事情，所以你也不要笑我。所歌的意思，極其委婉謙和，音節又極其整齊，是龍朱從不聞過的好歌。因為對山的女人不相信與她對歌的是龍朱，所以龍朱不由得不放聲唱了。

這歌是用白耳族頂精粹的言語，自白耳族頂純潔的一顆心中搖着，從白耳族一個頂甜蜜的口中喊出，成為白耳族頂熱情的音調，這樣一來所有一切聲音彷彿全啞了。一切鳥聲與一切遠處歌聲，全成了這王子歌時和拍的一種碎聲，對山的女人，從此沉默了。

龍朱的歌一出口，矮奴就斷定了對山再不會有回答。這時等了一陣，還無回聲，矮奴說：「主，一個在奴僕當來是勁敵的女人，不等主的第二句歌已壓倒了。這女人不久還說到大話，要與白耳族王子對歌，她學三十年還不配！」

矮奴問龍朱意見，許可不許可，就又用他不高明的中音唱道：

你花帕族中說大話的女子，

大話是以後不用再說了，
若你歡喜作白耳族王子僕人的新婦，
他願意你過來見他的主同你的夫。

仍然不聞有回聲。矮奴說，這個女人莫非害羞上吊了。

矮奴說的只是笑話，然而龍朱卻說出過對山看看的話了。龍朱說後就走，向谷裏下去。跟到後面追着，兩手拿了一大把野黃菊同山紅果的，是想做新郎的矮奴。

矮奴常說，在龍朱王子面前，跛腳的人也能躍過闊澗。這話是真的。如今的矮奴，若不是跟了主人，這身長不過四尺的人，就決不會像騰雲駕霧一般的飛！

第三　唱歌過後的一天

「獅子我說過你，永遠是孤獨的！」白耳族為一個無名勇士立碑，曾有過這樣句子。

龍朱昨天並沒有尋到那唱歌人。到女人所在處的毛竹林中時，不見人。人走去不久，只遺了無數野花。跟到各處追。還是不遇。各處找遍了，見到不少好女子，女人見到龍朱來，識與不識都立起來怯怯的如為龍朱的美所征服。見到的女子，問矮奴是不是那一個人，矮奴總搖頭。

到後龍朱又重複回到女人唱歌地方。望到這個野花的龍朱，如同嗅到血腥氣的小豹，雖按捺到自己咆哮，仍不免要憎惱矮奴走得太慢。其實則走在前面的是龍朱，矮奴則兩隻腳像貼了神行符，全不自主，只彷彿像飛。不過女人比鳥兒，這稱呼得實在太久了，不怕白耳族王子主僕走得怎樣飛快，鳥兒畢竟是先已飛到遠處去了！

天氣漸漸夜下來，各處有雞叫，各處有炊煙，龍朱廢然歸家了。那想作新郎的矮奴，跟在主人的後面，把所有的花丟了，兩隻長手垂到膝下，還只說見到了她非抱她不可，萬料不到自己是拿這女人在主人面前開了多少該死的玩笑。天氣當時原是夜下來了。矮奴是跟在龍朱王子的後面，望不到主人的顏色。一個聰明的僕人，即或怎樣聰明，總也不會閉了眼睛知道主人的心中事！

龍朱過的煩惱日子以昨夜為最壞。半夜睡不着，起來懷了寶刀，披上一件豹皮褂，走到堡牆上去外望。無所聞，無所見，入目的只是遠山上的野燒[23]明滅。各處村莊全睡盡了。大地也睡了。寒月涼露，助人悲思，於是白耳族的王子，仰天歎息，悲歎自己。且遠處山下，聽到有孩子哭，好像半夜醒來吃奶時情形，龍朱更難自遣。

龍朱想，這時節，各地各處，那潔白如羔羊溫和如鴿子的女人，豈不是全都正在新棉絮中做那好夢？那白耳族的青年，在日裏唱歌疲倦了的心，作工疲倦了的身體，豈不是在這時也全得到休息了麼？只是那擾亂了自耳族王子的心的女人，這時究竟在什麼地方呢？她不應當如同其他女人，在新棉絮中做夢。她不應當有睡眠。她應當這時來思索她所歆慕的白耳族王子的歌聲。她應當野心擴張，希望我憑空而下。她應當為思我而流淚，如悲悼她情人的死去。……但是，這究竟是什麼人的女兒？

煩惱中的龍朱，拔出刀來，向天作誓，說：「你大神，你老祖宗，神明在左在右：我龍朱不能得到這女人作妻，我永遠不與女人同睡，承宗接祖的事我不負責！若是愛要用血來換時，我願在神面前立約，砍下一隻手也不悔！」

立過誓的龍朱，回到自己的屋中，和衣睡了。睡了不久，就夢到女人緩緩唱歌而來，穿白衣白裙，頭髮披在身後，模樣如救苦救難觀世音。女人的神奇，使白耳族王子屈膝，傾身膜拜。但是女人卻不理，越去越遠了。白耳族王子就趕過去，拉着女人的衣裙，女人回過頭就笑。女人一笑龍朱就勇敢了，這王子猛如豹子擒羊，把女人連衣抱起飛向一個最近的山洞中去。龍朱做了男子。龍朱把最武勇的力，最純潔的血，最神聖的愛，全獻給這夢中女子了。

白耳族的大神是能護祐於青年情人的，龍朱所要的，業已由神幫助得到了。

今日裏的龍朱，已明白昨天一個好夢所交換的是些什麼了，精神反而更充足了一點，坐到那大欖上曬太陽，在太陽下深思人世苦樂的分界。

矮奴走進院中來，仍復來到龍朱腳邊伏下，龍朱輕輕用腳一踢，矮奴就乘勢一個斤斗㉔，翻然立起。

「我的主，我的神，若不是因為你有時高興，用你尊貴的腳踢我，奴僕的斤斗決不至於如此純熟！」

「你該打十個嘴巴。」

「那大約是因為口牙太鈍，本來是得在白耳族王子跟前的人，無論如何也應比奴僕聰明十倍！」

「唉，矮陀螺㉕，你是又在做戲了。我告了你不知道有多少回，不許這樣，難道全都忘記了麼？你大約似乎把我當做情人，來練習一精粹的諂媚技能吧。」

「主，惶恐！奴僕是當真有一種野心，在主面前來練習一種技能，便將來把主的神奇編成歷史的。」

「你是近來賭博又輸了，總是又缺少錢扳本㉖。一個天才在窮時越顯得是天才，所以這時的你到我面前時話就特別多。」

「主啊，是的，是輸了。損失不少。但這個不是金錢，是愛情！」

「你肚子這樣大，愛情總是不會用盡！」

「用肚子大小比愛情貧富，主的想象是歷史上大詩人的想象。不過，……」

矮奴從龍朱臉上看出龍朱今天情形不同往日，所以不說了。這據說愛情上賭輸了的矮奴，看得出主人有出去的樣子，就改口說：

「主，今天這樣好的天氣，是日神特意為主出遊而預備的天氣，不出去像不大對得起神的一番好意！」

龍朱說：「日神為我預備的天氣我倒好意思接受，你為我預備的恭維我可不要了。」

「本來主並不是人中的皇帝，要倚靠恭維而生存。主是天上的虹，同日頭與雨一塊兒長在世界上的，讚美形容自然是多餘。」

「那你為什麼還是這樣嘮嘮叨叨？」

「在美的月光下野兔也會跳舞，在主的光明照耀下我當然比野兔聰明一點兒。」

「夠了！隨我到昨天唱歌女人那地方去，或者今天可以見到那個人。」

「主呵，我就是來報告這件事。我已經探聽明白了。女人是黃牛寨寨主的姑娘。據說這寨主除會釀好酒以外就是會養女兒。據說姑娘有三個，這是第三個，還有大姑娘二姑娘不常出來。不常出來的據說生長得更美。這全是有福氣的人享受的！我的主，當我聽到女人是這家人的姑娘時，我才知道我是癩蛤蟆。這樣人家的姑娘，為白耳族王子擦背擦腳，勉勉強強。主若是要，我們就差人搶來。」

龍朱稍稍生了氣，說：「滾了吧，白耳族的王子是搶別人家的女兒的麼？說這個話不知羞麼？」

矮奴當真就把身蜷成一個球，滾到院的一角去。是這樣，算是知羞了。然而聽過矮奴的話以後的龍朱，怎麼樣呢？三個女人就在離此不到三里路的寨上，自己卻一無所知，自耳族的王子真是怎樣愚蠢！到第三的小鳥也能到外面來唱歌，那大姐二姐是已成了熟透的桃子多日了。讓好的女人守在家中，等候那命運中遠方大風吹來的美男子作配，這是神的意思。但是神這意見又是多麼自私！白耳族的王子，如今既明白了，也不要風，也不要雨，自己馬上就應當走去！

龍朱不再理會矮奴就跑出去了。矮奴這時正在用手代足走路，作戲法娛龍朱，見龍朱一走，知道主人脾氣，也忙站起身追出去。

「我的主，慢一點，讓奴僕隨在一旁！在籠中蓄養的雀兒是始終飛不遠的，主你忙有什麼用？」

龍朱雖聽到後面矮奴的聲音，卻仍不理會，如飛跑向黃牛寨去。

快要到寨邊，白耳族的王子是已全身略覺發熱了，這王子，一面想起許多事，還是要矮奴才行，於是就蹲到一株大榆樹下的青石墩上歇憩。這個地方再有兩箭遠近就是那黃牛寨用石砌成的寨門了。樹邊大路下，是一口大井。溢出井外的水成一小溪活活流着，溪水清明如玻璃。井邊有人低頭洗菜，龍朱望到這人的背影是一個女子，心就一動。望到一個極美的背影還望到一個大大的髻，髻上簪㉗了一朵小黃花，龍朱就目不轉睛的注意這背影轉移，以為總可有機會見到她的臉。在那邊，大路上，矮奴卻像一隻海豹匍匍氣喘走來了。矮奴不知道路下井邊有人，只望到龍朱深恐怕龍朱冒冒失失走進寨去卻一無所得，就大聲嚷：

「我的主，我的神，你不能冒昧進去，裏面的狗像豹子！雖說白耳族的王子原是山中的獅子，無怕狗道理，但是為什麼讓笑話留給這花帕族。」

龍朱也來不及喝止矮奴，矮奴的話卻全為洗菜女人聽到了。聽到這話的女人，就嗤的笑。且知道有人在背後了，才抬起頭回轉身來，望了望路邊人是什麼樣子。

這一望情形全了然了。不必道名通姓，也不必再看第二眼，女人就知道路上的男子便是白耳族的王子，是昨天唱過了歌今天追跟到此的王子，自耳族王子也同樣明白了這洗菜的女人是誰。

平時氣概軒昂的龍朱看日頭不瞅眼睛，看老虎也不動心，只略把目光與女人清冷的目光相遇，卻忽然覺得全身縮小到可笑的情形中了。女人的頭髮能繫大象，女人的聲音能制怒獅，白耳族王子屈服到這寨主女兒面前，也是平平常常的一件事啊！

矮奴走到了龍朱身邊，見到龍朱失神失態的情形，又望到井邊女人的背影，情形明白了五分。他知道這個女人就是那昨天唱歌被主人收服的女人，且知道這時候無論如何女人也明白蹲在路旁石墩上的男子是龍朱，他不知所措對龍朱作呆樣子，又用一手掩自己的口，一手指女人。

龍朱輕輕附到他耳邊說：「聰明的扁嘴公鴨，這時節，是你做戲的時節！」

矮奴於是咳了一聲嗽。女人明知道了頭卻不回。矮奴於是把音調弄得極其柔和，像唱歌一樣，說道：

「白耳族王子的僕人昨天做了錯事，今天特意來當到他主人在姑娘面前賠禮。不可恕的過失是永遠不可恕，因為我如今把姑娘想對歌的人引導前來了。」

女人頭不回卻輕輕說道：

「跟到鳳凰飛的烏鴉也比錦雞㉘還好。」

「這烏鴉若無鳳凰在身邊，就有人要拔它的毛……」

說出這樣話的矮奴，毛雖不被拔，耳朵卻被龍朱拉長了。小子知道了自己豬八戒性質未脫，忙賠禮作揖。聽到這話的女人，笑着回過頭來，見到矮奴情形，更好笑了。

矮奴望到女人回了頭，就又說道：

「我的世界上唯一良善的主人，你做錯事了。」

「為什麼？」龍朱很奇怪矮奴有這種話，所以問。

「你的富有與慷慨，是各苗族全知道的，所以用不着在一個尊貴的女人面前賞我的金銀，那不要緊的。你的良善喧傳遠近，所以你故意這樣教訓你的奴僕，別人也相信你不是會發怒的人。但是你為什麼不差遣你的奴僕，為那花帕族的尊貴姑娘把菜籃提回，表示你應當同她說說話呢？」

白耳族的王子與黃牛寨主的女兒，聽到這話全笑了。

矮奴話還說不完，才責了主人又來自責。他說：

「不過白耳族王子的僕人，照理他應當不必主人使喚就把事情做好，是這樣也才配說是好僕人——」

於是，不聽龍朱發言，也不待那女人把菜洗好，走到井邊去，把菜籃拿來掛到屈着的肘上，向龍朱睞了一下眼睛，卻回頭走了。

矮奴與菜籃，全像懂得事，避開了，剩下的是白耳族王子同寨主女兒。

龍朱遲了許久才走到井邊去。

題解

本篇發表於一九二九年一月十日《紅黑》創刊號上，署名沈從文。一九三一年五月收入上海新月書店初版的短篇小說集《從文子集》。同年八月收入上海曉星書店初版的短篇小說集《龍朱》。一九三六年四月收入上海萬象書屋初版的短篇小說集《沈從文選集》。同年五月收入上海良友圖書印刷公司初版的小說散文選集《從文小說習作選》。一九四一年一月收入上海藝流書店以「著名作家短篇小說集」名義出版的小說集《如蕤》。一九四八年一月冰心在日本託人帶給沈從文的松枝茂夫翻譯的日文版《邊城》中也選譯了《龍朱》。一九八二年收入廣州花城出版社、三聯書店香港分店聯合出版的《沈從文文集》第二卷《龍朱》集。一九八二年和二零零四年收入人民文學出版社《沈從文小說選》。二零零二年收入北岳文藝出版社《沈從文全集》第五卷《龍朱》集。

《龍朱》是沈從文湘西小說系列的重要作品，也是其文學理想的代表篇目，沈從文在《〈生命的沫〉題記》中說：「我的故事就是《龍朱》同《菜園》，在那上面我解釋到我生活和愛憎」。作品中，「龍朱」是白耳族的王子，是一個十全十美的理想人物，他代表着沈從文的人性理想——誠實、勇敢、熱情。作品通過龍朱和黃牛寨寨主女兒戀愛的故事，用浪漫主義手法展現了湘西古老的風俗，頌揚了本真自然的生命活力。有苗族、土家族血統的沈從文懷着一種特殊的民族身分對都市人性的墮落和中華民族精神進行反思，並有意識地通過描寫湘西社會的神話傳奇，以湘西少數民族的原始生命力來對抗都市人性。但這種完美的人性在現實生活中也正在慢慢消失，因此，《龍朱》中既包含着沈從文的夢想與期待，也隱藏着擔憂和悲哀。

註：

①阿波羅神：希臘神話中的太陽神。主神宙斯之子。主管光明、青春、醫藥、畜牧、音樂等。

②族長：一個宗族中行輩、地位最被尊崇的人。

③比譬：比喻。

④神巫：以施巫術為業，聲稱能替人祈求鬼神以消災解難的人。

⑤砦：見《入伍後》註釋⑦。

⑥山峒：見《山鬼》註釋⑦。

⑦荷包：隨身攜帶的裝零星物品的小袋子。

⑧不拘：見《棉鞋》註釋㉒。

⑨七梁橋的洞口：「七梁橋」也作「齊梁橋」，是距湖南省鳳凰縣城六公里處的一個村莊的名字。洞口即後文中的齊梁洞，是村外的一個天然大石洞。解放前，社會不安定的時候，有人搬進洞內居住避難，解放後齊梁洞成為旅遊景點。

⑩大年：元宵節，上元節。

⑪端午：見《更夫阿韓》註釋㊴。

⑫中秋：見《更夫阿韓》註釋㊷。

⑬刺牛大祭：又稱椎牛。苗族民間祭祀風俗，源於為疾病或求嗣，向祖先或神靈許諾舉辦祭典用牛還願的活

動。多在冬季舉行，盛行於湖南西部、貴州東北、湖北西南及四川東南等地。屆時全寨青年男女會聚集起來唱歌跳舞，通宵達旦。

⑭ 峒錦：見《在私塾》註釋(51)。

⑮ 門閥：封建時代在社會上有權有勢的家庭。

⑯ 柴耙：木製有齒的用來耙梳、收聚柴草穀物的農具。

⑰ 「一日數摩挲劇於十五女」：出自北朝樂府民歌《琅琊王歌辭》之一「新買五尺刀，懸着中梁柱。一日三摩挲，劇於十五女。」　摩挲：見《晨》註釋㊺；劇於：甚於，超過。詩歌寫壯士對於寶刀的不同尋常的喜愛。

⑱ 雁鵝：方言，指大雁。

⑲ 委娜絲神：也作「維納斯」，羅馬神話中愛與美的女神。

⑳ 何首烏：一種莖細長能纏繞物體、葉子心臟形互生、嫩葉背面帶紅色、秋天開黃白色花的多年生草本植物，其塊狀根可入藥，有輕瀉效果及安神、滋補等作用。

㉑ 酒糟：釀酒時穀物蒸出酒精或酒精飲料後所剩下的渣滓，可作飼料或用來烹調。

㉒ 爛了臉：哭喪着臉，無可奈何的樣子。

㉓ 野燒：野火。

㉔ 斤斗：見《更夫阿韓》註釋㊽。

㉕ 陀螺：見《夜漁》註釋⑩。

㉖ 扳本：賭博時贏回已經輸掉的錢。

㉗ 簪：插、戴。

㉘ 錦雞：一種鳥，形狀和雉相似，雄性頭上有金色的冠毛、頸橙黃色、背暗綠色並雜有紫色、尾巴很長；雌性的羽毛為暗褐色。錦雞多飼養以供玩賞。

媚金・豹子・與那羊

不知道麻梨①場麻梨的甜味的人，告他白臉的女人唱的歌是如何好聽也是空話。聽到搖艫②的聲音覺得很美是有人。聽到雨聲風聲覺得美的也有人。聽到小孩子半夜哭喊，以及蘆葦在小風中說夢話那樣細細的響，以為美，也總不缺少那呆子。這些是詩。但更其是詩，更其容易把情緒引到醉裏夢裏的，就是白臉族苗女人的歌。聽到這歌的男子，把流血成為自然的事，這是歷史上相傳下來的魔力了。一個熟習苗中掌故③的人，他可以告你五十個有名美男子被醜女人的好歌聲纏倒的故事，他又可以另外告你五十個美男子被白臉苗女人的歌聲唱失魂的故事。若是說了這些故事的人，還有故事不說，那必定是他還忘了把媚金的事情相告。

媚金的事是這樣。她是一個白臉苗中頂美的女人，同到④鳳凰族相貌極美又頂有一切美德的一個男子，因唱歌成了一對。兩方面在唱歌中把熱情交流了。於是女人就約他夜間往一個洞中相會。男子答應了。這男子名叫豹子。豹子答應了女人夜裏到洞中去，因為是初次，他預備牽一匹小山羊去送女人，用白羊換媚金貞女的紅血，所作的縱是罪惡，似乎神也許可了。誰知到夜豹子把事情忘了，等了一夜的媚金，因無男子的溫暖，就冷死在洞中。豹子在家中睡到天明才記起，趕即去，則女人已死了，豹子就用自己身邊的刀自殺在女人身旁。尚有一說則豹子的死，為此後仍然常聽到媚金的歌，因尋不到唱歌人，所以自殺。

但是傳聞全為人所撰擬⑤，事情並不那樣。看看那遺傳下來據說是豹子臨死前用樹枝畫在洞裏地面沙上最後的一首詩，那意思，卻是媚金有怨豹子爽約的語氣。媚金是等候豹子不來，以為自己被欺，終於自殺了。豹子是因了那一隻羊的原故，爽了約，到時則媚金已死，所以豹子就從媚金胸上拔出那把刀來，陷到自己胸裏去，也倒在洞中。至於羊此後的消息，以及為什麼平時極有信用的豹子，卻在這約會上成了無信的男子，是應當問那一隻羊了。都因為那一隻羊，一件喜事變成了一件悲劇，無怪乎白臉族苗人如今有不吃羊肉的理由。

但是問羊又到什麼地方去問？每一個情人送他情婦的全是一隻小小白山羊，而且為了表示自己的忠誠，與這戀愛的堅固，男人總說這一隻羊是當年豹子送媚金姑娘那一隻羊的血族。其實說到當年那一隻羊，究竟是公山羊或母山羊，誰也還不能夠分明。

讓我把我所知道的寫來吧。我的故事的來源是得自大盜吳柔。吳柔是當年承受豹子與媚金遺下那隻羊的後人，他的祖先又是豹子的拳棍師傅⑥，所傳下來的事實，可靠的自然較多。後面是那故事。

媚金站在山南，豹子站在山北，從早唱到晚。山就是現在還名為唱歌山的山。當年名字是野菊，因為菊花多，到秋來滿山一片黃。如今還是一樣黃花滿山，名字是因為媚金的事而改了。唱到後來的媚金，承認是輸了，是應當把自己交把與豹子，盡豹子如何處置了，就唱道：

紅葉過岡是任那九秋八月的風，
把我成為婦人的只有你。

豹子聽到這歌，歡喜得踴躍。他明白他勝利了。他明白這個白臉族中最美麗風流的女人，心歸了自己所有，就答道：

白臉族一切全屬第一的女人，
請你到黃村的寶石洞裏去。
天上大星子能互相望到時，
那時我看見你你也能看見我。

媚金又唱：

我的風，我就照到你的意見行事。

我但願你的心如太陽光明不欺，
我但願你的熱如太陽把我融化。
莫讓人笑鳳凰族美男子無信，
你要我做的事自己也莫忘記。

豹子又唱：

放心，我心中的最大的神。
豹子的美麗你眼睛曾為證明。
豹子的信實有一切人作證。
縱天空中到時落的雨是刀，
我也將不避一切來到你身邊與你親嘴。

天是漸漸夜⑦了。野豬山包圍在紫霧中如今日黃昏景致一樣。天上剩一些起花的紅雲，送太陽回地下，太陽告別了。到這時打柴人都應歸家，看牛羊人應當送牛羊歸欄，一天已完了。過着平靜日子的人，在生命上翻過一頁，也不必問第二頁上面所載的是些什麼，他們這時應當從山上，或從水邊，或從田壩，回到家中吃飯時候了。

豹子打了一聲呼哨，與媚金告別，匆匆趕回家，預備吃過飯時找一隻新生的小羊到寶石洞裏去與媚金相會。媚金也回了家。

回到家中的媚金，吃過了晚飯，換過了內衣，身上擦了香油，臉上擦了宮粉，對了青銅鏡把頭髮挽成了個大髻[8]，纏上一匹長一丈六尺的縐綢[9]首帕，一切已停當，就帶了一個裝滿了酒的長頸葫蘆，以及一個裝滿了錢的繡花荷包[10]，一把鋒利的小刀，走到寶石洞去了。

寶石洞當年，並不與今天兩樣。洞中是乾燥，鋪滿了白色細沙，有用石頭做成的床同板櫈，有燒火地方，有天生鑿空的窟窿，可以望星子，所不同，不過是當年的洞供媚金豹子兩人做新房，如今變成聖地罷了。時代是過去了。好的風俗是如好的女人一樣，都要漸漸老去的。一個不怕傷風，不怕中暑，完完全全天生為少年情人預備的好地方，如今卻供奉了菩薩，雖說菩薩就是當年殉愛的兩人，但媚金豹子若有靈，都會以為把這地方盤據為不應當吧。這樣好地方，既然是兩個情人死去的地方，為了紀念這一對情人，除了把這地方來加以人工，好好佈置，專為那些唱歌互相愛悅的少男少女聚會方便外，真沒有再適當的用處了。不過我說過，地方的好習慣是消滅了，民族的熱情是下降了，女人也慢慢的像中國女人，把愛情移到牛羊金銀虛名虛事上來了，愛情的地位顯然是已經墮落，美的歌聲與美的身體同樣被其他物質戰勝成為無用的東西了，就是有這樣好地方供年青人許多方便，恐怕媚金同豹子，也見不慣這些假裝的熱情與虛偽的戀愛，倒不如還是當成聖地，省得來為現代的愛情髒污好！

如今且說媚金到寶石洞的情形。

她是早先來，等候豹子的。她到了洞中，就坐到那大青石做成的床邊。這是她行將做新婦的床。石的床，鋪滿了乾麥稈草，又有大草把做成的枕頭，乾爽的穹形洞頂彷彿是帳子，似乎比起許多床來還合用。她把酒葫蘆掛到洞壁釘上，把繡花荷包放到枕邊，（這兩樣東西是她為豹子而預備的），就在黑暗中等候那年青壯美的情人。洞口微微的光照到外面，她就坐着望到洞口有光處，期待那黑的巨影顯現。

她輕輕的唱着一切歌，娛悅到自己。她用歌去稱讚山中豹子的武勇與人中豹子的美麗，又用歌形容到自己此時的心情與豹子的心情。她用手揣自己身上各處，又用鼻子聞嗅自己各處，揣到的地方全是豐腴滑膩如油如脂，嗅到的氣味全是一種甜香氣味。她又把頭上的首巾除去，把髻拆鬆，比黑夜還黑的頭髮一散就拖地。媚金原是白臉族極美的女人，男子中也只有豹子，才配在這樣女人身上作一切撒野的事。

這女人，全身發育到成圓形，各處的線全是弧線，整個的身材卻又極其苗條相稱。有小小的嘴與圓圓的臉，有一個長長的鼻子。有一個尖尖的下巴。還有一對長長的眉毛。樣子似乎是這人的母親，照到荷仙姑⑪捏塑成就的，人間決不應當有這樣完全的精緻模型。請想想，再過一點鐘，兩點鐘，就應當把所有衣衫脫去，做一個男子的新婦，這樣的女人，在這種地方，略為害着羞，容納了一個莽撞男子的熱與力，是怎樣動人的事！

生長於二十世紀，一九二八年，在中國上海地方，善於在朋友中刺探消息，各處造謠，天生一張好嘴，得人憐愛的文學家，聰明伶俐為世所驚服，但請他來想想媚金是如何美麗的一個女人，仍然是很難的一件事。

白臉族苗女人的秀氣清氣，是隨到媚金減了多日了。這事是誰也能相信的。如今所見的女人，只不過是下品中的下品，還足使無數男子傾心，使有身分的漢人低頭，媚金的美貌也就可以彷彿得知了。

愛情的字眼，是已經早被無數骯髒的虛偽的情慾所玷污，再不能還到另一時代的純潔了。為了說明當時媚金的心情，我們是不願再引用時行的話語來裝飾，除了說媚金心跳着在等候那男子來壓她以外，她並不如一般天才所想象的歎氣或獨白！

她只望豹子快來，明知是豹子要咬人她也願意被吃被咬。

那一隻人中豹子呢？

豹子家中無羊，到一個老地保⑫家買羊去了。他拿了四吊青錢⑬，預備買一隻白毛的小母山羊，進了地保的門就說要羊。

地保見到豹子來問羊，就明白是有好事了，問豹子說：

「年青的標致的人，今夜是預備作什麼人家的新郎？」

豹子說：

「在伯伯眼中，看得出豹子的新婦所在。」

「是山茶花的女神，才配為豹子屋裏人。是大鬼洞的女妖，才配與豹子相愛。人中究竟是誰，我還不明白。」

「伯伯，人人都說鳳凰族的豹子相貌堂堂，但是比起新婦來，簡直不配為她做墊腳蒲團⑭！」

「年青人，不要太自謙卑。一個人投降在女人面前時，是看起自己來本就一錢不值的。」

「伯伯說的話正是！我是不能在我那個人面前說到自己的。得罪伯伯，我今夜裏就要去作丈夫了。對於我那人，我的心，要怎樣來訴說呢？我來此是為伯伯勻一隻小羊，拿去獻給那給我血的神。」

地保是老年人，是預言家，是相面家，聽豹子在喜事上說到血，就一驚。這老年人似乎就有一種預兆在心上明白了，他說：

「年青人，你神氣不對。」

「伯伯呵！今夜你的兒子是自然應當與往日兩樣的。」

「你把臉到燈下來我看。」

豹子就如這老年人的命令，把臉對那大青油燈。地保看過後，把頭點點，不做聲。

豹子說：

「明於見事的伯伯，可不可以告我這事的吉凶？」

「年青人，知識只是老年人的一種消遣，於你們是無用的東西！你要羊，到欄裏去揀選，中意的就拿去吧。不要給我錢。不要致謝。我願意在明天見到你同你新婦的……」

地保不說了，就引導豹子到屋後羊欄裏去。豹子在羊群中找取所要的羔羊，地保為掌燈相照。羊欄中，羊數近五十，小羊佔一半，但看去看來卻無一隻小羊中豹子的意。毛色純白又嫌稍大，較小的又多髒污。大的羊不適用那是自然的事，毛色不純的羊又似乎不配送給媚金。

「隨隨便便吧，年青人，你自己選。」

「選過了。」

「羊是完全不合用麼？」

「伯伯，我不願意用一隻駁雜⑮毛色的羊與我那新婦潔白貞操相比。」

「不過我願意你隨隨便便選一隻，趕即去看你那新婦。」

「我不能空手，也不能用伯伯這裏的羊，還是要到別處去找！」

「我是願意你隨便點。」

「道謝伯伯，今天是豹子第一次與女人取信的事，我不好把一隻平常的羊充數。」

「但是我勸你不要羊也成。使新婦久候不是好事。新婦所要的並不是羊。」

「我不能照伯伯的忠告行事，因為我答應了我的新婦。」

豹子謝了地保，到別一人家去看羊。送出大門的地保，望到這轉瞬即消失在黑暗中的豹子，歎了一口氣，大數所在這預言者也無可奈何，只有關門在家等消息了。他走了五家，全無合意的羊，不是太大就是毛色不純。好的羊在這地方原是如好的女人一樣，使豹子中意全是偶然的事！

當豹子出了第五家養羊人家的大門時，星子已滿天，是夜靜時候了。他想，第一次答應了女人做的事，就做不到，此後尚能取信於女人麼？空手的走去，去與女人說羊是找遍了全個村子還無中意的羊，所以空手來，這謊話不是顯然了麼？他於是下了決心，非找遍全村不可。

凡是他所知道的地方他都去拍門，把門拍開時就低聲柔氣說出要羊的話。豹子是用着他的壯麗在平時就使全村人皆認識了的，聽到說要羊，送女人。所以人人無有不答應。像地保那樣熱心耐煩的引他到羊欄去看羊，是村中人的事。羊全看過了，很可怪的事是無一隻合式[16]的小羊。

在洞中等候的媚金着急情形，不是豹子所忘記的事。見了星子就要來的臨行囑託，也還在豹子耳邊停頓。但是，答應了女人為抱一隻小羔羊來，如今是羊還不曾得到，所以豹子這時着急的，倒只是這羊的尋找，把時間忘了。

想在本村裏找尋一隻淨白小羊是辦不到的事，若是一定要，那就只有到離此三里遠近的另一個村裏詢問了。他看看天空，以為時間尚早。豹子為了守信，就決心一氣跑到另一村裏去買羊。

到別一村去道路在豹子走來是極其熟習的，離了自己的村莊，不到半里，大路上，他聽到路旁草裏有羊叫的聲音。聲音極低極弱，這漢子一聽就明白這是小羊的聲音。他停了。又詳細的側耳探聽，那羊又低低的叫了一聲。他明白是有一隻羊掉在路旁深坑裏了，羊是獨自留在坑中有了一天，失了娘，念着家，故在黑暗中叫着哭着。

豹子藉到[17]星光撥開了野草，見到了一個地口。羊聽到草動，就又叫，那柔弱的聲音從地口出來。豹子歡喜極了。豹子知道近來天氣晴明，坑中無水，就溜下去。坑只齊豹子的腰，坑底的土已乾硬了，豹子下到坑中以後稍過一陣，就見到那羊了。羊知道來了人便叫得更可憐，也不走攏到豹子身邊來，原來羊是初生不到十天的小羔，看羊人不小心，把羊群趕走，盡它掉下了坑，把前面一隻腳跌斷了。

豹子見羊已受了傷，就把羊抱起，爬出坑來，以為這羊無論如何是用得着了，就走向媚金約會的寶石洞路上去。在路上，羊卻仍然低低的喊叫。豹子悟出羊的痛苦來了，心想只有抱牠到地保家去，請地保為敷上一點藥，再帶去。他就又反向地保家走去。

到了地保家，拍門時，正因為豹子事無從安睡的老人，還以為是豹子的凶信來了。老人隔門問是誰。

「伯伯，是你的侄兒。羊是得到了，因為可憐的小東西受了傷，跌壞了腳，所以到伯伯處求治。」

「年青人，你還不去你新婦那裏嗎？這時已半夜了，快把羊放到這裏，不要再耽擱一分一秒吧。」

「伯伯，這一隻羊我斷定是我那新婦所歡喜的。我還不能看清楚它的毛色，但我抱了這東西時，就猜得這是一隻純白的羊！它的溫柔與我的新婦一樣，它的……」

那地保真急了，見到這漢子對於無意中拾來一隻受傷的羊，像對這羊在做詩，就把門閂⑱抽去砰的把門打開。一線燈光照到豹子懷中的小羊身上，豹子看出了小羊的毛色。

羊的一身白得像大理⑲的積雪。豹子忙把羊抱起來親嘴。

「年青人，你這是作什麼？你忘記了你是應當在今夜做新郎了。」

「伯伯，我並不忘記！我的羊是天賜的。我請你趕緊為設法把腳搽⑳一點藥水，我就應當抱牠去見我的新人了。」

地保只搖頭，把羊接過手來在燈下檢視，這小羊見了燈光再也不喊了，只閉了眼睛，鼻孔裏咻咻㉑的出氣。

過了不久豹子已在向寶石洞的一條路上走着了。小羊在牠懷中得了安眠。豹子滿心希望到寶石洞時見到了媚金，同到媚金說到天賜這羊的事。他把腳步放寬，一點不停，一直上了山，過了無數高崖，過了無數水澗，走到寶石洞。

到得洞外時東方的天已經快明了。這時天上滿是星，星光照到洞門，內中冷冷清清不見人。他輕輕的喊：

「媚金，媚金，媚金！」

他再走進一點，則一股氣味從洞中奔出，全無回聲，多經驗的豹子一嗅便知道這是血腥氣。豹子愕然㉒了。稍稍發癡，即刻把那小羊向地下一摜㉓，奔進洞中去。

到了洞中以後，向床邊走去，為時稍久，豹子就從天空星子的微光返照下望到媚金倒在床上的情形了。血腥氣也就從那邊而來。豹子撲攏去，摸到媚金的額，摸到臉，摸到口；口鼻只剩了微熱。

「媚金！媚金！」

喊了兩聲以後，媚金微微的嚶的應了一聲。

「你做什麼了呢？」

先是聽噓噓的放氣，這氣似乎並不是從口鼻出，又似乎只是在肚中響，到後媚金轉動了，想爬起不能，就幽幽的繼續的說道：

「喊我的是日裏唱歌的人不？」

「是的，我的人！他日裏常常是憂鬱的唱歌，夜裏則常是孤獨的睡覺；他今天這時卻是預備來做新郎的……為什麼你是這個樣子了呢？」

「為什麼？」

「是！是誰害了你？」

「是那不守信實的鳳凰族年青男子，他說了謊。一個美麗的完人，總應當有一些缺點，所以菩薩就給他一點說謊的本能。我不願在說謊人前面受欺，如今我是完了。」

「並不是！你錯了！全因為鳳凰族男子不願意第一次對一個女人就失信，所以他找了一整夜才無意中把那所答應的羊找到，如今是得了羊倒把人失了。天啊，告我應當在什麼事情上面守着那信用！」

臨死的媚金聽到這語，知道豹子遲來的理由是為了那羊，並不是故意失約了，對於自己在失望中把刀陷進胸膛裏的事是覺得做錯了。她就要豹子扶她起來，把頭靠到豹子的胸前，讓豹子的嘴放到她額上。

女人說：

「我是要死了。……我因為等你不來，看看天已快亮，心想自己是被欺了，……所以把刀放進胸膛裏了。……你要我的血我如今是給你血了。我不恨你。……你為我把刀拔去，讓我死。……你也乘天未大明就逃到別處去，因為你並無罪。」

豹子聽着女人斷斷續續的説到死因，流着淚，不做聲。他想了一陣，輕輕的去摸媚金的胸，摸着了全染了血的媚金的奶，奶與奶之間則一把刀柄浴着血。豹子心中發冷，打了一個戰。

女人説：

「豹子，為什麼不照到我的話行事呢？你説是一切為我所有，那麼就聽我的命令，把刀拔去了，省得我受苦。」

豹子還是不做聲。

女人過了一陣，又説：

「豹子，我明白你了，你不要難過。你把你得來的羊拿來我看。」

豹子就好好把媚金放下，到洞外去捉那隻羊。可憐的羊是無意中被豹子攢得半死，也臥在地下喘氣了。

豹子望一望天，天是完全發白了。遠遠的有雞在叫了。他聽到遠處的水車響聲，像平常做夢日子。

他把羊抱進洞去給媚金，放到媚金的胸前。

「豹子，扶我起來，讓我同你拿來的羊親嘴。」

豹子把她抱起，又把她的手代為抬起，放到羊身上。「可憐這隻羊也受傷了，你帶它去了吧。……為我把刀拔了，我的人。不要哭。……我知道你是愛我，我並不怨恨。你帶羊逃到別處去好了。……呆子，你預備做什麼？」

豹子是把自己的胸也坦出來了，他去拔刀。陷進去很深的刀是用了大的力才拔出的。刀一拔出血就湧出來了，豹子全身浴着血。豹子把全是血的刀扎進自己的胸脯，媚金還能見到就含着笑死了。

天亮了，天亮了以後，地保帶了人尋到寶石洞，見到的是兩具死屍，與那曾經自己手為敷過藥此時業已半死的羊，以及似乎是豹子臨死以前用樹枝在沙上寫着的一首歌。地保於是乎把歌讀熟，把羊抱回。

白臉苗的女人，如今是再無這種熱情的種子了。她們也仍然是能原諒男子，也仍然常常為男子犧牲，也仍然能用口唱出動人靈魂的歌，但都不能作媚金的行為了！

題解

本篇發表於一九二九年一月二十日《人間》創刊號，署名沈從文。初收入一九三一年上海曉星書店版《龍朱》。一九八二年收入廣州花城、香港三聯出版社出版的《沈從文文集》第二卷。二零零二年收入北岳文藝出版社出版的《沈從文全集》第五卷。

這篇小説通過男女殉情來歌頌真摯的愛情。在故事中，作者用帶着濃厚浪漫主義色彩的筆致，寫苗族人民淳樸堅貞、潔白無瑕的愛情；用一種優美抒情的象徵手法，哀嘆這一民族的美德在逐漸消失，媚金和豹子都成為傳説中才存在的人物，抒發着自己內心對於中國西南少數民族文化漸漸消亡的惆悵。當然，除此之外，沈從文擅長説故事的本事和靈活的敘事手法在作品中也表現得相當明顯，是作品的一大亮點。

沈從文用他的文字構築了一個善與美的理想世界。在那裏，景是美，人是美，歌是美，愛更美，這種剛烈以致釀成悲劇的愛，上升到了人性的美的極致。

註：

① 麻梨：梨的優良品種之一。別名麻梨子、黃皮梨，果實呈倒卵形，皮深褐色，皮外有紫色的斑點，主要產自湖北、湖南、四川等地。

② 搖艣：艣，船頭。搖艣即搖船。

③ 掌故：歷史上的人物事蹟、制度沿革等。

④ 同到：見《夜漁》註釋㉝。

⑤ 撰擬：撰寫、擬定。

⑥ 拳棍師傅：武術師傅。

⑦ 夜：見《夜漁》註釋⑲。

⑧大髻：見《晨》註釋㉞。
⑨縐綢：縐，一種有皺紋的絲織品。綢，一種薄而軟的絲織品。縐綢，指織有皺紋的綢子。
⑩荷包：見《龍朱》註釋⑦。
⑪荷仙姑：即何仙姑，道教八仙之一。
⑫地保：清朝和民國初年在地方上為官府辦差的人。
⑬青錢：青銅錢幣。
⑭蒲團：用香蒲草、麥秸等編織而成的圓形墊子。
⑮駁雜：混雜不純。
⑯合式：見《我的小學教育》註釋⑥。
⑰藉到：憑藉，借助。
⑱門閂：門關上後，插在門內使門推不開的木棍或鐵棍。
⑲大理：全稱大理白族自治州，地處雲南省中部偏西。
⑳搽：塗抹。
㉑咻咻：擬聲詞，形容喘氣的聲音。
㉒愕然：形容吃驚。
㉓攢：見《夜漁》註釋⑭。

七個野人與最後一個迎春節

迎春節①，凡屬於北溪村②中的男子，全是為家釀燒酒醉倒了。據說在某城，痛飲是已成為有干禁例的事了，因為那裏有官，有了官，凡是近於荒唐的事是全不許可了。有官的地方，是漸漸會興盛起來，道義與習俗傳染了漢人的一切，種族中直率慷慨全會消滅，迎春節的痛飲禁止，倒是小事中的小事，算不得怎樣可惜，一切都得不同了！將來的北溪，也許有設官的一天吧？到那時，人人成天納稅，成天繳公債③，成天辦站，小孩子懂到見了兵就害怕，家犬懂到不敢向穿灰衣人④亂吠，地方上每個人皆知道了一些禁律，為了逃避法律人人全學會了欺詐，這一天終究會要來吧。什麼時候北溪將變成那類情形，是不可知的，然而這一天是年青人大約可以見到的一天了。地方上，勇敢如獅的人，徒手可以搏野豬，對於地方的進化，他們是無從用力制止的。年高有德的長輩，眼見到好風俗為大都會文明侵入毀滅，也是無可奈何的。凡是有地位一點的人，皆知道新的習慣行將在人心中生長，代替那舊的一切了，在這迎春節，用燒酒醉倒是普遍的事！

他們要醉倒，對於事情不再過問，在醉中把恐嚇失去，則這佳節所給他們的應有的歡喜，仍然可以在夢中得到了。

仍然是耕田，仍然是砍柴栽菜，地方新的進步只是要他們納捐⑤，要他們在一切極瑣碎極難記憶的規則下走路吃飯，有了內戰時，便把他們壯年能作工的男子拉去打仗，這是有政府時對於平民的好處。什麼人要這好處沒有？族長⑥，鄉約⑦或經紀人⑧，賣肉的屠戶，賣酒的老闆，有了政府他就得到幸福沒有？做田的，打魚的，行巫術的，賣藥賣布的，政府能使他們生活得更安穩一點沒有？

他們願意知道的，是牛羊在有了官的地方，會不會發生瘟疫？若牛羊仍然得發瘟，那就證明無須乎⑨官了。不過這時他們還能吃不上稅的家釀燒酒，還能在這社節⑩中舉行那尚保留下來的風俗，聚合了所有年青男女來唱歌作樂，聚合了所有老年人在大節中講述各樣的光榮歷史與漁農知識，男子還不曾出去當兵，女子也尚無做娼妓的女子，老年人則更能盡老年人的責任。未來的事誰知道呢？過去的不能挽回，未來的無從抵當，也是自然的事！「醉了的，你們睡吧，還有那不會醉倒的，你們把葫蘆中的酒向肚中灌吧。」這個歌近來唱時是變成淒涼的喪歌，失去當年的意思了。

照到這辦法把自己灌醉的是太多了，只有一個地方的一群男子不曾醉倒。他們面前沒有酒也沒有酒葫蘆，只是一堆焚得通紅的火。他們人一共是七個，七個之中有六個年紀青青的，只有一個約莫有四十五歲左右。大房子中焚了一堆柴根，七個人圍着這一堆火坐下，火中時時爆着小小的聲音，那年長的男子便用長鐵箸⑪撥動未焚的柴盡它跌到火中心去。

房中無一盞燈，但熊熊的火光已照出這七個樸質的臉孔，且將各個人的身軀向各方畫出不規則的暗影了。

那年長的漢子，撥了一陣火，忽然又把那鐵箸捏緊向地面用力築，憤憤的說道：

「一切是完了，這一個迎春節應當是最後一個了。一切是，……喝呀，醉呀，多少人還是這樣想！他們願意醉死，也不問明天的事。他們都不願意見到穿號衣⑫的人來此！他們都明白此後族中男子將墮落女子也將懶惰了！他們比我們是更能明白許多許多事的。新的制度來代替舊的習慣，到那時，他們地位以及財產全搖動了。……但是這些東西還是喝呀！喝呀！……」

全屋默然無聲音，老人的話說完這屋中又只有火星爆裂的微聲了。

靜寂中，聽得出鄰居划拳的嚷聲，與唱歌聲音。許許多人是在一杯兩杯情形中伏到桌上打鼾了。許許多人是喝得頭腦發眩伏在兒子肩上回家了。許許多人是在醉中痛哭狂歌了。這些人，在平時，卻完完全全是有業知分的正派人，一年之中的今日，歷來為神核准的放縱，僅有的荒唐，把這些人變成另外一個種族了。

奇怪的是在任何地方情形如彼，而在此屋中的眾人卻如此。年長人此時不醉倒在地，年青人此時不過相好的女人家唱歌吹笛，只沉悶的在一堆火旁，真是極不合理的一件事！

迎春節到了最後的一個，即或如所說，在他人，也是更非用沉醉狂歡來與這唯一殘餘的好習慣致別不可的。這裏則七個人七顆心只在一堆火上，且隨到火星爆裂，終於消失了。

諸人的沉默，在沉默中可以把這屋子為讀者一述。屋為土窰屋，高大像衙門⑬，閎敞⑭如公所⑮。屋頂高聳為洩煙窗，屋中火堆的煙即向上竄去。屋之三面為大土磚封合，其一面則用生牛皮作簾，簾外是大坪。屋中除有四鋪木床數件粗木傢具及一大木櫃外，壁上全是軍器⑯與獸皮。一新剝虎皮掛在壁當中，虎頭已達屋頂尾則拖到地上。尚有野雞與兔，一大堆，懸在從屋頂垂下的大藤鈎上，嶷然⑰不動。從一切的陳設上看來，則這人家是獵戶無疑了。

這土屋，主人即屬於火堆旁年長的一位。他以打獵為業，那壁上的虎皮就是上月他一個人用獵槍打斃的。其餘六人則全是這人的徒弟。徒弟從各族有身分的家庭中走來，學習設阱以及一切拳棍醫藥，這有學問的人則略無厭倦的在作師傅時光中消磨了自己壯年。他每天引這些年青人上山，在家中時則把年青人聚在一處來說一切有益的知識。他凡事以身作則，忍耐勞苦，使年青人也各能將性情訓練得極其有用。他不禁止年青人喝酒唱歌，但他在責任上教給了年青人一切向上的努力，酒與婦人是在節制中始能接近的。至於徒弟六人呢？勇敢誠實，原有的天賦，經過師傅德行的琢磨，智慧的陶冶，一個完人應具的一切，在任何一個徒弟中全不缺少。他們把這年長人當作父親，把同伴當作兄弟，遵守一切的約束，和睦無所猜忌，日在歡喜中過着日子。他們上山打獵，下山與人作公平的交易。他們把山上的鳥獸打來換一切所需要的東西；槍彈，火藥，箭頭，弦，酒，無一不是用所獲得的鳥獸換來。他們運氣好時，還可以換取從遠方運來的戒子絨帽之類。他們作工吃飯，在世界上自由的生活，全無一切苦楚。他們用槍彈把鳥獸獵來，復用歌聲把女人引到山中。

這屬於另一世界的人，也因為聽到鄰近有設了官設了局的事情，想起不久這樣情形將影響到北溪，所以幾個年青人，本應在迎春節各穿新衣，把所有野雞、毛兔、山菇、果狸⑱等等禮物送到各人相熟的女人家中去的，也不去了。這師傅本應到廟壇⑲去與年長族人喝酒到爛醉如泥，也不去了。

六個年青人服從了師傅的命令，到晚不出大門，圍在火前聽師傅談天，師傅把話說到地方的變更，就所知道的其餘地方因有了法律結果的情形說了不少，師傅心中的憤慨，不久即轉為幾個年青人的憤慨了。年青人各無所言，但各人皆在此時對法律有一種漠然反感。

到此年長的人又說話了，他說：

「我們這裏要一個官同一隊兵有什麼用處？我們要他們保護什麼？老虎來時，蝗蟲來時，官是管不了的。地方起了火，或漲了水，官是也不能負責的。我們在此沒有賴債的人，有官的地方卻有賴債的事情發生。我們在此不知道欺騙可以生活，有官地方每一個人可全靠學會騙人方法生活了。我們在此年青男女全得做工，有官地方可完全不同了。我們在此沒有乞丐盜賊，有官地方是全然相反，他們就用保護平民把捐稅加在我們頭上了。」

官是沒有用處的一種東西，這意見是大家一致了。

他們結果是約定下來，若果是北溪也有人來設官時，一致否認這種荒唐的改革。他們願意自己自由平等的生活下來，寧可使主宰的為無識無知的神，也不要官。因為神永遠是公正的，官則總不大可靠。而且，他們意思是在地方有官以後，一切事情便麻煩起來了，他們覺得生活並不是為許多麻煩事而生活的，所以這也只有那歡喜麻煩的種族才應當有政府的設立必要，至於北溪的人民，卻普遍皆怕麻煩，用不着這東西！

為了終須要來的惡運，大勢力的侵入，幾個年青人不自量力，把反抗的責任放到肩上了。他們一同當天發誓，必將最後一滴的血流到這反抗上。他們談論妥貼，已經半夜，各自就睡了。

若果有人能在北溪各處調查，便可以明白這一個迎春節所消耗的酒量真特別多，比過去任何一個迎春節也超過，這裏的人原是這樣肆無忌憚的行樂了一日，不久過年了。

不久春來了。

當春天，還只是二月，山坡全發了綠，樹木茁了芽，鳥雀孵了卵，新雨一過隨即是溫暖的太陽，晴明了多日，山阿⑳田中全是一旁做事一旁唱歌的人，這樣時節從邊縣裏派有人來調查設官的事了。來人是兩個，會過了地方當事人，由當事人領導往各處察看，帶了小孩子在太陽下取暖的主婦皆聚在一處談論這事，來人問了無數情形，量丈了社壇㉑的地，錄下了井灶㉒，看了兩天就走了。

第二次來人是五個，情形稍稍不同：上一次是探視，這一次可正式來佈置了。對於婦女特別注意，各家各戶去調查女人，人人驚嚇不知應如何應付，事情為獵人徒弟之一知道了，就告了師傅。師傅把六個年青人聚在一處，商量第一步反對方法。

年長人說：「事情是在我們意料中出現了，我們全村毀滅的日子到了，這責任是我們的責任，應當怎麼辦，年青人可各供一個意見來作討論，我們是決不承認要官管理的。」

第一個說：「我們趕走了他完事。」

第二個說：「我們把這些來的人趕跑。」

第三四五六意見全是這樣。既然來了，不要，彷彿是只有趕走一法了。趕不走，倘必須要力，或者血，他們是將不吝惜這些，來為此事犧牲的。單純的意識，是不拘㉓問什麼人，都是不需要官的，既然全不要這東西，這東西還強來，這無理是應當在對方了。

在這些年青簡單的頭腦中，官的勢力這時不過比虎豹之類稍兇一點，只要齊心仍然是可以趕跑的。別的人，則不可知，至於這七人，固無用再有懷疑，心是一致了。

然而設官的事仍然進行着。一切的調查與佈置，皆不因有這七人而中止。七個人明示反抗，故意阻礙調查人進行，不許鄉中人引路，不許一切人與調查人來往，又分佈各處，假扮引導人將調查人誘往深山，結果還是不行。

一切反抗歸於無效，在三月底稅局與衙門全佈置妥了，這七個人一切計劃無效，一同搬到山洞中去了。照例住山洞的可以作為野人論，不納糧稅，不派公債，不為地保㉔管轄，他們這樣做了。

地方官忙於徵稅與別的吃喝事上去了，所以這幾個野人的行為，也不曾引起這些國家官吏注意。雖也有人知道他們是尚不歸化㉕的，但王法是照例不及寺廟與山洞，何況就是住山洞也不故意否認王法，當然盡他們去了。

他們幾個人自從搬到山洞以後，生活仍然是打獵。獵得的一切，也不拿到市上去賣，只有那些凡是想要野味的人，就拿了油鹽布疋衣服煙草來換。他們很公道的同一切人在洞前做着交易，還用自釀的燒酒款待來此的人。他們把多餘的獸皮贈給全鄉村頂勇敢美麗的男子，又為全鄉村頂美的女子獵取白兔，剝皮給這些女子製手袖籠㉖。

凡是年青的情人，都可以來此地借宿，因為另外還有幾個小山洞，經過一番收拾，就是這野人等特為年青情人預備的。洞中並且不單是有乾稻草同皮褥，還有新鮮涼水與玫瑰花香的煨芋。到這些洞裏過夜的男女，全無人來驚吵的樂了一陣，就抱得很緊舒舒服服睡到天明。因為有別的原故，向主人關照不及時，就道謝也不說一聲就走去，也是很平常的事。

他們自己呢，不消說也不是很清閒寂寞，因為住到這山洞的意思，並不是為修行而來的。他們日裏或坐在洞中磨刀練習武藝，或在洞旁種菜舀水，或者又出到山坡頭灣裏坳裏去唱歌。他們本分之一，就是用一些精彩嘹亮的歌聲，把女人的心揪住，把那些只知唱歌取樂為生活的年青女人引到洞中來，興趣好則不妨過夜，不然就在太陽下當天做一點快樂爽心的事，到後就陪到女人轉去，送女人下山。他們雖然方便卻知道節制，傷食害病是不會有的。

在這些年青人身上所穿的衣褲，以及麂皮抱兜㉘，就是這些多情的女人手上針線為做成。他們送女人則不外乎山花山果，與小山狸皮。他們幾個人出獵以前，還可以共同預約，得山羊便贈誰個最近相交的一個女人，得野狗又算誰的女人所有。他們的口除了親嘴就是唱讚美情慾與自然的歌，不像其餘的中國人還要拿來說謊的。他們各人盡力作所應作的工，不明白世界上另外那些人懶惰就是享福的理由。他們把每一天看成一個新生的天，所以在每一天中他們除了坐在洞中不出，其餘的人是都得在身體與情緒上調節的極好，預備來接受這一天他們所不知道的幸福與災難的。他們不迷信命運，卻能夠在失敗事情上不固執。譬如一天中間或無法與一小山雞相遇，他們到時也仍然回洞，不去死守的。又譬如唱歌也有失敗時，他們中不拘是誰，知道了這事情無望，卻從不想到用武力與財產強迫女子傾心過。

因為一切的平均，一切的公道，他們嫉妒心也很薄弱，差不多看不出了。

那師傅，則教給這幾個年青人以武藝與漁獵知識外，還教給這些年青人對於征服婦人的法寶。為了要使情人傾心，且感到接近以後的滿意，他告他們在什麼情景下唱什麼歌，以及調節嗓子的技術。他又告他們如何訓練他的情人，方能使女人快樂。他又告他們如何保養自己，才能成為一個忠於愛情的男子。他像教詩的夫子[29]指點他們唱歌，像教體操戰術的教官指點他們對付女人，到後還像講聖諭[30]那麼告誡他們不可用不正當方法騙女人的愛情與他人的信任。

師傅各事以身作則，所以每晨起身就獨早。打老虎他必當先。擒蛇時他選那大的。泅水他第一個泅過河。爬樹他佔那極難上的。就是於女人，他也並不因年紀稍長而失去勇敢與熱誠！凡是一個女子命令到幾個年青人辦得下的，與他好的女子要他去做，也總不故意規避的。

人類的首領，像這樣真才是值得敬仰的首領！

日子是一天一天過下來了，他們並不覺得是野人就有什麼不好處。至於顯而易見的好處，則是他們從不要花一個錢到那些安坐享福的人身上去。他們也不撩他，不惹他，仍然尊敬這種成天坐在大瓦屋堂上審案、罰錢、打屁股的上等人。

國家的尊嚴他們是明白的，但他們在生活上用不着向誰驕傲，用不着審判，用不着要別人坐牢挨打，所以他們不有一個官管理，也自己能照料活一世下來了。

他們是快快樂樂活下來了，至於北溪其餘的人呢？

北溪改了司㉛，一切地方是王上的土地，一切人民是王上的子民了，的確很快的便與以前不同了。迎春節醉酒的事真為官方禁止了。別的集社也禁止了。平時信仰天的，如今卻勒令一律信仰大王，因為天的報應不可靠，大王卻帶了無數做官當兵的人，坐在極高大極闊氣的皇城裏，要誰的心子下酒只輕輕哼一聲，就可以把誰立刻破了肚子挖心，所以不信仰大王也不行了。

還有不同的，是這裏漸漸同別地方一個樣子，不久就有種不必做工也可以吃飯的人了。又有靠說謊話騙人的大紳士了。又有靠狡詐殺人得名得利的偉人了。又有人口的賣買行市，與大規模官立鴉片煙館了。地方的確興隆得極快，第二年就幾幾乎完全不像第一年的北溪了。

第二年迎春節一轉眼又到了，荒唐的沉湎野宴，是不許舉行的，凡不服從國家法令的則有嚴罰，決無寬縱。到迎春節那日，凡是對那舊俗懷戀，覺得有設法荒唐一次必要的，人人皆想起了山洞中的野人。歸籍了的子民有遵守法令的義務，但若果是到那山洞去，就不至於再有拘束了。於是無數的人全跑到山洞聚會去了，人數將近兩百，到了那裏以後，作主人的見到來了這樣多人，就把所獵得的果狸、山豬、白綿㉜野雞等等，燻燒燉炒辦成了六盆佳餚，要年青人到另一地窖去抬出四五缸陳燒酒，把人分成數堆，各人就用木碗同瓜瓢㉝舀酒喝，用手抓菜吃。客氣的就合當挨餓，勇敢的就成為英雄。

眾人一旁喝酒一旁唱歌，喝醉了酒的就用木碗覆到頭上，說是做皇帝的也不過是一頂帽子擱到頭上，帽子是用金打就的罷了，於是贊成這醉話的其餘醉人，頭上全是木碗瓜瓢以至於一塊豬牙幫骨了，手中則拿得是山羊腿骨與野雞腳及其他，作為做官做皇帝的器具，忘形笑鬧跳擲，全不知道明天將有些什麼事情發生。

第二天無事。

第三天，北溪的人還在夢中，有七十個持槍帶刀的軍人，由一個統兵官用指揮刀調度，把野人洞一圍。用十個軍人伏侍一個野人，於是將七個屍身留在洞中，七顆頭顱就被帶回北溪，掛到稅關㉞門前大樹上了。出告示是圖謀傾覆政府，有造反心，所以殺了。凡到吃酒的，自首則酌量罰款，自首不速察出者，抄家，本人充軍，兒女發官媒賣作奴隸。

這故事北溪人不久就忘了，因為地方進步了。

三月一日於申成

題解

本篇作於一九二九年三月，發表於一九二九年五月十日《紅黑》第五期，署名沈從文。一九八二年收入廣州花城、香港三聯出版社出版的《沈從文文集》第八卷。二零零二年收入北岳文藝出版社出版的《沈從文全集》第四卷《旅店及其他》。

本篇是沈從文反映都市文明入侵下農村生活變動最有代表性的作品。作者擷取湘西苗村北溪「歸化」事件，對清王朝武力廢除湘西土司統治的斷片進行了歷史的再現。野人是暗示着具有原始初民的性格和生命的人，而迎春節作為一種儀式的存在，實際上是楚文化精神的外化，野人被殺、儀式被取消則象徵着這種文化精神的消亡。這種反諷式寫作直接表明在這裏歷史的進步並不意味着自由、歡樂的降臨，新政權、新制度的建立和鞏固，使湘西原始初民文化被封建專制文化所劫奪和污染，湘西「歸樸返真」的田園牧歌時代從此失去了生存的土壤。這種對於農村生活的理想化描繪，對於都市文明侵襲下傳統美德淪落的感嘆，我們可以在沈從文的作品中多次看到。

註：

① 迎春節：舊時每年「立春」時節，地方舉行大規模的儀式以歡迎春天的到來，人們敲鑼打鼓，並化裝遊行。

② 北溪村：地名，在今湖南省境內。

③ 公債：國家向公民或外國所借的債項。

④ 灰衣人：民國官兵的服裝在抗戰前，大都採用小領（與中山裝相似），顏色一度是灰色為主。因此這裏的灰衣人指代的是民國時期的官兵。

⑤ 納捐：捐，賦稅的一種。納捐就是繳稅。

⑥ 族長：見《龍朱》註釋②。

⑦鄉約：見《更夫阿韓》註釋58。
⑧經紀人：見《山鬼》註釋79。
⑨無須乎：見《草繩》註釋⑦。
⑩社節：祭祀土地神和祖先的傳統節日。分春社和秋社，在立春、立秋後的第五個戌日舉行。
⑪鐵箸：箸指筷子。鐵箸即鐵筷子。
⑫號衣：見《在私塾》註釋⑯。
⑬衙門：見《更夫阿韓》註釋⑰。
⑭閎敞：高大寬敞
⑮公所：舊時區、鄉、村政府辦公的地方。
⑯軍器：見《我的小學教育》註釋34。
⑰嶷然：卓異貌；屹立貌。
⑱果狸：又稱為果子狸、花面狸。體形酷似家貓，原產於熱帶與亞熱帶區，歷來被譽為山珍之上品。
⑲廟壇：一般為公祭場所。
⑳山阿：山嶽；小陵。
㉑社壇：古代祭祀土神之壇。
㉒井灶：煎製井鹽的工廠。
㉓不拘：見《棉鞋》註釋㉒。
㉔地保：見《媚金・豹子・與那羊》註釋⑫。
㉕歸化：歸順，歸附。
㉖手袖籠：套在手腕上的袖筒，用獸皮或絨線做成，作防寒之用。
㉗煨：用微火慢慢地煮，或在帶火的灰裏燒熟東西。此處含義為後者。
㉘抱兜：見《山鬼》註釋101。

㉙ 夫子：舊時對學者的尊稱或學生對老師的稱謂（多用於書信）。
㉚ 聖諭：指教會根據教義所作的告誡性宣傳或皇帝訓誡臣子的詔令。
㉛ 司：中國古代官署的名稱。唐宋以後，尚書省各部所屬有司。現稱中央機關部以下一級的行政部門為司。
㉜ 白綿：一種野生小羊。因白綿肉幾乎全是肥的，綿綿的嚼不動，故得此名。
㉝ 瓜瓢：本指用葫蘆做成的水瓢，引申為用木頭挖空做成的水瓢，也稱瓜瓢。
㉞ 稅關：舊時指設在水路通商口岸的收稅機關。

元宵

一、家中

一個為雷士先生寫小傳的人，曾這樣寫過：一個中年人，獨身，身體永遠是不甚健康到使人擔憂，他的工作是用筆捉繪這世界一時代人類的姿態到紙上。

因為是元宵①，這個人，本來應當在桌旁過四小時的創作生活，便突於今天破壞了。先是想出門到某一個地方去看一個朋友，到臨出門時又忽然記起今天是一種佳節，在這家有主婦與小孩子的家庭中，作一不速之客真近於不相宜，就又把帽子擲到房角一書架上，仍然坐到自己工作桌前了。

心裏有東西在湧，也說不分明是什麼東西。說是「有」，不如說是「無」。他感到的是空虛。心情不能向任何事寄託，如沉溺的人浮在水面，但想抓定一根草或一支葦，便彷彿得了救，他於是在思索所有足以消磨這一天的好辦法。凡是辦法他全想到了，在未去實行之前，先就知道這樣不行那樣不行，到後就只有癡坐在那裏，眼對窗格數對窗牆上的土蜂窠②出孔的數目了。

那覆在牆上如一堆牛屎的土蜂窠，出入泥孔道是六個。其一尚彷彿如普通許多地方之小北門，雖有此道，卻用物堵塞，禁止出入，為取吉兆那樣子。他望到蜂窠出神，不知道究竟這泥球內有無生物，假使是有，這些蜂子又正在作些什麼事，思想些什麼。他願意知道它們多一點，但做不到。他其實，何常不願意也多知道自己一點呢？但自己空虛的心情，是已分明了，如何這空虛將離開身邊，如何把生活變成如一般人那樣，既不缺少興味，也不缺少快樂，他可永遠不清楚了。

彷彿煩惱來了，就工作，不能工作也儼然做着工作的樣子，一面想這是往日的辦法。有了這辦法，生活在本身上雖找不出意義，但另外，間一翻翻文件盒裏的成績，似乎是這樣仍然可以單獨活下的勇氣了。且常想到一切過去的偉大的前輩，是如何在刻苦中度着日子，則又不禁興奮起來。想到在生活上苦戰的英雄，瘡痍③滿身的情形，回視自己則又不禁臉上發燒。在另一時，自己的行為，不就已經給人說過這是英雄這是戰士了麼？過去的，另一時代的戰士之流，是不是也就相差不遠，那不可知。然而所謂享樂者徒眾，他將用什麼方法在什麼情形下消磨着這每一天呢？明燈華筵周旋於女人之間，回則頭痛心煩；或留心自己臉上一點粉刺，便每日照醫生所囑咐做事；或為新衣與縫工吵嘴，不能自休……這裏就無處不可以得到人性的真實源泉，鄙視、憎忿、無端的傾心與有意的作偽，隨時隨處可遇。這些人，自然也就不缺少着那所謂煩惱，然而所煩惱者，當為另外一事上，不比此時的他了。這時的他一事不能作，即空想，也倦於展開。

一個思想粗糙的人，行為將近於荒唐，一個思想細緻的人，他可以深入人生，然而一個倦於思想的人，他是只有幻滅的悲慟④咬他那心的。

他低頭坐下，望了望腳上的皮鞋，鞋為新置，還放光，鞋底邊的線尚不曾為泥弄髒。因為鞋，想起買這鞋那一天，在那鞋店外邊，見到的一個女人苗條身體，看女人彷彿近於暗娼者流，就有意無意跟到那女人走去，隨後發現了這女人是舞女，就又回頭返家。鞋子使他生的聯想不過如斯而已。若是自己歡喜跳舞呢，那等到夜間，穿上這樣一雙體面皮鞋，到各舞場去找那天鞋店前見到的舞女，陪她舞一夜，大致是可以感到一種沉醉的。但他不是能跳舞的人，他不學，好像是懶去先花費那一番功夫。

過一會，皮鞋與跳舞的夢過去了，他就把皮包從衣袋中掏出，檢察所剩的錢有多少。檢察結果知道了鈔票五元的是拾張，一元的是九張。還有一張一百元的滙豐銀券，為昨天一個書舖送來的，還不曾拆兌成零數。他把皮夾捏在手上，想了想，意思像是若把這點點錢用到荒唐事上去，就可以使別人同自己即刻在此種關係下變成密友，也可以使一個好女人墮落，一個乞丐因得此歡喜而死，就搖了一搖頭，拍的把皮夾丟到地板上了。

然而他仍然望到這黑色印有凸花的小皮夾，彷彿見到這皮夾自己在動，且彷彿那鈔票就像一杯酒，在那裏勸駕，請他好好在機會中用它一用，一面還似乎在那裏分解，說：「這也可以說是誘惑，可完全不是惡意。」他承認這真不是惡意的。一個曾經與金錢失過戀的人，對於錢的歸依是明白它的善意的。有了錢，於他是可以增加在人前若干勇氣的。沒有錢時他就想到他非常善於用錢的事情，買這樣那樣，或送誰借誰，都以為只要有錢時這樣一做，當可以得到一種愉快，如在神前還願。不過如今是錢在手上的，他卻不能把這個錢照到他所想的去做了。從前想到這樣那樣是可以得到幸福的，這時仍然不夠了。在沒有錢時節，他以為，若果有了錢，就可以把無聊這兩個字在字典上用墨塗去，如今他明白錢不是能幫助他獲到他所要的東西了。一個老年人，身邊兒女繞膝，有錢多，在家做善人，用錢打發在門外叫喊的無告者⑤，錢是的確能給這老封翁⑥好處的。一個博徒，在新年中輸了錢，正感無法可以扳本⑦，得到一筆小款，他同樣也能感到錢的好處的。窮人自然以錢為命，錢與幸福也不能分開，無從分開。他拿這一點錢有什麼用處？

買書，則書架上的新書已不能再加上一本，床下未看過的書也滿了。縫衣則他不等到穿新衣會客。送人則不知應送給誰，至於凡是窮的就送，他又似乎以為這樣善事應當給那些闊人去做，這不是他的事。胡花，也彷彿只有這個辦法了，但是把煩惱當成一種病，這病可不是把錢胡花就可以醫好的病！

他不願意吃酒看戲，又不歡喜到賭場去，又不能更荒唐獨自跑妓院去玩，這錢要花也難。

今天是十五，他記得很清楚，因為是十五，就像照平常花錢方法去做做也不行了。在今天這種日子中，朋友方面有家的，是縱或更比平常還熱誠的款待客，做客的也不會得到好處的。朋友若獨身，則多數不會在家，總出門到熟人處喝酒打牌去了。

一個身在外國的人，對於佳節的來臨，是自然很寂寞的。一個身在本國的人，也還是感到寂寞，那原故又不是窮，當然是另外一種情形了。他是明白自己這寂寞情形，而不敢去思索這問題的，他只煩惱，並不細細追究為什麼這樣自苦。

在他那生活中就有那煩惱病根存在。「一個中年人，獨身，身體是永遠不甚健康使人擔憂，工作是用筆捉着這世界一時代的人類姿態到紙上」，在這四句傳略⑧中，就潛伏了這人病的因子，不承認那怎麼行。不承認也罷，就說是看不起所目睹過的一切女人，因而擱延下來了，話是不妨這樣說的。然而總應當有那樣可以傾心的女子，生到這世界上另一個地方另一個家中！在某一時這精細的頭腦，也應當想到這一件事來吧。應當想到過什麼樣女子是可愛的女子，什麼樣女子是可以作妻的女子，無目的的夢也總在較年青的心中做過吧。在這時，雖不是在那裏應付一件戀愛，或應付一件債務，然而就正因為不敢去對這債務加以注意或清理，意識的潛沉，就更容易把人性情變成悒鬱⑨無聊，覺到生活近於一種苦事了。

應當去做的事，先因為世故的毒所中太深，以為這是一種笑話，人已變成極其萎悴⑩柔弱的人了。思慮緻密在事業上可以成功的，在生活上卻轉成了落伍的人，所以這時的他就只是仍然在桌邊，連心情的放蕩也不曾有。他沒有比喻，沒有夢，沒有得失，所以所有的就是空虛了。

一個人，生來若應當用行為去擁護思想，他想到的就去做，這人是無大苦的。若思想是應當裁制行為，則有思想的人能幫助人的行為，當向前時就向前，他也不會大苦。知道了思想與行為的如骨附肉，便不想，也不做，只徒然對於一切遠離，然而仍然永遠是負疚的心情，他是這種人之一個。不幸的地獄便是為這一類人而設的，雖然這事也只是此外的人才能看出，他自己是永遠不會如別人看到他不幸分量之多。

他也如旁人一樣，生活的轉變是他所需要的，因為一切習慣是不可耐的，如沉在泥中，出氣也漸近於澀塞。他又想到若干轉變自己的方法，只除了結婚一件事不想。其實，則沒有比這個更切要對於救濟這時的他為有效了。但他不對這個事多想，就因為有所謂「儼然笑話」的嘲諷先對自己的心情加以攻擊，到後他索興不想了。

他無聊無賴，把腳跟打着地板，地板被觸發出蓬蓬的聲音，他於是又想起了買鞋，跟到女人背後走，走到了大東見到那女子與那舞場職員說話，就返身。腳下的鞋子給他的聯想是慢慢使他惘然失神了，他以為若果是有這樣一個女人願意同他結婚，他無論如何要愛這女子一世，就是這女子再壞一點欺騙他同別人好，只要這欺騙行為不為他知道，也無關係。他所想到的女人不是在他生活情形下所找不到的女人。就再好一點，完全一點，也不是很為難的事。為難的倒是他並不將這想望與事實連在一起，故無從稍有結果。日常生活中，不乏社會上與他同樣身分的女子，在極方便中在一處，到這時他想到的卻是凡女子都很平常，人的生存總是為女子以外的，雖然他說不出為女子以外的什麼。但在女子面前，他決不會承認自己有理由做成一個顛子模樣來為女人難過，這是經過太多回數試驗過的事了。另一時，他到路上去，為一些擦身而過的女人，都像被帶去了一點身上所有東西，他是並不在人前否認的。總之他的事，是只有自己明白的，有時到自己也不明白，那就是這無所排遣的時候了。到了這種時候才覺得一切的智力驟然失去，心情忽然與年齡不相稱起來，他就免不了把固定秩序破壞，變成世俗所說放蕩人了。

人究竟為什麼而生存？這時是在想，也想不通的。每到這種時候頭腦中便彷彿生了若干刺，無從着手拔去，他隱隱約約看到這刺的鋒芒，他隱隱約約仍然不斷的用手去拔，手也彷彿到流了血。這時真能流血是好的。凡事到流血，比悶到甕⑪中死去好多了。到見血，那可以喊叫了，可以呻吟了，也可以用力來反抗了。但心被麻木了的人，他睜眼望到自己僵僵的與世界離遠，他不能伸出手來打誰一拳，又不能把他所能在人面前做的笑臉給誰去看的。他這時不能做好人也不能做壞人。他只看別人在他身前騎馬過去，看到那馬蹄下灰塵飛起。他看到有些人眼淚流到虛榮與狡詐上，又看到有些人在他親人前裝模作樣，撒嬌撒癡。他看到別人的富麗詞藻，與壯觀的抄襲，使他目眩心驚。他看到口若懸河的辯士，站在高台上說謊，得到無量的鼓掌作酬。他看到日影在牆上移動。

日影在牆上移動，他看到這一點秘密，忽然有所澈悟，決定出門了，按了一次鈴。

聽差⑫來了，這是一個瘦得可憐的人，用薄薄皮包着骨，手上的青筋如運河，起伏有序。他望到這聽差的瘦身材不作聲。進門了的聽差，見主人無話說，知道是要出門了，就把帽子從書架上取下來，用袖口抹灰。到後又見到地板上的皮夾了，就彎身將那皮夾拾起。

「為什麼我告訴你買那個藥又不買？」

聽差不答，就笑。

他又說：「是不是把錢又送到……」

聽差仍然笑。

他把皮夾開了，取出一張五元鈔票，塞到聽差手中：「這次記到買！我擔心你是害肺病。」

「前幾天張先生不是為我驗過了嗎？他說不妨事，肺是比許多人還健的。我倒想，或者要……」聽差說要的是什麼他不聽了。

他把呢帽接過手，皮夾仍然塞到衣袋裏去，走出房門了。

二、街上

到了街上，人很多。本來平時就極其熱鬧的大街，今天是更其熱鬧了。

三、書舖

他看人。信步走了很久的時間，走到一個書舖了，就走進去看。書舖中全是買書的年青男女，望到這些年青的天真爛熳的臉，他只發愁。走到自己幾種書的陳列處去，也堆了十多人在那裏選書，大約是新年，這些年青人從家中親戚方面得了一點壓歲錢，又捨不得用，就相信了學校中教師的話來買他的書讀了。望到這些人從袋中把錢取出，送給書店夥計時，他就想自己若有多錢，真應當印一萬本書送給這類人看。望到這些人得了書還等不到拿回去，就在書店翻看，且有些嫌書價太貴，不能買，停頓在那書架邊看白書，又不忍放手，他就想走過去說可以送人一本。

他看了每一個在翻他所有小說集的年青人的臉，心中有一種慚愧，覺得這些人真是好人。然而他又以為這些人很可憐，這樣歡喜看這些書，卻不知道這些書的作者就站在身邊。

若果這些人，知道身邊的沉悶蕭條的他，就是這一堆集子的作者，將用什麼眼光來款待這個人？他想到這件事，就走到兩個中學生模樣的年青人身旁去，看他們是在翻些什麼書。書鋪中夥計也無一個認識他，所以正在那裏解釋他一本長篇小說的好處給兩個學生聽，還把書送給他一本，意思是勸駕。

他望到手上一本自己所作的書，花的封面也是自己所畫，且看看這書鋪夥計的圓臉圓眼睛，和氣得可愛，就點點頭，要夥計把書包了。那兩個學生見到他買了這書，才似乎下了決心，也選出兩本書來給夥計，要夥計算賬。他對這兩個年青人笑着，想說什麼不說，又走到別一處去了。

到了另一處誰知那個圓臉夥計又走來，拿他的一本書勸駕，說這書很好，很有銷路，應當買一本拿回去看。他點頭又買了一本。圓臉夥計真是會做生意的人，以為來買書的真信了他的宣傳，對作者生出敬仰了，就將所有十多種集子各取一冊來放在他面前，且一一為指點這一集內容是怎麼樣，那一集內容是怎麼樣，看那樣子似乎這人全把這些書背得成誦，且與作者非常熟習，對於作者生活性情也非常清楚。

他只對這夥計笑，不說要也不說不要。為了信任起見，這夥計又由他自己的心裏找出一些對作者高明的處所加以稱讚的話，這生意是非做不行了。他到後就又答應了每種包一本，一總算賬。

他問那夥計，「有多少錢一個月。」

夥計笑，彷彿忸怩⑬害羞，問了兩次才告說是「只有飯吃，到半年後才能每月有三元薪水。」

「你讀過幾年書？」

「小學畢了業。」

「也能看小說不能？」

「能。所有的小說看得並不少了。」

「歡喜誰的？」

「歡喜的很多，這個人的也很歡喜，我昨天還才讀那……遊記。」

「你也有空看小說！」

「是夜間，我同他們那幾個人，（他就用手指遠處的較大的夥計）全是看小說。我還見到過魯迅⑭先生！是一個鬍子，像官，他不穿洋服！」說着這樣話的夥計，自己是很高興的。大約在平時是不容易有機會同人說這些話，所以這時就更顯得活潑了。

他對這年青夥計是也只有笑的。

那夥計，一面寫發單，一面還說那幾個作家是穿洋服的，那幾個又穿長衫，料不到這小小腦子記得那麼多事情。看他年紀不過十六歲，就知道中國這時許多人物，到將來真也是了不得的人物！不過他想起這人在半年後才有三元一月的薪水，未免惘然了。那麼對於買書人殷勤，那麼對書的銷數盡職，就吃老闆一點飯，作為這誠實的報酬，中國的情形使他覺得有點難過了。

他看到這夥計用那小手極其熟練的把書包上，又把發單到櫃枱上去繳錢，心裏莫名其妙的酸楚。在填寫發單時，這小孩還關照一聲，說若是作家來買，還只要七折，作家買自己出版書則對折，那是頂合算的。他並沒有說他如今就是買自己的書。他只想到這年青人圓臉發愁。夥計把書同應還餘錢送給他時，還另外送了一張上面載有他所新著未曾出版的書籍預約廣告。

他以為是這夥計還希望他買一預約券就說：「我是不是還可以先買一預約？」

「慢一點再買也好，這書恐怕不能在下月出版。」說這話時輕輕的，說過後且望了一望左右。這夥計是因為作了將近十塊錢生意，特意關顧起主顧來了。

本來這書還未脫稿，這時聽到這夥計說慢一點買預約，他就想這書將來若寫成，當寫着特為給這小朋友的一句話了。他覺得這年青人是比起自己來還更偉大一點的，自己站到這潔白靈魂的面前，要多說一點話也說不來。他想到的是應當使這年青人知道自己的感謝，但他不說話，終於走了。

他縱能幫助這個人，也不知如何幫助，且好像還不配幫助。至於這夥計，卻全無他望，這是很明白的。這個人，也不是求心之所安，已成天站到書櫃邊為他盡過無數日子的力了。他既無驕傲也無憤懣⑮，日子過下來了。這個人若是也有所謂生活的夢，大約想到的，也不外乎是時間已即刻在半年以後，每月三元的月薪，可以處置新白布汗衣一事而已。當與這年青夥計同樣年齡的他，身在鄉下做一小飯館的學徒時，那時所做的夢，尚不敢想到一月有三塊錢的。再過十年也許這夥計也將因為一種奇怪的機遇，成為另一種人吧，或者聰明一點做了委員，直爽一點就被人捉去殺，想到此的他，覺得人事就是如此，多想亦等於徒勞，就不再在那書舖擔擱，把書夾在脇下走了。誰知正在此時那賣書處起了爭吵了，另一夥計與兩個年青學生越嚷越兇，所有買書的都圍攏去了。問原因才明白是因為這人買了書兩本，到包好，算完賬，卻用不曾帶多錢的理由退一本書，換一本書，然而夥計則因為發票寫好不能更改，故好意的勸這人拿錢來取書。本來兩面全是好意，不知如何卻吵嘴了，他走過去看，就見到那兩個人正是先前在翻閱他著的《血與水》一本書的人，就問這兩個人要換什麼書，可以到櫃上去同他們交涉，不要同夥計吵。

「我們要他換××，這夥計嫌我們麻煩了他，不肯換。」

「決不是。他們先又說要《血與水》兩本！」夥計說給他聽。

一個管事的過來了，正要說話，他把管事的拉到人身後去，告給了管事的他是誰，就要這管事的喊夥計將他所有陳列在書架上的集子各檢一冊包好，等買書那人出門時就給這兩個年青人，說是作者送他們的。他把話說完，簽了一個名在賬房櫃枱的簿子上，就走去了。他不敢在書舖外邊停留，因為恐怕那年青人出來時認得到他。他的心像做了一件善事，一旁走一旁好笑，以為今天做的事是頂痛快的事。他猜想這兩個年青人必定還吃驚不小，或者不好意思要這書。他又想這事若為那圓臉圓眼小夥計知道，不知這天真爛熳的人將來對另一主顧又將如何去說今天的事了。

四、街上

他走到大街上了，把剛才書鋪的事放下，心中又有點空虛來了。他見到那樣多的人同車子，見到那樣多貨物，與空中的電線，說不出的寂寞，又慢慢的加濃，覺得在大路上走也不成事了。

他想不如返家好一點。這樣想，就回頭走。走了兩步看到路旁的車，他就不講價錢坐上去，用手指前面，意思要車夫向前面拉。

這江北車夫太聰明了，看到車上人情形，以為是命令他向前趕車了，適巧前面走的是一部包車，車上坐的是一個女人，這車夫就回頭向他會心一笑，一直向前面車子追去。事情顯然是作錯了，但他卻不言語，以為就是這樣辦也未嘗不可。車追上了前面的黑包車，女人返身望，望到他，似乎認識，不作聲仍然把頭掉過去，他覺得好笑。然而拉他的車夫見到這女人回頭，卻樂極了，以為得錢的機會到了，不知疲倦的緊追到前面車子，車略停時還回頭對他作出一種醜相。走了一會女人又回頭望了，似乎知道後面的車是特意追她跟下來的了，回頭時就略示風情，他仍然只有笑。

為什麼忽然作起這樣呆事，並且為什麼女人就正是上海的壞女人，他有點奇怪了。他想這樣走着還不要緊，一到了什麼地方，可就有點麻煩到了。難道結果就像平常當笑話說的把這女人成為一件開心的東西嗎？難道事是這樣方便嗎？就說真是這樣順利下去，到了以後，怎麼樣？

到了一處，前面的車停了，女人進了花店。他的車夫也把車停住，回頭問：「……」

他回答：「⋯⋯」

兩個人並不說話，他用嘴表示仍然向前走，車夫懂到這意思，然而一走過這花店前，車夫倒胡塗起來了。再向前，則走到什麼地方去了？車夫這時不得不開口了，就說：

「去啥地方？」

「××××。」

「是××××？」

「是吧。」

車夫彷彿生了點氣，就回頭走，因為所取的道路應向南，如今卻是正往北走。車夫回頭走時便慢了，心中很不高興。他倒奇怪這車夫生氣的理由了。他想這總不外乎是因為不再進花店去使車夫也掃了興，就要把車停止在路旁。他下了車，從皮夾裏取出四毛小洋送到車夫手心，車夫無話可說，把兩隻雙毫⑯互相碰了一回，驗明無誤，拖車走到馬路對過接美國水兵去了。他就站在街上，望這車夫連汗也不及揩拭的樣子出神。待到那車夫拖了水兵跑去以後，他一回頭，又望到那花店門前黑包車了。他忽然想就進去買一束花也不什麼要緊，走進去看一看也不算壞事。

五、花店

他到了這花店裏面了，見到玫瑰花中的一個人的白臉。這人見有人進來也正望他。女人就是這在車上回頭的女人，見到進來的是他，先笑了。他想回頭走。

女人喊道：

「雷士先生，不認識我了嗎？」

他癡了，聲音也並不熟習，然而喊叫他的名字時，卻似乎這女人曾在什麼地方見到過了。他匆遽⑰的就仍然回身來點頭，把帽從頭上摘下。他望女人一會，仍然想不起這人是誰。女人見到他發癡就笑了。

「你不認識我了。我看你車子在後面，以為你是……」

「車子在後面？——」

「是！我以為——」

「你以為我——」

女人就極其天真的笑，且走攏來。雷士茫然了。他想起如何無心的被車夫把他拖着追下來，又如何無心的下了車，又如何無心的進到這花店，且一時又總想不起這女人是誰，然從女人對他的客氣情形上看來則又必定是這女子丈夫或哥哥之類如何與他熟習，為了女人在剛才行為中的誤會，把雷士難過起來了。他覺得這誤會將成一種笑話了，以為女子的心中，還以為是他故意這樣作着那近於浪子的事，回去將不免對家中人說及引為笑樂了。想分釋一句話，又不知如何說出口。

女人以為他是在追想他們過去的淵源，就說：

「先生是太容易忘記了，大阪丸的船上……」

「喔……」

「是！秋君就是我！才是一年多點的事，難道我就變老了許多？」

「你是秋君！老了嗎？我這眼睛真……你是更美了。」

「先生說笑話。……我在此知道先生是住到這裏的。看報先生的名字總可以到書舖廣告上找尋得到，不過因為近來也忙，又明白先生的地方是……」

「怎麼這樣說，我正想要幾個客！我是無聊得很，一個人住到這裏。你的名字我也彷彿常在報紙上見到！近來你是更進步了，你幾乎使我疑心為……」

女人笑了，因為她也料不到一年前的自己與一年後的自己在雷士眼中變到這樣時髦了。因為面前站定的是唱戲的秋君，他原先一刻的惶恐已消失，重新得到一種光明了。他就問她現在住到什麼地方，是不是還同到⑱母親在一起。

「母親也在這裏，還有……母親她也念到你！雷士先生，你近來瘦了許多了，我先在車上是不敢喊你的，怕錯。到後見你走路的樣子，才覺得不會誤會了。為什麼近來這樣瘦，有病嗎？」

聽到女人說到他瘦，他就用手撫自己的頰，做成消沉神氣搖頭，且輕輕的籲了一口氣。

女人又問：「雷士先生，近來生活還好不好呢？……想必很好了。你最近出版那×××，還是昨天我才到××書局買到，送給我母親，她老人家就歡喜看這種東西，說是很好的！」

雷士先生只勉強的笑，站到那花堆邊並不做聲。

「今天過節啊！天氣真好。」女人意思是說到天氣則雷士當有話可談了。

雷士先生點頭，又勉強的笑，說：「天氣真好。」
女人說：「雷士先生，回頭預備到什麼地方去？」
「到馬路上去。」
「是買東西嗎？」
「沒有地方去所以到馬路上看別人買東西。」
「怎麼說得這樣可憐？」
「……」雷士先生要答，不答，眼望到這女人的眼眉，神氣慘沮。
女人似乎了解了，想了一想，就說：「雷士先生，願不願意過我住處去玩玩？」
「……」他搖頭。
「既然沒事就到我家去過節。我家中又並無多人，只我媽同我。吃了飯，我要去戲院，若是先生高興，就陪我媽到光明戲院看看我唱的戲。」
他仍然不作聲。意思是答應了，卻不說。
這時女人對花注意了，手指到一束茶花，問雷士先生還好看不好看，他連說很好很好，其實這話是為預備答覆那到她家過節而說的，這話答覆得不自然，女人看出他的無主神氣也笑了。但女人因為雷士說這花很好，本來不想要的也要花店中人包上了。後來又看了一束玫瑰，也包上了。女人把花看好就問雷士，「看不看過這地方的戲。」
雷士先生又搖頭笑。

「也可以看看。這裏戲院不像北京的，空氣並不十分壞，秩序也還好。先生是寫小說的人，也應當去看看！我們做戲的人有時是比到大學唸書的人還講規矩的，先生若知道多一點，可以寫一本好東西！」

「我有時都想去學戲！我知道那是有趣味的。跑龍套⑲也行，將來真會去學的。」

「這是說笑話！先生去學戲他們書舖也不答應的，中國人全不答應的。」

「不要他們答應！我能夠唱配角或打旗子喝道，同你們一起生活，或者總比如今的生活有生氣一點。」

「還是不要上台吧，上了台才知道沒意思。我希望先生答應到我家去過節，晚上就去光明看我做戲，若是先生高興，我能陪先生到後台去看那些女人化裝，這裏有許多是我朋友，有讀過高級中學的功課的女子！」

「好，就是這樣吧。」

女人見他答應了，顯出很歡喜的樣子說：「今天真碰巧，好極了。母親見到先生不知怎麼樣高興！」

雷士見到這女人活潑天真的情形，想起去年在大阪丸上同這母女住一個官艙，因船還未開駛即失了火，當時勇敢救出這母女的事，不禁惘然如失。過去的事本來過去也就漸忘了，誰知一年以後無意中又在這大都市中遇到這個人。先時則這女子尚為一平常戲子，若非在船中相識，則在每日戲報的一小角上才能找出這女人的名字，然如今卻在××地方成紅人，幾於無人不曉了。人事的升沉，正如天上的白雲，全不是有意可以左右，即如今日的雷士，也就不是十年以前的雷士所想到，更不是一般人所想到。至於在他這時生活下，還感生活虛緲無邊際，則更不是其他人所知了。

他見到女人高興，也不能不高興了。女人說請他陪她還到幾個舖子裏買一點東西，他想起也應當買一點禮物送給這女人的母親，就說自己也要買一點東西，不妨事。女人把花放到包車上，要車夫先拖空車回去，就同雷士步行，沿馬路走去，雷士小心的與這女人總保持到相當的距離，女人似乎極聰明，即刻發覺了這事，且明白雷士先生是怕為熟人見到以為同一女伶走路為不方便，就也小心先走一點了。

六、街上

「雷士先生，」女人說，因為說話就同他並了排。「你無事就常到這裏大路上走走嗎？」

「這是頂熟悉的地方了，差不多每一家舖子應有若干步才能走過我也記在心上的。」

「是在這裏做小說嗎？」

「那裏。做小說若是要到馬路上看，找人物，那恐怕太難了。」

「那為什麼不看看電影？」

「也間或看看，無聊時，就在這類事情上花錢的。」

「朋友？」

「來往的也很少，近半年來是全與他們疏遠了，自己像是老人，不適於同年青人在一起了。」

「雷士先生又講笑話了。我媽就常說，雷士先生在文章上也只是講笑話，說年紀過了，不成了，不知道雷士先生的，還以為當真是一個中年人，又極其無味，又不好看，……」女人說到這裏覺得好笑，不說了。

雷士先生稍離遠了女人一點，仍然走路。心上的東西不是重量的壓迫，只是難受，他不知道他應當怎麼說好，他要笑也笑不出。

他們就這樣沉默的走了一些時間，到後走進一個百貨公司去，女人買了十多塊錢的雜物，他也買了二十元的東西，不讓女人許可，就把錢一起付了鋪中人。女人望到雷士先生很少說話，像極其憂鬱的神情，又看不出是因為不願意同她在一處的理由，故極其解事[20]的對雷士先生表示親近，總設法在言語態度上使他快活，誰知這樣結果雷士先生卻更難過。

本來平時無論在什麼地方全不至於沉默的他，這時真只有沉默了。人生的奇妙在這個人心中佔據了全部，他覺得這事還只到起頭。還不過三點鐘時間，雖然同樣是空虛，同樣心若無邊際，但三點鐘以前與此時，卻完全是兩種世界了。

這女子若是一個蕩婦，則雷士先生或者因為另一種興趣，能與她說一整天的話。這女子若是一個平常身分的女人，則他也可以同她應酬一些，且另外可以在比肩並行中有一種意義。

他把這戲子日常生活一想，想到那些壞處，就不敢走了。他以為或者在路上就有不少男女路人認得到她是一個戲子。又想也總有人認識他，以為他是同女戲子在一起，將來即可產生一種造作的故事。故事的惱人，又並不是當真因為他同了這女戲子好，卻是實際既不如此，笑話卻因此流傳出去，漸成一種荒謬的故事了。

女人見到雷士先生情形，知道他在他作品上所寫過的呆處又不自然的露出了，心中好笑。為了救治這毛病，她除了即刻陪雷士先生到她家去見母親，是無別的方法可做的，就說到龍飛車行去，叫汽車回去，問雷士先生願不願意。

「坐街車不行嗎？」

「隨先生的便。不過坐汽車快一點。」

「……」他不說什麼，把手上提的東西從左移過右，其中有那一包書在。

女人說：「我來拿一點東西好不好？」

「不妨事，並不重。」

「雷士先生，你那一包是些什麼。」

「書。」

「你那麼愛買書看。」

「並不為看買來的，無意中……」

「無意中——是不是說無意中到書鋪，又無意中碰到我了？」

……

七、車中

他們在汽車上了，用着二十五哩㉑的速度，那汽車夫一面按喇叭一面把着駕駛盤，車正在大馬路上跑。

雷士先生用買來的物件作長城，間隔着，與那女戲子並排坐到那皮墊上，無話可說。女人見到在兩人之間的大小紙包，阻礙了方便，把它移到車座的極右邊，就把身鑲到㉒他身邊來了。然而雷士先生仍然不說話，心中則想到得是，「這女子，顯然是同到別一個人作這樣事也很習慣了。」一望到這很秀美的臉頰，於是他起了一種極野蠻的慾望，以為自己做點蠢事，抱到這女人接一個吻，當然在女子看來也是一種平常事。女人這時正把雙臂揚起，用手掠理頭上的短髮，他望到這白淨細緻的手臂，望一會，又忽然以為自己拘謹為可笑得很，找女人說話來了。

他就問：「除了唱戲還做些什麼？」

「什麼也不做。看點書，陪母親說點笑話，看看電影，……我還學會了繡花，是請人教的，最近才繡得有一幅套枕！」

「你還學繡花嗎？」

「為什麼不能學？」

「我以為你應酬總不少。」

「應酬是有的，但明九是不許我同人應酬的。往日還間或到別的地方去吃酒，自從有一次被小報上說過笑話後，明九就說不能再同人來往了。明九他總以為這是不好的，寧可包銀㉓少點也無害，隨便堂會㉔是不行的。母親說明九是書呆子，但我知道明九脾氣，所以我順了他。」

忽然在女人話中有了五個明九的名字，他愕然㉕了。他說：「明九是誰？」

女人笑了，不做聲。

「是你的——」

「我們是十月間結婚的。」

本來先又並無心想與這女子戀愛的雷士先生，這時聽到這話，卻忽然如跌到深淵裏去了。彷彿驟然的下沉，半天才冒出水面，他略顯粗糙的問道：

「是十月結婚的？」

「是的，因為不告給誰，所以許多人都不知道，報上也無人說。明九他是頂不歡喜張揚的，這人脾氣怪極了，但是這是個好人。」

「自然是好人！他也唱戲嗎？」

「那裏，他是北大畢業的。原本我們是親戚。我說到你時，他也非常敬仰先生！他近來是過安徽去了，不回來的。我到三月底光明方面滿了約，或者也不唱戲了，將同母親過安徽去。」

雷士望到這女人的臉，女人因為在年長的人面前，說到自己新婚的丈夫，想到再過兩三月即可到丈夫身邊去，歡喜的顏色在臉上浮出，人出落得更其艷麗了。

車走了一陣，到新世界轉了彎，稍停，停時車略震，兩人的身便挨了一下。

雷士先生把身再離遠了女人一點，極力裝成愉悅的容色帶着笑說道：

「秋君小姐，那你近來是頂幸福了。」

「先生說是幸福，許多人也說這是幸福！母親和人說明九也很幸福，其實母親比我同明九都幸福，先生是不是？」

「自然是的。」他歇了一歇又慢慢的說，「自然是幸福的。」他又笑，「應當有幸福！」

「先生，你說的話使我想起你××上那篇文章的一段來了，你寫那個中年人見了女人說不出話的神氣，真活像你自己！」

「你那樣記心好！」

「那裏是記心好，但我在你說話中總想得起你說的那個人模樣神氣，怪可憐的，你又不是那樣潦倒的人，母親也笑過！」

「我不是那種人嗎？對了。」他打了哈哈，「你太聰明了，太天真了，年青人，你真是有福氣的。到家時為我替老人家請安，這裏東西全送給老人家，說我改日來奉看，如今有事，我要走了。」他見到前面路燈還紅，汽車還不能通過，就開了左邊車門，下去了。

女人想拉着他已趕不及，雷士代為把門關上了。女人亟[26]命車夫下車為把車門拉開，走下車去追趕雷士先生。匆匆間雷士先生已走進大世界的大門，買了票，隨到一群人湧進裏面去，待到女人下車時，路旁已無雷士先生影子了。

八、大世界

他胡胡塗塗進了大世界，胡胡塗塗隨到一群人走到一個雜耍場去，又胡胡塗塗坐下，喝着賣茶人送來的茶，心中酸楚萬分。喝了一口茶，聽到那台上奏戲小丑喊了一句「先生今天是過節，」他想起他下車的不應該，且忘了記下這女伶住址，又有點生悔心了。待到那賣茶的拿果盤來時，他從皮夾中選出一張一元中南鈔票㉗，塞到茶博士手中，踉踉蹌蹌的又走出雜耍場，走出大世界，到那先前一刻下車的地方了。他意思猜想或者女人就還在等候他，誰知找他不見的女人，已早無蹤無影了。

九、街上

他記到剛才那停車處，這時前面的燈又成紅色，另一輛汽車也正停到彼處，他望到這另一車是兩個年青男女，坐緊擠在一個地方，他幾乎想跳上車去打這年青男子一頓。然而前面燈一轉綠色，這車又即刻開去，向前跑了，他只有在那路旁搓手。

今天的一切事，使這個人頭腦發昏。究竟是不是真經過了這種種，他有點疑惑起來了。他於下車時，無意中把從××書店買來的自己幾本書也留到車上了。他不能想象這時坐在車上的女人是怎樣感想，因為再想這女人，他將不能在這大路上忍住他的眼淚了。

他究竟是做錯了事還是把事情做得很對？

他恨那路燈，在車過身時卻忽然成為紅色。

他想仍然應當在此地等候，到天夜，從夜到天明，總有一時女人仍然當由此地過身，見到他在此不動，或者就會下車來叫他仍然上車去。

他想仍然到龍飛車行去，等候那女人的汽車回時，就仍然要那車夫再送一趟，則必定就可以在她正與她母親說到他時，人就在門外按鈴。

……還是回家去好，因為時間已將近六點，路燈有些已放光了。

他今天，若不出門，則平平穩穩的把這幾點鐘消磨到一種平凡的寂寞中，這一天也終於過去了。「也許這時回家，到了家，又當有什麼事發生，」他正像不甘平凡，以為天也不許他平安過這一天，還留得有另一事在家中等候，就這樣打量，跳上一部街車，仍然如先前一次叫車一樣，呶嘴㉘使車夫向前，當真回家了。

十、家中

他這時又坐到窗前，時間是已入夜有七點了。

家中是並沒有一件希奇的事等候他的。他在家中也不會等候出希奇的事情來。他要出門又不敢出門了，他想這一天的事。

這時泥蜂窠是見不到了。

這時那圓臉的賣書的小夥計，大致也放了工，睡到小白木床上雙腳擱到床架上，橫倒把頭向燈，在那裏讀新小說了。

這時那得了許多書籍的兩個中學生，或者正在用小刀裁新得的書，或用紙包裹新書，且互相同家中人說笑了。

這時得了無數禮物的女人，是怎麼樣呢？這事情他無法猜想，也無勇氣想下去了。

他坐在那裏，玩味白天的一切事情。他想把自己與這女人的一晤㉙的情形寫成一首詩，寫一兩張覺得是失敗就把紙團成球丟到壁爐裏去了。他又想把這事寫一小說，也只能起一個頭，還是無從滿意，就又將這一張紙隨意畫了一個女人的臉，即刻把它扯成粉碎。他預備用筆來寫一封信給××書店，說願意每月給五塊錢給那圓臉夥計供買書與零用，到後又覺得這信不必寫，就又不寫了。他又預備寫一封信給那兩個青年，說希望他同他們可以做朋友，也不能下筆。他又想為那女戲子寫一封信，請求她對於白天的行為不要見怪，並告給她很願意來看她的母女。

他當真就寫那最後所說的一信，極力的把話語說得委婉成章，寫了一行又讀一次，讀了又寫一句。他在這信上扯着極完滿的謊，又並不把心的真實的煩悶隱瞞。他在信上混合了誠實與虛偽兩種成分，在未入女人目以前先自己讀及就墜淚不止。

沒有一個人明白他傷心的理由，就是他自己在另一時也恐怕料不到這時的心情。他一面似乎極其傷心，一面還在那裏把信陸續寫下，鐘打了八點，街上有人打鑼鼓過去的，鑼鼓聲音使他居然一驚，想起寫信以外的事了。他把業經寫了將近一點鐘的三張信稿，又拿在手上即刻扯成長條了，因為街頭的鑼鼓喧闐㉚，他憶及今夜光明戲院此時的鑼鼓喧闐了。

想到去，就應當走，不拘㉛是如何，也應當到那裏看去了。

十一、花樓

他勇敢的到了光明戲院，買了特別花樓的座，到了裏面原來時間還早樓下池子與樓上各廂還只零零落落，不及一半的人，戲場的時鐘還只有八點二十分。他決計今夜當看到最後，且當為最後出戲場的一個看戲人，用着戰士的赴敵心情，坐到那有皮墊的精緻座椅上了。

一個買茶的走過來，拿着白毛絨手巾，熱得很，他卻搖頭。

「要什麼茶?」

「隨便」。

「吃點什麼」

「隨便。」

「要不要××特刊?這裏面有秋君的像，新編的。」這茶房㉜原來還拿得有元宵××特刊，送把到他手上時，很聰明的不問及錢，留下一冊就泡茶去了，他就隨意的翻那有相片的地方看。

不到一會那茶房把蓋碗㉝同果盤全拿來了，放到雷士身邊小茶几上，茶房垂手侍立不動。這茶房，一望即可知道是北派了，雷士問他是不是天津人，茶房就笑說是的。

雷士翻到秋君的一張照相，就說：「這姑娘戲好不好？」

茶房笑說：「台柱兒一根，並不比孟小冬㉞蹩腳㉟！」

「今天什麼時才出台？」

「十一點半。要李老闆唱完《斬子》㊱，楊老闆唱完《清官冊》㊲，才輪到她。」

「有人送花籃沒有？」

「多極啦。這人不要這個，聽別人說是嫁了人，預備不唱戲了。」

「嫁的人是內行不是？」

「是學生，年青，標致，做着知事㊳。我聽一個人說的，不明白真假。我恐怕是做縣長的小太太多可惜。」

「她有一個母親也常來聽戲嗎？」

「『聽戲，』這裏是『看戲！』他們全是說看的！」這茶房到此也忘形了，全把侉子㊴氣露出了，就大笑。

「我問你是這老太也常來？」

「今天或者要來吧。老太太多福氣，養了小閨女兒比兒子強多，這人是有福氣的人！」

「她同人來往沒有？我聽說好像相交的極多。」

「誰說！這是好人，比女學生還規矩，壞事是不做的，那裏極多！」
「用一點錢也不行嗎？」
「您先生說誰？」
「這個！」雷士說時就用手指定那秋君便裝相的身上。
「那不行。錢是只有要錢的女人才歡喜的。這女人有一千一百塊的包銀，夠了。」
「我聽人說是像……」
「……」茶房望了一望這不相信的男子，以為是對這女人有了意，會又像其他的人一樣，終會失望，就在心中匿笑㊵不止。
這時在特別包廂中，另一茶房把兩個女人引到廂中了，包廂地位在正中前面，與雷士先生坐處成斜角，故坐下以前回頭略望的那一個年青女人，一眼就望到雷士了。她不曾告給她的媽，就打了招呼，點點頭，用手招雷士先生，歡喜得很。她忙到她母親耳邊輕輕的告給這老人，說雷士先生就坐到後側面花樓散座上。老女人這時也回頭了，雷士不得不走過包廂了。走過包廂時那天津茶房才明白雷士問話的用意，避開了。

十二、特別包廂

他過去了，望到老太說不出一句話，他知道女人必已經把日間的事一一告給這母親了，想起自己行動在這一個女戲子母女面前，這著作家真是窘極醜極了。

那母親先客客氣氣的說謝謝雷士先生送了那樣多禮物，真不好意思。且說秋君不懂事，卻不邀先生到家裏來過節，又不問好地址，所以即刻要她到××書局去問，才知道先生住處。待打發車夫到住處邀先生來戲院時，又說不在家了。雷士又聽到說這母女還到書局去問，還到自己住處去接，更不知道如何說話了。到此時他當然是只好坐到這裏了，坐下以後又同這母親談談若干舊事，這老人總不忘記幫助過她母女的雷士先生，且極誠懇的說到如何希望他身體會比去年好一點，如何盼望到見他，又如何歡喜讀他的小說。女人則一言不發，只天真的伏在那母親椅背，笑着望到她媽，又望到雷士先生的臉。

雷士先生像在地獄中望到天堂的光明，覺得一切幸福憂患皆屬於世界所有人類，人與人，在愛憎與其他上面，原都是那麼貼緊黏固成整個，但自己則仍然只是獨自一人，渺不相涉。雖然在許多地方，許多人，是正如何對他懷念，對他關心，然而在孤獨中生長的人，正如在冰雪中生長的蟲一樣，春風一來反而受不住了。他聽到那做母親的說到對他關心的話，就深深的難過。他聽到那做母親的把秋君的新婚相告，如告給一個遠地初來的舅父以甥女適人的情形，他真要哭了。她還要告他秋君的丈夫是什麼樣人物，這次在安徽是做些什麼事，幸好戲台上在打仗，披了頭髮趙子龍[41]出了馬門，一陣混戰開始了，話才暫時稍息。

老太太去注意打仗的勝敗去了，把話暫停，雷士得了救，極其可憐的望到伏在椅背上一對黑眼珠放光的秋君。秋君也望他，望到他時想起日間的事，秋君笑，輕輕的問，為什麼日間要走，有什麼不爽快事情。
「不是不爽快，我有事。」
「你的事我知道。在……上也有那樣一句：『我有事，』這是一個男子通常扯謊的話，不是麼？」
「虧你記得這樣多。」
「你是這樣寫過！你的神氣處處都像你小說上的人物，你不認賬麼！」
「我認了又有什麼辦法？你是不是你所記得到的我寫過的女子呢？」
秋君詫異了，癡想了一會，眼睛低下不敢再望雷士了。在這清潔的靈魂上，印下一個情慾自覺的黑色戳記了，她明白在身邊兩尺遠近的男子對她的影響了，過了許久才用着那充滿熱情與畏懼的眼光再來望雷士先生。
「你這樣看我做什麼？」雷士先生說，說時舌也發抖。
女人不做聲，卻喊她的母親。母親雖回了頭，心卻在趙雲打仗的槍法上。
「媽，」女人喊她的媽，不說別的，就撒嬌模樣把頭伏到她母親肩上去，亂揉。
「乖，怎麼樣？」
「我不願意看這個了。」
「還不到你的時間！」
「不看了。」

「你病了嗎？」

「不。」

「到那裏去？」

「玩去，」她察看了腕上的手錶一會「還有兩點鐘我們坐汽車到金花樓去吃一點東西去。」

「你又餓了嗎？」

「不。我們到那裏去坐坐，我心裏悶得很，想哭了。」

「好，我們去，我們去。雷士先生不知道高不高興去呢。雷士先生若是不想看這戲，我們就去玩玩吧，回頭再來看阿秋的×××。」

雷士先生不做聲回答那母親去是不去，只望這女人，心中又另外是一種空洞，也可以說彷彿是填了一些泥沙，這泥沙就是從女人眼中掘來的。

女人極其不耐煩的先站起身來像命令又像自己決定的說「去。」雷士也不由得不站起身了。這時女人極力避開雷士，不再望雷士，且把眉微蹙㊷，如極恨雷士先生，不願意與他在一個地方再坐。雷士先生則只覺到自己是無論如何將掉到這新掘的井裏了，也不想遁，也不想喊，然而心中怔忡㊸，卻仍然願意自己關了房門獨在一間房裏，單來玩味這件事，或仍然在大街上無目的的行走，倒反而輕鬆許多。

十三、車中

在上汽車時，雷士先生與那做母親的坐在兩旁，秋君坐當中，頭倚在母親肩上，心緒極其不寧，時常轉動，不說一句話，像害了病。雷士先生也無話可說，只掉頭從車窗方面望外邊路上的燈。他除了這樣辦，再也想不出另外一種方法了。他有點害怕這事的進展了，他不避退是不行的。雖然退，前面一個深坑他仍然看到，那裏面說不定是一窖幸福，然而這幸福是隱在黑暗中的，應當要用手去摸，所摸到的或者是毒蛇，是蜥蜴，也不可知。

他到這個時候又仍然不能忘記那個作知事的年青漢子，他且不能忘記自己的地位。他記到這母親方才在包廂中提到那新夫婿時的態度，也記到女人在日裏提到她丈夫的態度，想到這些他有點不敢相信自己了。在一切利害計算上神經過敏比感覺遲鈍是更壞一點的，所以他又寧願意仍然作為不了解女人的心情，那樣來與那母親談話了。

然而做母親的見到女兒心中煩躁，卻不來與雷士先生談話，只把女兒摟在懷裏，吮女兒的臉。雷士先生就在那一旁懊悔自己白天做錯了事，把一種機會由自己放去，為極蠢極無用的一行為。

十四、金花樓

到了金花咖啡館門前，雷士先生下了車。其次是女人，下車以前先伸出手來，給他，他只得把手捏着，扶女人下來，又第二次把那做母親的也扶下來，在這極其平常的小小節奏中，雷士先生的心正如一縷輕煙，吹入太空，無法自主。他彷彿所要的東西，在這些把握中就得到了。又彷彿女人是完全天真爛熳，早把在戲場時的事忘掉，因為女人一入這大咖啡館，聽到屋角的小提琴唱片，在奏谷弗樂曲子，又活潑如日裏在那花店買花時情形，假裝的病全失去了。

找到一個座位後，雷士先生為了掩飾自己的劣點起見，把憂鬱轉成了高興，夷然坦然的去同那母親談話，又大方的望着女人笑，女人也回笑，意思是像這樣一來大家也可以無須乎具有戒心，就縱或在身體方面免不了有些必然的事，在心上倒可以不必受苦，方便自由多了。她要雷士先生始終對此種心情同意，故向雷士先生說：「這裏不比戲場，同母親說話，是不怕為鑼鼓所妨礙的。」

「是的，我忘記問老人家了，過年也打點牌玩嗎？」

「沒有人。白天阿秋不唱戲，我就同她兩個人捉皇帝，過五關，這幾天也玩厭了，看書。」

「我聽說老人家還能看書，目力真好。」

「謝謝雷士先生今天送的一包書，還有那些禮物。我阿秋說這是雷士先生送我的，我見到這樣多的東西時，罵阿秋不懂事。阿秋倒說得好，她說書應當歸她所有，東西則算母親的，好笑。雷士先生，我們真不好說感謝你對於我們的好處的話了，天保祐你得一個——」

「母親，」女人忽然搶着了話說，「什麼時候我們過杭州去？」

「你說十八到廿㊹都無戲就十八去。」

「十八！」女人故意說及十八，讓雷士先生聽到，且伶俐的盼雷士先生，意思是請他注意。
雷士先生說：「喔，十八老人家過杭州嗎？」
「阿秋說是去玩兩天，乘天氣好，就便把嗓子弄好點。她想坐船了，想吃素菜了，所以天氣好就去。雷士先生近來是……」
女人又搶着說：「母親，我們住新新，住大浙？」
「就住新新，隨你看。」
女人又說：「雷士先生，近來忙不忙？」
「……什麼忙？」
「事情多吧。」
「無聊比事情還多。」
「無聊為什麼不也乘到天氣好到杭州去玩幾天？」
雷士先生不好如何說話。
女人又向她母親說，「媽，若雷士先生無事情，能同我們一起處，就好極了。」
「恐怕雷士先生不歡喜同我們女人玩。」
雷士先生就說：「沒有什麼，不過我……」
「十八去，好極了。雷士先生你不要同我媽說不去，天氣好，難得哩。」
「當真去嗎？」

「為什麼不去，我說到杭州，是頂歡喜的。划船，爬山，看大紅魚，吃素菜，對日頭出神。聽鐘，真好。媽，明九他若來——」說到這裏時，這女人望到雷士先生又把頭垂下，住口了。

那母親說：「阿秋，你今天又忘記寫信了！我告到你是應當寄信給明九告他那件事！你今天因為見到雷士先生，就只知道同我說這樣那樣，也不知道疲倦。」

女人低了頭，不做聲，情形又像因想起了什麼事頭痛，心裏不耐煩起來了。

雷士先生雖然無意中又受了一打擊，然於女人舉動是看得很分明的。看到女人不做聲，驟又煩惱了，就覺得這事情真漸進於複雜，為不容易解決的一件事了。

女人願意雷士先生同到杭州西湖去玩幾天，這動機在女人心中潛伏了什麼慾望，雷士是明白肯定再不容惑疑了。不過在她的天真純樸的心上，也許以為這樣作不過是一種遊戲，就盡雷士先生在一種方便中作一個情人，可以在這遊戲中使雷士先生成一個能夠快樂的男子，卻並不是怎樣危險的遊戲。

雷士先生則先看到這危險，故憂愁放到臉上，不快活的意思完全與這時女人因一種情慾騷動在心中而顯出的煩惱為兩樣。他是不是要利用這機會做一點事業，他還無法決定的。他把這事答應了，就應當去，應當到那裏盡他所能盡的一個男子本分，這種天與其便的事上得到分內的幸福，他再因循則可以說是一種罪過。不過事情還有三天，在三天中他若能沉醉到酒裏，則或者容易過去，也不會別有枝節變故。若這三天盡這中年人來想，可不知道憑空要想出多少忌諱了。雷士先生知道自己的壞處是比別人知道他的長處還多的，他就不能有這種信心相信到三天以後真過杭州！他這時願意，敢，到時也說不定又害怕，願意仍然過安寧單調的生活於上海不動了。並且他又想，時間是還有三天，單是今天一出門，所遇到的已就變幻離奇到意料之外了，則三天盡事實可能，還不知如何延展這局面。也許到時他縱不缺少勇氣，勇氣卻又無用處，事情變了。

同時，他見到這女人豐艷的身體，輕盈的姿式，初熟鮮果似的情慾知識，又覺連三日後也不可耐，只想天賜其便這時就能把這女人擁到懷中，盡量一飽。

他在意識中潛伏一種吃肉飲血的饑餓，又在意識中潛伏一種守分知足的病態德行。他盡這兩種成分在自己心上互相衝突，意志薄弱的他就也不左袒也不右袒。惟其既不能左也不能右，要在言語上始終保持到他略無痕跡的自然，也就不可能了。

他又有妒嫉情緒，因為這妒嫉情緒，他就覺得血在心上湧，以為無論如何也要把這女人拿到手上一天或一分鐘，要像他人那樣看清楚了這女人一切才放下。到妒火中燒時他是完全不為自己設想也不為女人幸福設想，只想等待那機會一到，就將成為戀愛的人，使女人屈服，到後且不妨盡這作男子者知道有過這樣一會事的。這也不過是「想」而已。若果想到的事全有危險的可能，則他稍過一時，又想到自殺作一悲劇完場，給這社會添一故事，那當然是更危險了。

他想的其實可以說是全無用處的。這時應當做的只是他來同這老太太說一點閒話，同時來用一些精巧的言語，隨意把女人顛倒着，感動着，苦惱着，則雷士先生便不愧為男子，因為凡是男子應做的他已照做了。

他有理由說各樣俏皮的話，也有理由說謊話，極不合理的就是緘默㊺。他一面當用耳朵去作成小心聽老人言語的神氣，一面用眼睛極殘忍的攻進他面前的女人的心中，極不應當低頭去望自己的皮鞋。望到自己皮鞋的他，返憶到那從鞋店出來見到的舞女。他去想那舞女，卻不能同眼前的女伶說話，真是無用的男子，另一時他自己也將無法否認的。

局面在沉悶中是雷士先生應當負責的。不過因為咖啡已來，大家就把注意力轉到咖啡上去，所以雷士先生與女人皆得了救。說咖啡好壞是不至於抖舌的，他就不含胡的誇獎這咖啡，說是比大華還好。

「雷士先生到大華跳舞嗎？」母親說。

「沒有，我是只到那裏吃過兩頓晚餐的。」

「為什麼不跳舞？」女人說。

「不會。」雷士先生說到不會，意思就是問那母親女兒會不會。

「據說容易學，我阿秋是會得不多的，要學就問阿秋，她是正極歡喜作人先生。」

「我想學唱戲。」

「雷士先生又說笑話。」

「不是笑話，我真願意到台上去胡鬧一陣。我看他們打觔斗㊻的像很高興，生活也不壞。」

母女全笑了，母親說：「戲院可請不起你這名人。」

「正因為不要名譽，我或者就可以安分生活下來了。」

「你這樣做社會不答應，要做也做不來！」女人這樣說。意思是並不出本題以外。

「社會是只准人做昨天做過的事，不准人做今天所想做的事。」

「除了是雷士先生想到戲台上打觔斗，別的事是也可以作的。」這話是那母親說的，好像是間接就勸說了雷士不要太懦。

「秋君小姐以為這話怎麼樣？」

「……」女人笑，咬了一下嘴唇，把話說到另外事情上去，她問她母親，「那我將來真到美國去學演電影，媽以為好嗎？」

「有什麼不好。願意做的就去做，就好了。」

雷士先生說：「真是，我以後也就照到老人家所說的生活下去，必定幸福。」

「是！幸福就是這樣得到！但是為什麼又……」女人不說完，又笑了。

「為什麼？——」他要說的話只用眼睛去說，他望到女人。

女人不聽這話，自己輕輕的唱歌，因為這咖啡館這時所上的一張唱片，就正是她不久要唱的戲，她在避開雷士先生的攻擊，然而在另一意義上她是仍然上前了。

……

十五、車中

雷士先生用手捏着秋君的手，默默的到了光明劇場。

十六、特別包廂

陪那母親坐到那裏看秋君做戲，他下場時記不清楚同那老太太說了些什麼話。

十七、車上

仍然捏了秋君的手默默的送這兩母女到家，自己才坐那汽車回住處。

十八？

……

題解

本篇發表於一九二九年六月十日、二十五日《東方雜誌》第二十六卷第十一、十二號，署名沈從文。初收入一九三零年中華書局版《旅店及其他》。一九八二年收入廣州花城、香港三聯出版社出版的《沈從文文集》第八卷。二零零二年收入北岳文藝出版社出版的《沈從文全集》第四卷。

雷士先生是個患有「城市病」、「知識病」、「文明病」的典型，用文明製造的種種繩索無形的綑綁住自己，拘束和壓抑自己，以至於失態，跌入了更加不文明的輪迴圈中。沈從文對於雷士先生這樣的知識分子的態度無疑是否定的，正如他在《〈生命的沫〉題記》中曾寫道：「《元宵》中的雷士先生，實在相宜的生活，還是坐自己的房間數數對牆的蜂窠過着日子，因為這才是一個農村培養長大的人轉到大都會中生存的當然的結局。」但他感情的表達非常含蓄，諷刺並不露鋒芒，只是通過一兩個小動作，點出微妙的心理狀態，從表裏不一的矛盾中，達到揶揄的目的。

註：

① 元宵：農曆正月十五，又稱「上元節」，是中國民俗傳統節日。正月是農曆的元月，古人稱其為「宵」，而十五日又是一年中第一個月圓之夜，所以稱正月十五為元宵節。吃元宵、賞花燈等是元宵節的民間習

俗。

② 窠：見《晨》註釋㊽。
③ 瘡痍：創傷，比喻遭受破壞或災害後的景象。
④ 悲慟：非常悲哀。
⑤ 無告者：指有痛苦而無處訴說的人。
⑥ 老封翁：封建時代因子孫顯貴而受封典的人。
⑦ 扳本：見《龍朱》註釋㉖。
⑧ 傳略：比較簡略的傳記。
⑨ 悒鬱：憂愁不安。
⑩ 萎悴：憔悴衰弱。
⑪ 甕：一種盛東西的陶器，甕身中部位置較大。
⑫ 聽差：見《老實人》註釋②。
⑬ 忸怩：見《老實人》註釋㊴。
⑭ 魯迅：見《老實人》註釋㊺。
⑮ 憤懣：氣憤，抑鬱不平。
⑯ 雙毫：民國錢幣，即兩毛。
⑰ 匆遽：急忙，匆促。
⑱ 同到：見《夜漁》註釋㉝。
⑲ 跑龍頭套：指戲曲中拿着旗子做兵卒、侍從的小角色。被稱為「龍套」是因為戲服上往往繡有龍紋之故。
⑳ 解事：懂事。
㉑ 哩：英美制長度單位，一哩等於五二八零呎，合一六零九米。
㉒ 鑲到：見《有學問的人》註釋③。

㉓包銀：舊時戲院按期付給劇團或主要演員的約定的報酬。
㉔堂會：舊時家裏有喜慶事會邀請藝人來舉行的演出會。
㉕愕然：見《媚金・豹子・與那羊》註釋㉒。
㉖亟：急切地。
㉗中南鈔票：上海中南銀行發行的鈔票。
㉘呶嘴：努嘴。這裏指雷士先生向車夫示意拉車方向。
㉙晤：見面。
㉚喧闐：聲音大而雜，喧鬧。
㉛不拘：見《棉鞋》註釋㉒。
㉜茶房：舊時在旅館、茶館、輪船、火車、劇場等處從事供應茶水等雜務的人。
㉝蓋碗：見《卒伍》註釋㉑。
㉞孟小冬（一九零七—一九七七）：生於上海。著名京劇女老生演員，有冬皇之譽。
㉟蹩腳：方言，本領不強。這裏指秋君戲唱得好。
㊱《斬子》：著名京劇劇碼。宋朝時，遼邦擺下「天門陣」，楊延昭之子楊宗保去穆家寨取降龍木，被穆桂英所擒，穆桂英因愛慕宗保的人品武藝，私自招親。楊宗保回營後，楊延昭大怒，將親生兒子宗保綁在轅門欲將其斬首。穆桂英為救自己所愛的人，投降大宋，並獻上降龍木，大破天門鎮，立功救下楊宗保。
㊲《清官冊》：著名京劇劇碼。宋朝時，楊延昭狀告潘洪賣國、陷害楊家將共十大罪狀。潘洪被捉拿到京。劉御史因受潘洪女潘妃之賄，被八賢王用金鐗打死，又調霞谷縣令寇准升為御史複審潘洪。潘妃又行賄，寇准告知八賢王。八賢王做寇的後盾，並在潘傲慢狡賴不招供時，二人定計，假設陰曹，夜審潘洪，潘才吐露實情，據實定罪。
㊳知事：見《山鬼》註釋⑭。
㊴侉子：指口音跟本地語言不同的人。

㊵ 匿笑：偷笑。
㊶ 趙子龍（？——二二九）：趙雲，字子龍，常山真定人，為三國時期蜀漢名將。
㊷ 蹙：見《晨》註釋㊴。
㊸ 怔忡：心悸。
㊹ 廿：二十。
㊺ 緘默：閉口不說話。
㊻ 打觔斗：見《我的小學教育》註釋㉖。

蕭蕭

鄉下人吹嗩吶接媳婦，到了十二月是成天有的事情。

嗩吶後面一頂花轎，四個伕子①平平穩穩的抬着，轎中人被銅鎖鎖在裏面，雖穿了平時不上過身的體面紅綠衣裳，也仍然得荷荷大哭。在這些小女人心中，做新娘子，從母親身邊離開，且準備作他人的母親，從此將有許多事情等待發生。像做夢一樣，將同一個陌生男子漢在一個床上睡覺，做着承宗接祖的事情，當然十分害怕，所以照例覺得要哭，就哭了。

也有做媳婦不哭的人。蕭蕭做媳婦就不哭。這女人沒有母親，從小寄養到伯父種田的莊子上，出嫁只是從這家轉到那家。因此到那一天這女人還只是笑。她又不害羞，又不怕，她是什麼事也不知道，就做了人家的媳婦了。

蕭蕭做媳婦時年紀十二歲，有一個小丈夫，年紀三歲。丈夫比她年少九歲，還在吃奶。地方規矩如此，過了門，她喊他做弟弟。她每天應作的事是抱弟弟到村前柳樹下去玩，餓了，餵東西吃，哭了，就哄他，摘南瓜花或狗尾巴草戴到小丈夫頭上，或者親嘴，一面說，「弟弟，哪，𠯿。再來，𠯿。」在那滿是骯髒的小臉上親了又親，孩子於是便笑了。孩子一歡喜，會用短短的小手亂抓蕭蕭的頭髮。那是平時不大能收拾蓬蓬鬆鬆到頭上的黃髮。有時垂到腦後一條有紅絨繩作結的小辮兒被拉，生氣了，就撻②那弟弟，弟弟自然哼的哭出聲來，蕭蕭便也裝成要哭的樣子，用手指着弟弟的哭臉，說，「哪，不講理，這可不行！」

天晴落雨日子混下去，每日抱抱丈夫，也時常到溪溝裏去洗衣，搓尿片，一面還撿拾有花紋的田螺給坐到身邊的丈夫玩。到了夜裏睡覺，便常常做世界上人所做過的夢，夢到後門角落或別的什麼地方撿得大把大把銅錢，吃好東西，爬樹，自己變成魚到水中溜扒，或一時彷彿很小很輕，身子飛到天上眾星中，沒有一個人，只是一片白，一片金光，於是大喊「媽！」人醒了。醒來心還只是跳。吵了隔壁的人，就罵着，「瘋子，你想什麼！」卻不作聲只是咕咕笑着。也有很好很爽快的夢，為丈夫哭醒的事。那丈夫本來晚上在自己母親身邊睡，吃奶方便，但是吃多了奶，或因另外情形，半夜大哭，起來放水拉稀是常有的事。丈夫哭到婆婆不能處置，於是蕭蕭輕腳輕手爬起來，眼屎矇矓，走到床邊，把人抱起，給他看燈光，看星光。或者仍然𠯿𠯿的親嘴，互相覷着，孩子氣的「嗨嗨，看貓呵，」那樣喊着哄着。於是丈夫笑了。慢慢的闔上眼。人睡了，放上床，站在床邊看着，聽遠處一傳一遞的雞叫，知道天快到什麼時候了。於是仍然蜷到小床上睡去。天亮了，雖不做夢，卻可以無意中閉眼開眼，看一陣空中黃金顏色變幻無端的葵花。

蕭蕭嫁過了門，做了拳頭大丈夫的媳婦，一切並不比先前受苦，這只看她半年來身體發育就可明白。風裏雨裏過日子，像一株長在園角落不為人注意的蓖麻③；大葉大枝，日增茂盛。這小女人簡直是全不為丈夫設想那麼似的長大起來了。

夏夜光景說來如做夢。坐到院心，揮搖蒲扇，看天上的星同屋角的螢，聽南瓜棚上紡織娘子④咯咯咯拖長聲音紡車，禾花風翛翛⑤吹到臉上，正是讓人在自己方便中說笑話的時候。

蕭蕭好高，一個人常常爬到草料堆上去，抱了已經熟睡的丈夫在懷裏，輕輕的輕輕的隨意唱着那使自己也快要睡去的歌。

在院中，公公婆婆，祖父祖母，另外還有幫工漢子兩個，散亂的坐，小板櫈無一作空。祖父身邊有煙包⑥，在黑暗中放光。這用艾蒿作成的長火繩，是驅逐長腳蚊東西，蜷在祖父腳邊，就如一條黑色長蛇。

想起白天場上的事，那祖父開口說話：

「聽三金說前天有女學生過身⑦。」

大家就哄然笑了。

這笑的意義何在？只因為大家都知道女學生沒有辮子，像個尼姑，穿的衣服又像洋人，吃的，用的，……總而言之一想起來就覺得怪可笑！

蕭蕭不大明白，她不笑。所以祖父又說話了。他說：

「蕭蕭，你將來也會做女學生！」

大家於是更哄然大笑起來。

蕭蕭為人並不愚蠢，覺得這一定是不利於己的一件事情了，所以接口便說：

「我不做女學生！」

「不做可不行。」

「我不做。」

眾口一聲的說：「非做女學生不行！」

女學生這東西，在本鄉的確永遠是奇聞。每年熱天，據說放「水」假⑧日子一到，便有三三五五女學生，由一個荒謬不經的熱鬧地方來，到另一個遠地方去，取道從本地過身，從鄉下人眼中看來，這些人皆近於另一世界中活下的人，裝扮如怪如神，行為也不可思議。這種人過身時，使一村人皆可以說一整天的笑話。

祖父是當地人物，因為想起所知道的女學生在大城中的生活情形，所以說笑話要蕭蕭也去作女學生。一面聽到這話就感覺一種打哈哈⑨趣味，一面還有那被說的蕭蕭感覺一種惶恐，說這話的不為無意義了。

女學生由祖父方面所知道的是這樣一種人：她們穿衣服不管天氣冷暖，吃東西不問飢飽，晚上交到子時⑩才睡覺，白天正經事全不作，只知唱歌打球，讀洋書。她們一年用的錢可以買十六隻水牛。她們在省裏京裏想往什麼地方去時，不必走路，只要鑽進一個大匣子中，那匣子就可以帶她到地。她們在學校，男女一處上課，人熟了，就隨意同那男子睡覺，也不要媒人，也不要財禮，名叫「自由」。她們也做官；做縣官，帶家眷上任，男子仍然喊作老爺，小孩子叫少爺。她們自己不養牛，卻吃牛奶羊奶，如小牛小羊，買那奶時是用鐵罐子盛的。她們無事時到一個唱戲地方去，那地方完全像個大廟，從衣袋中取出一塊洋錢來（那洋錢在鄉下可買五隻母雞），買了一小方紙片兒，拿了那紙片到裏面去，就可以坐下看洋人扮演影子戲。她們被冤了，不賭咒，不哭。她們年紀有老到二十四歲還不肯嫁人的，有老到三十四五還好意思嫁人的。她們不怕男子，男子不能使她們受委屈，一受委屈就上衙門打官司，要官罰男子的款，這筆錢她可以同官平分。她們不洗衣煮飯，有了小孩子也只化五塊錢或十塊錢一月，僱人專管小孩，自己仍然整天看戲打牌。……

總而言之，說來都希奇古怪，豈有此理。這時經祖父一為說明，聽過這話的蕭蕭，心中卻忽然有了一種模模糊糊的願望，以為倘若她也是個女學生，她是不是照祖父說的女學生一個樣子去做那些事？不管好歹，做女學生極有趣味，因此一來卻已為這鄉下姑娘體念到了。

因為聽祖父說起女學生是怎樣的人物，到後蕭蕭獨自笑得特別久。笑夠了時，她說：

「祖爹，明天有女學生過路，你喊我，我要看。」

「你看，她們捉你去作丫頭。」

「我不怕她們。」

「她們讀洋書你不怕？」

「我不怕。」

「她們咬人你不怕？」

「也不怕。」

可是這時節蕭蕭手上所抱的丈夫，不知為什麼，在睡夢中哭了，媳婦用作母親的聲勢，半哄半嚇說：

「弟弟，弟弟，不許哭，不許哭，女學生咬人來了。」

丈夫還仍然哭着，得抱起各處走走。蕭蕭抱着丈夫離開了祖父，祖父同人說另外一樣話去了。

蕭蕭從此以後心中有個「女學生」。做夢也便常常夢到女學生，且夢到同這些人並排走路。彷彿也坐過那種自己會走路的匣子，她又覺得這匣子並不比自己跑路更快。在夢中那匣子的形體同穀倉差不多，裏面有小小灰色老鼠，眼珠子紅紅的。

因為有這樣一段經過，祖父從此喊蕭蕭不喊「小丫頭」，不喊「蕭蕭」，卻喚作「女學生」。在不經意中蕭蕭答應得很好。

鄉下裏日子也如世界上一般日子，時時不同。世界上人把日子糟蹋，和蕭蕭一類人家把日子吝惜是同樣的，各人皆有所得，各人皆為命定。城市中文明人，把一個夏天全消磨到軟綢衣服精美飲料以及種種好事情上面。蕭蕭的一家，因為一個夏天，卻得了十多斤細麻，二三十擔瓜。

作小媳婦的蕭蕭，一個夏天中，一面照料丈夫，一面還績⑪了細麻四斤。這時工人摘瓜，在瓜間玩，看碩大如盆上面滿是灰粉的大南瓜，成排成堆擺到地上，很有趣味。時間到摘瓜，秋天已來了，院中各處有從屋後林子裏樹上吹來的大紅大黃木葉。蕭蕭在瓜旁站定，手拿木葉一束，為丈夫編小笠帽玩。

工人中有個名叫花狗，抱了蕭蕭的丈夫到棗樹下去打棗子。小小竹竿打在棗樹上，落棗滿地。

「花狗大⑫，莫打了，太多了吃不完。」

雖這樣喊，還不動身。到後，彷彿完全因為丈夫要棗子，花狗才不聽話。蕭蕭於是又喊她那小丈夫：

「弟弟，弟弟，來，不許撿了。吃多了生東西肚子痛！」

丈夫聽話，兜了一堆棗子向蕭蕭身邊走來，請蕭蕭吃棗子。

「姊姊吃，這是大的。」

「我不吃。」

「要吃一顆！」

她兩手那裏有空！木葉帽正在製邊。工夫要緊，還正要個人幫忙！

「弟弟，把棗子餵我口裏。」

丈夫照她的命令作事，作完了覺得有趣，哈哈大笑。

她要他放下棗子幫忙捏緊帽邊，便於添加新木葉。

丈夫照她吩咐作事，但老是頑皮的搖動，口中唱歌。這孩子原來像一隻貓，歡喜時就得搗亂。

「弟弟，你唱的是什麼。」

「我唱花狗大告我的山歌。」

「好好的唱給我聽。」

丈夫於是就唱下去，照所記到的歌唱：

天上起雲雲起花，
包穀林裏種豆莢，
豆莢纏壞包穀樹，
嬌妹纏壞後生家。

天上起雲雲重雲，
地下埋墳墳重墳，
嬌妹洗碗碗重碗，
嬌妹床上人重人。

丈夫唱歌中意義全不明白，唱完了就問好不好。蕭蕭說好，並且問從誰學來的。她知道是花狗教他的，卻故意盤問他。

「花狗大告我，他說還有好歌，長大了再教我唱。」

聽說花狗會唱歌，蕭蕭說：

「花狗大，花狗大，您唱一個歌我聽聽。」

那花狗，面如其心，生長得不很正氣，知道蕭蕭要聽歌，人也快到聽歌的年齡了，就給她唱「十歲娘子一歲夫。」那故事說的是妻年大，可以隨便到外面作一點不規矩事情，夫年小，只知道吃奶，讓他吃奶。這歌丈夫完全不懂，懂到一點兒的是蕭蕭，把歌聽過後，蕭蕭裝成「我全明白」那種神氣，她用生氣的樣子，對花狗說：

「花狗大，這個不行，這是罵人的歌！」花狗分辯說：「不是罵人的歌。」

「我明白，是罵人的歌。」

花狗難得說多話，歌已經唱過了，錯了賠禮，只有不再唱。他看她已經有點懂事了，怕她回頭告祖父，就把話支開，扯到「女學生」。他問蕭蕭，看不看過女學生習體操唱洋歌的事情。

若不是花狗提起，蕭蕭幾乎已忘卻了這事情。這時又提到女學生，她問花狗近來有不有女學生過路。

花狗一面把南瓜從棚架邊抱到牆角去，告她女學生唱歌的事，這些事的來源就是蕭蕭的那個祖父。他在蕭蕭面前說了點大話，說他曾經到官路⑬上見到四個女學生，她們都拿得有旗幟，走長路流汗喘氣之中仍然唱歌，同軍人所唱的一模一樣。不消説，這完全是笑話。可是那故事把蕭蕭可樂壞了。

花狗是會説會笑的一個人。聽蕭蕭帶着歆羡口氣説：「花狗大，您膀子真大。」他就説：「我不止膀子大。」

「你身個子也大。」

「我全身無處不大。」

到蕭蕭抱了她的丈夫走去以後，同花狗在一起摘瓜，取名字叫啞叭的，開了平時不常開的口。他説：

「花狗，你少壞點。人家是黃花女⑭，還要等十二年才圓房⑮！」

花狗不做聲，打了那夥計一掌，走到棗樹下撿落地棗去了。

到摘瓜的秋天，日子計算起來，蕭蕭過丈夫家有一年了。

幾次降霜落雪，幾次清明穀雨，都説蕭蕭是大人了。天保祐，喝冷水，吃粗礪飯，四季無疾病，倒發育得這樣快。婆婆雖生來像一把剪，把凡是給蕭蕭暴長的機會都剪去了，但鄉下的日頭同空氣都幫助人長大，卻不是折磨可以阻攔得住。

蕭蕭十四歲時高如成人，心卻還是一顆胡胡塗塗的心。

人大了一點，家中做的事也多了一點。績麻紡車洗衣照料丈夫以外，打豬草推磨一些事情也要作。還有漿紗織布：兩三年來所聚集的粗細麻和紡就的紗，已夠蕭蕭坐到土機⑯上拋三個月的梭子⑰了。

丈夫已斷了奶。婆婆有了新兒子，這五歲兒子就像歸蕭蕭獨有了。不論做什麼，走到什麼地方去，丈夫總跟到身邊。丈夫有些方面很怕她，當她如母親，不敢多事。他們倆「感情不壞」。

地方稍稍進步，祖父的笑話轉到「蕭蕭你也把辮子剪去」那一類事上去了。聽着這話的蕭蕭，某個夏天也看過一次女學生了，雖不把祖父笑話認真，可是每一次在祖父説過這笑話以後，她到水邊去，必用手捏着辮子末梢，設想沒有辮子的人那種神氣，那點趣味。

因為打豬草，帶丈夫上螺螄山的山陰是常有的事。

小孩子不知事，聽別人唱歌也唱歌。一唱歌，就把花狗引來了。

花狗對蕭蕭生了另外一種心，蕭蕭有點明白了，常常覺得惶恐。但花狗是男子，凡是男子的美德惡德皆不缺少，所以一面使蕭蕭的丈夫非常歡喜同他玩，一面一有機會即纏在蕭蕭身邊，且總是想方設法把蕭蕭那點惶恐減去。

山大人小，平時不知道蕭蕭所在，花狗就站在高處唱歌逗蕭蕭身邊的丈夫，丈夫小口一開，花狗穿山越嶺就來到蕭蕭面前了。

見了花狗，小孩子只有歡喜，不知其他。他原要花狗為他編草蟲玩，做竹簫哨子玩，花狗想方法支使他到一個遠處去，便坐到蕭蕭身邊來，要蕭蕭聽他唱那使人紅臉的歌。她有時覺得害怕，不許丈夫走開；有時又像有了花狗在身邊，打發丈夫走去也好一點。終於有一天，蕭蕭就給花狗變成了婦人了。

那時節，丈夫走到山下採刺莓去了，花狗唱了許多歌，到後卻向蕭蕭說，我想了你二三年。他又說，我為你睡不着覺。他又說，我賭咒不把這事情告給人。聽了這些話仍然不懂什麼的蕭蕭，眼睛只注意到他那一對膀子，耳朵只注意到他最後一句話。末了花狗大便又唱歌給她聽，她心裏亂了。她要他當真對天賭咒，賭了咒，一切好像有了保障，她就一切盡他了。到丈夫返身時，手被毛毛蟲螫⑱傷，腫了一片，走到蕭蕭身邊，蕭蕭捏緊這一隻小手，且用口去呵它，吮它，想起剛才的胡塗，才彷彿明白作了一點胡塗事。

花狗誘她做壞事情是麥黃四月，到六月，李子熟了，她歡喜吃生李子。她覺得身體有點特別，碰到花狗，就將這事情告給他，問他怎麼辦。

討論了多久，花狗全無主意。雖以前自己當天賭得有咒，也仍然無主意。這傢伙個子大，膽量小，個子大容易做錯事，膽量小做了錯事就想不出辦法。

到後，蕭蕭捏着自己那條辮子，想起城裏了。她說：

「花狗，我們到城裏去過日子，不好麼？」

「那怎麼行？到城裏去做什麼？」

「我肚子大了。」

「我們找藥去。」

「我想……」

「你想逃？」

「我想逃嗎？我想死！」

「我賭咒不辜負你。」

「負不負我有什麼用，幫我個忙，拿去肚子裏這塊肉吧。我害怕！」

花狗不再做聲，過了一會，便走開了。不久丈夫從他處回來，見蕭蕭一個人坐在草地上哭，眼睛紅紅的，丈夫心中納罕⑲。看了一會，問蕭蕭：

「姊姊，為什麼哭？」

「不為什麼，灰塵落到眼睛裏，痛。」

「你瞧我，得這些這些。」

他把從溪中撿來的小蚌小石頭陳列蕭蕭面前，蕭蕭用淚眼看了一會，笑着說：「弟弟，我們要好，我哭你莫告家中。」到後這事情家中當真就無人知道。

第二天，花狗不辭而行，把自己所有的衣褲都拿去了。祖父問同住的啞叭知不知道他為什麼走路⑳，走那兒去。啞叭只是搖頭，說，花狗還欠了他兩百錢，臨走時話都不留一句，為人少良心。啞叭說他自己的話，並沒有把花狗走的理由說明，因此這一家希奇一整天，談論一整天。不過這工人既不偷走物件，又不拐帶別的，這事過後不久自然也就把他忘了。

蕭蕭仍然是往日的蕭蕭。她能夠忘記花狗，就好了。但是肚子真有些不同了，肚中東西使她常常一個人乾發急，盡做怪夢。

她脾氣似乎壞了一點，這壞處只有丈夫知道，因為她對丈夫似乎嚴厲苛刻了好些。

仍然每天同丈夫在一處，她的心，想到的事自己也不十分明白。她常想，我現在死了，什麼都好了。可是為什麼要死？她還很高興活下去，願意活下去。

家中人不拘[21]誰在無意中提起關於丈夫弟弟的話，提起小孩子，提起花狗，都像使這話如拳頭，在蕭蕭胸口上重重一擊。

到八月，她擔心人知道更多了，引丈夫廟裏去玩，就私自許願，吃了一大把香灰。吃香灰時被她丈夫見到了，丈夫說這是做什麼事，蕭蕭就說這是肚痛，應當吃這個。蕭蕭自然說謊。雖說求菩薩保祐，菩薩當然沒有如她的希望，肚子中長大的東西仍在慢慢的長大。

她又常常往溪裏去喝冷水，給丈夫見到了，丈夫問她她就說口渴。

一切她所想到的方法都沒有能夠使她與自己不歡喜的東西分開。大肚子只有丈夫一人知道，他卻不敢告這件事給父母曉得。因為時間長久，年齡不同，丈夫有些時候對於蕭蕭的怕同愛，比對於父母還深切。

她還記得那花狗賭咒那一天裏的事情，如同記着其他事情一樣。到秋天，屋前屋後毛毛蟲更多了，丈夫像故意折磨她一樣，常常提起幾個月前被毛毛蟲所螫的話，使蕭蕭難過。她因此極恨毛毛蟲，見了那小蟲就想用腳去踹。

有一天，又聽人說有好些女學生過路，聽過這話的蕭蕭，睜了眼做過一陣夢，愣愣的對日頭出處癡了半天。

蕭蕭步花狗後塵，也想逃走，收拾一點東西預備跟了女學生走的那條路上城。但沒有動身，就被家裏人發覺了。

家中追究這逃走的根源，才明白這個十年後預備給小丈夫生兒子繼香火㉒的蕭蕭肚子，已被另外一個人搶先下了種。這真是了不得的大事。一家人的平靜生活為這一件事全弄亂了。生氣的生氣，流淚的流淚。懸樑，投水，吃毒藥，諸事蕭蕭全想到了，年紀太小，捨不得死，卻不曾做。於是祖父想出了個聰明主意，把蕭蕭關在房裏，派兩人好好看守着，請蕭蕭本族的人來說話，看是沉潭㉓還是發賣㉔？蕭蕭家中人要面子，就沉潭淹死，捨不得死就發賣。蕭蕭既只有一個伯父，在近處莊子裏為人種田，去請他時先還以為是吃酒，到了才知道是這樣丟臉事情，弄得這家長手足無措。

大肚子作證，什麼也沒有可說。伯父不忍把蕭蕭沉潭，蕭蕭當然應當嫁人作二路親㉕了。

這處罰好像也極其自然，照習慣受損失的是丈夫家裏，然而卻可以在改嫁上收回一筆錢，當作賠償損失的數目。那伯父把這事告給了蕭蕭，就要走路。蕭蕭拉着伯父衣角不放，只是幽幽的哭，伯父搖了一會頭，一句話不說，仍然走了。

沒有相當的人家來要蕭蕭，就仍然在丈夫家中住下。這件事情既經說明白，倒又像不什麼要緊，大家反而釋然了。先是小丈夫不能再同蕭蕭在一處，到後又仍然如月前情形，姊弟一般有說有笑的過日子了。

丈夫知道了蕭蕭肚子中有兒子的事情，又知道因為這樣蕭蕭才應當嫁到遠處去。但是丈夫並不願意蕭蕭去，蕭蕭自己也不願意去，大家全莫名其妙，像逼到要這樣做，不得不做。

在等候主顧來看人，等到十二月，還沒有人來。

蕭蕭次年二月間，坐草㉖生了一個兒子，團頭大眼，聲響宏壯，大家把母子二人照料得好好的，照規矩吃蒸雞同江米酒㉗補血，燒紙謝神。一家人都歡喜那兒子。

生下的既是兒子，蕭蕭不嫁別處了。

到蕭蕭正式同丈夫拜堂圓房時，兒子年紀十歲，已經能看牛割草，成為家中生產者一員了。平時喊蕭蕭丈夫做大叔，大叔也答應，從不生氣。

這兒子名叫牛兒。牛兒十二歲時也接了親，媳婦年長六歲。媳婦年紀大，方能諸事作幫手，對家中有幫助。嗩吶吹到門前時，新娘在轎中嗚嗚的哭着，忙壞了那個祖父，曾祖父。

這一天，蕭蕭抱了自己新生的月毛毛㉘，卻在屋前榆蠟樹籬笆看熱鬧，同十年前抱丈夫一個樣子。

題解

本篇作於一九二九年，發表於一九三零年一月十日《小說月報》第二十一卷第一期。一九三六年七月一日，又在《文季月刊》第一卷第二期七月號刊出。署名均為沈從文。初收入一九三六年十一月上海良友圖書印刷公司版《新與舊》。一九五七年收入人民文學出版社出版的《沈從文小說選集》。一九八二年收入廣州花城、香港三聯出版社出版的《沈從文文集》第六卷。二零零二年收入北岳文藝出版社出版的《沈從文全集》第八卷《新與舊》集。一九八一年戴乃迭譯為英文，收入英文本《邊城及其他》。一九八六年，大陸著名導演謝飛以《蕭蕭》和《巧秀和冬生》為底本拍成電影《湘女瀟瀟》。

在《蕭蕭》中，沈從文以他慣有的從容筆致，通過舒緩的情節和豐富微妙的細節真實再現了他記憶中的湘西人物的生活和心靈狀態。沈從文不動聲色地給蕭蕭的人生抹上了些許亮色。特別在蕭蕭做出不規矩的事將要接受懲罰時，由於一系列偶然因素，蕭蕭有驚無險地留在了婆家，充分體現了沈從文着力吟唱田園牧歌和努力搭建「人性小廟」的努力。但是，不斷「過身」的女學生的出現，使沈從文的努力又多少或部分地被消解掉了，顯示了沈從文面對變化的外部世界在「人性小廟」前的矛盾心態。

註：

① 伕子：見《更夫阿韓》註釋③。

② 撻：見《在私塾》註釋⑩。

③ 萆麻：也叫大麻子。屬大戟科、一年生或多年生草本植物。葉子大，掌狀分裂。種子叫蓖麻子，榨出來的油叫做萆麻油。在醫藥上用作為瀉藥，在工業上則用作為潤滑油。原產地為非洲東部。

④ 紡織娘子：俗稱絡緯、絡紗婆、絡絲娘。昆蟲綱直翅目螽斯科紡織娘亞科。大都通體翠綠，少數黃褐色，偶爾有紫紅者。在鳴蟲中屬大型種類，體形大，前翅發達長闊，約為腹長的一倍。從頭到翅可達五十至七十毫米，單翅長三十九至四十毫米。以南瓜或絲瓜的花或嫩菜花和葉為主食。白天靜伏於瓜藤枝葉或灌叢下部，並在黃昏和夜晚時分活動，叫聲猶如紡車在運作。是早為人們選養觀賞的鳴叫昆蟲，至少始於宋代。

⑤ 倏倏：象聲詞。風聲、雨聲、草木搖落聲。此處指風聲。

⑥ 煙包：把曬乾的艾蒿連莖帶葉捆成長一米多的粗棍，在夏天夜晚點燃，讓它發出濃煙以驅趕蚊子，是未有蚊香出現前的一種原始驅蚊方法。

⑦ 過身：見《瑞龍》註釋⑰。

⑧ 「水」假：在湘西方言中，「水假」與普通話中「暑假」一詞同義。在湘西「鄉下人」中，「暑」、「水」都讀作「shǔ」，「暑」就是「水」，「水」就是「暑」，兩者沒有分別，亦難以分辨。

⑨ 打哈哈：見《瑞龍》註釋㊽。

⑩ 子時：又名子夜、中夜。夜半十二時辰的第一個時辰。相當於夜裏二十三點整至凌晨一點整。

⑪ 績：語見《詩經．陳風．東門之枌》「不績其麻，市也婆娑。」（枌，樹名，白榆樹。）績，把麻搓撚成線或繩。

⑫ 大：在湘西鳳凰話中，一般稱哥哥為「大」，大哥的簡稱。

⑬ 官路：官府修建的大道，後即泛指大道。

⑭ 黃花女：見《棉鞋》註釋⑩。

⑮ 圓房：此處指童養媳正式結婚，通常在十六、七歲，遲則二十歲左右。領養人家的小女孩做兒媳婦，等兒子長大後與之結婚，這樣的小女孩叫做童養媳。童養媳進入男家之後，其待遇一般都較低，並須承擔着繁重的家務勞動。至少在宋末元初已出現，其主要的根源是買賣婚姻。

⑯ 土機：一種織布機。

⑰ 梭子：織布機上載有紆子並引導緯紗進入梭道的機件。中國在戰國到漢代之際已開始使用梭子。

⑱ 螫：同「蟄」。有毒腺的蟲子刺人或牲畜。

⑲ 納罕：納悶，覺得稀罕奇怪。

⑳ 走路：離開。

㉑ 不拘：見《棉鞋》註釋㉒。

㉒ 香火：指供奉神佛或祖先時所燃點的香和燈火。這裏引申為祭祀祖先者，意思是子孫、後裔、繼承人。

㉓ 沉潭：是舊時常見於中國南方的一種死刑，根據施刑地點的不同，被稱做「沉潭」或者「沉江」、「沉塘」，老百姓又稱它為「浸豬籠」。多半是宗族組織通過宗族儀式把「犯了族規的人」，針對當族中犯有不正當性行為的未婚、已婚或寡居的婦女而執行的私刑，一般將犯族規的人綁住或裝入竹（藤）籠裏，然後沉入水中或扔到江、河、湖、海或池塘裏溺死。

㉔ 發賣：見《瑞龍》註釋⑦。

㉕ 二路親：男子再娶或女子再嫁。

㉖ 坐草：語見《經效產寶》卷上。產科學名詞，為臨產之別稱。因古代產婦臨產時，多坐於草蓐上分娩，故此得名。

㉗ 江米酒：見《山鬼》註釋(51)。

㉘ 月毛毛：見《晨》註釋㊳。

八駿圖

「先生，您第一次來青島看海嗎？」

「先生，您要到海邊去玩，從草坪走去，穿過那片樹林子，就是海。」

「先生，您想遠遠的看海，瞧，草坪西邊，走過那個樹林子——那是加拿大楊樹，那是銀杏樹，從那個銀杏樹夾道上山，山頭可以看海。」

「先生，他們說，青島海比一切海都不同，比中國各地方海美麗。比北戴河①呢，強過一百倍；您不到過北戴河嗎？那裏海水是清的，渾的？」

「先生，今天七月五號，還有五天學校才上課。上了課，您們就忙了，應當先看看海。」

青島住宅區××山上，一座白色小樓房，樓下一個光線充足的房間裏，到地不過五十分鐘的達士先生，正靠近窗前眺望窗外的景致。看房子的聽差，一面為來客收拾房子，整理被褥，一面就同來客攀談。這種談話很顯然的是這個聽差希望客人對他得到一個好印象的。第一回開口，見達士先生笑笑不理會。順眼一看，瞅着房中那口小皮箱上面貼的那個黃色大輪船商標，覺悟達士先生是出過洋的人物了，因此就換口氣，要來客注意青島的海。達士先生還是笑笑的不説什麼，那聽差於是解嘲似的説，青島的海與其他地方的海如何不同，它很神秘，很不易懂。

分內事情作完後，這聽差搓着兩隻手，站在房門邊説：「先生，您叫我，您就按那個鈴。我名王大福，他們都叫我老王。先生，我的話您懂不懂？」

達士先生直到這個時候方開口説話：「謝謝你，老王。你説話我全聽得懂。」

「先生，我看過一本書，學校朱先生寫的，名叫《投海》，有意思。」這聽差老王那麼很得意的説着，笑眯眯的走了。天知道，這是一本什麼書。

聽差出門後，達士先生便坐在窗前書桌邊，開始給他那個遠在兩千里外的美麗未婚妻寫信。

瑗瑗：

我到青島了。來到了這裏，一切真同家中一樣。請放心，這裏吃的住的全預備好好的！這裏有個照料房子的聽差，樣子還不十分討人厭，很歡喜説話，且歡喜在説話時使用一些新名詞；一些與他生活不大相稱的新名詞。這聽差真可以説是個「準知識階級」，他剛剛離開我的房間。在房間幫我料理行李時，就為青島的海，説了許多好話。照我可猜想，這個人也許從前是個海濱旅館的茶房。他那派頭很像一個大旅館的茶房②。他一定知道許多故事，記着許多故事。（真是我需要的一隻母牛！）我想當他作一冊活字典，在這裏兩個月把他翻個透熟。

我窗口正望着海，那東西，真有點迷惑人！可是你放心，我不會跳到海裏去的。假若到這裏久一點，認識了它，了解了它，我可不敢說了。不過我若一不小心失足掉到海裏去了，我一定還將努力向岸邊泅來，因為那時我心想起你，我不會讓海把我攫住③，卻盡你一個人孤孤單單。

達士先生打量捕捉一點窗外景物到信紙上，寄給遠地那個人看看，停住了筆，抬起頭來時窗外野景便朗然入目。草坪樹林與遠海，襯托得如一幅動人的畫。達士先生於是又繼續寫道：

我房子的小窗口正對着一片草坪，那是經過一種精密的設計，用人工料理得如一塊美麗毯子的草坪，上面點綴了一些不知名的黃色花草，遠遠望去，那些花簡直是繡在上面。我想起家中客廳裏你作的那個小墊子。草坪盡頭有個白楊林，據聽差說那是加拿大種白楊林。林盡頭是一片大海，顏色彷彿時時刻刻皆在那裏變化；先前看看是條深藍色緞帶，這個時節卻正如一塊銀子。

達士先生還想引用兩句詩，說明這遠海與天地的光色。一抬頭，便見着草坪裏有個黃色點子，恰恰鑲嵌在全草坪最需要一點黃色的地方。那是一個穿着淺黃顏色袍子女人的身影。那女人正預備通過草坪向海邊走去，隨即消失在白楊樹林裏不見了。人儼然走入海裏去了。

沒有一句詩能說明陽光下那種一剎而逝的微妙感印④。

達士先生於是把寄給未婚妻的第一個信，用下面幾句話作了結束：

學校離我住處不算遠，估計只有一里路，上課時，還得上一個小小山頭，通過一個長長的槐樹夾道。山路上正開着野花，顏色黃澄澄的如金子。我歡喜那種不知名的黃花。

達士先生下火車時上午×點二十分。到地把住處安排好了，寫完信，就過學校教務處去接洽，同教務長商量暑期學校十二個鐘頭講演的分配方法。事很簡便的辦完了，就獨自一人跑到海濱一個小餐館吃了一頓很好的午飯。回到住處時，已是下午×點了。便又起始給那個未婚妻寫信。報告半天中經過的事情。

瑗瑗：

我已經過教務處把我那十二個講演時間排定了。所有時間皆在上午十點前。有八個講演，討論的問題，全是我在北京學校教過的那些東西。我不用預備就可以把它講得很好。另外我還擔任四點鐘現代中國文學，兩點鐘討論幾個現代中國小說家所代表的傾向。你想象得出，這些問題我上堂同他們討論時，一定能夠引起他們的興味。今天五號，過五天方能夠開學。

我應當照我們約好的辦法，白天除了上堂上圖書館，或到海邊去散步以外，就來把所見所聞一一告給你。我要努力這樣作。我一定使你每天可以接到我一封信，這信上有個我，與我在此所見社會的種種，小米大的事也不會瞞你。

我現在住處是一座外表很可觀的樓房。這原是學校特別為幾個遠地聘來的教授佈置的。住在這個房子裏一共有八個人，其餘七個人我皆不相熟。這裏住的有物理學家教授甲，生物學家教授乙，道德哲學家教授丙，哲學專家教授丁，以及西洋文學史專家教授戊等等。這些名流我還不曾見面，過幾天我會把他們的神氣一一告訴你。

我預備明天方過校長處去，我明天將到他那兒吃午飯。我猜想得到，這人一見我就會說：「怎麼樣，還可……？應當邀你那個來海邊看看！我要你來這裏不是害相思病，原就只是讓你休息休息，看看海。一個人看海，也許會跌到海裏去給大魚咬掉的！」瑗瑗，你說，我應如何回答這個人。

下車時我在車站外邊站了一會兒，無意中就見到一種貼在閱報牌上面的報紙。那報紙登載着關於我們的消息。說我們兩人快要到青島來結婚。還有許多事是我們自己不知道的，也居然一行一行的上了版，印出給大家看了。那個作編輯的轉述關於我的流行傳説時，居然還附加着一個動人的標題，「歡迎周達士先生」。我真害怕這種歡迎。我擔心一會兒就會有人來找我。我應當有個什麼方法，同一切麻煩離遠些，方有時間給你寫信。你試想想看，假若我這時正坐在桌邊寫信，一個不速之客居然進了我的屋子裏，猝然發問：「達士先生，你又在寫什麼戀愛小説！你一共寫了多少？是不是每個故事都是真的？都有意義？」這詢問真使人受窘！我自然沒有什麼可回答。然而一到第二天，他們仍然會寫出許多我料想不到的事情！他們會説：達士先生親口對記者説的。事實呢，他也許就從不見過我。

達士先生離開××時，與他的未婚妻瑗瑗説定，每天寫一個信回××。但初到青島第一天，他就寫了三個信。第三個信寫成，預備叫聽差老王丟進學校郵筒裏去時，天已經快夜⑤了。

達士先生在住處窗邊享受來到青島地方以後第一個黃昏。一面眺望窗外的草坪，——那草坪正被海上夕照烘成一片淺紫色。那種古怪色澤引起他一點回憶。

想起另外某一時，彷彿也有那麼一片紫色在眼底眩耀。那是幾張紫色的信箋，不會記錯。

他打開箱子，從衣箱底取出一個厚厚的雜記本子，就窗前餘光向那個書本尋覓一件東西。這上面保留了這個人一部分過去的生命。翻了一陣，果然的，一個「七月五日」標題的記事被他找出來了。

七月五日

> 一切都近於多餘。因為我走到任何一處皆將為回憶所圍困。新的有什麼可以把我從泥淖[6]裏拉出？這世界沒有「新」，連煩惱也是很舊了的東西。

讀完這個，有一點茫然自失，大致身體為長途折磨疲倦了，需要一會兒休息。

可是達士先生一顆心卻正準備到一個舊的環境裏散散步。他重新去念着那個二年前七月五日寄給南京的×請她代他過××去看看□的一個信稿。那個原信是用暗紫色紙張寫的，那個信發出時，也正是那麼一個悦人眼目的黃昏。

這幾個人的關係是×歡喜他，他卻愛□，□呢，不討厭×。

當□聽人説到×極愛達士先生時，□便説：「這真是好事情。」然而人類事情常常有其相左的地方，上帝同意的人不同意，人同意的命運又不同意。×終於懷着一點兒悲痛，嫁給一個會計師了。×作了另外一個人的太太後，知道達士先生尚在無望無助中遣送[7]歲月，便來信問達士先生，是不是要她作點什麼事。她很想為他效點勞。因為她覺得他雖不愛她，派她作點事，尚可借此證明他還信任她。來信説得多委婉，多可憐！當時他被她一點點隱伏着的酸辛把心弄軟了，便寫了個信給×，託她去看看□。這個信不單是信任，×，同時也就在告給×，莫用過去那點幻想折磨她自己。

×，你信我已見到了，一切我都懂。一切不是人力所能安排的，我們總莫過份去勉強。我希望我們皆多有一分理知⑧，能夠解去愛與憎的纏縛。

聽說你是很柔順貞靜作了一個人的太太，這消息使熟人極快樂。……死去了的人，死去了的日子，死去了的事，假若還能折磨人，都不應當留在人心上來受折磨；所以不是一個善忘的人企想「幸福」，最先應當學習的就是善忘。我近來正在一種逃遁中生活，希望從一切記憶圍困中逃遁。與其盡回憶把自己弄得十分軟弱，還不如保留一個未來的希望較好。

謝謝您在來信上提到那些故事，恰恰正是我討厭一切寫下的故事的時節。一個人應當去生活，不應當盡去想象生活！若故事真如您稱讚的那麼好，也不過只證明這個拿筆的人，很願意去一切生活裏生活，因為無用無能，方轉而來虐待那一隻手罷了。

您可以寫小說，因為很明顯的事，您是個能夠把文章寫得比許多人還好的女子。若沒有這點自信力，就應當聽一個朋友忠厚老實的意見。家庭生活一切過得極有條理，拿筆本不是必需的行為。為你自己設想可不必拿筆，為了讀者，你不能不拿筆了。中國還需要這種人，忘了自己的得失成敗，來做一點事情。我聽人說到你預備去當傷兵看護，實際上您的長處可以當許多男子受傷靈魂的看護，後者職務實在比你去侍候傷兵還精細在行。你不覺得您寫點文章比掉換綳帶方便些？你需要一點自信。

我不久或過××來，我想看看那「我極愛她她可毫不理我」的□。三年來我一切完了。我看看她，若一切還依然那麼沉悶，預備回鄉下去過日子，再不想麻煩人了。我應當保持一種沉默，到鄉下生活十年，把最重要的一段日子費去。×，您若是個既不缺少那點好心也不缺少那種空閒的人，我請您去為我看看她。我等候您一個信。您隨便給我一點見她以後的報告，對於我都應當說是今年來最難得的消息。

再過兩年我會不會那麼活着？

一切人事皆在時間下不斷的發生變化。第一，這個×去年病死了。第二，這個□如今已成達士先生的未婚妻。第三，達士先生現在已不大看得懂那點日記與那個舊信上面所有的情緒。

他心想：人這種東西夠古怪了，誰能相信過去，誰能知道未來？舊的，我們忘掉它。一定的，有人把一切舊的皆已忘掉了，卻剩下某時某地一個人微笑的影子還不能夠忘去。新的，我們以為是對的，我們想保有它，但誰能在這個人間保有什麼？

在時間對照下，達士先生有點茫然自失的樣子。先是在窗邊癡着，到後來笑了。目前各事彷彿已安排對了。一個人應知足，應安分。天慢慢的黑下來，一切那麼靜。

瑗瑗：

暑期學校按期開了學。在校長歡迎宴席上，他似莊似諧把遠道來此講學的稱為

「千里馬」；一則是人人皆赫赫大名，二則是不怕路遠。假若我們全是千里馬，我們現在住處，便應當稱為「馬房」了！

我意思同校長稍稍不同。我以為幾個人所住的房子，應當稱為「天然療養院」方能名實相符。你信不信？這裏的人從醫學觀點看來，皆好像有一點病，（在這裏我真有個醫生資格！）我不說過我應當極力逃避那些麻煩我的人嗎？可是，結果相反，三天以來同住的七個人，有六個人已同我很熟習[9]了。我有時與他們中一個兩個出去散步，有時他們又到我屋子裏來談天，在短短時期中我們便發生了很好的友誼，教授丁，丙，乙，戊，尤其同我要好。便因為這種友誼，我診斷他們是個病人。我說的一點不錯，這不是笑話，這些教授中至少有兩個人還有點兒瘋狂，便是教授乙同教授丙。

我很覺得高興，到這裏認識了這些人，從這些專家方面，學了許多應學的東西。這些專家年齡有的已經五十四歲，有的還只三十左右。正彷彿他們一生所有的只是專門知識，這些知識有的同「歷史」或「公式」不能分開，因此為人顯得很莊嚴，很老成。但這就同人性有點衝突，有點不大自然。一個不到三十歲的小說作家，年齡同事業，從這些專家看來，大約應當屬於「浪漫派」。正因為他們是「古典派」，所以對我這個「浪漫派」發生了興味，發生了友誼。我相信我同他們的談話，一面在檢察他們的健康，一面也就解除了他們的「意結」。這些專家有的兒女已到大學三年級，早在學校裏給同學寫情書談戀愛了，然而本人的心，真還是天真爛漫。這些人雖富於學識，卻不曾享受過什麼人生。便是一種心靈上的慾望，也被抑制着，堵塞着。我從這兒得到一點珍貴知識，原來十多年大家叫喊着「戀愛自由」這個名詞，這些過渡人物所受的刺激，以及在這種刺激之下，藏了多少悲劇，這悲劇又如何普遍存在。

瑗瑗，你以為我說的太過份了是不是，我將把這些可尊敬的朋友神氣，一個一個慢慢的寫出來給你看。

達士

教授甲把達士先生請到他房裏去喝茶談天，房中佈置在達士先生腦中留下那麼一些印象：

房中小桌上放了張全家福的照片，六個胖孩子圍繞了夫婦兩人。太太似乎很肥胖。

白麻布蚊帳裏，有個白布枕頭，上面繡着一點藍花。枕旁放了一個舊式扣花[10]抱兜[11]。一部《疑雨集》[12]，一部《五百家香艷詩》[13]。大白麻布蚊帳裏掛一幅半裸體的香煙廣告美女畫。

窗台上放了個紅色保腎丸小瓶子，一個魚肝油瓶子，一點頭痛膏。

教授乙同達士先生到海邊去散步。一隊穿着新式浴衣的青年女子迎面而來，切身走過。教授乙回身看了一下幾個女子的後身，便開口說：

「真希奇，這些女子，好像天生就什麼事都不必做，就只那麼玩下去，你說是不是？」

「……」

「上海女子全像不怕冷。」

「寶隆醫院⑭的看護，十六元一月，新新公司⑮的賣貨員，四十塊錢一月。假若她們並不存心抱獨身主義，在貨台邊相攸⑯的機會，你覺不覺得比病房中機會要多一些？」

「……」

「我不了解劉半農⑰的意思，女子文理學院的學生全笑他。」

走到沙灘盡頭時，兩人便越馬路到了跑馬場。場中正有人調馬。達士先生想同教授乙穿過跑馬場，由公園到山上去。教授乙發表他的意見，認為那條路太遠，海灘邊潮水盡退，倒不如濕砂上走走有意思些。於是兩人仍回到海灘邊。

達士先生說：

「你怎不同夫人一塊來？家裏在河南，在北京？」

「……」

「小孩子讀書實在也麻煩，三個都在南開⑱嗎？」

「……」

「家鄉無土匪倒好。從不回家，其實把太太接出來也不怎麼費事；怎麼不接出來？」

「……」

「那也很好，一個人過獨身生活，實在可以說是灑脫，方便。但是，有時候不寂寞嗎？」

「……」

「你覺得上海比北京好？奇怪。一個二十來歲的人，若想胡鬧，應當稱讚上海。若想唸書，除了北京往那裏走。你覺得上海可以——？」

那一隊青年女子，恰好又從浴場南端走回來。其中一個穿着件紅色浴衣，身材豐滿高長，風度異常動人。赤着兩隻腳，經過處，濕砂上便留下一列美麗的腳印。教授乙低下頭去，從女人一個腳印上拾起一枚閃放⑲珍珠光澤的小小蚌螺殼，用手指輕輕的很情慾的拂拭着殼上粘附的砂子。

「達士先生，你瞧，海邊這個東西真美麗。」

達士先生不說什麼，只是微笑着，把頭掉向海天一方，眺望着天際白帆與煙霧。

道德哲學教授丙，從住處附近山中散步回到宿舍，差役老王在門前交給他一個紅喜帖，「先生，有酒喝！」教授丙看看喜帖是上海×先生寄來的，過達士先生房中談閒天時，就說起×先生。

「達士先生，您寫小說我有個故事給您寫。民國十二年，我在杭州××大學教書，與×先生同事。這個人您一定聞名已久。這是個從五四運動以來有戲劇性過了好一陣熱鬧日子的人物！這×先生當時住在西湖邊上，租了兩間小房子，與一個姓□的愛人同住。各自佔據一個房間，各自有一鋪床。兩人日裏共同吃飯，共同散步，共同作事讀書，只是晚上不共同睡覺。據說這個叫作『精神戀愛』。×先生為了闡發這種精神戀愛的好處，同時還著了一本書，解釋它，提倡它。性行為在社會引起糾紛既然特別多，性道德又是許多學者極熱烈高興討論的問題。當時倘若有隻公雞，在母雞身邊，還能作出一種無動於中的閹雞樣子，也會為青年學者注意。至於一個男人，能夠如此，自然更引人注意，成為了不起的一件大事了。社會本是那麼一個凡事皆浮在表面上的社會，因此×先生在他那分生活上，便自然有一種偉大的感覺，日子過得彷彿很充實。分析一下，也不過是佛教不淨觀[20]，與儒家貞操說[21]兩種鬼在那裏作祟[22]罷了。

「有朋友問×先生，你們過日子怪清閒，家裏若有個小孩，不熱鬧些嗎？×先生把那朋友看得很不在眼似的說，嗨，先生，你真不了解我。我們戀愛那裏像一般人那種獸性；你真是——有眼不識泰山。你不看過我那本書嗎？他隨即送了那朋友一本書。

「到後丈母娘從四川省遠遠的跑來了，兩夫婦不得不讓出一間屋子給丈母娘住。兩人把兩鋪床移到一個房中去，並排放下。另一朋友知道了這件事，就問他，×先生如今主張會變了吧？×先生聽到這種話，非常生氣的說，哼，你把我當成畜生！從此不再同那個朋友來往。

「過了一年，那丈母娘感覺生活太清閒，那麼過日子下去實在有點寂寞，希望作外祖母了。同兩夫婦一面吃飯，一面便用說笑話口氣發表意見，以為家中有個小孩子，麻煩些同時也一定可以熱鬧些。兩夫婦不待老母親把話說完，同聲齊嚷起來：娘，你真是無辦法。怎不看看我們那本書？兩夫婦皆把丈母娘當成老頑固，看來很可憐。以為不受過高等教育的人，除了想兒女為她養孩子含飴弄孫㉓以外，真再也沒有什麼高尚理想可言！

「再過一陣，女的害了病；害了一種因貧血而起的某種病。×先生陪她到醫生處去診病。醫生原認識兩人，在病狀報告單上稱女的為×太太，兩夫婦皆不高興，勒令醫生另換一紙片，改為口小姐。醫生一看病人，已知道了病因所在，是在一對理想主義者，為了那點違反人性的理想把身體弄糟了。要它好，簡便得很，發展獸性，自然會好！醫生有作醫生的義務，就老老實實把意見告給×先生。×先生聽完，一句話不說，拉了女的就走。女的還不明白是怎麼回事。×先生說，這傢伙簡直是一個流氓，一個瘋子，那裏配作醫生。後來且同別人說，這醫生太不正經，一定靠賣春藥㉔替人墮胎討生活。我要上衙門去告他。公家應當用法律取締這種壞蛋，不許他公然在社會上存在，方是道理。

「於是女人改醫生服中藥，貝母當歸㉕煎劑吃了無數，延纏㉖半年，終於死去了。×先生在女的墳頭立了一個紀念碑，石上刻字：我們的戀愛，是神聖純潔的戀愛！當時的社會是不大吝惜同情的，自然承認了這件事。凡朋友們不同意這件事的，×先生就覺得這朋友很卑鄙齷濁，不了解人間戀愛可以作到如何神聖純潔與美麗，永遠不再同那個朋友往來。

「今天我卻接到這個喜帖，才知道原來×先生八月裏在上海又要同上海交際花結婚了，有意思。潮流不同了，現在一定不再那個了。」

達士先生聽完了這個故事，微笑着問教授丙：

「丙先生，我問您，您的戀愛觀怎麼樣？」

教授丙把那個紅喜帖摺疊成一個老豬頭。

「我沒有戀愛觀，我是個老人了，這些事應當是兒女們的玩意兒了。」

達士先生房中牆壁上掛了個希臘愛神照像片，教授丙負手看了又看，好像想從那大理石胴體上凹下處凸出處尋覓些什麼，發現些什麼。到把目光離開相片時，忽然發問：

「達士先生，您班上有個××，是不是？」

「真有這樣一個人。您怎麼認識她？這個女孩子真是班上頂美……」

「她是我的內侄女。」

「哦，您們是親戚！」

「這孩子還聰敏，書讀得不壞。」說着，教授丙把視線再度移到牆頭那個照片上去，心不在乎的問道：「達士先生，這照片是從希臘人的雕刻照下的嗎？」這種詢問似乎不必回答，達士先生很明白。

達士先生心想：「丙先生倒有眼睛，認識美。」不由得不來一個會心微笑。

兩人於是同時皆有一個苗條圓熟的女孩子影子，在印象中晃着。

教授丁邀約達士先生到海邊去坐船。乳白色的小遊艇，支持了白色三角形小帆。順着微風，向作寶石藍顏色鏡平放光的海面滑去。天氣明朗而溫柔。海浪輕輕的拍着船頭和船舷，船身略側，向前滑去時輕盈得如同一隻掠水的小燕兒。海天盡頭有一點淡紫色煙子。天空正有白鳥三五，從容向遠海飛去。這點光景恰恰像達士先生另外一個記載裏的情形。便是那隻船，也如當前的這隻船。有一點兒稍稍不同，就是坐在達士先生對面的一個人，不是醫生，卻換了一個哲學教授了。

兩人把船繞着小青島去。討論着當年若墨醫生與達士先生尚未討論結果的那個問題——女人，一個永遠不能結束定論的議題！

教授丁說：

「大概每個人皆應當有一種轄治，方能像一個人。不管受神的，受鬼的，受法律的，受醫生的，受金錢的，受名譽的，受牙痛的，受腳氣的；必需有一點從外而來或由內而發的限制，人才能夠像一個人。一個不受任何拘束的人，表面看來極其自由，其實他做什麼也不成功。因為他不是個人。他無拘束，同時也就不會有多少氣力。

「我現在若一點兒不受拘束，一切慾望皆苦不了我，一切人事我不管，這決不是個好現象。我有時想着就害怕。我明白，我自己居然能夠活下去，還得感謝社會給我那一點拘束。若果沒有它，我就自殺了。

「若墨醫生同我在這隻小船上的座位雖相差不多，我們又同樣還不結婚。可是，他討厭女人，他說：一個女人在你身邊時折磨你的身體，離開你身邊時又折磨你的靈魂。女子是一個詩人想象的上帝，是一個浪子官能的上帝。他口上儘管討厭女人，不久卻把一個雙料上帝弄到家中作了太太，在裙子下討生活了。我一切恰恰同他相反。我對女人，許多女人皆發生興味。那些肥的，瘦的，有點兒裝模作樣或是勢利淺浮的，似乎只因為她們是女子，有女子的好處，也有女子的弱點，我就永遠不討厭她們。我不能說出若墨醫生那種警句，卻比他更了解女子。許多討厭女子的人，皆在很隨便情形下同一個女子結了婚。我呢，我歡喜許多女人，對女人永遠傾心，我卻再也不會同一個女人結婚。

「照我的哲學崇虛論來說，我早就應當自殺了。然而到今天還不自殺，就虧得這個世界上尚有一些女人。這些女人我皆很情慾的愛着她們。我在那種想象荒唐中瘋人似的愛着她們。其中有一個我尤其傾心，但我卻極力制止我自己的行為。始終不讓她知道我愛她。我若讓她知道了，她也許就會嫁給我。我不預備這一着。我逃避這一着。我只想等到她有了四十歲，把那點女人極重要的光彩大部分已失去時，我再去告她，她失去了的，在我心上還好好的存在。我為的是愛她，為的是很情慾的愛她，總覺得單是得到了她還不成，我便盡她去嫁給一個明明白白一切皆不如我的人，使她同那男子在一處消磨盡這個美麗生命。到了她本身已衰老時，我的愛一定還新鮮而活潑。

「您覺得怎麼樣，達士先生？」

達士先生有他的意見：

「您的打算還仍然同若墨醫生差不多。您並不是在那裏創造哲學，不過是在那裏被哲學創造罷了。您同許多人一樣，放遠期賬，表示遠見與大膽，且以為將來必可對本翻利。但是您的賬放得太遠了，我為您擔心。這種投資我並無反對理由，因為各人有各人耗費生命的權利和自由，這正同我打量投海，覺得投海是一種幸福時，您不便干涉一樣。不過我若是個女人，對於您的計劃，可並無多少興味。您有哲學，卻缺少常識。您以為您到了那個年齡，腦子尚能有如今這樣充滿幻想，且以為女子到了四十歲，也還會如十八歲時那麼多情善感。這真是胡塗。我敢說您必輸到這上面。您若有興味去看一本關於××的書籍，您會覺得您那哲學必需加以小小修改了。您愛她，得給她。這是自然的道理。您愛她，使她歸您，這還不夠，因為時間威脅到您的愛，便想違反人類生命的秩序，而且說這一切皆為女人着想。我看看，這同束身纏腳一樣，不大自然，有點殘忍。」

「你以為這個事太不近情，是不是？我們每一個人皆可聽憑自己意志建築一座禮拜堂，供奉自己所信仰的那個上帝。我所造的神龕，我認為是世界上最美麗的神龕[27]。這事由你看來，這麼辦耗費也許大一點。可是戀愛原本就是一種奢侈的行為。這世界正因為吝嗇的人太多了，所以凡事皆做不好。我覺得吝嗇原鄰於愚蠢。一個人想把自己人格放光，照耀藍空，眩人眼目如金星，愚蠢人決做不出。」

「您想這麼作是中了戲劇的毒。您能這麼作可以說是很有演劇的天才。我承認您的聰明。」

「你說對了。我是在演劇。很大膽的把角色安排下來，我期待的就正是在全劇進行中很出眾，然而近人情，到重要時忽然一轉，尤其驚人。」

達士先生說：

「說得對。一個人若真想把自己全生活放在熱鬧緊張場面上發展，放在一種變態的不自然的方法中去發展，從一個藝術家眼裏看來，沒有反對的道理。一切藝術原皆不容許平凡。不過仍然用演戲取譬㉘，你想不想到時間太久了一點，您那個女角，能不能支持得下去？世界上盡有許多女人在某一小時具有為詩人與浪子拜倒那個上帝的完美，但決不能持久。您承認她們到某一時會把生命光彩失去，卻不想想一個表面失去了光彩的女人，還剩下一些什麼東西。」

「那你意思怎麼樣？」

「愛她，得到她。愛她，一切給她。」

「愛她，如何能長久得到她？一切給她，什麼是我？若沒有我，怎麼愛她？」

達士先生知道教授戊是個結了婚後一年又離婚的人，想明白他對於這件事的意見同感想。下面是教授戊的答案：

女人，多古怪的一種生物！你若說：「我的神，我的王后，你瞧，我如何崇拜你！讓莎士比亞㉙的胸襟為一個女人而碎吧，同我來接一個吻！」好辭令。可是那地方若不是戲台，卻只是一個客廳呢？你將聽到一種不大自然的聲音（她們照例演戲時還比較自然），她們回答你說：「不成，我並不愛你。」好，這事也就那麼完結了。許多男子就那麼離開了她的愛人，男的當然便算作失戀。過後這男子事業若不大如意，名譽若不大好，這些女人將那麼想：「我幸好不曾上當。」但是，另外某種男子，也不想作莎士比亞，說不出那麼雅致動人的話語。他要的只是機會。機會許可他傍近那個女子身邊時，他什麼空話不必說，就默默的吻了女人一下。這女子在驚慌失措中，也許一伸手就打了他一個耳光，然而男子不作聲，卻索性抱了女子，在那小小嘴唇上吻個一分鐘。他始終沒有說話，不為行為加以解釋。他知道這時節本人不在議會，也不在課室。他只在作一件事！結果，沉默了。女人想：「他已吻過我了。」同時她還知道了接吻對於她毫無什麼損失，到後，她成了他的妻子。這男人同她過日子過得好，她十年內就為他養了一大群孩子，自己變成一個中年胖婦人；男子不好，她會解說：

「這是命。」

是的，女人也有女人的好處。我明白她們那些好處。上帝創造她們時並不十分馬虎，既給她們一個精緻柔軟的身體，又給她們一種知足知趣的性情，而且更有意思，就是同時還給她們創造一大群自作多情又癡又笨的男子，因此有戀愛小說，有詩歌，有失戀自殺，有——結果便是女人在社會上居然佔據一種特殊地位，彷彿凡事皆少不了女人。

我以為這種安排有一點錯誤。從我本身起始，想把女人的影響，女人的牽制，尤其是同過家庭生活那種無趣味的牽制，在擺得開時乘早擺開。我就這樣離了婚。

達士先生向草坪望着：「老王，草坪中那黃花叫什麼名？」

老王不曾聽到這句話，不作聲。低頭作事。

達士先生又說：「老王，那個從草坪裏走來看庚先生的女人是什麼人？」

聽差老王一面收拾書桌一面也舉目從窗口望去，「××女子中學教書先生。長得很好，是不是？」說着，又把手向樓上指指，輕聲的說，「快了，快了。」那意思似乎在說兩人快要訂婚，快要結婚。

達士先生微笑着，「快什麼了？」

達士先生書桌上有本老舍㉚作的小說，老王隨手翻了那麼一下，「先生，這是老舍作的，你借我這本書看看好不好？怎麼這本書名叫《離婚》？」

達士先生好像很生氣的說：

「怎麼不叫《離婚》？我問你，老王。」

樓上電鈴忽響，大約住樓上的教授庚，也在窗口望見了經草坪裏通過向寄宿舍走來的女人了，呼喚聽差預備一點茶。

一個從××寄過青島的信——

達士先生：

你給我為歷史學者教授辛畫的那個小影，我已見到了。你一定把它放大了點。你說到他向你說的話，真不大像他平時為人，可是我相信你畫他時一定很忠實。你那枝筆可以擔保你的觀察正確。這個速寫同你給其他先生們的速寫一樣，各自有一種風格，有一種躍然紙上的動人風格，我讀他時非常高興。不過我希望你……，因為你應當記得着，你把那些速寫寄給什麼人。教授辛簡直是個瘋子。

你不説宿舍裏一共有八個人嗎？怎麼始終不告給我第七個是誰。你難道半個月以來還不同他相熟？照我想來這一定也有點原因。好好的告給我。

天保祐你。

瑗瑗

達士先生每當關着房門，記錄這些專家的風度與性格到一個本子上去時，便發生一種感想：「沒有我這個醫生，這些人會不會發瘋？」其實這些人永遠不會發瘋，那是很明白的。並且發不發瘋也並非他注意的事情，他還有許多必需注意的事。

他同情他們，可憐他們。因為他自以為是個身心健康的人。他預備好好的來把這些人物安排在一個劇本裏，這自以為醫治人類靈魂的醫生，還將為他們指示出一條道路，就是凡不能安身立命的中年人，應勇敢走去的那條道路。他把這件事，描寫得極有趣味的寄給那個未婚妻去看。

但這個醫生既感覺在為人類盡一種神聖的義務，發現了七個同事中有六個心靈皆不健全，便自然引起了注意另外那一個健康人的興味。事情説來希奇，另外那個人竟似乎與他「無緣」。那人的住處，恰好正在達士先生所住房間的樓上，從××大學歡迎宴會的機會中，那人因同達士先生座位相近，×校長短短的介紹，他知道那是經濟學者教授庚。除此以外，就不能再找機會使兩人成為朋友了。兩人不能相熟自然有個原因。

達士先生早已發現了，原來這個人精神方面極健康，七個人中只有他當真不害什麼病。這件事得從另外一個人來證明，就是有一個美麗女子常常來到寄宿舍，拜訪經濟學者庚。

有時兩人在房裏盤桓㉛，有時兩人就在窗外那個銀杏樹夾道上散步。那來客看樣子約有二十五六歲，同時看來也可以說只有二十來歲。身材面貌皆在中人以上。最使人不容易忘記，就是一雙詩人常說「能說話能聽話」的那種眼睛。也便是這一雙眼睛，因此使人估計她的年齡，容易發生錯誤。

這女人既常常來到宿舍，且到來以後，從不聞一點聲息，彷佛兩人只是默默的對坐着。看情形，兩個人感情很好。達士先生既注意到這兩個人，又無從與他們相熟，因此在某一時節，便稍稍濫用一個作家的特權，於一瞥之間從女人所得的印象裏，想像到這個女子的出身與性格，以及目前同教授庚的關係。

這女子或畢業於北平故都的國立大學，所學的是歷史，對詩詞具有興味，因此詞章知識不下於歷史知識。

這女子在家庭中或為長女。家中一定是個紳士門閥㉜，家庭教育良好，中學教育也極好。從×大學歷史系畢業後，就來到××女子中學教書，每星期約教十八點鐘課，收入約一百元左右。在學校中很受同事與學生敬愛，初來時，且間或還會有一個冒險的，不大知趣的，山東籍國文教員，給她一種不甚得體的殷勤。然而那一種端靜自重的外表，卻制止了這男子野心的擴張。還有個更重要的原因，便是北京方面每天皆有一個信給她，這件事從學校同事看來，便是「有了主子」的證明，或是一個情人，或是一個好友，便因為這通信，把許多人的幻想消滅了。這種信從上禮拜起始不再寄來，原來那個寫信人教授庚已到了青島，不必再寄什麼信了。

這女人從不放聲大笑，不高聲說話，有時與教授庚一同出門，也靜靜的走去，除了腳步聲音便毫無聲響。教授庚與女人的沉默，證明兩人正愛着，而且貼骨貼肉如火如荼的愛着。惟有在這種症候中兩個人才能夠如此沉靜。

女人的特點是一雙眼睛，它彷彿總時時刻刻警告人，提醒人。你看她，它似乎就在說：「您小心一點，不要那麼看我。」一個熟人在她面前說了點放肆話，有了點不莊重行動，它也不過那麼看看。這種眼光能制止你行為的過份，同時又儼然在獎勵你手足的撒野。它可以使俏皮角色誠實穩重，不敢胡來亂為，也能使老實人發生幻想，貪圖進取。它彷彿永遠有一種羞怯之光；這個光既代表貞潔，同時也就充滿了情慾。

由於好奇，或由於與好奇差不多的原因，達士先生願意有那麼一個機會，多知道一點點這兩人的關係。因為照他的觀察來說，這兩人關係一定不大平常，其中有問題，有故事。再則女的那一分沉靜實在吸引着他，使他覺得非多知道她一點不可。而且彷彿那女人的眼光，在達士先生腦子裏，已經起了那麼一種感覺：「先生，我知道你是誰。我不討厭你。到我身邊來，認識我，崇拜我，你不是個胡塗人，你明白，這個情形是命定的，非人力所能抗拒的。」這是一種挑戰，一種沉默的挑戰。然而達士先生卻無所謂。他不過有點兒好奇罷了。

那時節，正是國內許多刊物把達士先生戀愛故事加以種種渲染，引起許多人發生興味的時節。這個女人必知道達士先生是個什麼人；知道達士先生行將同誰結婚，還知道許多達士先生也不知道的事，就是那種失去真實性的某一種鋪排的極其動人的謠言。

達士先生來到青島的一切見聞，皆告訴給那個未婚妻，上面事情同一點感想，卻保留在一個日記本子上。

達士先生有時獨自在大草坪散步，或從銀杏夾道上山去看海，有三四次皆與那個經濟學者一對碰頭。這種不期而遇也可以說是什麼人有意安排的。相互之間雖只隨隨便便那麼點一點頭各自走開，然而在無形中卻增加了一種好印象。當達士先生從那個女人眼睛裏再看出一點點東西時，他逃避了那一雙稍稍有點危險的眼睛，散步時走得更遠了一點。

他心想：「這真有點好笑。若在一年前，一定的，目前的事會使我害一種很厲害的病。可是現在不礙事了。生活有了免疫性，那種令人見寒作熱的病皆不至於上身了。」他覺得他的逃避，卻只是在那裏想方設法使別人不至於害那種病。因為那個女人原不宜於害病，那個教授庚，能夠不害那一種病，自然更好。

可是每種人事原來皆儼然被一隻看不見的手所安排。一切事皆在湊巧中發生，一切事皆在意外情形下變動。××學校的暑期學校演講行將結束時，某一天，達士先生忽然得到一個不具名的簡短信件，上面只寫着這樣兩句話：

學校快結束了，捨得離開海嗎？（一個人）

一個什麼人？真有點離奇可笑。

這個怪信送到達士先生手邊時，憑經驗，可以看出寫這個信的人是誰。這是一顆發抖的心同一隻發抖的手，一面很羞怯，又一面在狡猾的微笑，把信寫好親自付郵的。不管這個人是誰，不管這個寫得如何簡單，不管寫這個信的人如何措辭，達士先生皆明白那種來信表示的意義。達士先生照例不聲不響，把那種來信擱在一個大封套裏。一切如常，不覺得幸福也不覺得驕傲。間或也不免感到一點輕微惆悵。且因為自己那分冷靜，到了明知是誰以後，表面上還不注意，彷彿多少總辜負了面前那年青女孩子一分熱情，一分友誼。可是這仍然不能給他如何影響。假若沉靜是他分內的行為，他始終還保持那分沉靜。達士先生的態度，應當由人類那個習慣負一點責。應當由那個拘束人類行為，不許向高尚純潔發展，制止人類幻想，不許超越實際世界，個有勢力的名辭負點責。達士先生是個訂過婚的人。在「道德」名分下，把愛情的門鎖閉，把另外女子的一切友誼拒絕了。

得到那個短信時，達士先生看了看，以為這一定又是一個什麼自作多情的女孩子寫來的。

手中拈着這個信，一面想起宿舍中六個可憐的同事，心中不由得不侵入一點憂鬱。「要它的，它不來；不要的，它偏來。」這便是人生？他於是輕輕的自言自語說：「不走，又怎麼樣？一個真正古典派，難道還會成一個病人？便不走，也不至於害病！」很的確，就因事留下來，縱不走，他也不至於害病的。他有經驗，有把握，是個不怕什麼魔鬼誘惑的人。另外一時他就站過地獄邊沿，也不眩目，不發暈。當時那個女子，卻是個使人值得向地獄深阱躍下的女子。他有時自然也把這種近於挑戰的來信，當成青年女孩子一種大膽妄為的感情的遊戲，為了訓練這些大膽妄為的女孩子，他以為不作理會是一種極好的處置。

瑗瑗：

我今天晚車回××。達。

達士先生把一個簡短電報親自送到電報局拍發後，看看時間還只五點鐘。行期既已定妥，在青島勾留算是最後一天了。記起教授乙那個神氣，記起海邊那種蚌殼。當達士先生把教授乙在海邊拾蚌殼的一件事情告給瑗瑗時，回信就說：

不要忘記，回來時也為我帶一點點蚌殼來。我想看看那個東西！

達士先生出了電報局，因此便向海邊走去。

到了海水浴場，潮水方退，除了幾個會騎馬的外國人騎着黑馬在岸邊奔跑外，就只有兩個看守浴場工人在那裏收拾遊船，打掃砂地。達士先生沿着海灘走去，低着頭尋覓這種在白砂中閃放珍珠光的美麗蚌殼。想起教授乙拾蚌殼那副神氣，覺得好笑。快要走到東端時，忽然發現濕砂上有誰用手杖斜斜的劃着兩行字跡，走過去看看，只見砂上那麼寫着：

這個世界也有人不了解海，不知愛海。也有人了解海，不敢愛海。

達士先生想想那個意思，笑了。他是個辨別筆跡的專家，認識那個字跡，懂得那個意義。看看潮水的印痕，便知道留下這種玩意兒的人，還剛剛離此不久。這倒有點古怪。難道這人就知道達士先生今天一早上會來海邊，恰好先來這裏留下這兩行字跡？還是這人每天皆來到海邊，寫那麼兩行字，期望有一天會給達士先生見到？不管如何，這方式顯然的是在大膽妄為以外，還很機伶狡獪的，達士先生皺眉頭看了一會，就走開了。一面仍然低頭走去，一面便保護自己似的想道：「鬼聰明，你還是要失敗的。你太年輕了，不知道一個人害過了某種病，就永遠不至於再傳染了！你真聰明，你這點聰明將來會使你在另外一件事情上成就一件大事業，但在如今這件事情上，應當承認自己賭輸了！這事不是你的錯誤，是命運。你遲了一年。……」然而不知不覺，卻面着大海一方，輕輕的抒了一口氣。

不了解海，不愛海，是的。了解海，不敢愛海，是不是？

他一面走一面口中便輕輕數着，「是——不是？不是——是？」

忽然間，砂地上一件新東西使他愣住了。那是一對眼睛，在濕砂上畫好的一對美麗眼睛。旁邊那麼寫着：

瞧我，你認識我！

是的，那是誰，達士先生認識得很清楚的。

一個爬砂工人用一把平頭鏟沿着海岸走來，走過達士先生身邊時，達士先生趕着問：「慢點走，我問你，你知不知道這是誰畫的？」說完他把手指着那些騎馬的人。那工人卻糾正他的錯誤，手指着山邊一堵淺黃色建築物，「哪，女先生畫的！」

「你親眼看見是個女先生畫的？」

工人看看達士先生，不大高興似的說：「我怎不眼見？」

那工人說完，揚揚長長的走了。

達士先生在那砂地上一對眼睛前站立了一分鐘，仍然把眉頭略微皺了那麼一下，沉默的沿海走去了。海面有微風皺着細浪。達士先生彎腰拾起了一把海砂向海中拋去。「狡猾東西，去了吧。」

十點二十分鐘達士先生回到了宿舍。

聽差老王從學校把車票取來，告給達士先生，晚上十一點二十五分開車，十點半上車不遲。

到了晚上十點鐘，那聽差來問達士先生，是不是要他把行李先送上車站去。就便還給達士先生借的那本《離婚》小說。達士先生會心微笑的拿起那本書來翻閱，卻給聽差一個電報稿，要他到電報局去拍發。那電報說：

瑗瑗：

我害了點小病，今天不能回來了。我想在海邊多住三天；病會好的。達士。

一件真實事情，這個自命為醫治人類魂靈的醫生，的確已害了一點兒很蹊蹺㉝的病。這病離開海，不易痊癒的，應當用海來治療。

取自文學五卷二號廿四年八月份載出。

題解

本篇作於一九三五年夏，發表於一九三五年八月《文學》第五卷第二期，署名沈從文。後發表於一九三五年十二月二十日天津《大公報．文藝》，署名沈從文。一九三五年十二月上海文化生活出版社出版作者同名小説集（甲種本），作為《文學叢刊》第一集，同年上海新光書局出版作者同名小説集（乙種本）。一九八二年收入廣州花城、香港三聯出版社出版的《沈從文文集》第六卷。二零零二年收入北岳文藝出版社出版的《沈從文全集》第八卷《八駿圖集》。

《八駿圖》裏的「八駿」指的是八位教授，他們是二十世紀三十年代中國高級知識分子的群像。相傳周穆王有八匹最出色的坐騎，稱為「八駿」。沈從文用《八駿圖》作小説名，借喻文中的八位教授，具有相當鮮明的諷刺意味。小説運用風趣的含蓄，微妙的暗示，細膩而傳神地描寫了一群受過歐風美雨新教育的高級知識分子，在舊時代知行乖戾、內心空虛，生命之根被拔出土壤而不知歸屬的故事。本篇作為沈從文作品中諷刺都市文明病的成功嘗試，受到著名評論家劉西渭（李健吾）的擊節讚嘆。他這樣比喻：「《邊城》是一首詩，是二佬唱給翠翠的情歌。《八駿圖》是一首絕句，猶如那女教員留在沙灘上神秘的絕句。」

註：

① 北戴河：避暑勝地，在河北省秦皇島市西南，因戴河流經西南得名。
② 茶房：見《元宵》註釋㉜。
③ 攫住：抓住。
④ 感印：印象。現代作家多用此詞。李大釗《「今」與「古」》「或者航海及未知地的發現，與倍根以感印者，比與鮑丹者多。」魯迅《集外集拾遺．哈謨生的幾句話》「但我回憶起看過的短篇小説來，卻並沒有看哈謨生作品那樣的深的感印。」
⑤ 夜：見《夜漁》註釋⑲。
⑥ 泥淖：爛泥窪地。比喻難以自拔的困境。
⑦ 遣送：原義指將外來之人送回原地，這裏指打發（日子）。
⑧ 理知：見《有學問的人》註釋⑫。
⑨ 熟習：見《入伍後》註釋㊶。
⑩ 扣花：是用細鐵絲或銅絲將花朵串連紮製，通常佩戴於鬢髮或衣襟等處作為裝飾，故也有稱襟花。
⑪ 抱兜：見《山鬼》註釋(101)。
⑫《疑雨集》：明代詩人王彥泓（字次回）的詩集。詩集名取自李商隱（義山）「楚天雲雨盡堪疑」句意。集中詩多言男女豔情，詩風「沉博絕麗，無語不香，有愁必媚」。
⑬《五百家香豔詩》：民國前後在民間流行的一部香豔詩詞集子。
⑭ 寶隆醫院：創建於一九零零年，由德國寶隆博士創辦。
⑮ 新新公司：上海一間已倒閉的百貨公司。一九二六年創辦於上海南京路七百二十號，是早年上海南京路四大華資百貨公司之一，創辦人為李煜堂、李敏周叔侄。
⑯ 相攸：語見《詩．大雅．韓奕》「為韓姞相攸，莫如韓樂。」《朱熹集傳》「相攸，擇可嫁之所也。」後因以稱擇婿。

⑰ 劉半農（一八九一—一九三四）：名復，字半農。江蘇江陰人。中國現代詩人，語言學家。

⑱ 南開：學校名。以南開命名的系列學校包括南開大學、天津南開中學、天津第二南開中學（原南開女中）等等。

⑲ 閃放：閃耀放射。

⑳ 不淨觀：佛學名詞。根據《陳義孝佛學常見辭彙》的解釋，不淨觀是五停心觀之一，即觀察自己和他人的身體皆污穢不淨，可治貪慾。

㉑ 貞操説：指封建社會儒家禮教提倡的女子不失身、不改嫁的道德觀念。

㉒ 作祟：謂鬼怪妖物害人，後多指人或某種因素作怪、搗亂。

㉓ 含飴弄孫：語見《後漢書．明德馬皇后紀》「吾但當含飴弄孫，不能復知政事。」飴：麥芽糖。意思是含着糖逗小孩子，形容老年人自娛晚年，不問他事的樂趣。

㉔ 春藥：刺激性慾的藥物。

㉕ 貝母、當歸：兩味中草藥。貝母、當歸都為多年生草本植物，貝母其鱗莖供藥用，有止咳化痰、清熱散結之功。當歸根可入藥，有鎮靜、補血、調經等作用。

㉖ 延纏：也叫淹纏，指久病不癒，躺在病床上，拖延時間。

㉗ 神龕：舊時供奉神像或神主的小閣子。

㉘ 取譬：語見《詩．大雅．抑》「取譬不遠，昊天不忒。」意思是打比方，尋取比喻。

㉙ 莎士比亞：見《煥乎先生》註釋⑦。

㉚ 老舍（一八九九—一九六六）：原名舒慶春，字舍予，滿族，北京人，是現代小説家、劇作家。著有長篇小説《駱駝祥子》、《四世同堂》，劇本《龍鬚溝》、《茶館》等。

㉛ 盤桓：語見曹植《洛神賦》「悵盤桓而不能」。意思是徘徊，逗留住宿。

㉜ 門閥：見《龍朱》註釋⑮。

㉝ 蹊蹺：奇怪，可疑。

大小院

學校打更①人劉老四，在校後小更棚裏喝完了四兩燒酒，憑他的老經驗，知道已十二點，就拿了木梆子②沿校牆托托托敲去。一面走一面想起給他酒喝幾個小哥兒的事情，十分好笑。十年前每晚上有一個年青小哥兒從裱畫舖③小寡婦熱被裏逃出，跑回學校來，爬過學校圍牆時，這好人還高高的提起那個燈籠照着，免得爬牆那一個跌落到牆內泥溝裏去。他原歡喜喝一杯酒，這種同情和善意就可得到不少酒喝。世界成天變，袁世凱④，張勛⑤，吳佩孚⑥，張作霖⑦，輪流佔據北京城，想坐金鑾寶殿總坐不穩。學校呢，人事上也不大相同，除了老校長其餘都變而又變。那爬牆頭小哥兒且居然從外國回來作訓育主任了。世界雖然老在變，有一件事可不曾變，就是少數學生爬牆的行為還好好保存下來。不過這件事到用着巡夜的幫助時，從前用的是燈籠，如今用的是手電筒罷了。他心想，一個人有一個人的衣祿⑧，說不準簿籍上自己名分下還有五十罈燒酒待註銷，喝夠了才會倒下完事。

打更的走到圍牆邊時，正以為今晚上未必有人爬牆，抬頭一瞧，牆頭上可恰好正騎了兩個黑影子。他故意大聲的詢問：

「誰人？」

黑影之一說：「老劉，是我。你真是。」從聲音上他聽得出是張小胖。

「張少爺，你真嚇了我一跳。我以為是兩個賊，原來是——」

其中之另一個又說：「你以為是賊，這學校會有賊？不是賊，是兩瓶酒，你可不用嚇了。把你那電筒照照我。不許告給誰。我們回來取點東西，等會兒還得出去，你在這兒等着我們！」聲音也怪熟，是小阮。兩個年青小哥兒跳下了牆，便直向宿舍奔去。

打更的望着這兩個年青小哥兒黑影子只是笑，當真蹲在那兒等候他們。

他算定這等候對他有好處。他無從拒絕這種好處！

小阮與張小胖分手後，小阮走進第八宿舍，宿舍中還有個同學點上洋燭看小說。便走到一個正睡着做夢，夢中吃鴿子蛋的學生床邊，咬耳朵叫醒了那學生。兩人原來是叔侄，睡覺的一個是小叔叔，大家叫他大阮。

「七叔，幫我個忙，把你那一百塊錢借給我，我得『高飛遠——。』我出了事情，三十六計走為上計⑨，不走不成！」

「為什麼？你又在學校裏胡鬧了？」

「不是在學校裏打架。我闖了禍，你明天會知道的。趕快把那一百塊錢借給我吧，我有用處！」

「不成，我錢有別的用處！我得還大衣賬，還矮腳虎二十元，用處多咧。」

「你好歹借我八十，過不久會還你，家裏下月款來算你的。我急要錢，有錢才好走路！有八十我過廣東，考黃埔軍官學校⑩去。不然也得過上海，再看機會。我不走不成！」

「你拿三十夠了吧。我義興和欠款不還，消費社總得結結賬！」

「那就借六十給我。我不能留在學校，即刻就得走路！」

大阮被逼不過，一面又十分需要睡眠，勉勉強強從床裏邊摸出了那個錢皮夾，數了十張五元頭的鈔票給小阮。小阮得過錢後，從洋服褲袋裏掏出了一件小小黑色東西，塞到大阮枕頭下去，輕輕的說：

「七叔，這個是十五號房張小胖的，你明天給我還他吧。我走了。你箱子裏我存的那個小文件，一早趕快燒了它，給人搜出可不是玩的。」因為那個看小說的同學已見着了他，小阮又走到那小說迷床邊去說，「兄弟，對不起，驚吵你。再見！」

近視眼忙說：「再見再見。」

小阮走出宿舍後，大阮覺得枕下硬硬的梗住頭頸，摸出來一看才明白原來是枝小手槍。猜出小阮一定在一點鐘前就用這手槍闖禍，說不定已打死了人，明早晨學校就要搜查宿舍。並且小阮寄存那個文件，先告他只是一些私信，臨走時卻要他趕緊燒掉，自然也是一種危險。但把兩件事多想想，就使大阮安心了。槍是張小胖所有物，學校中大家都知道，張小胖是當地督辦⑪的兒子，出亂子決不會成問題。文件一燒了事，燒不及也不會牽涉到自己頭上來。當真使大阮睡不着覺的還是被小阮借去了那五十塊錢。小阮平時就很會玩花樣，要錢用時向家裏催款，想得出許多方法。這次用錢未必不是故作張皇把錢騙去作別的用途。尤其糟的是手邊錢小阮取了五十，日前作好的預算完全被打破了。

至於小阮呢，出了宿舍越過操場到院牆邊時，見打更的還在那牆邊候着，摸出一張鈔票，塞在打更的手心裏：

「老劉，拿這個喝酒吧。不許說我回來過，說了張少爺會一槍銃⑫了你。」

「張少爺不出去嗎？」

「不出去了。」

「您不回來嗎？」

「我怎麼不回來？我過幾年會回來的！」

小阮爬牆出去後，打更的用手電燈光看看手中的鈔票，才知道原來是五塊錢，真是一個大利市⑬。他明白他得對這事好好保守沉默。因為這個數目差不多是三十斤燒酒的價錢。把鈔票收藏到褲腰小口袋裏去，自言自語的說：

「一個人當真有一個人的衣祿，勉強不來。」

他覺得好笑，此後當真閉口不談這件事情。

早上六點鐘，一陣鈴聲把所有學生從迷糊睡夢裏揪回現實人間。

事務員跟着搖鈴的校役⑭後面，到每個宿舍前邊都停一停，告給學生早上八點週會，到時老校長有話說，全體學生都得上風雨操場去聽訓。老校長訓話不是常有的事，於是各宿舍驟然顯得忙亂起來。都猜想學校發生了事情，可不知發生什麼事情。大阮一骨碌爬起來，就拿了小阮昨夜給他那個東西走到宿舍十五號去，見張小胖還躺在床上被窩裏。送給他那東西時，張小胖問也不問，好像早知道是小阮交還的，很隨意的把它塞到枕頭下，翻過身去又睡着了。大阮趕忙又回去燒那文件。事作完拿了毛巾臉盆到盥洗室⑮洗臉，見同學都談着開會事情。一個和張小胖同房和大阮同組的瘦個兒二年級學生，把大阮拉到廊下去，咬耳朵告大阮，昨晚上張小胖出外邊去，不知為什麼事，鬧了大亂子，手臂全被打青了，半夜裏才回轉宿舍。聽說要到南方去，不想讀書了。

大阮才明白還槍給張小胖時張小胖不追問的理由。大阮心中着急，跑到門房去，找早報看，想從報上得到一點消息，時間太早，報還不來。七點半早報來了，在社會新聞版上還是不能發現什麼有關係的消息。一個七十歲的老頭子窮病自殺了，一個童養媳⑯被婆婆用沸水燙死了，一個人醉倒了，大罵奸臣誤國，這類消息顯然不是小阮應當負責的。

週會舉行時，老校長演說卻是學生應當敬愛師長一類平平常常的話。週會中沒有張小胖，也不見小阮。散會後訓育主任找大阮到辦公樓去，先問大阮，知不知道小阮出了事。大阮說不知道。訓育主任才告給大阮，小阮為一個女人脱離了他們一個秘密組織，開槍打傷了市立中學一個歷史教員。那教員因別有苦衷，不敢聲張，但卻被鄰居告到區裏，有辦案的人到那人家問話，盤詰⑰被傷理由，說不定要來學校找人。若小阮已走了，看看他宿舍裏有什麼應當燒的，趕快燒掉。原來這主任就是個××，當時的××原是半公開的，在告大阮以前，先就把自己應燒的東西處理過了。至於那位綽號張小胖的大少爺呢，躺在床上養傷，誰也不會動他，因為區裏辦事的吃的正是他爸爸的飯，訓育主任早就知道的。

大阮回轉宿舍，給他那住合肥城裏的堂兄（小阮的父親）寫信——

大哥，

你小三哥昨天在這裏鬧了亂子，差點兒出了人命案件，從學校逃走了。臨走時要錢用，逼我借錢。我為他代向同學借了五十元（這是別人急着付醫院的款項，絕不能延誤不還），連同我先前一時借他的共約百元。我那個不算數，轉借別人的務請早為寄來，以清弟之手續。同學中注重信用，若不償還，弟實對不起人也。

小三哥此次遠揚，據他說有一百元就可以往廣東，錢不多到上海時住下看機會。他往廣東意思在投考黃埔軍官學校，據說此校將來大有出息，不亞於保定軍官團⑱。弟思我家胡魯四爺，現在北京陸軍大學讀書，是家中已有一軍事人材，不必多求。且廣東與北京政府對立，將來不免一場大戰，叔侄對壘，不問誰勝誰敗，吾宗都有損失，大不合算。故借款數目，只能供給其到滬費用，想吾兄亦必以弟此舉為然也。學校對彼事極包涵，惟彼萬不宜冒險回校。弟意若盡彼往日本讀書，將來前途必大有希望。彼事事富於革命精神，如孫中山⑲先生。孫先生往昔亦曾亡命日本，歷史教員在班上曾詳言其事。惟小三哥性太猛，氣太盛，不無可慮，要之是吾宗一人材也。

大阮把信寫成後看看，覺得寫得不錯。又在「款係別人所有」話旁加了幾個小圈，就加封寄發了。他的主要目的是把那五十塊錢索還，結果自然並不失望。至於小阮的命運，倒當真與他這次借款的數目大有關係。如果當時小阮的錢夠往廣東，到後來革命軍北伐，這個人也許死了，便成為革命烈士，也許活着，會成為軍中少壯派要人，此後的種種都得全盤重造了。

大阮小阮兩人在輩分上是叔侄，在年齡上像弟兄，在生活上是朋友，在思想上又似乎是仇敵。但若僅僅就性情言來呢，倒是「差不多」。都相當聰明，會用錢。對家中長輩差不多一致反對，對附於舊家庭的制度的責任和義務差不多一致逃避，對新事物差不多同樣一致傾心，對善賣弄的年青女人差不多一致容易上當。在學校裏讀書呢，異途同歸，由於某種性情的相同，差不多都給人得到一個荒唐胡鬧的印象，所不同處只是荒唐胡鬧各有方式罷了。

兩人民國十二年夏季考入這個私立高級中學。

有機會入這中學讀書的，多半是官家子弟和比較有錢的商人地主子侄，因此這學校除了正當體育團體演説團體文學藝術團體以外，還有兩個極可笑的組織，一個叫君子會，一個叫棒棒團。君子會注重的是穿衣戴帽，養成小紳士⑳資格。雖學校規矩限制學生在校出外都得穿着制服，在凡事一律情形上，這些紈袴子弟大有英雄無用武之歎，然而在鞋襪方面（甚至於襪帶）依然還可別出心裁。此外手錶，自來水筆，平時洗臉用的胰子㉑，毛巾，信封信箋，無一不別致講究。其中居多是白面書生，文雅，懦弱，聰明，虛浮，功課不十分好，但雜書卻讀得很多，學問不求深入，然而常識倒異常豐富。至於棒棒團，軍人子弟居多，顧名思義，即可知其平常行徑。尋釁打架是他們主要工作。這些學生不特在本校打架，且常常出校代表本校打架。這兩個組織裏的學生增加了學校不少麻煩，但同時也增加了學校一點名譽。因為它的存在，代表一種社會，一種階級，就是我們平時使用它時意義曖昧，又厭惡又不能不尊重的所謂上等社會，統治階級。學校主持者得人，加之學校走運，不知如何一來又意外得了一個下野軍閥一筆捐款，數目將近五十萬塊錢，當局用這筆錢來補充了幾座堂堂皇皇的建築物，添購了些圖書儀器，學校辦下去，自然就越來越像個學校。因此在社會上的地位，比旁的學校都好。納費多，每年來應考的學生，常常超過固定額數十來倍。

大小阮原是舊家子弟，喜事好弄是舊家子弟共通的特性。既考入了這個中學校，入學不久，兩人就分別參加了兩個組織，叔侄二人從所參加的組織，說明兩人過去的環境，當前的興味，以及未來的命運。

五四運動來了，瘋狂了全國年青人。年青人的幻想，脫離一切名分或事實上制度習慣的幻想，被雜誌書報加以擴大。要求自由解放成為大小都會裏年青人的唯一口號和目的。×中學位置在長江中部一個省分裏，教書的照例是北京師大、北大出身的優秀份子，老校長又是個民國初元的老民黨，所以學校裏的空氣自然是很良好的。各事都進步改良了，只差一着，老校長始終堅持，不肯讓步，且由於他與學校的關係，人望，以及性情上那點固執，不許男女同學。以為學校是為男子辦的，女子要讀書，另有女學校可進。這種主張同時得到有勢力的當局支持，所以學生想反對無從反對。五四運動過了幾年，風氣也略轉了一點，這學校因為不開放女禁，且更為多數人擁護了。關於這一點看來似乎無多大關係的事情，無形中倒造就了一些年青人此後的命運。因為年青人在身心剛發育到對女人特別感覺行動驚奇和肉體誘惑時，在學校無機會實證這種需要。慾望被壓抑扭曲，神經質的青年群中，就很出了幾個作家，多血質的青年群中，就很出了幾個革命者。這種作家和革命者尚未露頭角時，大多數是在學校那兩個特別組織裏活動的。

小阮自從離開他的學校，當真就跑到上海，恰如當時許多青年一樣，改了一個名字，住在一個小弄堂㉒的亭子間㉓裏，一再寫掛號信給鄉下收租過日子的老父親，催款接濟。且以為自己作的是人類最神聖最光榮事業的起始，錢不能按時照數寄來，父親不認識他的偉大，便在信上說出一些老人看來認為荒唐胡塗的話語。父親斷定兒子是個過激派，所指望的款當然不會寄來了。然而此外親戚和朋友，多少尚有點辦法。親戚方面走了絕路，朋友（同樣在大都市裏混的朋友）卻在一種共同機會上，得到共同維持的利益。換句話說就是有「同志」互助。物質上雖十分艱窘，精神上倒很壯旺。沒有錢，就用空氣和幻想支持生活，且好像居然可以如此繼續支持下去。到後來自然又承受機會所給他的那一分，或成龍，或成蛇，或左，或右，或關入牢獄，或回家為祖宗接親養兒子，在鄉下做小紳士。

世界恰如老更夫説的在「變」，小阮不知如何一來，得到一個朋友的幫助，居然到了日本，且考進一個專門學校唸書了。學的是一般人要學的，政治。家中一方面雖斷絕了聯繫，照規矩在國內外大學讀書時，都可以得到本族公款的補助。小阮用文件證實了他的地位，取得那種權利一年。可是本人在日本不到半年，北伐軍隊已克服了武漢。這消息對他不是個壞消息。既然工作過來的人，回國當然有出路，他回了國。搭江輪上行到漢口，找那母校訓育主任，因為訓育主任那時已是黨中要人。出路不久就得到了——漢口市特別黨部黨委。在職務上他當然作的有聲有色，開會發言時態度加倍的熱誠，使同志感覺他富於戰鬥性。他嘲笑保守，輕視妥協，用往日在學校在上海兩地方生活的方式，從一個新環境裏發展下去。計劃打倒這個，清除那個。一面還寫信給那個考入北京大學一年級學生大阮，表示他在新事業上的成功和自信。寫信給家鄉族中公積金保管人，主張保管人應當有年青人參加，改善補助金的辦法。寫信給家中父親，要他寄錢，簡簡單單，要他趕快寄錢。清黨事變㉔發生時，他差一點點給同伴送掉性命。很幸運他逃出了那個人血攪成的政治漩渦，下行到九江，隨同一部分實力派過南昌，參加南昌的暴動㉕。失敗後又過廣州，作了些無可稽考㉖的工作。不久廣州事變㉗，他又露了面。廣州大暴動㉘與第×方面軍不合作又失敗了，工運老總（也就是那個訓育主任）坐了機器腳車到總工會去開會，在總工會門前被人用機關槍打掉了。到會三百五十個幹部，除少數因事不克參加的分子僥倖逃脱外，將近三百二十個青年，全被拘留在一個戲院裏，聽候發落。當時市區正發生劇烈混戰，一時難決定勝負。各處有巷戰，各處有房子被焚燒。年青人的屠殺更在一種瘋狂和報復行為中大規模舉行。拘押在戲院裏的小阮胸有成竹，打算又打算：老總已倒下完了，這混戰繼續下去，即或一兩天××方面會轉敗為勝，可望奪回市中心區，在轉移之間，被扣住的一群，還是不免同歸於盡。與其坐以待斃㉙，倒還是乘機會冒險跑路，這麼辦總還可望死裏逃生。

其時戲院門前已用鐵絲網圍上，並且各處都安放着機關槍，但近於奇蹟似的，小阮和另外兩個同伴，居然在晚上從窗口翻到另外一個人家屋瓦上，從一個屋上打盹的哨兵身後脫出了那個戲院，逃到附近一個熟人家裏。第二天一早，那三百個同伴，被十二輛大汽車押送到珠江河堤邊去，編成三隊，用機關槍掃射了。二十一天後某個晚上九點鐘左右，北京大學東齋大阮的宿舍裏，卻來了一個不速之客，客人就是小阮。

其時大阮一面在北大外國文學系讀書，一面已作了一家晚報評戲講風月的額外編輯，因他的地位，在當地若干浮華年青學生，逛客，和戲子娼妓心目中，已成為一個小名人。所住的宿舍裏牆壁上和桌子上全是名伶名花明星相片，另外還掛了某名伶一副對聯。同房住的是個山東籍歷史系的三年級學生，這學生平時除讀書外毫無他務，一自本學期和大阮同住後，竟變成一個不折不扣的「戲迷」了。

大阮見小阮忽然出現在他面前，出乎意外，大大吃了一驚。他還以為小阮不是在南方過日子，就是在南方死掉了。

「呀，小三哥，原來是你！你居然還好好的活在這個人間！」

小阮望着衣履整潔的大阮，只是笑。時間隔開了兩個人，不知如何，心裏總有點輕視這位小叔。以為祖宗雖給了他一份產業，可是並不曾給他一個好好的腦子。所有小聰明除了適於浪費祖宗留下來那點遺產別無用處。成天收拾得標致致的，同婦人一樣，全身還永遠帶着一點香氣，這一切努力，卻為的是供某種自作多情的浮華淫蕩女人取樂，媚悅這種女人！生存另一目的就是吃喝，活下來是醉生夢死，世界上這種人有一個不多，無一個也不少。

大阮只注意小阮臉上的氣色，接着又說：

「你不是從廣東來的嗎？你們那裏好熱鬧呀！」

小阮依然笑着，輕輕的說：

「真是像你說的好熱鬧。」

小阮見那山東大個子把頭髮梳得油光光的，正在洗臉，臉洗過後還小心小心把一種香料塗抹到臉上去，心裏覺得異常嫌惡。就向大阮示意，看有什麼方便地方可以同他單獨談談。大阮明白這意思，問那同房：

「密司忒侯，你聽戲去？」

那不願自棄的山東學生，一面整理頭髮一面裝模作態微帶鼻音說：

「玉霜這次戲可不能不聽聽。」說了才回過頭來，好像初初見到房中來客，「這位客人請教是……」

大阮正想介紹小阮給同房，小阮卻搶口答說：「敝姓劉，草字深甫，做小生意。」說後便不再理會那山東學生，掉頭向壁間看書架上書籍去了。大阮知道小阮的脾氣，明白他不樂意和生人談話，怕同房難為情，所以轉而向山東學生閒聊，討論一些戲文上的空泛問題。山東學生倒還知趣，把頭臉收拾停當，出門去了。剛走過後，小阮就說：「這傢伙真是個怪物。」

大阮說：「小三爺，你脾氣真還是老樣子，一點不改。你什麼時候姓劉了？做什麼生意？來，坐下來，我們談談你的經驗！說老實話一聽到『清』我以為你早蹩到武漢，被人縛好拋到大江裏餵魚吃了。後來從大姑信上知道你已過廣東，恰好廣東又來一個地覆天翻，你縱有飛天本領也難逃那個劫數。可是你倒神通廣大，居然跑到北京來了。我羨慕你幾年來的硬幹精神。」

小阮一面燃起一支紙煙狂吸，一面對大阮望着。似真似諷的說：「七叔，你這幾年可活得很有意思。你越發漂亮了。你樣子正在走運。」

大阮只明白話中意思一半，又好像有意只聽取那話中一半，混和了謙虛與誠實說：「我們可說是混日子，凡事離不了一個混字。進這學校就重在可以混畢業，在新聞界服務為的是混生活，在戲子裏混，在酒肉裏混，在女人中混。走的是什麼運，還得問王半仙排八字算算命。可是我是個受科學洗禮的人，不相信瞎子知道我的事情。」他見小阮衣着顯得有點狼狽，就問小阮到了北京多久，住在什麼地方，並問他吃不吃過晚飯。且從別一件事說起，轉入家境大不如前一類情形上去。用意雖不在堵塞這位賢侄向他借錢的口，下意識卻暗示到小阮，要開口也有個限度。但他的估計可錯了。

小阮說：「我想在北京住下來，不知道這地方怎麼樣。」

「前一陣可不成，公寓查得緊，住公寓大不方便。現在無事了。你想住東城西城？」

「你有什麼熟地方可以搬去住我就去住。不用見熟人。說不定不久還得走路，我想到東北去！」

大阮想了一會兒，以為晚上看房子不方便，且待明天再說。問明白小阮住在前門外客店裏，就同小阮回到客店，兩人談了一整夜的話，互相知道了幾年來兩人生活上的種種變化。大阮知道這位侄大人身邊還富裕，就放心了許多。至於小阮的出生入死，種種冒險經過，他卻並不如何引起興趣。他說他不懂什麼叫「革命」，因為他的心近來已全部用在藝術方面去了。他已成為一個藝術批評家，鑒賞家，將來若出洋就預備往英國去學藝術批評。他熟識了許多有希望的藝員，除了鼓勵他們，糾正他們，常常得寫文章外，此外還給上海雜誌寫點小品文，且預備辦一刊物。說到這些話時，神氣間的成功與自信，恰恰如小阮前一時寫信給大阮情景一樣。從這種談話中，把兩人的思想隔閡㉚反而除去了，小阮因此顯得活潑了點，話多了一點。到後來甚至於男女事情也談過了。由客氣轉而為抬槓，把往年同在學校讀書時的友誼完全恢復了。

第二天兩人在北大附近一個私人寄宿舍裏，用大阮名義看好了一間房子，又大又清淨，把行李取來，添製了一些應用東西，小阮就住下了。在那新住處兩叔侄又暢暢快快談了一個整天，到分手時，大阮對小阮的印象，是神秘。且認為其所以作成這種神秘，還依然是荒唐。今昔不同處，不過是行為理想的方式不同而已。既有了這種印象，使他對小阮的前途，就不能不抱了幾分悲觀，以為小阮成龍成蛇不可知，總而言之是一位危險人物。但兩人既生活在一個地方，小阮囊中似乎還充裕，與大阮共同吃喝看戲，用錢總不大在意，大阮因之對小阮荒唐，漸漸的也能原諒而且習慣了。

兩人同在一處每天語言奮鬥的結果，似乎稍稍引起了大阮一點政治趣味，不是向左也不是向右，只是向他自己。

住了一個月，小阮忽然說要走了，想到唐山去。大阮看情形就知道小阮去唐山的意思。半玩笑半認真說出他的意見：「小三哥，你不要去好。那地方不是個地方，與你不合宜。」

小阮說：「你以為我住在這裏，每天和你成天看戲說白話，就合宜嗎？」

「我不以為什麼是合宜。你想到唐山去玩，那裏除了鑽進煤洞裏短期活埋無可玩。你想作點什麼事，那裏沒有什麼事可作。」

「你怎麼知道沒有什麼可作的？一個要作事的人，關在黑牢裏也還有事作！如其你到那兒去！一定無事可作。你最相宜的地方就是你現在的地方，因為有一切你所熟習的。花五十元買一瓶香水送給小玫瑰，又給女戲子寫文章收回十塊錢。離開了這個大城，你當然無事可作了。」

「可是如今是什麼世界，我問你。君子不立乎岩牆之下㉛，你到唐山去不是跳火坑嗎？」

「先生，要世界好一點，就得有人跳火坑。」

「世界如果照你所說的已經壞透了，一切高尚動機或理想都不再存在，一切人都是狗矢，是蟲豸㉜，人心在腐爛，你跳下火坑也依然不會好！你想想，這幾年你跳了多少次火坑，是不是把世界變好一點？另外有多少人腐爛在泥土裏，對於這個世界又有多少好處?!」

「對多數當然有好處。至於對你個人，不特好像無好處，並且實在無意義。可是革命成功後，你就會知道對你是什麼意義了。第一件事是沒收你名下那三千畝土地，不讓你再拿佃戶㉝的血汗來在都市上胡花。第二件事是要你們這種人去抬轎子，去抹地板，改造你，完全改造你，到那時節看看你還合宜不合宜。這一天就要來的。自然會來的！」

「自然會來，那還用得着你去幹嗎？」

「七叔，你簡直不可救藥。你等着吧。」

「小三哥，不是說笑話，不可救藥的我，看你還是去唐山不得，那地方不大穩當。××是對你們所謂高尚理想完全不能了解，對你們這種人不大客氣，碰到了他們手上就難幸免。你一去那裏，我斷定你會糟。在這地方出事我還多少有點辦法，到唐山可不成。你縱有三頭六臂，依然毫無用處。」

話談得同另一時兩人談話情形差不多，僵無可僵，自然不能不結束了。

小阮說：「好，謝謝你的忠告，我們不用談這個。」

小阮似乎自己已變更了態度，特意邀大阮去市場喝酒。大阮擔心是計策，以為小阮知道他家中新近寄來了五百塊錢，喝了酒還是跟他借錢，便推說已有約會不能去。小阮只好一人去。到了晚上，大阮正在華樂戲院包廂裏聽戲，小阮卻找來了，送給大阮一個信件，要大阮看。原來是香港匯給小阮的兩千塊錢通知。

小阮說：「我還是即刻要走路。這款項不便放在身上，你取出來，留在你手邊，到我要用時再寫信告你，我若死了，這錢望你寄把在上海的八弟。」說完這話，不待大阮開口，拍拍大阮肩膊就走了。

大阮以為小阮真中了毒，想作英雄偉人的毒。

半月後平津報紙載出消息，唐山礦工四千人要求增加工資大罷工。接着是六個主持人被捕，且隨即被槍決了，罷工事自然就完全失敗，告一結束。在槍決六個人中，大阮以為小阮必在場無疑。正想寫信把小阮事告知那堂兄，卻接堂兄來信，說有人在廣州親眼見小阮業已在事變中犧牲。既有了這種消息，大阮落得省事，就不再把小阮逃過北京等等情形告給堂兄。

對於小阮的失敗，大阮的感想是：「早已料定。」小阮有熱情而無常識，富於熱情，所以凡事有勇氣去做，但缺少常識，做的事當然終歸失敗。事不過三次，在武漢僥倖逃脫，在廣州又僥倖逃脫，到了第三次可就終難免命運注定那一幕悲劇。雖然也覺得很悲傷，但事前似乎很對他盡了忠告，無如不肯接受這種忠告，所以只有付之一歎。費躊躕㉞的倒是小阮名分下這一筆錢，到底是留在手邊好，還是寄過上海好？末了他卻考慮到堂兄那一方面，以為若把錢寄過上海，告明白這錢來源，小阮八弟必把小阮最近在北方的事告給他父親，兩次凶耗除了增加老人的哀痛別無意義。若不即寄去，且等等一年半載，事情或者反而較好。至於他決定了這個辦法，是不是還有另外一個理由，那可不用提了。

過了一年，小阮尚無消息。在所有親友中都以為小阮一定死了。大阮依然保留那筆錢在手邊。

因為這筆錢保留在大阮手中，倒另外完成了一件大事，出版了一個小刊物。

大阮的性情，習慣，以至於趣味，到決定要成家時，似乎不可免會從女伶和娼妓中挑選一個對手。但他並不是傻子，他明白還有更重要的東西，想起了此後的家業。幾年荒唐稍稍增加了他一點世故，他已慢慢的有種覺醒，不肯作「報應」了。更有影響的或者還是他已在學校裏被稱為「作家」，新的環境有迫他放棄用《疑雨集》體㉟寫艷情詩，轉而來用新名詞寫新詩的趨勢。恰好這一年學校有意多收了三十個女學生，大阮寫詩的靈感自然而然多起來。結果他成了詩人，並且成了學校中一個最會裝飾的女學生的情人。到女的一方面知道大阮是合肥大地主的獨生子，大阮也問明白了女的父親是南京新政府一個三等要人，訂婚事很容易就決定了。

訂過婚，大阮生活全變了。雖不做官，已有了些官樣子。雖不是國民黨員，但對黨同情可越來越多了。

大阮畢了業，憑地主，作家，小要人的乘龍佳婿三種資格，受歡迎回到母校去作訓育主任。到學校見一切都好像變了樣子，老校長彷彿更老了一點，講堂傢具彷彿更舊了一點，教書的同事大多數是昔時的老同學。大家談起幾年來的人事變遷，都不免感慨繫之。訓育主任早死了，張小胖到×國做××去了，一個音樂教員做和尚去了，這個那個都不同了。世界還在變！

大阮心想，一定還有什麼不變的東西。恰恰如早已死去那個前訓育主任，他記起了那打更的劉老四。到校舍背那排小房子去找尋這個人，原來當真還是老辦法，正在牆邊砌磚頭，預備燜狗肉下酒！老更夫見大阮時，竟毫不表示驚訝，只淡淡漠漠似的說：

「大先生，你又回來了嗎？你教書還是做主任？」

大阮說：「老劉，這裏什麼都變了，只有你還不變。」

打更的卻笑着說：「先生，都得變，都得變。世界不同，狗肉也不容易爛了，不是它不爛，是我牙齒壞了。」

大阮覺得打更的倒有點近於許多舊讀書人找尋的「道」，新讀書人常說的「哲學味」。

民國二十×年十一月二十七，在天津第二監獄裏有個運動軍隊判了八年徒刑的匪犯，編號四十八，因為要求改善監獄待遇，和另外一個姓潘的作家絕食死了。這匪犯被捕是在數年前唐山礦工大罷工一個月以後的事，用的是劉深甫姓名。將近年底時大阮接到一個無名氏寫寄北京大學輾轉送來的一封信，告給大阮這個消息。內容簡單而古怪，姓劉的臨死前說大阮是他的親戚，要這個人轉告大阮一聲，此外無話。寫信的人署名四十九，顯然是小阮在獄中最接近的難友。得到這古怪的信件後，大阮想去想來總想不出姓劉的究竟是誰，怎麼會是他的親戚。兩天以後無意中記起小阮到北京找他時對那山東同學說的幾句話，才了悟劉深甫就是小阮，原來小阮的真正死耗還是一個月以前的事。他相信這一次小阮可真完事了，再不會有什麼消息了。這種信對大阮的意義，不是告給他小阮的死耗，卻近於把一個人行將忘卻的責任重複提起。他的難受是本題以外的。大阮想作點什麼事紀念一下這個人，想去想來不知作什麼好。到後想起那個打更人，叫來問明白了他的酒量後，答應每月供給這打更的十斤燒酒，才像完了一種心願。

大阮從不再在親友面前說小阮的胡塗，卻用行為證明了自己的思想信仰是另外一路。他還相信他其所以各事遂意，就為的是他對人生對社會有他的正確信仰。他信仰的是什麼，沒有人詢問他，他自己也不大追究個明白。

他很幸福，這就夠了。這古怪時代，許多人為找尋幸福，都在沉默裏倒下，完事了，另多一些活着的人，卻照例以為活得很幸福，尤其是像大阮這種人。

二十四年四月十四日

題解

本篇發表於一九三七年六月一日《文學雜誌》第一卷第二期，署名沈從文。初收入一九三九年商務印書館版《主婦集》。一九八二年收入廣州花城、香港三聯出版社出版的《沈從文文集》第六卷。二零零二年收入北岳文藝出版社出版的《沈從文全集》第八卷。

大阮是個拘謹的人，過的是舊派士大夫階級的生活，頗懂得享受，最後回到母校去當訓育主任。小阮則是一個機會主義者，性情衝動，説是為了追求革命利益而過着出生入死的生活，最後死於獄中。作者用諷刺和對比的方法來寫青年思想間的距離和這個社會中經常會有的思想上的衝突，把中國社會的病態一針見血的表現了出來。

二十世紀二十年代末的大革命，對於沈從文有過不小的衝擊，他後來曾經在文章中提及當時參與革命的年輕朋友，有些經歷了革命高潮，最終在大革命中喪失生命；有些在革命大潮消退後，又是如何完全忘記當年的激情和理想，他對於大革命時代革命者的印象，或多或少的留在了這篇小說中。沈從文對於小阮雖然用了調侃的調子，但也有莊嚴的筆墨，二阮之間，還是小阮的人生態度較為可取。

註：

①打更：見《更夫阿韓》註釋⑬。

②梆子：見《更夫阿韓》註釋⑭。

③裱畫鋪：裱，用紙或絲織品做襯托，把字畫等裝潢起來或加以修補，使其美觀耐久。裱畫鋪，指裝裱書畫的店鋪。

④袁世凱：見《山鬼》註釋⑰。

⑤張勳（一八五四—一九二三）：字少軒，江西奉新人。一八九五年投靠袁世凱任管帶，後任副將、總兵等職。清帝退位以後，所部改稱武衛前軍，禁剪辮子，以示效忠清王朝，時稱「辮子兵」。一九一七年，張勳擁護清朝廢帝溥儀在北京復位，前後歷時十二天，史稱「張勳復辟」。

⑥吳佩孚（一八七四—一九三九）：字子玉，山東蓬萊人。一九零六年任北洋陸軍曹錕部管帶，後升任旅長。一九一七年，任討逆軍西路先鋒，參加討伐張勳復辟。一九一九年馮國璋病死，曹錕、吳佩孚繼承了直系軍閥首領的地位。

⑦ 張作霖（一八七五—一九二八）：字雨亭，遼寧海城人。北洋軍奉系首領，是北洋政府最後一個掌權者，號稱「東北王」。

⑧ 衣祿：衣食福分。

⑨ 三十六計走為上計：三十六計是指中國古代三十六個兵法策略，語源於南北朝，成書於明清，是根據我國古代卓越的軍事思想和豐富的鬥爭經驗總結而成的兵書。走為上計是指戰爭中看到形勢對自己極為不利時就要逃走。現多用於做事時如果形勢不利或沒有成功的希望時，就選擇退卻、逃避的態度。

⑩ 黃埔軍官學校：全名黃埔陸軍軍官學校，一九二四年成立，原址設於廣東省廣州市黃埔區長洲島，是中華民國時期的軍事學校。

⑪ 督辦：擔任督察辦理工作的人。

⑫ 銃：舊式火器。這裏作動詞，用銃射擊。

⑬ 利市：賞錢。

⑭ 校役：舊時對學校的工友的稱呼。

⑮ 盥洗室：洗手洗臉的地方。

⑯ 童養媳：領養人家的小女孩做兒媳婦，等兒子長大後與之結婚，這樣的小女孩叫做童養媳。

⑰ 盤詰：仔細追問。

⑱ 保定軍官團：全名保定陸軍軍官學校，是中國近代史上第一所正規陸軍軍校。一九零三年，袁世凱於河北保定建成北洋陸軍速成武備學堂，即為保定軍校前身。一九零六年，分別在保定校址開辦北洋陸軍部陸軍速成學堂、陸軍軍官學堂、陸軍預備大學堂。一九一二年，袁世凱任中華民國總統後，把陸軍預備大學堂搬到北京，並更名為陸軍大學。十月，於保定原址開辦保定陸軍軍官學校。

⑲ 孫中山（一八六六—一九二五）：孫文，字載之，號日新、逸仙。因流亡日本時化名「中山樵」，故世稱「中山先生」。近代民主革命家，中國國民黨創始人，三民主義的宣導者。第一任中華民國臨時大總統，亦為中華民國國父。

⑳ 小紳士：見《有學問的人》註釋②。
㉑ 胰子：肥皂。
㉒ 小弄堂：見《煥乎先生》註釋⑲。
㉓ 亭子間：見《煥乎先生》註釋㉒。
㉔ 清黨事變：一九二七年四月十二日，中國國民黨於上海對中國共產黨黨員進行搜捕屠殺，其後蔓延全國。
㉕ 南昌的暴動：即南昌起義，是指一九二七年八月一日於江西南昌，由中國共產黨領導的軍隊針對中國國民黨的分共政策而發起的武裝反抗事件，它打響了武裝反抗國民黨反動派的第一槍，揭開了中國共產黨獨立領導武裝鬥爭和創建革命軍隊的序幕。
㉖ 稽考：查考。
㉗ 廣州事變：一九二七年十一月十七日凌晨，國民政府和中國國民黨內部派系之一的張發奎、黃琪翔等人在廣州發動政變，改組國民黨廣東省黨部和廣東省政府。
㉘ 廣州大暴動：發生於一九二七年十二月，是在中國國民黨實行清黨之後，中國共產黨在廣州發動的最後一次大規模城市暴動，又稱廣州起義。
㉙ 坐以待斃：坐着等死或等待失敗。
㉚ 隔閡：彼此情意不通，思想有距離。
㉛ 君子不立乎岩牆之下：語見《孟子．盡心》。懂天命的人不會站立在危牆下面，意思是君子要遠離危險的地方。
㉜ 蟲豸：豸，沒有腳的蟲。蟲豸，蟲子。
㉝ 佃戶：在舊時指租種地主土地的農民。
㉞ 躊躕：猶豫。
㉟ 《疑雨集》體：見《八駿圖》註釋⑫。

鄉城

□□服務團一行八十多人，到了□□縣，其時正在上午九點鐘左右。這些年青男男女女，很熱情很興奮的下鄉宣傳。在城門邊貼了些紅綠標語，且把縣衙門①附近大戲台也打掃收拾起來，準備演戲。街頭演講分三組舉行，借了茶館的板櫈站在上面演説。慰問組出城向附近村子找保甲②問話。代出征家屬寫家信的，就到處去打聽出征家屬，在茶館前當眾寫信。小縣城統共不過四百戶人家，於是忽然顯得活潑起來。大家都不知不覺忙亂而興奮，尤其是縣公署上下執事人員，要辦招待，準備整十桌酒席，百十人茶水，不是兒戲。地方小，又不是趕街子日期，本城向例賣小菜有供求相應情形，來人太多了，從那裏來這麼多東東西西吃喝？縣長為人忠厚而熱忱，覺得來者是客，得盡賓主之誼，不能不想辦法。因此發動縣公署一切力量，向附近鄉下打主意，照市價勻買菜蔬雞鴨。自己就在會客室中接待「團長」，談點地方建設教育情形，抗戰徵兵故事。一面談一面心中不免稍稍着急，因為聽説這些學生當天下午就得回城，恐怕十二點辦不好中飯，妨礙「宣傳」。而且來了那麼多人，十桌酒食，費用也不是兒戲。

建設局長穿了件灰布大衫，帶了個保安隊兵走到離城一里遠近康街子首富王家去，找王老太太商量買幾隻雞。王老太太正坐在院廊下簸③蕎麥，從蕎麥中剔除小小石子，身旁三隻肥大母雞，只想乘隙撲攏來啄蕎麥。王老太太一面抵抗一面想心事。側屋有兩個漆匠，正在給王老太太新合的百年壽材上漆，工作得比一般工作更從容不迫。人還活着，事情有什麼可忙的？蹲在門限④上吸一回煙，看一看這值八百塊中央票子⑤的金絲楠木的壽材款式，兩個工人笑了。即物起興，談起當前事情。

「老師傅，洋人死了聽說用玻璃棺材，你到過城裏，城裏有不有？」

「城裏洋人壽年長，老而不死。城裏壽木一個樣。四合頭好的值兩千塊！」

「這個也長價了？」

「怎不長價？這年頭不用說人活不了，死也死不了！像（他把嘴向正屋長廊下努努）老娘子有福氣，怕不要五千塊錢才能夠打發上山！」

「有錢總好辦。你我可死不得。伸了腳，真不好辦。」

「有什麼不好辦？你我死了一鋪席子捲上山，兩鋤頭土一澆，埋了，腐了，爛了，蛆蟲螞蟻吮個飽。省得活到世界上吃貴米糧！」

「老婆孩子呢？」

「嫁人去！」

院中黑狗汪汪叫將起來，建設局長進了屋，手揚起高高的叱⑥「死狗，死狗。」

王老太太趕忙放下簸箕⑦，耳朵邊兩個一寸長的翠玉耳環只是晃盪，走下階砌去招呼客人。

「局長，局長。」局長眼睛卻正盯着那幾隻搶啄蕎麥的肥母雞。

王老太太趕忙又去攆雞：「你個死扁毛畜生，一有空，你就搶。脹飽了你，殺你清燉紅燜吃。」雖那麼說得兇狠，語氣中卻充滿了愛撫。因為三隻雞都正在下蛋，每天生三個大雞蛋，照市價值三毛錢。老太太家當雖有三十萬，但一屋子屯的煤油，三個倉房屯的青鹽，幾箱子田地和房屋紙契，對於她似乎都不大相干。這些家業儘管越累越多，都並不能改造她的人生觀或生活方式。尤其是不能改變那個老財主的人生觀和對待她的生活方式。老財主帶了個姨太太住在同村另外一所大房子裏過日子，要老太太當家，一切權利都是抽象的，只有義務具體。照習慣她生活中只有「忙」，按節令忙來忙去，按早晚忙來忙去。忙到老，精力不濟事，便死了。死後兒女便給她換上老衣，把她抬進那口擱在側屋髹漆⑧新合成的楠木壽材裏去，照規矩唸十天半月經，做做法事，請縣長點主，石匠打碑記下生卒年月，一切就完事了。人還不完事，對她生存有點意義的，就是豬生小豬雞下卵。臥房中黑黑的，放下十來個大小不一的罈甕⑨，貯裝乾糧乾果，另外靠近床邊，一個大扁罐，裏面有些糠皮⑩，貯裝雞蛋。她把每個雞蛋都做上一個記號，一共已有了四十二個。她正預備到下月孵雞雛，還不決定孵三窩孵兩窩，很費躊躕⑪。局長一來，問題簡單明朗化了。

王老太太恐怕有別的事，問局長要不要找老官官來。局長把頭撥浪鼓⑫一般搖着。

「老太太，今天怎不進城去看熱鬧，省裏來了上百學生，男的女的一起來，要宣傳唱文明戲，捉漢奸。」

老太太有點胡塗了：「我們這地方那有漢奸捉？」

「演戲！戲上有賣國奸臣毛延壽⑬。汪精衛⑭就是個毛延壽，是個漢奸！」

「誰把汪精衛捉住了來？」

「假的，老太太，假的！看看去就會明白。還有女學生唱歌，穿一色同樣子衣服，排隊唱抗戰歌；轟炸機，轟炸機，聲音很好聽，你去聽聽看。縣長說大家都要去。」

「有飛機嗎？真是我們炮隊打下來的嗎？」

很顯然，老太太和建設局長說去說來總不大接頭。局長觸景生情，因此轉口說：

「老太太，你這幾隻雞真肥，怕有四五斤一隻吧。」

「扁毛畜生討厭！……你又來搶我，黃鼠狼咬你不要叫人救駕。」老太太已回到廊下，把簸箕高高舉起，預備放到過堂門高條桌上去。但雞是個會飛的東西，放得再高也不濟事。還未把蕎麥放上去，有一隻雞已經跳上案桌了。局長眼看到這種情形，正好進言，就說：

「老太太，我無事不登三寶殿⑮。今天省裏學生來得人多，縣長辦招待，臨時要預備十桌酒席。這海碗大城裏，怎麼預備？要我來買幾隻雞，你這雞賣把我可好？」

老太太還不及聽明白問題，局長就拍着腰邊皮板帶，表示一切現買現賣：「老太，我們照市價買，過一過秤，決不虧你。縣長人公道，你明白的。」

老太把話聽明白後吃了一大驚，搖着兩隻手，好像抵拒一件壓力很重的東西：「不成，不成。局長，我雞不賣！雞正生蛋，我要孵小雞，不能殺它。」

「你不是討厭它？詛黃鼠狼子吃了它？公家事，縣長辦招待，不能説不賣！大家湊和湊和，來的是客人，遠遠的走來，好意思挨餓。」

「你到街上去買劉保長雞，他家雞多。我這雞不能賣。」

「劉保長家還待説？他為人慷慨大方，急公好義，聽説縣長請客，一定捐五隻雞，我們就要去捉的。你雞肥，我們出錢買，有斤算斤，有兩算兩。」

保安隊兵同漆匠過不久都加入了這種語言戰爭。末了自然是「公事」戰勝了「私慾」，把雞捉去了兩隻，留下那隻毛色頂好看的筍殼色母雞⑯，陪老太太。局長臨走時，放了八元錢到條櫈上，恐風吹去，用個小石子壓住。向漆匠吩咐説：

「你們在這裏做什麼工？學生來宣傳，你趕快去聽！」

漆匠咕嚕咕嚕笑着，對老太太望着：「老太放不放我們去看戲？局長説……」

王老太太怪不高興，氣沖沖的説：「局長要你聽，你今天不算工你就聽去。我一天還死不了，不忙進棺材。你們就去，啃雞骨頭去！」

漆匠搭搭訕訕⑰走過壽材邊去，心中還是笑着。局長帶着兩隻雞走了。可是不到一會兒，縣裏又有人來傳話，要人去聽宣傳，把漆匠叫走了。老太太捏了幾張鈔票走回臥房，把票子放到枕頭下。翻開籮子數了一會雞卵，心中很懊惱。出臥房時無心再在簸箕邊做事，眼看那隻雞啄蕎麥也不過問。踱到側屋去看自己百年壽材，又拿起漆匠用的排筆來刷了兩下，見一個蒼蠅正粘在漆上，口中輕輕的說着，「你該死！」她好像聽到雞叫，心想一定是局長在劉保長家捉雞。記起局長說的劉保長「慷慨大方，急公好義」，心中不大服氣，正擬走出到村子頭去看看，是不是當真捐五隻雞。老財主回家來了。

老財主走後，把那八塊錢也帶走了。老的說，雞吃的是王家穀子長大的，賣雞得了錢，不能算私房[18]留下。同老太太吵了兩句，老太太爭論不過，還是只好讓他把錢拿走。老太太非常慪氣，飯也不吃。可是事不相干，媳婦們和小孫子誰也不曾注意到這件事。因為吃過飯，大家都進城看「宣傳」，趕熱鬧去了。

下午三點左右，宣傳隊就騎了縣署代僱的八十來匹馬，離開了小縣城，一行人馬浩浩蕩蕩向東站走去了。縣長在城門處送走宣傳隊後，到街上去看看，茶館老闆拿了三個信送給縣長看，說是宣傳隊今天替出征家屬寫給前線家裏人的，一共三封。既不知道收信人軍隊番號[19]，也不知道駐防地點，不好付郵，請縣長作主。縣長看看那個信，寫的是：

> 我忠勇的健兒，時代輪子轉動了，帝國主義末日已到，歷史的決定因素不可逃避。在前方，你們流血苦戰，在後方，宣傳人員流汗工作，全民一致爭取最後的勝利已經來到……

縣長看來看去不大懂，看不下去，把眉頭皺皺，心想，這是城裏學生作的白話文，鄉下人不會懂的。鄉下人也用不着，為什麼不説説莊稼雨水大黃牛同小豬情形？把信袖[20]了就向衙裏走去。衙署前貼了許多標語，寫的是「美術字[21]」，歪歪斜斜，不大認識。縣長輕輕的歎了一口氣，自言自語的説：「美術字，怎麼會事？怎麼不寫何子貞[22]柳公權[23]？」其時幾個保安隊兵士正抬了從民家借來的桌椅板櫈，從衙署出來，就告他們不許弄錯，要一一歸還。

同樣時間康街村裏小學生看熱鬧回來，大家學會了一個抗敵歌，有個師範生帶領孩子們高高興興的大聲唱着新學會的歌曲，村前村後遊行。油漆匠正回到王老太太側屋來收拾傢伙。王老太站在大院中，一見兩個油漆匠，就説：「姓曾的，你回來了！今天可不算賬，你要錢，到縣長那裏告我去。」聽到歌聲，想起建設局長説的話，接着又説，「轟炸機，轟炸機，油炸八塊雞，你們吃了我的雞做了些什麼事！水桶大炸彈從半天上掉下來，你們抱了炸彈向河裏跳？」兩個油漆匠咕咕笑着，不知説什麼好。

老太太又説：「你們看戲了，是不是？我説真話，今天可不算工錢。」

「不要緊，老太太。你百萬家當，好意思不把錢？老先生説明天請我們喝酒，答應一個人喝半斤。」

提起老官，老太氣得開口不來。拾石子追逐那隻筍殼色母雞打着：「你個扁毛畜生，你明天發瘟死了好，活下來做什麼？」

第二天城裏上了報，説起這次下鄉宣傳，把做戲、演講、慰勞訪問、並代出征軍人家屬寫信，各樣事情都用宣傳口吻很熱烈的敘述到了，卻不曾提及把個小縣長忙得什麼樣子，花了多少錢。王老太太失雞事小，自然更不會提起。

大家都說「下鄉宣傳」，這件事自然很好。可是宣傳並不止是靠「熱情」，需要知識似乎比熱情多一些。想教育鄉下人，或者還得先跟鄉下人學學，多明白一點鄉下是什麼，與城裏有多少不同地方。我眼看到一個私人服務團下鄉，就中還有一個小親戚，很熱心的隨同這個組織下鄉，擔任寫信工作，寫了上面那類信。並且向我說，那次下鄉很有「趣味」。我還看到縣長，看到那老太太。心中實在很覺得悲哀。我們一切行為若背後推動的是熱忱，希望的是效果，鄉村有些什麼，的確應當多知道些，值得多知道些。這裏所寫雖只是西南省分一小縣中情形，說不定還可作許多下鄉的朋友參考！

劉季附記

題解

本篇發表於一九四零年六月二十四日香港《大公報．文藝》第八六七期，署名劉季。初收入一九八二年廣州花城、香港三聯出版社出版的《沈從文文集》第七卷，新編集名《小砦及其它》。二零零二年收入北岳文藝出版社出版的《沈從文全集》第十卷，新編集名《鄉村瑣事》。

這是一篇記實性的問題小說，着重批評了抗戰宣傳工作中的一些缺點，具有深刻的現實意義。一個由青年組成的服務團下鄉宣傳抗日，他們所寫的標語用「美術字，歪歪斜斜，不大認識」；而代出征軍人家屬寫的信，滿紙學生腔，連縣長也看不大懂，而且又沒有「收信人軍隊番號，也不知駐防地點」。這些舉動出於好意，卻不合當地現實，正如作者在文後的「附記」中所說：「宣傳並不止是靠『熱情』，需要知識似乎比熱情多一些。想教育鄉下人，或者還得先跟鄉下人學學，多明白一點鄉下是什麼，與城裏有多少不同地方。」

註：

① 衙門：見《更夫阿韓》註釋⑰。
② 保甲：見《入伍後》註釋⑧。

③簸：用簸箕顛動米糧以揚去糠秕和灰塵。
④門限：門檻。
⑤中央票子：國民黨政府的中央銀行所發行的紙幣。
⑥叱：呼呵，大聲斥罵。
⑦簸箕：用藤條或柳條編織而成的器具，三面有邊沿，一面敞口，用來簸糧食等等。
⑧髹漆：見《爐邊》註釋㉖。
⑨甕：見《元宵》註釋⑪。
⑩糠皮：稻、穀子等農作物的表皮或殼。
⑪躊躕：見《大小阮》註釋㉞。
⑫撥浪鼓：玩具，帶把手的小鼓，來回轉動時，兩旁繫在短繩上的鼓槌擊鼓作聲。
⑬毛延壽：抗日戰爭時期的漢奸。
⑭汪精衛（一八八三—一九四四）：字季新，生於廣東。早年參加中國同盟會。一九二五年在廣州任國民政府主席。一九二七年七月十五日在武漢發動反革命政變。在一九三七年抗日戰爭爆發後任中國國民黨的副總裁。一九三八年底公開投降日本帝國主義，之後任日本帝國主義扶植的南京傀儡政府主席。
⑮無事不登三寶殿：三寶殿，指佛殿。比喻沒有事情才不會找上門。
⑯筍殼色母雞：毛色麻黃的母雞，因其顏色與筍殼相似，故而得名。筍殼雞被認為是品種較好的雞，為飼養者和食用者所重視。
⑰搭搭訕訕：見《棉鞋》註釋⑫。
⑱私房：家庭成員的個人積蓄。
⑲番號：部隊的編號。
⑳袖：把東西藏在袖子裏。
㉑美術字：有圖案或裝飾意味的字體。

㉒ 何子貞（一七九九—一八七三）：何紹基，字子貞，湖南人，為清代書法家。其書法有很高的成就，各體書熔鑄古人，並自成一家，草書尤為擅長。

㉓ 柳公權（七七八—八六五）：字誠懸，陝西人，唐代書法家。他的書法結構緊湊、骨力秀挺、灑脱且有法度，與顏真卿並稱為「顏筋柳骨」。

赤魘

——我有機會作畫家，到時卻只好放棄了。

我們一行五個人，腳上用棕衣①纏裹，在雪地裏長途步行已到第六天。算算路程，今天傍晚應當到達目的地了。大約下午一點左右，翻過了小山頭，到得坳上一個青石板砌就的靈官廟②前面，照例要歇一會兒腳。時值雪後新晴，石條子上的積雪正在融化，並無可坐處，大家就在路當中站站。地當兩山轉折點，一道乾涸的小溪澗被浮雪填了大半，上面有些野雉狐兔的縱橫腳跡。溪澗側是一叢叢細葉竹篁，頂戴着一朵朵浮松白雪，時時無風自落。當積雪卸下時，枝條抖一抖，即忽然彈起一陣雪粉，動中越見得安靜。遠望照耀在陽光下的羅列群山，有些像是頂戴着白雪帽子，靜靜的在那裏向陽取暖。有些卻又只稀疏疏的橫斜掛幾條白痕，其餘崖石便顯得格外深靚。近望坳下山谷，可看見一個小小田壩，田地大小不一，如雪片糕③一般散亂重疊在那裏。

四個村落分散在田坪④四周山凹間，一簇簇落葉科喬木，白楊，銀杏，楓木樹，和不落葉成行列的松杉，成團聚的竹林，孤立挺起的棕櫚，以及橘柚果木，錯雜其間。山東面樹木叢中是一列長垣⑤，圍繞着個大院落，山西面房屋卻就地勢分割成三組，每一聚約莫有三十戶人家。一條溪澗由東山岨繞過，流經長垣外，再曲折盤旋沿西邊幾個村子，消失到村後。雖相去那麼遠，彷彿還可聽到雪水從每個田溝缺口注入溪中時的潺潺聲。村中應有的碾坊⑥、油坊⑦、廟宇、祠堂⑧，從房屋形制和應佔位置上，都可一一估計得出。在雪晴陽光下，遠近所見一種清寂景象，實在異常動人。四個同伴見我對於眼前事物又有點發癡，不想走路神氣，於是照例向我開開小玩笑，叫我做「八大」。就中一個年紀最輕的，只十五歲，初中二年級學生，姓滿的夥伴就說：

「八哥，這又可以上畫了，是不是？你想作畫家，到我們這裏來有多少東西可畫！只怕一輩子也畫不完，還不如趁早趕到地，和我們去雪裏打斑鳩炒辣子吃，有意思！」其餘三位正若完全同意這種嘲謔，都咕咕的笑着。

「我們是現代軍人，可不是充軍⑨，忙什麼？」我話中也語意雙關，他們明白的。

「我們還有三十里蠻路⑩，得趕路！太晚了，恐怕趕不上，就得摸黑。你看這種鬼天氣，一到傍晚，路上被夜風一吹，凍得滑溜溜的，閃不知⑪掉到河溝裏去，怎麼辦？」從話語中，從幾個人都急於要走路神氣，我明白他們是有點故意開玩笑的，可不明白用意所在。

我於是也裝作埋怨口氣：「嗨，你們這個地方，真像書上說的，人也蠻，路也蠻，我實在走不動了！你們想家你們儘管先走，我要在這裏呆個半天，捶一捶草鞋耳子⑫。我問你，究竟還有多遠路？」

「八哥，行船莫算，打架莫看。」一個年長同伴接着又把話支開，「嗨，你們聽，村子裏什麼人家討新媳婦，放炮吹嗩吶，打發花轎出門！」

試聽聽，果然笳聲⑬悲嘶斷續中，還零零落落響了一陣小鞭炮。我搖搖頭，因為對於面前景物的清寂，和生命的律動，相揉相混所形成的一種境界，已表示完全的皈依。廟後路坎上有四株老山楂樹，樹根蟠拱，露出許多窟窿。我一聲不響，傍着潮濕的老樹根坐下來了。用意是「這裏就是有大蟲的景陽岡⑭，我好歹也得坐坐。」

幾個人見我坐下時，還是一致笑着，站在路當中等待。

我這次的旅行，可以說完全出於意外。原來三年前我還只是一個「二尺半」⑮，一個上名冊的丘八⑯，經常職務不是為司令官出去護衛，就是押老實鄉下人到城外去法辦；兩件事輪流進行，當時對於我倒似乎分別不出什麼意義，因為一出動就同樣有酒肉可吃。護衛到鄉紳家，照例可吃燕鵝，辣子炒黃麂⑰，還可抽空到溪邊看看白臉長眉毛鄉紳大姑娘，光着兩隻白腳挑水，說兩句不太難為情的笑話。殺人時〔劊子手〕就用那把血淋淋的大刀，和同伴去隨意割切屠戶賣的豬羊肉，拿回住處棚裏紅燜。誰知有一天，我的燜狗肉本領偶然被一個軍法官發現，我就變成司書⑱了。現在，我忽然又從軍法處被上司調回家鄉別墅去整理書畫。至於這個差事如何派到我頭上，事情湊巧，說來還是和我這一生前後所遇到的別的許多事情相似，很像一種神話可不是神話。總之，我將從這個新派的職務回鄉了。

其時正值學校放寒假，有四個相熟同鄉學生要回家過年，就邀我先到他們鄉下去，約好過了年，看過鄉下放大煙火後，再返城辦事。四個人住處離縣城四十五里，地名「高梘」⑲，我既從未到過，加之走的又是一條生路，不經縣城，所以遠近全不熟習。四個青年同伴在學校折磨了一個學期，一路就只談論家中過年的情形，為家中準備的大塊肥臘肉⑳大缸甜米酒㉑而十分興奮。我早已沒有家，也沒有什麼期望，一路卻只好獨自默默的用眼目所接觸的景物，印證半年來保留在記憶中都是些大小畫幅。一列迎面生樹的崖石，一株負石孤立的大樹，以及一亭一橋的佈置，一丘一壑的配襯，凡遇到自然手筆合作處，有會於心時，就必然得停頓下來，好好賞玩一番。有時或者還不免近於發呆，為的是自然的大膽常常超過畫人的巧思。不是被同伴提起的兩件事引起注意，我每天在路上照例有幾次落後。一件是下坍路坎邊，爛泥新雪中，缽頭㉒大的虎掌印。另一件是山坳上荷了兩丈長南竹㉓梭鏢㉔，裝作獵戶實行向過路人收買路錢的「坐坳老總」。一個單身上路的客人，偶然中碰到一件，都是不大好玩的！我被同伴叫作「八大」或「八哥」，也由此而來。

這時節雖在坳上，下山一二里就是村落，村落中景物和辦喜事人家吹的嗩吶聲音，正代表這小地方的和平與富庶。因此我滿不在意，從從容容接受幾個同伴的揶揄，從中卻漩起一種情感，以為「為自己一生作計，當真應當設法離開軍隊改業學畫。學習用一支筆來捕捉這種神奇的自然。我將善用所長，從楮素㉕上有以自見。一個王子能夠作的事，一個兵也未見得不能作！」但是想想看，從舞着血淋淋的大刀去割人家豬肉的生活，到一個畫家的職業，是一段多長的距離！

一種新的啟示與發現，更不免使我茫然失措。原來正在這個當兒，在這個雪晴清絕山谷中，忽然騰起一片清新的號角聲，一陣犬吠聲。我明白，靜寂的景物雖可從彩繪中見出生命，至於生命本身的動，那份象徵生命律動與歡欣在寒氣中發抖的角聲，那派表示生命興奮而狂熱的犬吠聲，以及在這個聲音交錯重疊綜合中，帶着碎心的惶恐，絕望的低嗥，緊迫的喘息，從微融殘雪潮濕叢莽間奔竄的狐狸和獾㉖兔，對於憂患來臨掙扎求生所抱的生命意識，可決不是任何畫家所能從事的工作！我的夢如何能不破滅，已不大像是個人可以作主。

試就當前官覺所能接觸的音響加以推測，這一切很顯然是向我們這條路上越來越逼近。看看站在路當中幾個同伴，正互相用腳踢着雪玩，竟若毫不在意，一面踢雪一面還是用先前神氣對我微笑。儼然這只是他們一種預定的惡作劇，用意即在打破我作畫家的妄想，且從比較上見出城裏人少見多怪，因之方慌慌張張，至於他們，可用不着。

為表示同樣從容，我於是笑着招呼年紀最小的一個夥伴：「老弟，小心準備好你的齊眉棍㉗，快有野豬㉘來了。不要當路站，讓野豬衝倒你！我們最好爬到坎上來，待牠過身時，你從旁悶頭來一棒，不管中不中，見財有分，今天我們就有野豬肉吃！……」

話未說完，就聽到身後一株山楂樹旁㗲的一響，一團黃毛物像一支箭射進樹根窟窿裏去了。大家猛不防嚇了一驚，掉過頭來齊聲嚷叫：「狐狸，狐狸！堵住，堵住！」

不到一會兒，幾隻細腰尖耳狗都趕來了，有三隻鼻貼地面向樹根直撲，搖着尾對窟窿狂吠，另一隻鬈毛種大型狗卻向我那小同伴猛然一撲，我真着了急，「這可糟，怎不下手？」話說不出口，再看看，同伴已把手杖拋去，抱住了那隻狗。原來他們是舊相識，驟然相見不免親暱得很。隨後是三個年青獵戶，氣喘吁吁的從岔路翻過坳來。這種人平時對山相去三里還能辨別草叢中黃獐㉙和山羊的毛色，遠遠一見我們，都「哈」的大聲叫喊着，直奔向我幾個同伴，同伴也「哈」的向他們奔去。於是那支箭就在這剎那間，忽然又從樹根射出，穿過我的腳前，直向積雪山澗竄去。幾隻狗隨後追逐，共同將溪澗中積雪蹴起成一陣白霧。去不多遠，一隻狗逮住了那個黃毛團時，其餘幾隻狗跟蹤撲上前去，狐狸和狗和雪便滾成一團。在激情中充滿歡欣的願望，正如同呂馬童㉚等當年在垓下爭奪項羽死屍一樣情形。三個獵人和我那四個同伴，看見這種情形，也歡呼着一齊跳下山澗，向狐狗一方連跌帶滾跑去。我一個人站在那個靈官廟前發呆，為了這一段短短時間所形成的空氣，簡直是一幕戲劇中最生動的一場，簡直是……

還有更使我驚異的，即我們實際上已到了目的地，一里外山下那個村子，原來就是高梘！四個同伴預先商量好，要捉弄我，因之故作狡獪㉛，村子已在眼前時，還說尚有三十里路，準備大家進到村子轉入家中坐定後，才給我大大一驚。偏巧村子中人趁雪晴嗾狗追狐狸玩，迎接了我們。從獵人口中，我們才知道先前聽到的嗩吶鞭炮聲，就是小同伴滿家哥哥辦喜事的熱鬧。過不多久，我們就可以和穿羽綾馬褂㉜的鄉紳，披紅風帽的小孩子，共同坐到那個大院落一棟新房子裏方桌前面，在單純鼓吹中，吃八大碗㉝的喜酒了。這一來，鑲嵌到這個自然背景和情緒背景中的我，作畫家的美夢，只合永遠放棄了。

題解

本篇發表於一九四五年三月二十日昆明《觀察報・生活風》第二十期，署名沈從文。同年六月十四日又發表於重慶《益世報・益世副刊》，署名沈從文。一九四九年一月二日，沈從文以《七色魘集》為書名，編成作品集，收入本篇，但未曾付印。一九八二年收入廣州花城出版社、三聯書店香港分店聯合出版的《沈從文文集》第七卷《雪晴》集。二零零二年收入北岳文藝出版社《沈從文全集》第十卷《雪晴》集。

本篇與一九四五至一九四七年間發表的小說《雪晴》等共同組成一篇記錄早年鳳凰鄉下見聞的中篇故事《雪晴》，是作家二十世紀四十年代最重要的短篇小說系列。同時，《赤魘》又是沈從文「七色魘」作品之一。這幾篇帶「魘」作品都是寫於抗戰完結前後幾年，作者通過幾個不同的作品從多個方面來反映其時社會發生的巨大變化。本篇則是寫「變」與「不變」：「變」的是人，是人對自然、對美的感受力，「不變」的是湘西社會表現出來的自然的、「神性」的美。

註：

①棕衣：見《入伍後》註釋㊽。
②靈官廟：靈官，王靈官的略稱，道教奉為護法監壇之神。靈官廟，指供奉靈官的廟宇。
③雪片糕：又名雲片糕，用糯米做成的白色薄片狀糕點。
④田坪：見《我的小學教育》註釋㊾。
⑤垣：矮牆，也泛指牆。
⑥碾坊：碾穀磨麵的作坊。
⑦油坊：榨植物油的作坊。
⑧祠堂：見《入伍後》註釋⑫。
⑨充軍：見《爹爹》註釋㊻。
⑩蠻路：當地土著人估算而未經認真丈量的路程，實際路程常比估算路程大許多。
⑪閃不知：見《我的小學教育》註釋㊷。
⑫草鞋耳子：指打好鞋底後，在鞋底上用來固定和提攜竹麻或米草的豎起來的繩子。
⑬笳聲：胡笳吹奏的曲調，亦指邊地之聲。
⑭有大蟲的景陽岡：景陽岡為今山東省陽谷縣城東南景陽岡村，是《水滸》故事中武松打虎處。「大蟲」是指老虎。
⑮「二尺半」：方言，指軍裝。這裏代指士兵。
⑯丘八：兵。
⑰黃麂：麂的一種。雄的有短角，雌的則無角。四肢細長，能疾走。棲息樹林中。
⑱司書：舊指官署、軍隊中從事文書工作的人。

⑲「高梘」：地名，位於今湖南省株州市攸縣。

⑳臘肉：見《山鬼》註釋㊵。

㉑米酒：用糯米、黃米等釀成的酒。

㉒缽頭：見《夜漁》註釋③。文中指與缽大小相似的虎掌印。

㉓南竹：見《我的小學教育》註釋㉕。

㉔梭鏢：裝上長柄的兩邊有刃的尖刀。

㉕楮素：紙與白絹。

㉖貛：亦稱「狗貛」。哺乳類動物，毛為灰色，善於掘土，穴居山野，晝伏夜出。

㉗齊眉棍：棍的一種。常以白蠟杆製成，粗有盈把，棍豎直與人眉高度齊，故得此名。

㉘野猪：見《入伍後》註釋㉜。

㉙黃獐：哺乳類動物，外形像鹿，身毛較粗，頭上無角，雄性有長牙露出嘴外。

㉚呂馬童：即呂伯子，秦末人，少時貧困。項羽起義後，任用他做自己的馬童，視他為左膀右臂。後來呂怨恨項羽不給自己封侯而投奔劉邦。垓下之戰時，項羽被困自刎，漢軍爭屍，伯子取其一臂。後來劉邦得天下，封伯子為吳中侯。

㉛狡獪：戲言；玩笑。

㉜馬褂：見《晨》註釋⑱。

㉝八大碗：湖南地方酒席，多指喜宴，具有濃厚的鄉土特色。每桌坐上八個人，上八道菜，都用清一色的大海碗。

雪晴

「巧秀，巧秀，……」

「可是叫我？哥哥！」

……

竹林中一片斑鳩①聲，浸入我迷蒙意識裏。一切都若十分陌生又極端荒唐。雪晴。清晨。

我躺在一鋪楠木雕花大板床上，包裹在帶有乾草香和乾果香味的新被絮裏，細白麻布帳子如一座有頂蓋的方城，在這座方城中已甜甜的睡足了十個鐘頭。房正中那個白銅火盆②，晚夜用熱灰掩上的炭火，不知什麼時候已被人撥開，加上些新栗炭③，從炭盆中小火星的快樂爆炸繼續中，我漸次由迷蒙渡到清醒。那個對話原來是斑鳩作成的。我明白，我又起始活在一種現代傳奇中了。

昨天來到這地方以前，幾個人幾隻狗在積雪被覆的溪澗中追逐狐狸，共同奔赴而前，蹴起一陣如雲如霧雪粉，人的歡呼，獸的低嗥，所形成一種生命的律動，和午後雪晴景物相配襯，那個動人情景再現到我印象中時，已如離奇的夢魘，加上另外一堆印象，即初初進入村子裏，從融雪帶泥的小徑，繞過了碾坊④，榨油坊，以及夾有融雪寒意半澗溪水如奔如赴的小溪河邁過，轉入這個有喜慶事的莊宅，在燈火煌煌，笳鼓競奏中，和幾個小鄉紳同席照杯，參加主人家喜筵⑤的熱鬧種種印象，增加了我對於現實處境的迷惑，因此各個印象不免重疊起來。雖重疊卻並不混淆，正如同一支在演奏中的樂曲，兼有細膩和壯麗，每件樂器所發出的每個音響，即再低微也異常清晰，且若各有位置，獨立存在，一一可以攝取。

新發醅⑥的甜米酒⑦，照規矩連缸抬到客席前，當眾揭開那個厚棉蓋覆時，一陣子向上泛湧泡沫的嗞嗞細聲，即不曾被院坪中尖銳嗚嘫嗩吶聲音所淹沒。屋主人的老太太，銀白頭髮上簪⑧的那朵大紅山茶花，在新娘子十二幅紅縐⑨羅大裙照映中，也依然異樣鮮明。還有那些成熟待年⑩的女客人，共同浸透了青春熱情黑而有光的眼睛，亦無不各有一種不同份量壓在我的記憶上。我眼中被屋外積雪返光形成一朵朵紫茸茸的金黃鑲邊的葵花，在盪動不居情況中老是變化，想把握無從把握，希望它稍稍停頓也不能停頓。過去一切印象也因之隨同這個幻美花朵而動盪，華麗，鮮明，難把握，不停頓！

眼中的葵花已由紫和金黃轉成一片金綠相錯的幻畫，還正旋轉不已。

「巧秀，巧秀！」「可是叫我？哥哥！」

這對話是可能的？我得回向過去，和時間逆行，追尋這個語音的蹤跡，如同在雪谷中一串狐狸腳跡中，找尋那個聰明機靈小獸的窟穴。

……筵席上凡是能喝的，都醉倒了。住處還遠應當走路的，點上火燎唱着笑着各自回家了，奏樂幫忙的，下到廚房，用燒酒和大肉丸子肥臘肉⑪腫個膊子，補償疲勞，各自方便，或抱個大綑稻草，鑽進個空穀倉房裏去睡覺，或晃着火把，上油坊⑫玩天九牌⑬過夜去了。一家中既有了酒闌人散情形，我自然也得有個落腳處！

白頭上戴大紅山茶花一家之主的老太太，站在廳堂前面，張羅周至的打發了許多事情後，就手顫抖抖的，舉起一個大火炬，準備引導我到一個特意為安排好的住處去。面前的火炬照着我，不用擔心會滑滚到雪中，老太太白髮上那朵大紅山茶花，恰如另外一個火炬，照着我回想起三十年前老一派賢惠能勤一家之主的種種，但是我最關心的，還是跟隨我身後，抱了兩床新裝釘的棉被，一個年青鄉下大姑娘，也好像一個火炬，儼然照着我的未來。我還不知她是什麼人，只知道名叫巧秀。

原在廳子燈光所不及處，和一個收拾樂器的鄉下人說話，老太太在廳子中間。

「巧秀，巧秀，可是你？」

「是我！」

「是你你就幫幫忙，把鋪蓋揪⑭到後屋裏去。」

於是三個人從先一時還燈燭煌煌笳鼓競奏的正廳，轉入這所大莊宅最僻靜的側院。兩種環境的對照，以及行列的離奇，更增加了我對於處境的迷惑。到住處小房中後，四堵未油漆的白松木板壁，把一盞燈罩擦得清亮的美孚油燈⑮燈光聚攏，我才能夠從燈光下看清楚為我抱衾抱裯的一位面目。

十七歲年紀，一雙清亮無邪的眼睛，一張兩角微向上翹的小嘴，一個在發育中腫得高高的胸脯，一條烏梢蛇⑯似的大髮辮。說話時未開口即帶點羞怯的微笑，關不住青春秘密悅樂的微笑。且似乎用這個微笑即是代表一切，生命存在的意義和價值，以及願望的證實。

可是，事實上這時節她卻一聲不響，不笑，只靜靜的，低着頭，站在那鋪楠木刻花大床邊，幫同老太太為我整理被蓋。我無事可作，即站在房正中大火盆邊，一面烘手，一面遊目四矚，欣賞房中的動靜：那個似動實靜的白髮髻上的大紅山茶花，似靜實動的十七歲姑娘的眉目和四肢，作成一種奇異的對比，嵌入我生命中。

我心想，那雙清明無邪的眼睛，在這個萬山環繞不上二百五十戶人家的小村落中，看過了些什麼事情？那張含嬌帶俏的小小荷包嘴，到想唱歌時，應當唱些什麼歌？還有那顆心，平時為屋後豺狼的長嗥聲，盤在水缸邊大黃喉蛇⑰的歇涼神氣，訓練得穩定結實，會不會還為什麼新的事情、新的想象、新的經驗、而劇烈跳躍？我倘若還不願意放棄作一個畫家的癡夢，真的畫起來時，第一筆應捕捉那雙眼睛上的青春光輝，還是應保留這個嘴角邊溫情笑意？

我還覺得有點不可解，即整理床鋪，怎麼不派個普通長工來，豈不是大家省事？既要來，怎麼不是一個人，還得老太太同來？等等事一做完即得走去，難道也必需和老太太一道走？倘若不，我又應當怎麼樣？這一切，對於我真是一分離奇的教育。我也許稍微有了點兒醉。我不由得不笑了。

我說：「對不起，一萬分對不起！我這不速之客真麻煩了老太太，麻煩了這位大姐，老太太累了，應當休息了。」

從那個忍着笑代表十七歲年紀微向上翹的嘴角，我看出一種回答，意思清楚分明。

「那樣對不起？城裏人請也請不來！來了又不吃酒，不吃肉，只會客氣。」

「……」

的確是，城裏人就會客氣，禮貌周到，然而總不甚誠實。好像這個批評當真即是從對面來的，我無言可回，沉默了。即想換個題目，也無話可說了。

到兩人為我把床鋪好時，老太太就拍一拍那個墊上繡有「長命富貴」「丹鳳朝陽」的扣花⑱枕帕⑲的舊式硬枕，口中輕輕的近於祝願的語氣說：「好好睡，睡到天大亮再醒，不叫你你就莫醒！」一面說一面且把個小小紅紙包兒悄悄塞到枕下去。我雖看得異常清楚，卻裝作不曾注意。於是，那兩個人相對笑笑，像是辦完一件大事。老太太又搖搖燈座，油還不少，扭一扭燈頭，看機關靈活不靈活。又驗看一下茶壺，墩在炭盆邊很穩當。一種母性的體貼，把凡是想得到的都注意一下後，再說了幾句不相干閒話，就走了。那個十七歲的笑和沉默也走了。

我因之陷入一種完全孤寂中。聽到兩人在院子轉角處踏雪聲和笑語聲，這是什麼意思？充滿好奇的心情，伸手到枕下掏摸，果然就抓住了一樣小東西，一個被封好的謎。小心謹慎裁開一看，原來是包寸金糖⑳。方知道是老太太舉行一種鄉村古舊的儀式。鄉下習慣，凡新婚人家，對於未婚的陌生男客，照例是不留宿的。若留下在家中住宿時，必祝福他安睡，恐客人半夜裏醒來有所見聞，大清早不知忌諱，信口胡說，就預先用一包糖甜甜口，封住了嘴。一切離不了象徵，惟其是象徵，簡單儀式中即充滿了牧歌素樸的抒情。我因為記得一句舊話，入境問俗，早經人提及過，可絕想不到自己即參加了這一角。我明早上將說些什麼？是不是這時腦中想起的，眼中看到的，也近於一種忌諱？

六十里的雪中長途跋涉，即已把我身體弄得十分疲倦，在燈火煌煌笳鼓競奏的喜筵上，甜酒和笑謔㉑所釀成的空氣中，鄉村式的歡樂的流注，再加上那個十七歲鄉下姑娘所能引起我的幻想或聯想，似乎把我靈魂也弄得相當疲倦！因此，躺入那個暖和，輕軟，有乾草乾果香味的棉被中，不多久，就被睡眠完全收拾了。

現在我又呼吸於這個現代傳奇中了。炭盆中火星還在爆炸，假若我早醒五分鐘，是不是會發現房門被一隻手輕輕推開時，就有一雙好看眼睛一張有式樣的嘴隨同發現？是不是忍着笑踮起腳進到房中後，一面整理火盆，一面還向帳口悄悄張望，一種樸質與狡獪的混合，只差開口，「你城裏人就會客氣」，到這種情景下，我應當忽然躍起，稍微不大客氣的驚嚇她一下，還是盡含着糖，不聲不響？

我不能夠這樣盡躺着，油紫色帶錦綬㉒的斑鳩，已在雪中咕咕咕呼朋集伴。我得看看雪晴浸晨的莊宅，辦過喜事後的莊宅，那份零亂，那份靜。屋外的溪澗，寒林和遠山，為積雪掩覆初陽照耀那份調和，那份美，還有雪原中路坎邊那些狐兔鴉雀徑行的腳跡，象徵生命多方的圖案畫。

但尤其使我發生興趣感到關切的，也許還是另外一件事情。新娘子按規矩大清早和丈夫到井邊去挑水時，是個什麼情景？那一雙眉毛㉓，是不是當真於一夜中，就有了極大變化，一眼望去即能辨別？有了變化後，和另外那一位年紀十七歲的成熟待時大姑娘，比較起來究竟有什麼不同？

盥洗完畢，走出前院去，想找尋一個人，帶我到後山去望望，並證實所想象的種種時，真應了俗話所說，「莫道行人早，還有早行人」，不意從前院大胡桃樹下，便看見那作新郎的朋友，正蹲在雪地上一大團毛物邊，有所檢視，才知道新郎還是按照向例，天微明即已起身，帶了獵狗和兩個長工，上後山繞了一轉，把裝套設阱處一一看過，把所得到的一一收拾回來。從這個小小堆積中，我們發現兩隻麻兔，一隻長尾山貓……一隻灰獾㉔，兩匹黃鼠狼，裝置捕機的地面，不出莊宅後山半里路範圍，夜中即有這麼多觸網入彀㉕的生物。而且從那不同的形體，不同的毛色，想想每個不同的生命，在如何不同情形中，被大石塊壓住腰部，頭尾翹張，動彈不得；或被牛皮圈套扣住了前腳，高懸半空；或是被機關木樑竹籤，扎中肢體某一部分，在痛苦惶遽㉖中，先是如何努力掙扎，帶着絕望的低嗥，掙扎無從，精疲力盡後，方充滿悲苦的激情，眼中充血沉默下來，等待天明，到末了終不免同歸於盡：遺體陳列到這片雪地上真如一幅動人的彩畫，但任何一種圖畫，卻不曾將這個近於不可思議的生命複雜與多方，好好表現出來。

後園竹林中的斑鳩呼聲，引起了朋友的注意。我們於是一齊向後園跑去，朋友撒了一把綠豆到雪地上，又將一把綠豆灌入那支舊式獵槍中，（上火藥時還用羚羊角！）藏身在一垛稻草後，有所等待。不到一會兒，槍聲響處，那對飛下雪地啄食綠豆的斑鳩，即中了從槍管中噴出的綠豆，躺在雪中了。吃早飯時，新娘子第一回下廚做的菜，送上桌子時，就是一盤辣子炒斑鳩。

一面吃飯一面聽新郎述說上一月下大圍獵虎故事，使我彷彿加入了那個在自然壯麗背景中，人與另外一種生物，充滿激烈活動，如何由遊戲而進人爭鬥，又由流血轉增宗教的莊嚴。

新娘子的眉毛還是彎彎的，臉上有一種腼腆之光，引起我老想要問一句話，又像是因為昨夜老太太塞在枕下那包糖，當真封住了口，不便啟齒。可是從外面跑來一個長工，卻代替了我，在桌前向主人急促陳訴：

「老太太，大少爺，你家巧秀？她走了，跟男人走了。有人在坳上親眼看見過，和昨天吹嗩吶那個棉寨㉗人，一齊逃走的。一定向鴉拉營㉘跑，要追還追得上，不會很遠！巧秀揹了個小小包袱，笑嘻嘻的，跟漢子，不知羞！」

「咦，咦！」一桌旁七個吃飯的人，都為這個離奇消息給愣住了。這個情緒集中的一剎那，使我意識到兩件事，即眉毛比較已無可希望，而我再也不能作畫家。

我一個人重新枯寂的坐在這個小房間火盆邊。聽着燉在火盆上銅壺的白水沸騰，好像失去了點什麼，不經意被那個十七歲私奔的鄉下姑娘，收拾在她那個小小包袱中，帶到一個不可知不易想的小小地方去了。我得找回來才是事，可是向那兒去找？

不過事實上我倒應分說得到了一點什麼。得到的究竟是什麼？我問你讀者，算算時間，我來到這個鄉下還只是第二天，除掉睡眠，耳目官覺和這裏一切接觸還不足七小時，生命的豐滿，洋溢，把我感情或理性，已給完全混亂了。

陽光上了窗檯，屋外檐前正滴着融雪水。我年紀剛滿十八歲。

十月十二重寫

題解

本篇作於一九四六年十月，發表於一九四六年十月二十日《經世日報·文藝》，署名沈從文。同年十一月四日又於《中國日報·文藝周刊》發表。一九八二年收入廣州花城、香港三聯出版社出版的《沈從文文集》第七卷。二零零二年收入北岳文藝出版社出版的《沈從文全集》第十卷《雪晴集》。

《雪晴》運用的還是作者熟悉的湘西舊有題材（前期就寫有與《雪晴》同題的小說）。四十年代，由於殘酷的戰爭和現實，作家仍然回到記憶中的湘西世界尋找心靈的安慰與藝術的自由。小說以自然之美為主要描寫對象，借一位應朋友之邀偶爾來到湘西偏僻山寨度假的士兵的眼光，一方面極寫自然風光的瑰麗神奇、靜謐幽深，一方面則又試圖靜靜地觀察與體味那種恬靜中夾雜着躁動、淳樸渾厚中隱伏着兇悍暴戾與殘忍的奇特人事風俗。比起作家以前的同類作品，小説平添了許多深深的無奈與憂傷，描寫自然風景的手法也在《邊城》的清麗柔婉之外增加了一種雪野森林的雄強和豪放。

註：

① 斑鳩：見《入伍後》註釋㊸。

② 火盆：見《爐邊》註釋①。

③ 栗炭：用山上的栗樹或其他硬木為原料，挖窯專門燒成，燃燒時間長久。

④ 碾坊：見《赤魘》註釋⑥。

⑤ 喜筵：喜慶時的宴席。多指婚娶時的宴席。

⑥ 醅：沒濾過的酒。

⑦ 米酒：見《赤魘》註釋㉑。

⑧ 簪：見《龍朱》註釋㉗。

⑨ 縐：一種有皺紋的絲織品。

⑩ 待年：語見《後漢書・曹皇后記》「小者待年於國」。指女子成年待嫁，又稱「待字」或「待字閨中」。古代女子到了十五歲，會把頭髮梳起，插上簪子，表示已到出嫁年歲。後來稱女子待嫁的年歲為「待年」。

⑪ 臘肉：見《山鬼》註釋㊵。

⑫ 油坊：見《赤魘》註釋⑦。

⑬ 天九牌：指骨牌。骨牌中有兩張十二點的叫天牌，有兩張九點的也是大牌，故又合稱「天九」。

⑭ 揪：拿、拎的意思。

⑮ 美孚油燈：煤油燈的舊稱，因最早由美國美孚公司生產而得名。燈頭為銅製，燈座、燈頭和火苗調節鈕處均凸鑄有「美孚行」中文和英文字樣，玻璃燈罩上印有「美孚行」商標。燈座側面有一個油孔，可用提子或抽子從油桶內往燈座裏加油。

⑯ 烏梢蛇：見《夜漁》註釋㉘。

⑰ 黃喉蛇：亦稱「黃頷蛇」，屬黃頷蛇科。該科是爬行動物的最大一科，包括現存三分之二的蛇，分佈於世界各大洲，且為除澳洲以外各地的主要蛇類。

⑱ 扣花：見《八駿圖》註釋⑩。

⑲ 枕帕：即枕巾。

⑳ 寸金糖：是我國很古老的一種糖製食品，蔗糖加熱經包餡押條斷條，成為三點三釐米（一寸）長的金黃色小條，因而名為「寸金」。寸金糖內有夾心，外裹芝麻，製作工藝考究，食之味香甜、餘味綿長。

㉑ 笑謔：嬉笑戲謔。

㉒ 錦綬：錦，有彩色花紋的絲織品。錦綬即錦製的綬帶。

㉓ 眉毛是不是有變化：據鳳凰苗鄉風俗，新婦出嫁前一天化妝，要將臉上的汗毛絞去，同時將眉毛絞成細細的、彎彎的，使之顯得嫵媚動人。第二天出嫁時有紅巾蓋頭，人們還看不出她的眉毛有了什麼變化。直到圓房後第二天早起，人們才看到她的眉毛已經不同於往日。因此，人們便誤以為眉毛有了變化，是由於與男性同房了的緣故，並因而將眉毛變化當作女性由姑娘變成為婦女的象徵。

㉔ 獾：見《赤魘》註釋㉖。

㉕ 彀：張滿弓。

㉖ 惶遽：見《晨》註釋㊾。

㉗ 棉寨：見《山鬼》註釋(80)。

㉘ 鴉拉營：在今湖南鳳凰境內，舊駐把總。

巧秀和冬生

雪在融化。田溝裏到處有注入小溪河中的融雪水，正如對於遠海的嚮往，共同作成一種歡樂的奔赴。來自留有殘雪溪澗邊竹篁①叢中的山鳥聲，比地面花草還佔先透露出春天消息，對我更儼然是種會心的招邀。就中尤以那個窗後竹園的寄居者，全身油灰頸膊間圍了一條錦帶的斑鳩②，作成的調子越來越複雜，也越來越離奇。

「巧秀，巧秀，你當真要走？你莫走！」

「哥哥，哥哥，喔。你可是叫我？你從不理我，怎麼好責備我？」

原本還不過是在曉夢迷蒙裏，聽到這個古怪而荒謬的對答，醒來不免十分惆悵。目前卻似乎清清楚楚的，且稍微有點嘲謔意味，近在我耳邊訴説，我再也不能在這個大莊院住下了。因此用「歡喜單獨」作為理由，遷移個新地方，村外藥王宮③偏院中小樓上。這也可説正是我自己最如意的選擇。因為廟宇和村子有個大田壩隔離，地位完全孤立。生活得到單獨也就好像得到一切，為我十八歲年紀時所需要的一切。

我一生中到過許多希奇古怪的去處，過了許多式樣不同的橋，坐過許多式樣不同的船，還睡過許多式樣不同的床。可再也沒有比半月前在滿家大莊院中那一晚，躺在那鋪楠木雕花大床上，讓遠近山鳥聲和房中壺水沸騰，把生命浮起的情形心境離奇。以及遷到這個小樓上來，躺在一鋪硬板床上，讓遠近更多山鳥聲填滿心中空虛，所形成一種情緒更幽渺難解！

院子本來不小，大半都已為細葉竹科植物的蕃植所遮蔽，只餘一條青石板砌成的走道，可以給我獨自散步。在叢竹中我發現有宜於作手杖的羅漢竹和棕竹，有宜於作簫管的紫竹和白竹，還有宜於作釣魚竿的蛇尾竹。這一切性質不同的竹子，卻於微風疏刷中帶來一片碎玉傾瀉，帶來了和雪不相同的冷。更見得幽絕處，還是小樓屋脊因為佔地特別高，宜於遙瞻遠矚，幾乎隨時都有不知名鳥雀在上面歌呼；有些見得分外從容，完全無為的享受牠自己的音樂，唱出生命的歡欣；有些又顯然十分焦躁，如急於招朋喚侶，而表示對於愛情的渴望。那個油灰色斑鳩更是我屋頂的熟客，本若為逃避而來，來到此地卻和牠有了更多親近機會。從那個低沉微帶憂鬱反覆嘀咕中，始終像在提醒我一件應擱下終無從擱下的事情，即巧秀的出走。即初來這個為大雪所覆蓋的村子裏，參加朋友家喜筵④過後，房主人點上火炬預備送我到偏院去休息時，隨同老太太身後，負衾⑤抱裯來到我那個房中，咬着下唇一聲不響為我鋪床理被的十七歲鄉下姑娘巧秀。我正想用她那雙眉毛和新娘子眉毛作個比較⑥，證實一下傳說可不可靠。並在她那條大辮子和發育得壯實完整的四肢上，做了點十八歲年青人的荒唐夢。不意到⑦第二天吃早飯桌邊，卻聽人說她已帶了個小小包袱，跟隨個吹嗩吶的鄉下男子逃走了。在那個小小包袱中，竟像是把我所有的一點什麼東西，也於無意中帶走了。

巧秀逃走已經半個月，還不曾有回頭消息。試用想象追尋一下這個髮辮黑，眼睛光，胸脯飽滿鄉下姑娘的去處，兩人過日子的種種以及明日必然的結局，自不免更加使人茫然若失。因為不僅偶然被帶走的東西已找不回來，即這個女人本身，那雙清明無邪眼睛所蘊蓄的熱情，沉默裏所具有的活躍生命力，都遠了，被一種新的接續而來的生活所腐蝕，遺忘在時間後，從此消失了，不見了。常德府⑧的大西關⑨，辰州府⑩的尤家巷⑪，以及沅水⑫流域大小水碼頭邊許多小船上，經常有成千上萬接納客商的小婊子⑬，臉寬寬的眉毛細彎彎的，坐在艙前和船尾曬太陽，一面唱《十想郎》⑭小曲遣送白日，一面衲鞋底繡花荷包，企圖用這些小物事連結水上來去弄船人的恩情。平凡相貌中無不有一顆青春的心永遠在燃燒中。一面是如此燃燒，一面又終不免為生活縛住，掙扎不脱，終於轉成一個悲劇的結束，恩怨交縛氣量窄，投河吊頸之事日有所聞。追源這些女人的出處背景時，有大半和巧秀就差不多，緣於成年前後那份癡處，那份無顧忌的熱情，衝破了鄉村習慣，不顧一切的跑去。從水取譬⑮，「不到黃河心不死」。但大都卻不曾流到洞庭湖⑯，便滯住於什麼小城小市邊，過日子下來。向前既不可能，退後也辦不到，於是如彼如此的完了。

我住處的藥王宮，原是一村中最高議會所在地，村保國民小學的校址，和保衛一地治安的團防局⑰辦公處。正值年假，學校師生都已回了家。議會平時只有兩種用途：積極的是春秋二季邀木傀儡戲⑱班子酬神⑲還願，推首事人⑳出份子㉑。消極的便只是縣城裏有公事來時，集合士紳人民商量對策。地方治安既不大成問題，團防局事務也不多，除了我那朋友滿大隊長由保長㉒自兼，局裏固定職員，只有個戴大眼鏡讀《隨園食譜》㉓用小綠穎水筆辦公事的師爺㉔，一個年紀十四歲頭腦單純的局丁。地方所屬自衛武力雖有三十多枝雜槍，卻分散在村子裏大戶人家中，以防萬一，平時並不需要。換言之，即這個地方目前是冷清清的。因為地方治安無虞，農村原有那分靜，表面看也還保持得上好。

搬過藥王宮半個月來，除了和大隊長趕過幾回場㉕，買了些虎豹皮，選了些鬥雞種，上後山獵了回毛兔，一群人一群狗同在春雪始融濕滑滑的澗谷石崖間轉來轉去，攪成一團，累得個一身大汗，其餘時間居多倒是看看局裏老師爺和小局丁對棋。兩人年紀一個已過四十，一個還不及十五，兩面行棋都不怎麼高明，卻同一十分認真。局裏還有半部《聊齋誌異》㉖，這地方環境和空氣，才真宜於讀《聊齋誌異》！不過更新的發現，卻是從局裏新孵的一窩小雞上，及床頭一束草藥的效用上，和師爺於短時期即成了個忘年交，又從另外一種方式上，和小局丁也成了真正知己。先是翻了幾天《聊齋誌異》，以為青鳳㉗黃英㉘會有一天忽然掀簾而入，來到以前且可聽到樓梯間細碎步聲。事實上雀鼠作成的細碎聲音雖多，青鳳黃英始終不露面。這種懸想的等待，既混和了恐怖與歡悅，對於十八歲的生命言也極受用。可是一和兩人相熟，我就覺得拋下那幾本殘破小書大有道理，因為隨意瀏覽另外一本大書某一章節，都無不生命活躍引人入勝！

原來巧秀的媽是溪口人，二十三歲時即守寡，守住那兩歲大的巧秀和七畝山田。年紀青，不安分甘心如此下去，就和一個黃羅寨㉙打虎匠相好。族裏人知道了這件事，想圖謀那片薄田，捉姦捉雙把兩人生生捉住。一窩蜂把兩人湧到祠堂㉚裏去公開審判。本意也大雷小雨的把兩人嚇一陣，痛打一陣，大家即從他人受難受折磨情形中，得到一種離奇的滿足，再把她遠遠的嫁去，討回一筆財禮，作為臉面錢，用少數買點紙錢為死者焚化，其餘的即按好事出力的程度均分花用。不意當時作族長㉛的，巧秀媽未嫁時，曾擬為跰㉜兒子講作兒媳婦，巧秀媽卻嫌他一隻腳不成功，族長心中即憋住一腔恨惱。後來又藉故一再調戲，反被那有性子的小寡婦大罵一頓，以為老沒規矩老無恥。把柄拿到手上，還隨時可以宣佈。如今既然出了這種笑話，因此回復舊事，極力主張把黃羅寨那風流打虎匠兩隻腳捶斷，且當小寡婦面前捶斷。私刑執行時，打虎匠咬定牙齒一聲不哼，只把一雙眼睛盯看着小寡婦。處罰完事，即預備派兩個長年㉝把他抬回三十里外黃羅寨去。事情既有憑有據，黃羅寨人自無話說。可是小寡婦呢，卻當着族裏人表示她也要跟去。田產女兒通不要，也得跟去。這一來族中人真是面子失盡。尤其是那個一族之長，心懷狠毒，情緒複雜，怕將來還有事情，倒不如一不做二不休連根割斷。竟提議把這個不知羞恥的賤婦照老規矩沉潭㉞，免得黃羅寨人説話。族祖既是個讀書人，讀過幾本「子曰」，加之輩份大，勢力強，且平時性情又特別頑固專横，即由此種種，同族子弟不信服也得三分畏懼。如今既用維持本族名譽面子為理由，提出這種興奮人的意見，並附帶説事情解決再商量過繼香火㉟問題。人多易起哄，大家不甚思索自然即隨聲附和。闔族一經同意，那些無知好事者，即刻就把繩索磨石找來，督促進行。在紛亂下族中人道德感和虐待狂已混淆不可分。其他女的都站得遠遠的，只輕輕的喊着「天」，卻無從作其他抗議。一些年青族中人，即在祠堂外把那小寡婦上下衣服剝個淨光，兩手縛定，背上負了面小磨石，並用藤葛㊱緊緊把磨石扣在頸脖上。大家圍住小寡婦，一面無恥放肆的欣賞那個光鮮鮮的年青肉體，一面還狠狠的罵女人無恥。小寡婦卻一聲不響，任其所為，眼睛濕瑩瑩的從人叢中搜索那個冤家族祖。族祖卻在剝衣時裝作十分生氣，狠狠的看了幾眼，口中不住說「下賤下賤」，裝作有事也不屑再看，躲進祠堂裏去了。到祠堂裏就和其他幾個年長族人商量打公稟㊲稟告縣裏，準備大家畫押，把責任推卸到群眾方面去，免得出其他故事。也一面安慰安慰那些年老怕事的，引些聖經賢傳除惡務盡的話語，免得中途變化。到了快要黃昏時候，族中一群好事者，和那個族祖，把小寡婦擁上了一隻小船，架起了槳，沉默向溪口上游長潭划去。女的還是低頭無語，只看着河中蕩蕩流水，以及被雙槳攪碎水中的雲影星光。也許正想起二輩子投生問題，或過去一時被族祖調戲不允許的故事，或是一些生前「欠人」「人欠」的小小恩怨。也許只想起打虎匠的過去當前，以及將來如何生活，一歲大的巧秀，明天會不會為人扼喉嚨謀死？臨出發到河邊時，一個老表嫂抱了茫然無知的孩子，想近身來讓小寡婦餵點奶，竟被人罵為老狐狸，一腳踢開，心狠到臨死以前不讓近近孩子。但很奇怪就是從這婦人臉色上竟看不出恨和懼，看不出特別緊張。……至於一族之長的那一位呢，正坐在船尾梢上，似乎正眼也不想看那小寡婦。其實心中卻漩起一種極複雜紛亂情感，為去掉良心上那些刺，只反覆喃喃以為這事是應當的，全族臉面攸關，不能不如此的。自己既為一族之長，又讀過書，實有維持風化道德的責任。當然也並不討厭那個青春康健光鮮鮮的肉體，討厭的倒是「肥水不落外人田」，這肉體被外人享受。妒忌在心中燃燒，道德感益強迫虐狂益旺盛。至於其他族人中呢，想起的或者只是那幾畝田將來究竟歸誰管業。都不大自然，因為原來那點性衝動已成過去，都有點見輸於小寡婦的沉靜情勢。小船搖到潭中最深處時，蕩槳的把槳抽出水，擱在舷邊。船停後輕輕向左旋着，又向右旋。大家都知道行將發生什麼事。一個年紀稍大的某人說：「巧秀的娘，巧秀的娘，冤有頭，債有主，你好好的去了吧。你有什麼話囑咐？」小寡婦望望那個說話安慰她的人，過一會兒方低聲說：「三表哥，做點好事，不要讓他們捏死我巧秀喔，那是人家的香火！長大了，不要記仇！」大家靜默了。美麗黃昏空氣中，一切沉靜，誰也不肯下手。老族祖貌作雄強，心中實混和了恐怖與莊嚴。走過女人身邊，冷不防一下子把那小寡婦就掀下了水，輕重一失衡，自己忙向另外一邊傾坐，把小船弄得搖搖晃晃。人一下水，先是不免有一番小小掙扎，因為頸背上懸繫那面石磨相當重，隨即打着漩向下直沉。一陣子水泡向上翻，接着是水天平靜。船隨水勢溜着，漸漸離開了原來位置，船上的年青人眼都還直直的望着水面。因為死亡帶走了她個人的恥辱和恩怨，卻似乎留念給了每人一份看不見的禮物。雖說是要女兒長大後莫記仇，可是參加的人那能忘記自己作的蠢事，幾個人於是儼然完成了一件莊嚴重大的工作，把船掉了頭。死的已因罪孽而死了，然而「死」的意義卻轉入生者擔負上，還得趕快回到祠堂裏去叩頭，放鞭炮掛紅，驅逐邪氣，且表示這種勇敢和決斷行為，業已把族中受損失的榮譽收復。事實上卻是用一切來拔除那點在平靜中能生長，能傳染，影響到人靈魂或良心的無形譴責。即因這種恐怖，過四年後那族祖便在祠堂裏發狂自殺了。只因為最後那句囑咐，巧秀被送到八十里遠的滿家莊院，活下來了。

巧秀長大了，親眼看過這一幕把她帶大的表叔，團防局的師爺，有意讓她給滿家大隊長做小婆娘，有個歸依，有個保護。因為大太太多年無孕息，又多病，將來生男育女還可望扶正。大隊長夫婦都同意這個提議。只是老太太年老見事多，加之有個痛苦記憶在心上，以為得凡事從長作計。巧秀對過去事又實在毫無所知，只是不樂意。因此暫時擱置。

巧秀常到團防局來幫師爺縫補衣襪，和冬生也相熟。冬生的媽楊大娘，一個窮得厚道賢慧的老婦人，在師爺面前總稱許巧秀。冬生照例常常插嘴提醒他的媽，「我還不到十四歲，娘。」「你今年十四明年就十五，會長大的！」兩母子於是在師爺面前作小小爭吵，說的話外人照例都不甚容易懂。師爺心中卻明白，母子兩人意見雖對立，卻都歡喜巧秀，對巧秀十分關心。

巧秀的逃亡正如同我的來到這個村子裏，影響這個地方並不多，凡是歷史上固定存在的，無不依舊存在，習慣上進行的大小事情，無不依舊進行。

冬生的母親一村子裏通稱為楊大娘。丈夫十年前死去時，只留下一所小小房產和巴掌大一片土地。生活雖窮然而為人篤實[38]厚道，不亂取予，如一般所謂「老班人[39]」。也信神，也信人，覺得這世界上有許多事得交把[40]「神」，又簡捷，又省事。不過有些問題神處理不了，可就得人來努力了。人肯好好的做下去，天大難事也想得出結果；辦不了呢，再歸還給神。

如其他手足貼近土地的人民一樣，處處盡人事而處處信天命，生命處處顯出愚而無知，同時也處處見出接近了一個「道」字。冬生在這麼一個母親身邊，從看牛，割草，撿菌子，和其他農村子弟生活方式中慢慢長大了，卻長得壯實健康，機靈聰敏，只讀過一年小學校，便會寫一筆小楷字，且懂得一點公文程式。作公丁㊶收入本不多，惟穿吃住已不必操心，此外每月還有一籮淨穀子，一點點錢，這份口糧捎回作家用，楊大娘生活因之也就從容得多。且本村二百五十戶人家，有公職身分公份收入階級總共不過四五人，除保長隊長和那個師爺外，就只那兩個小學教員。所以冬生的地位，也就值得同村小伙子羨慕而樂意得到它。職務在收入外還有個抽象價值，即抽丁免役，且少受來自城中軍政各方的經常和額外攤派。凡是生長於同式鄉村中的人，都知道上頭的攤派法令，一年四季如何輪流來去，任何人都擋不住，任何人都不可免，惟有吃公事飯的人，卻不大相同。正如村中一腳踢凡事承當的大隊長，派人篩鑼傳口信集合父老於藥王宮開會時，雖明說公事公辦，從大戶攤起，自己的磨坊，油坊，以及在場上的糟坊㊷，統算在內，一筆數目比別人照例出的多，且愁眉不展的感到周轉不靈，事實上還得出子利舉債。可是村子裏人卻只見到隊長上城回來時，總帶了些文明玩意兒，或換了頂呢氈帽㊸，或捎了個洋水筆，遇有公證畫押事情，多數公民照例按指紋畫十字，少數蓋章，大隊長卻從中山裝胸間口袋拔出那亮晃晃圓溜溜寶貝，寫上自己的名字，已夠使人驚奇，一問價錢數目才更嚇人，原來比一隻耕牛還貴！像那麼做窮人，誰不樂意！冬生隨同大隊長的大白騾子來去縣城裏，一年不免有五七次，知識見聞自比其他鄉下人豐富。加上母子平時的為人，因此也贏得一種不同地位。而這地位為人承認表示得十分明顯，即幾個小地主家有十二三歲的小閨女的，都樂意招那麼一個小伙子作上門女婿。

村子去縣城已五十里，離官路㊹也在三里外。地方不當衝要㊺，不曾駐過兵。因為有兩口好井泉，長年不絕的流，營衛了一壩好田。田壩四周又全是一列小山圍住，山坡上種滿桐茶㊻竹漆，村中規約好，不亂砍伐破山，不偷水爭水，地方由於長期安定，形成的一種空氣，也自然和普通破落農村不同。凡事有個規矩，雖由於這個長遠習慣的規矩，在經濟上有人佔了些優勢，於本村成為長期統治者，首事人。也即因此另外有些人就不免世代守住佃戶[47]資格，或半流動性的長工資格，生活在被支配狀況中。但兩者生存方式，還是相差不太多，同樣得手足貼近土地，參加勞動生產，沒有人袖手過日子。惟由此相互對照生活下，依然產生了一種游離分子，亦即鄉村革命分子。這種人的長成都若有個公式：小時候作頑童野孩子，事事想突破一鄉公約，砍砍人家竹子作釣竿，摘摘人家園圃橘柚解渴，偷放人田中水捉魚，或從他人裝置的網弶[48]中取去捉住的野獸。自幼即有個不勞而獲的發明，且凡事作來相當順手。長大後，自然便忘不了隨事佔便宜。浪漫情緒一擴張，即必然從農民身分一變而成為遊玩。社會還穩定，英雄無用武之地，不能成大氣候，就在本村子裏街頭開個小門面，經常擺桌小牌抽點頭，放點子母利[49]。相熟方面多，一村子人事心中一本冊，知道誰有勢力誰無財富，就向那些有錢無後的寡婦施點小訛詐。平時既無固定生計，又不下田，四鄉逢場時就飄場[50]放賭。附近三十里每個村子裏都有二三把兄弟，平時可以吃吃喝喝，困難時也容易相幫相助。或在豬牛買賣上插了句嘴，成交時便可從經紀方面分點酒錢，落筆小油水。什麼村子裏有大戲，必參加熱鬧，和掌班[51]若有交情，開鑼封箱必被邀請坐席吃八大碗，打加官[52]叫出名姓，還得做面子出個包封[53]。新來年青旦角[54]想成名，還得和他們周旋周旋，靠靠燈[55]，方不會憑空為人拋石頭打彩。出了事，或得罪了當地要人，或受了別的氣掃了面子，不得不出外避風浪換碼頭，就挾了個小小包袱，向外一跑，更多的是學薛仁貴[56]投軍，自然從此就失蹤了。若是個女的呢?情形就稍稍不同。生命發展與突變,影響於黃毛丫頭時代的較少,大多數卻和成年前後的性青春期有關。或為傳統壓住,掙扎無從,即發瘋自殺。或突過一切有形無形限制,獨行其是,即必然是隨人逃走。惟結果總不免依然在一悲劇性方式中收場。

但近二十年社會既長在變動中,二十年內戰自殘自黷的割據局面,分解了農村社會本來的一切。影響到這小地方,也自然明白易見。鄉村遊俠情緒和某種社會現實知識一接觸,使得這個不足三百戶人家村子裏,多有了三五十支雜色槍,和十來個退伍在役的連排長,以及二三更高級更複雜些的人物。這些人多近於嶄新的一階級,即求生存已脫離手足勤勞方式,而近於一個寄食者。有家有產的可能成為「土豪」,無根無柢的又可能轉為「土匪」,而兩者又必有個共同的趨勢,即越來越與人民土地隔絕,卻學會了世故和殘忍。尤其是一些人學得了玩武器的技藝,幹大事業又無雄心和機會,回轉家鄉當然就只能作點不費本錢的買賣,且於一種新的生活方式中,產生一套現實哲學。這體系雖不曾有人加以文字敘述,事實上卻為極多數會玩那個愚而無知的人物所採用。永遠有個「不得已」作藉口,於是綁票種煙都成為不得已。會合了各種不得已而作成的墮落,便形成了後來不祥局面的擴大繼續。但是在當時那類鄉村中,卻激發了另外一方面的自衛本能,即大戶人家的對於保全財富進一步的技能。一面送子侄入軍校,一面即集款購槍,保家保鄉土,事實上也即是保護個人的特別權益。兩者之間當然也就有了鬥爭,有流血事繼續發生,而結怨影響到累世。這二十年一種農村分解形式,亦正如大社會在分解中情形一樣,許多問題本若完全對立,卻到處又若有個矛盾的調合,在某種情形中,還可望取得一時的平衡。一守固定的土地，和大莊院，油坊或榨坊糟坊，一上山落草[57]；共同卻用個「家邊人[58]」名詞，減少了對立與磨擦，各行其是，而各得所需。這事看來離奇又十分平常，為的是整個社會的矛盾的發展與存在，即與這部分的情形完全一致。國家重造的設計，照例多疏忽了對於這個現實爬梳分析的過程，結果是一例轉入悲劇，促成戰爭。這小村子所在地，既為比較偏遠邊僻的某省西部，地方對「特貨」一面雖嚴厲禁止，一面也抽收稅捐，在這麼一個情形下，地方特權者的對立，乃常常因「利益平分」而消失。地方不當官路卻宜於走私，煙土[59]和巴鹽[60]的對流，支持了這個平衡的對立。對立既然是一種事實，各方面武器轉而好像都收藏下來不見了。至少出門上路跑差事的人，求安全，徒手反而比帶武器來得更安全，過關入寨，一個有銜名片反而比帶一支槍更省事。

冬生在局裏作事，間或得出出差，不外引導煙土下行或鹽巴旁行。路不需出界外，所以對於這個工作也就簡單十分。時當下午三點左右，照習慣送了兩個帶特貨客人從界內小路過××縣境。出發前，還正和我談起巧秀問題。一面用棕衣[61]包腳，一面託我整理草鞋後跟和耳絆[62]。

我逗弄他說：「冬生，巧秀跑了，那清早大隊長怎不派你去追她回來？」

「人又不是溪水，用閘那關得住。人可是人！追上了也白追。」

「人正是人，那能忘了大隊長老太太恩情？還有師爺，磨坊，和那個溪水上游的釣魚堤壩，怎麼捨得？」

「磨坊又不是她的財產。你從城裏來，你歡喜。我們可不。巧秀心竅子通了，就跟人跑了，有仇報仇，有恩報恩，這筆賬要明天再算去了。」

「她自己會回不回來？」

「回來嗎？好馬不吃回頭草，那有長江水倒流。」

「我猜想她總在幾個水碼頭邊落腳，不會飛到海外天邊去，要找她一定找得回來。」

「打破了的罎子，不要了！」

「不要了嗎？你捨得我倒捨不得，她很好！」

我的結論既似真非真，倒引起了冬生的注意。他於是也似真非真的向我說：「你歡喜她，我見她一定會告她，她會給你做個繡花抱肚，裏面還裝滿親口嗑的南瓜子仁。可惜你又早不說，師爺也能幫你忙！」

「早不說嗎？我一來就只見過她一面。來到這村子裏只一個晚上，第二早天剛亮，她就跟人跑了！」

「那你又怎麼不追下去？下河碼頭熟，你追去好！」

「我原本只是到這裏來和你大隊長打獵，追麀子[63]狐狸兔子，想不到還有這麼一種山裏長大的東西！」

這一切自然都是笑話，已過四十歲師爺聽到我說的話，比不到十五歲冬生聽來的意義一定深刻得多。因此也搭話說：

「凡事要慢慢的學，我們這地方，草草木木都要慢慢的才認識，性質通通不同的！」

冬生走後約一點鐘，楊大娘卻兩腳黃泥到了團防局。師爺和我正在一窠[64]新孵出的小雞邊，點數那二十個小小活動黑白毛毛團。一見楊大娘那兩腳黃泥，和提籃中的東西，就知道是從場上回來的。「大娘，可是到新場辦年貨？你冬生出差去了，今天歇尖巖村，明天才能回來。可有什麼事情？」

楊大娘摸一摸提籃中那封點心：「沒有什麼事。」

「你那筍殼雞上了孵沒有？」

「我那筍殼雞⑥⑤上城做客去了。」楊大娘點一點擱在膝頭上的提籃中物，計大雪棗⑥⑥一斤，刀頭肉⑥⑦半斤，元青⑥⑧鞋面布一雙，香燭紙張……

問一問，才知道原來當天是冬生滿十四歲的生庚日。楊大娘早就彎指頭把日子記在心上，恰值鴉拉營⑥⑨逢場，猶自嘀咕了好幾個日子，方下決心，把那預備上孵的二十四個大白雞蛋從籮筐中一一取出，謹慎小心放入墊有糠殼的提籃裏，捉好雞，套上草鞋，到場上去和城裏人打交道。雖下決心那麼作，走到相去五里的場上，倒像原不過只是去玩玩，看看熱鬧，並不需要發生別的事情。因為雞在任何農村都近於那人家屬之一員，頑皮處和馴善處，對於生活孤立的老婦人，更不免寄託了一點熱愛，作為使生活稍有變化的可憐簡單的夢。所以到得人馬雜沓黃泥四濺的場坪中轉來轉去等待主顧時，楊大娘自己即老以為這不會是件真事情。有人問價時，就故意討個高過市價一半的數目，且作成「你有錢我有貨，你不買我不賣」對立神氣，不即脫手。因為要價高，城裏來的老雞販，稍微揣揣那母雞背脊，不還價，這一來，楊大娘必作成對於購買者有眼不甚識貨輕蔑神氣，癟癟嘴，掉過頭去不作理會。凡是雞販子都懂得鄉下婦人心理，從賣雞人的穿着上即可明白，以為時間早，不忙收貨，見要價特別高的，想故意氣一氣她，就還個起碼數目。且激激她說，「什麼八寶精⑩，值那樣多！」楊大娘於是也提着氣，學作厲害十分樣子，「你還的價錢只能買豆腐吃。」且像那個還價數目不僅侮辱本人，還侮辱了身邊那隻體面肥母雞，怪不過意，因此掉轉身，撫撫雞毛，拍拍雞頭，好像向雞聲明，「再過一刻鐘我們就回家去，我本來就只是玩玩的！」那隻母雞也像完全明白自己身分，和楊大娘的情緒，閉了閉小紅眼睛，只輕輕的在喉間「骨骨」哼兩聲，且若完全同意楊大娘的打算。兩者之間又似乎都覺得「那不算什麼，等等我們就回去，我真樂意回去，一切照舊。」

到還價已夠普通標準時，有認得她的熟人，樂於圓成其事，必在旁插嘴，「添一點，就賣了。這雞是吃包穀⑪長大的，油水多！」待主顧掉頭時，又輕輕的告楊大娘，「大娘要賣也放得手了。這回城裏販子來得多，也出得起價。若到城裏去，還賣不到這個數目！」因為那句要賣得放手，和楊大娘心情衝突，所以回答那個好意卻是：

「你賣我不賣，我又不等錢用。」

或者什麼人說：「不等錢用你來作什麼？沒得事作來看水鴨子打架⑫，作個公證人？肩膊鬆，怎不扛扇石磨來？」

楊大娘看看，搜尋不出誰那麼油嘴油舌，不便發作，只輕輕的罵着：「悖時不走運的，你媽你婆才扛石磨上場玩！」

事情相去十五六年，石磨的用處，本鄉人知道的已不多了。

……那有不等錢用這麼十冬臘月抱雞來場上喝風的人？事倒湊巧，因為辦年貨城裏需要多，臨到末了，楊大娘竟意外勝利，賣的錢比自己所懸想的還多些。錢貨兩清後，楊大娘轉入各雜貨棚邊去，從各種叫嚷，賭咒，爭持，交易方式中，換回了提籃所有。末了且像自嘲自詛，還買了四塊豆腐，心中混合了一點兒平時沒有的悵惘，疲勞，喜悅，和朦朧期待，從場上趕回村子裏去。在回家路上，必看到有村子裏人用葛藤縛住小豬的頸膊，趕着小畜生上路的，也看到有人用竹籠揹負這些小豬上路的，使她想起冬生的問題。冬生二十歲結婚一定得用四隻豬，這是六年後事情。她要到團防局去找冬生，給他個大雪棗吃，量一量腳看鞋面布夠不夠，並告冬生一同回家去吃飯，吃飯前點香燭向祖宗磕磕頭。冬生的爹死去整十年了。

楊大娘隨時都只想向人説：「楊家的香火，十四歲，你們以為孵一窩雞，好容易事！他爹去時留下一把鐮刀，一副連枷⑬，……你不明白我好命苦！」到此眼睛一定紅紅的，心酸酸的。可能有人會勸慰説：「好了，現在好了，楊大娘，八十一難磨過，你苦出頭了！冬生有出息，隊長答應送他上學堂。回來也會做隊長！一子雙挑討兩房媳婦，王保長閨女八鋪八蓋陪嫁，裝煙倒茶⑭都有人，你還愁什麼？……」

事實上楊大娘其時卻笑笑的站在師爺的雞窩邊，看了一會兒小雞。可能還關心到賣去的那隻雞和二十四個雞蛋的命運，因此用微笑覆蓋着，不讓那個情緒給城裏人發現。天氣已晚下來了。正值融雪，趕場人太多，田坎小路已踏得稀糊子爛，怪不好走。藥王宮和村子相對，隔了個半里寬田壩，還有兩道灌滿融雪水活活流注的小溪，溪上是個獨木橋。大娘心想「冬生今天已回不了局裏，回不了家。」似乎對於提籃中那包大雪棗，「是不是應當放在局裏交給師爺？」問題遲疑了一會兒，末後還是下了決心，提起籃子，就走了。我們站在廟門前石欄干邊，看這個肩背已僂的老婦人，一道一道田坎走去。

時間大約五點半，村子中各個人家炊煙已高舉，先是一條一條孤獨直上，各不相亂。隨後卻於一種極離奇情況下，一齊崩坍下來，展寬成一片一片的乳白色濕霧。再過不多久，這個濕霧便把村子包圍了，佔領了。楊大娘如何作她那一頓晚飯，是不易形容的。灶房中冷清了好些，因為再不會有一隻雞跳上砧板⑮爭啄菠菜了。到時還會抓一把米頭去餵雞，始明白雞已賣去。一定更不會料想到，就在這一天，這個時候，離開村子十五里的紅岩口⑯，冬生和那兩個煙販，已被人一起擄去。

我那天晚上，卻正和團防局師爺在一盞菜油燈下大談《聊齋誌異》，以為那一切都是古代傳奇，不會在人間發生。師爺喝了一杯酒話多了點，明白我對青鳳黃英的嚮往，也明白我另外一種弱點，便把巧秀母親故事告給我。且為我出主張，不要再讀書。並以為住在任何高樓上，都不如坐在一隻簡單小船上，更容易有機會和那些使二十歲小伙子心跳的奇蹟碰頭！他的本意只是要我各處走走，不必把生活固定到一個小地方，或一件小小問題得失上。不意竟招邀我上了另外一隻他曾坐過的小船。

我彷彿看到那隻向長潭中槳去的小船，彷彿即穩坐在那隻小船上，彷彿有人下了水，船已掉了頭。……水天平靜，什麼都完事了。一切東西都不怎麼堅牢，只有一樣東西能真實的永遠存在，即從那個小寡婦一雙明亮，溫柔，饒恕了一切帶走了愛的眼睛中看出去，所看到的那一片溫柔沉靜的黃昏暮色，以及兩個船槳攪碎水中的雲影星光。巧秀已經逃走半個月，巧秀的媽沉在溪口長潭中已十六年。

一切事情還沒有完結，只是一個起始。

一九四七年三月末北平

題解

本篇作於一九四七年三月，發表於一九四七年十一月《文學雜誌》第二卷第一期，署名沈從文。一九八二年收入廣州花城、香港三聯出版社出版的《沈從文文集》第七卷。二零零二年收入北岳文藝出版社出版的《沈從文全集》第十卷《雪晴集》。

雪晴風景，無處不閃爍着大自然的神性光澤。人事方面，卻多阻滯，導致山鄉人充沛而活躍的生命力四散橫溢，鑄就形形色色的莫測命運。作為《雪晴》的續篇，本篇表現的正是這樣的悲劇。小說採用大故事套小故事的結構方式，敘述了一個在殘酷、野蠻的封建族權制度桎梏下母女兩代人追求自由愛情的悲劇故事。小說在女兒的愛情故事進程中特意穿插二千字篇幅回敘母親年輕時代的悲劇，豐富了情節的容量，增加了故事的波瀾，增强了敘述時間和空間的深闊感。這聯回敘實際上也可獨立成篇，且堪稱上乘。小說技巧上更加圓熟，描寫細緻深入，特別是從環境和性慾的衝突揭示悲劇的來龍去脈，正是作家借鑒弗洛伊德精神分析的成功之處。

註：

① 竹篁：竹林。篁，竹林，泛指竹子。
② 斑鳩：見《入伍後》註釋㊸。
③ 藥王宮：宮內正殿內供奉着藥王孫思邈的牌位，故稱藥王宮。
④ 喜筵：見《雪晴》註釋⑤。
⑤ 衾：被子。
⑥ 眉毛作個比較：見《雪晴》註釋㉓。
⑦ 不意到：沒想到。
⑧ 常德府：見《入伍後》註釋㊵。
⑨ 大西關：地名，在今湖南省常德市境內。
⑩ 辰州府：見《卒伍》註釋㉕。
⑪ 尤家巷：舊時沅陵妓女聚居的巷子。出巷口為中南門，所以《長河．巧而不巧》中稱為「中南門尤家巷」。尤家巷往上走則到芸廬，作者在寫到芸廬的作品裏，也經常提到尤家巷。
⑫ 沅水：地名，又稱沅江。湖南省的第二大河流。
⑬ 婊子：見《第一次作男人的那個人》註釋⑭。

⑭《十想郎》：客家山歌。

⑮取譬：見《八駿圖》註釋㉘。

⑯洞庭湖：見《山鬼》註釋(125)。

⑰團防局：見《山鬼》註釋(87)。

⑱木傀儡戲：見《我的小學教育》註釋①。

⑲酬神：祭謝神靈。

⑳首事人：即發起人，在地方公益活動中發動、組織和參加各項活動的領頭人。

㉑份子：集體送禮時各人分攤的錢，也泛指做禮物的現金。

㉒保長：見《我的小學教育》註釋㊵。

㉓《隨園食譜》：是我國著名的一本烹飪書籍。作者袁枚，字子才，乾隆年間進士，能文善詩，時人稱為「隨園先生」。袁枚是一位有名的食家，所著食譜在清代廣為流傳。

㉔師爺：見《入伍後》註釋⑮。

㉕場：見《山鬼》註釋(83)。

㉖《聊齋誌異》：文言短篇小說集，清代蒲松齡所作，收錄作品有近五百篇。以描寫人與鬼、狐、花妖戀愛婚姻的故事最多，對青年男女追求婚姻幸福的合理性作了充分的肯定，對當時社會的黑暗、吏治的腐敗以及科舉制度埋沒人才也多有揭露和批判。是中國文言短篇小說的代表作品。

㉗青鳳：本義為鳥名。傳說中的五色鳳之一。據《禽經》，鳳有青鳳、赤鳳、黃鳳、白鳳、紫鳳五色。這裏指《聊齋誌異》中由小狐變化而成一個女性形象，是蒲松齡筆下塑造的容貌美麗、心靈純潔的女性形象之一。

㉘黃英：是《聊齋誌異》中一個女性形象的代表。她不同於其他狐鬼妖魅，而是自始至終以人的形象出現。黃英的形象反映了作者在創作中追求形、景、情、意、神相結合的藝術境界，黃英的「神」是作者的形象寓體，而黃英的「人」則是作者的理想化身。

㉙黃羅寨：今鳳凰縣林峰鄉政府所在地，位於鳳凰城南二十公里處，距今已有一千多年的歷史。八百年前黃

羅寨是駐守通往雲貴大道將士的營寨。將士家屬以製作宮廷所有的黃鑼傘為營，故稱黃羅寨。這裏是沈從文先生孩童時期生活過的地方，他在《月下小景》及《從文自傳》中也都有提及。
㉚祠堂：見《入伍後》註釋⑫。
㉛族長：見《龍朱》註釋②。
㉜跰：方言，跛、瘸的意思。
㉝長年：見《山鬼》註釋95。
㉞沉潭：見《蕭蕭》註釋㉓。
㉟香火：見《蕭蕭》註釋㉒。
㊱藤葛：用葛的藤蔓編成的繩子。
㊲公稟：稟，指下對上報告。公稟即用書面的形式向上級所做的正式陳述。
㊳篤實：忠誠老實，實在。
㊴老班人：即老輩人。
㊵把：見《夜漁》註釋⑮。
㊶公丁：舊稱機關團體中的勤雜人員。
㊷糟坊：小型的酒廠。
㊸氈帽：氈同氈，用獸毛或化學纖維製成的片狀物，可作防寒用品和工業上的墊襯材料。氈帽即氈製的帽子。
㊹官路：見《蕭蕭》註釋⑬。
㊺衝要：軍事或交通要地。
㊻桐茶：油桐和油茶。據《湖南省志．民俗志》，湘西、懷化一帶，一般在開荒地頭每年植播桐、茶種子，實行糧、林兼作，待桐、茶樹長大成林後，蓄作專門的桐、茶山。
㊼佃戶：見《大小阮》註釋㉝。

⑱ 弶：方言，捕捉老鼠、雀鳥等的工具。
⑲ 子母利：指重複計息的貸款，即貸款到期後，如無法歸還，則將利息也加入本金，一起計息。
⑳ 飄場：各地逢集的日期不同，做生意的人利用不同集市的時間差，遊走於各市集之間趕場作生意，亦作漂場。
㉑ 掌班：舊時掌管戲班或妓院的人。
㉒ 打加官：見《我的小學教育》註釋㊶。
㉓ 包封：原意為用紙等將物件包裹並封口，這裏指用紅紙包裹的賞錢。
㉔ 旦角：見《我的小學教育》註釋⑫。
㉕ 靠燈：躺在床上鴉片煙燈旁抽鴉片煙。在二十世紀二、三十年代鴉片煙流行時，鴉片煙也成為招待客人的工具，請客人靠在煙燈旁躺着説話，叫靠燈。此外為了討好某人，自己不抽鴉片煙，也躺在燈邊陪着靠燈。
㉖ 薛仁貴（六一三—六八三）：名禮，字仁貴，以字行世。絳州龍門（今山西河津）人。唐朝名將，主要事蹟在唐太宗、高宗時期。
㉗ 落草：被迫逃往山林沼澤中進行抗暴鬥爭或嬰兒出生，此處指前者。
㉘ 家邊人：即鄉親，本地人。
㉙ 煙土：未經熬製的鴉片。
㉚ 巴鹽：指四川自貢出產的井鹽。因其成塊狀，亦稱岩鹽；又因其呈淡青色，又稱青鹽。舊時湘西由於交通不便，海鹽很少，一般人都是吃的巴鹽，因此在沈從文作品中總是提到巴鹽、青鹽。
㉛ 棕衣：見《入伍後》註釋㊽。
㉜ 耳絆：鞋帽上作帶子穿繫之用的扣絆，以狀如耳，故名。
㉝ 麂子：見《山鬼》註釋⑭。
㉞ 窠：見《晨》註釋㊽。

(65) 筍殼雞：見《鄉城》註釋⑯。

(66) 雪棗：一種油炸的長圓形點心。

(67) 刀頭肉：敬神用的一塊長方條豬肉，一般是只煮熟而未經過加工的豬肉。亦稱「神脯」。刀頭肉在敬神之後，實際上歸人享用，所以《長河．大幫船攏碼頭時》裏又有「攏岸刀頭肉炒豆腐乾作晚飯菜」之說。本篇小說中，楊大娘趕場買回「刀頭肉一斤」，雖還是生肉，但是準備用來敬神的，所以也以刀頭肉相稱。

(68) 元青：玄青，深黑色。

(69) 鴉拉營：見《雪晴》註釋㉘。

(70) 八寶精：稀罕、寶貴的東西，有時帶有諷刺意味。

(71) 包穀：見《更夫阿韓》註釋⑮。

(72) 看水鴨子打架：無所事事之意。此語出自一種神話傳說。某巫師（俗稱老師）為贖回一個少女的魂魄而去一個山洞與洞神鬥法，入洞時命其弟子在洞外擂鼓助戰。洞神用一雙草鞋變成兩隻野鴨在河中打架，吸引弟子的注意以至忘了擂鼓，致使巫師被洞神封在洞裏。後來巫師施法，衝破山頂而出，一氣之下，一掌把弟子搧上石壁，成為鳳凰縣一景——老師崖。

(73) 連枷：農具，由一個長柄和一組平排的竹條或木條構成，用來拍打穀物，使籽粒掉下來。也作「槤枷」。

(74) 裝煙倒茶：見《爹爹》註釋(68)。

(75) 砧板：切魚肉等用的墊板。砧：捶、砸或切東西的時候墊在底下的器具。

(76) 紅岩口：地名，在今湖南省冷水江市岩口鎮境內。

傳奇不奇

（本文係接赤魘、雪晴、巧秀和冬生，為故事第四）

滿老太太從油坊到碾坊。溪水入冬即枯落，碾槽①停了工，水車上掛了些綠絲藻已泛白。上面還有些白鳥糞，一看即可知氣候入冬，一切活動都近於反常，得有個較長休息。不過一落了雪，似乎即帶來了一點春信息，連日因融雪，匯集在壩上長潭的溶雪水，上漲到閘口，工人報說水量已經可轉動碾盤。老太太因此來看看，幫同守碾坊的工人，用長柄掃帚打掃清理一下牆角和碾盤上蛛網蟢錢②，在橫軸上鋼圈上倒了點油，掛好了擱在牆角隅的長搖篩，一面便吩咐家中長工，挑一籮糯穀來試試槽，看看得不得用。因為照習慣，過年作糍粑③很要幾挑糯米，新媳婦拜年走親戚，少不了糍粑和甜酒，都需要糯穀米。

工人回去後，滿老太太把擱在旁邊一個細篾④烘籠⑤提到手中，一面烘手一面走出碾坊！到壩上去看看。擬等待試過槽後，再順便過村頭去看看楊家冬生的媽。孩子送客人送了三天，還不曾轉身⑥，二三十里路並不算遠，平時又無豺狼虎豹，路上一坦平。難道真是眼睛上有毛毛蟲，掉到路旁「陷眼」「地窟窿」裏去了？還是追麂子兔子，閃不知⑦走到雪裏滾入湃泥田⑧，拔腳不出慘遭滅頂？（這在雪地上總還有個蹤跡消息！）此外只有一個原因，即早先已定下了主意，要學薛仁貴⑨，投軍奔前程，深怕寡母眼淚浸軟了心，臨時脱身不得，因為趁便走去。可是在局裏當差，已經是在鄉兵員，正好考學校，那還有更方便事情？並且這種少年子弟背井離鄉的事情雖常有，照例是要因點外事刺激才會發生；受了什麼人的氣丟失面子，賭輸了錢無法交代，和什麼女子有過情分，難善終始，不易長此厮守下去，到後方不免有此一着，不是同走就是獨行，努力把自己拔出家鄉拔出苦惱，取得個轉機。就冬生説這些問題都不成問題。局裏師爺⑩到莊子上去提供報告時，就證明薛仁貴投軍事不大可信。只有一點點可疑處，即是不是因為巧秀走失，半個月還無消息，冬生孩子心實，因為心裏有些包瞞着的事，説不出口，所以要告奮勇去把巧秀找尋回來。説不定事前還許願發過誓找不到決不回鄉。所以就失了蹤。這自然只是局裏師爺的猜想，無憑無據。不過由此出發，村子裏於是有了以訛傳訛⑪的謠言：冬生到紅岩口⑫看見了巧秀，知道巧秀是和那吹嗩吶的中砦⑬人想要逃下常德府⑭，湊巧和冬生碰頭。兩口子怕冬生小孩子口鬆出事，就把他一索子綑上，抛到江口大河裏去了。事情雖沒見證，話語卻傳到了老太太耳邊。老太太心中慈憫，想去看看冬生的娘，安慰安慰這個婦人。

高梘⑮地方二百戶人家？滿姓算是大族，滿老太太家裏，又是這一族中首戶。近村子田產山坡產業，有大半屬於這個人家。此外還有油坊、碾坊等等產業。五里外場⑯集上又開了個官鹽雜貨舖，經常派有莊夥守店。猴子坪⑰的朱砂礦⑱，還出得有些股份，所以家中廳堂中的陳設，就是座大過一尺的朱砂山，在服藥求仙時代，這東西是必需進貢⑲到朝廷去，私人保有近於犯罪的。當家的主人就是年過六十還精神矍爍的滿老太太。丈夫已死去十多年。生有二男二女：女的都已出嫁，身邊只兩個男孩，大的就是剛婚娶不久的地方保安隊長，小的進城上學，在縣裏還只讀初中三。兩弟兄身體都很健康，按照一個鄉下有管教地主子弟的興趣，和保家需要不免都歡喜玩槍弄棒。家中有長工，有狗，有槍支，一個冬天，都用於鬻子⑳所謂「捕虎逐麋㉑」遊獵工作上消磨了。

老太太為人正直而忠厚，素樸而勤儉，恰恰如一般南中國舊式地主富農神情。家產係累代勤儉而來，所以門庭充分保留傳統的好規矩。一身的穿着，照例是到處補丁上眼，卻永遠異常清潔。內外衣通用米湯漿洗㉒得硬挺挺的，穿上身整整齊齊，且略有點米漿酸味和乾草香味。頭腳都拾理得周周整整，不僅可見出老輩身分，還可見出一點典型人格。一切行為都若與書本無關，然而卻處處合乎古人所懸想，尤其是屬於性情溫良一面，儼若與道同在。更重要是深明財富聚散之理，平時贍親恤鄰，從不吝嗇。散去了財產一部分，也就保持了更多部分。一村子非親即友，遇什麼人家出了喪事喜事，月毛毛㉓丟了生了，兒子害了長病，和這家女主人談及時，照例要陪陪悲喜，事後還悄悄的派人送幾升米或兩斤片糖㉔去，盡一盡心。一切作來都十分自然，因此新屋落成時，村子裏上了塊金漆朱紅匾額「樂善好施」。

一家人都並無一定宗教信仰，屋當中神位，供了個天地君親師[25]牌位，另外還供有太歲[26]和土地神[27]。灶屋有灶神[28]，豬圈、牛欄，倉房也各有鬼神所主，每早晚必由老太太洗手親自作揖上香，逢月初一十五，還得各處奠奠酒，頌祝人畜平安。一年四季必按節令虔誠舉行各種敬神儀式，或吃齋[29]淨心，或殺豬還願，不問如何，凡事從俗。過年時有門戶處，都貼上金箔[30]喜錢[31]和吉祥對聯，慶賀佳節。並一面預備了些錢米，分送親鄰。有羞羞怯怯來告貸的，照例必能如願以償。

一家財產既相當富有，照料經管需人，家中除擔任團防局保衛一村治安的丁壯外，長年即僱有十來個長工，和兩個近親管事[32]。油坊碾坊都有副產物，用之不竭，因此經常養了四隻膘壯大牯牛[33]，兩欄肥豬，幾頭羊，三五十隻雞鴨，十多窩鴿子，幾隻看家狗。大院中還餵有兩隻錦雞[34]，一對大耳兔子，兩缸金魚。後園尚有幾箱蜜蜂。對外含有商務經濟，雖由管事經手，內外收支，和往來親戚禮數往還以及債務數目，卻有一本無字經記在老太太心中，一提起，能道出源源本本。

老太太對日常家事是個現實主義者，對精神生活是個象徵主義者，對兒女卻又是個理想主義者；一面承認當前，一面卻寄託了些希望於明天。大兒子若有實力可以保家，有精力能生二男二女，她還來得及為幾個孫子商定親事，城裏看一房親，鄉里看一房親。兩孫女兒也一城一鄉許給人家。至於第二兒子的事呢，既讀了書，就照省城裏規矩，自由自由，找一個城裏女學生，讓她來家裏玩風琴唱歌也好。只要二兒子歡喜都可照辦，二兒子卻說還待十年再結婚不遲。……冬生呢，她想也要幫幫忙，到成年討媳婦時，送十畝地給他做。

老太太的夢相當健康也相當渺茫，因為中了俗話說的人有千算天有一算㉟，一切合理建築起來的樓閣，到天那一算出現時，就會一齊塌圮㊱成為一堆碎雪破冰，隨同這個小溪流的溶雪水，泛過石壩，鑽過橋樑，帶入大河終於完事。

老太太見長工挑着兩半籮穀子從莊子裏走出，直向碾坊走來，後面跟了兩個人，一個面生一個就是正想看看的冬生的媽楊大娘。還不及招呼，卻發現了那個楊大娘狼狽焦急神氣，趕忙迎接上去：「大姨，大姨，你冬生可回來了嗎？我正想去看您！」

楊大娘兩腳全是雪泥，萎悴悴的，虛怯怯的，身子似乎縮小了許多，輕輕兕了自己一句：「菩薩，我真是悖時！」

老太太從神氣估出了一點點譜，問那陌生鄉下人：「大哥，你可是新場人？」

挑穀子長工忙說：「雞冒老表㊲，這是隊長老太太，你說你那個。」

老太太把一眾讓進碾房去，明白事情嚴重。

那人又冷又急，口中打結似的，說了兩三遍。才理暢了喉，稟告來意。從來人口中方知道失蹤三天的冬生，和伴送那兩挑煙土㊳，原來在十里外紅岩口，被砦子上田家兄弟和一小幫人馬攔路搶劫了。因為首先押到雞冒老表在山腳開的小飯舖烤火，隨後即一同上了山，不知向什麼地方走了。雞冒認得冬生，看冬生還笑瞇瞇的，以為不是什麼大事。昨天趕場才聽人說冬生久不回村子，隊長還放口信找冬生，打聽下落。才知道冬生是和煙幫一起被劫回不來。那群人除了田家兄弟面熟，還有個大家都叫他作五哥，很像是會吹嗩吶的中寨人，才二十來歲一個好後生，身上還揹個盒子炮㊴，威風凜凜。冬生還對他笑也對雞冒老表笑，意思可不明白。來人一再請求老太太，不要張揚說這事是他打的報告，因為他怕田家兄弟燒房子報仇。他又怕不來報告，將來保上會有人扳他連坐㊵，以為這一行人曾到他店鋪裏烤過火。兩個土客㊶的逃回，更證實了前後經過如何實在。

下半天，這件事即傳遍了高梘。隊長在團防局召集村保緊急會議，商量這事是進行私和還是打公稟㊷報告縣裏。當場有個滿家人說：紅岩口地方本在大隊長治安範圍內，田家人這種行為近於不認滿家的賬才如此。若私和，照規矩必這方面派人去接洽，商量個數目，滿家出筆錢方能把人貨贖出。這事情已有點丟面子。事情破例不得，一讓步示弱，就保不定有第二回故事。並且一夥中還有個拐巧秀逃走的中砦人，拐了人家黃花女，還敢露面欺人，更近於把唾沫向人臉上吐。大隊長和師爺一衡量輕重，都主張一面召集丁壯，一面稟告縣裏剿匪。大隊長並親自上縣城，呈報這件事，請縣長帶隊伍下鄉督促，懲一警百。縣長是個少壯軍官，和大隊長談得來，年青喜事，正想下鄉打獵，到隊長家中去住住。於是第二早即帶了一排縣警備隊，騎馬和隊長下鄉。到了高梘，縣長住在大隊長家中，三十個縣警隊都住在藥王宮㊸團防局裏。

縣長出巡清鄉㊹到了高梘，消息一傳出後，大隊長派過紅岩口八里田家砦的土偵探，回來稟報，一早上田家兄弟帶了四支槍和幾挑貨物，五六挑糍粑，三石米，一桶油，三十來個人，一齊上了老虎洞。冬生和巧秀和吹嗩吶那個人也在隊伍裏。冬生萎萎悴悴，光赤着一隻腳板。田家兄弟還說笑話壯村子裏鄉下人膽，縣長就親自來，也不用怕。守住上下洞，天兵天將都只好仰着個脖子看，看累了，把附近村子裏的雞吃光了，還是只有坐轎子回縣裏去，莫奈我田老大何。

縣長早明白接近邊境礦區人民蠻悍有問題，不易用兵威統治。本意只是利用人民怕父母官心理，名義上出巡剿匪，事實上倒是來到這個區域幾個當地大鄉紳家住住，開開會，商量出個辦法。於時那出事的一區負責人，即可將案中人貨，作好作歹交出，或隨便提個把倒霉鄉下人（或三五年前犯過案或只是窮而從不作壞事的），胡塗割下頭來，掛在場集上一示眾。另一面又即開會各村各保攤籌一筆清鄉子彈費，慰勞費，公宴費，草鞋費，並把鄉紳家的臘肉香腸挑兩擔，老母雞大閹雞捉個三五十隻，又作為治太太心氣痛，斂個白花陰乾漿子貨百八十兩，鮮紅如血的箭頭砂㊺又收羅個三五十兩，於是排隊打道回衙。派秘書一面寫新聞稿送省裏拿津貼的報館，宣稱縣座某日出巡，某日歸來，親自率隊深入匪區擊斃悍匪賽宋江和彭咬臍。一面又將這事情稟報給省府，用卑職稱呼同樣宣傳一番。花樣再多一些，還可用某鄉民眾代表名義登報，一注三下，又省事又熱鬧，落得個名利雙收。

田家兄弟看準了縣座平時心理，可忽略了縣長和大隊長這時要面子爭面子的情緒狀態。縣得到報告五點鐘後，高梘屬百餘壯丁，奉命令都帶了自衛武器和糧食，圍剿老虎洞巨匪。縣長並親自督戰。因為縣長的駕臨，已把一村子人和隊長忙而興奮到無可比擬情形。就中只有兩個婦人反而又害怕又十分憂愁，不知如何是好，沉默無語，一同躲在碾坊裏，心抖抖的從矮圍牆缺口看隊伍出發。一個是冬生的老母，只擔心被迫躲入老虎洞裏的冬生，會玉石俱焚，和那一夥強人同歸於盡，自己命根子和一切希望從而割斷，還有一個是一生為人忠厚的滿老太太，以為這件事和田家人結怨結仇，實在可怕。兩人身邊還有那個新媳婦，臉上尚帶着腼腆光輝，不知説什麼好想什麼好。大隊長雖已騎上了那匹白騾子，斜佩了支子彈上膛的盒子炮，追隨縣長馬後出發，像忽然體會到了寡母的柔弱愛情和有見識遠慮，忙回頭跑到碾坊裏來。

「媽唉，媽唉，你不要為我擔心，我們人多，不會吃虧的！」

可是一看到滿老太太和楊大娘兩雙皺紋四鎖濕瑩瑩的小小眼睛，和新媳婦一雙帶笑黑眼睛，就明白家中老一輩擔心的還有更深一層意義，不免顯得稍稍慌張失措，結結凝凝的説：「娘，你放心！我們不會隨便殺死人的。都是家邊人㊻，無冤無仇，縣長也説過，這回事只要肯交出冬生和……罰一點款，就可了結。我不會做蠢事殺一個人，讓後代結仇結恨，纏個不休！」

老太太説：「你萬千小心，不要出事！你不比縣官，天大的禍事都惹得起。你是本地人，背貼着土，你爺爺老子墳都埋在這裏，不能做錯事！我心都疼破了，求你老子保祐你。菩薩保祐你，我為你許了兩隻豬！」

新媳婦年紀輕不甚懂事，只覺得大隊長格外威武英俊。

一行人眾向老虎洞出發時，村中婦孺長老都一同站在門前田塍㊼上和藥王宮前面敞坪中看熱鬧，這個亂雜雜的隊伍和雪後鄉村的安靜，恰恰形成一個對比，給人印象異常鮮明。都不像在進行一件不必要的殘殺，只是一種及時田獵的行樂。

老虎洞位置在高梘偏東二十里，差二里許路即和縣屬第九保區接壤。田姓在九保原為大族，先數代曾出過一個貢生[48]，一個參將[49]，入民國又出過一個營長。有一房還管過兩年猴子坪的水銀[50]礦，這點功名權勢，在鄉下結果是有相當意義的，影響到這一族是一部分子弟從莊稼漢轉入縣裏中學讀書，另外一部分子弟，又由田裏轉上山砦，保留個對泥田硯田[51]均無興趣，不耕而獲的幻想，先還是用鐮刀獲人的莊稼，隨同民國民族歷史墮落的發展，到後即學會用火器收穫他人的財物。有一些不肖子弟在本村留不住腳後，方轉入高梘屬刨荒山。高梘屬土地最富腴原在滿家住的村子，那一壩冬水田和四山茶峒[52]梓漆[53]，再加上去本村五里官路[54]上的那個大市集，每逢三六把附近五十里貨物集中交易，即以山貨雜物鹽布茶漆的集散，影響到許多人經濟生活，得天獨厚處，已夠其他村保人民羨慕，自恨不如。加上滿姓大戶財富勢力集中，自然更遭物忌。老虎洞在高梘屬算極荒瘠，地在××河上游，平時水源小，滿河灘全是青石和雜草。夾岸是青蒼蒼兩列懸巖，有些生長黃楊樹雜木，有些卻壁立如削，草木不生。老虎洞分上下二洞，都在距河灘百丈懸巖上，位置天生奇險，上不及天下不及泉，卻恰好有一道山縫罅可以上攀。一洞乾涸，裏面鋪滿白沙，一洞有天生井泉，冬夏不竭，向外直流成一道細小懸瀑。兩洞面積大約可容上千人左右，平時只有十月後鄉下人來熬洞硝[55]，作土炮火藥或煙火爆竹用，到兵荒馬亂年頭，鄉下人被迫非逃難不可時，兩屬村子裏婦孺，才帶了糧食和炊具，一齊逃到洞中避難，待危險期過後再回村中。後來有逃難人在洞中生育過孩子，孩子長大成了事業，因此在乾洞中修了個娘娘廟[56]，鄉下求子的就爬上洞中來求子，把廟中泥塑木雕女菩薩穿上繡花袍子。地方既常有香火[57]供奉，也就不少人蹤。只是究竟太險，地方雖美好實荒涼，站在洞口向下望，向遠望，有時但見一片煙嵐籠罩樹木叢石，泉水淙淙，怪鳥一鳴，令人絕俗離世。

兩個洞既為人預先佔據，把路一堵住，便成絕地。除附近小小山縫還生長些細藤雜樹，鼯鼠㊽猿猱㊾可以攀援，任何人想上下都不可能。

做案的田家人本意不過是把土貨奪過手，放冬生回去傳話，估量滿家有錢怕事，可以換兩支槍。湊巧冬生和拐巧秀逃到田家巷子吹嗩吶的一位迎面碰頭，於是把冬生暫時扣下，且俟派人接頭換得了槍，大家向貴州逃奔時再釋放冬生。不意吳用孔明㊿算左了計，把握不住現實，大隊長為面子計，竟邀縣長出巡剿匪。這一來，因激生變，不能甕中捉鱉，讓人暗算，大夥兒只好一齊入老虎洞，以逸待勞，把個大隊長拖軟整溶再辦交涉。

當地人民武力集中在河下懸崖兩頭，預備用封鎖方式圍困洞中一夥時，洞中一夥當真即以逸待勞，毫不在意的，在上面打鼓打鑼的叫嚷笑鬧。一切都若有恃無恐，要持久戰下去，且算定持久下去，官方和高梘一村子人，都必然在疲勞飢餓下失敗。地勢既有利於洞中一夥，下面新火器不僅無從使用，且得從草叢有礫間找尋掩蔽，防備上面用火器或石卵瞄準。好些情形都和荷馬史詩(61)上所敘戰事方法相差不多，今古不同處即在這種情形下，縱再有個聰明人想得出用大木馬裝載武士，也無法接近洞口，趁隙入洞。

縣長先是遠遠的停在一個石堆後，指揮這個攻勢。打了百十槍後，不意上面鑼鼓聲更加熱鬧。天已入暮，山谷中夜風轉緊，只好停止進攻，派兵士砍松樹就僻處搭棚，升火造飯，大家過夜。

第二天想出了主意，調三十名縣警隊從三里外紅岩口爬上對山，伏在崖上向洞中取準。把鑼鼓打息了一會兒，隨後卻忽然見到洞中三尊穿紅緞袍子的塑像，直通洞口，鑼鼓又重新自洞中傳出，槍彈雖打中洞口目標，實無從傷着那些混和野性與頑劣作成的嘲侮表現，這一天的攻勢只證明一件事，即洞中人當真有新式武器，洞口也還擊了十來響槍，大隊長從槍聲中分辨得出有當時著名的春田[62]，小口緊[62]，和盒子炮[62]，而且一共有五枝槍，比偵探報告還多一枝。

大隊長雖殺羊宰豬作犒勞，還為縣長預備臘肉野味和茅台酒，又派人從家中帶了虎皮狸子皮褥墊，行軍床，過野外生活。到了第四天，縣長的打獵趣味已索然興盡，剿匪興奮則真如田家兄弟說的，完全用疲倦代替，藉故說縣裏還要開清鄉會議，得趕回去主持。又說洞中匪徒，已成甕中之鱉，遲早終必授首。只要派少數人把住山腳路口，再好好計劃把守住巖壁兩端和紅岩口村子大路，匪黨縱再頑狠，不久也依然會授首成擒！縣長於是召集高梘人民，訓話一個半鐘頭，指揮了一大套戰略，還零零碎碎稱引了許多似可解不可解《孫子兵法》[63]上的話語，證實武德武學兩臻善美外，縣長於是騎上馬，押着三十個縮縮瑟瑟的土制隊伍，和幾擔土產，一大罈米酒，一大罈菌子油[64]，以及一筆來自人民的犒勞，騎在馬背上搖搖盪盪回返縣城去了。

大隊長作了督戰官，採用了「軍師吳用」的意見，用《孫子兵法》上成語，穩住了自己失敗意識，繼續包圍下去。

到了第七天，高梘屬其他村子裏自衛隊，帶來的糧食大半已吃光了，又已快到過年時節，各有事做，不能不請求回家。照大隊長意見，天氣那麼冷，全部回家也極自然。可是縣長卻於此時來個極嚴厲命令，限旬日攻克，不得牽延支吾，致幹未便。末尾一句話，好像是把大隊長踢了一腳，不免悶昏昏的，又急又氣。真真是小不忍則亂大謀，深悔事先不和母親商量，結果真是騎虎難下。

局中師爺和我各揹了個被卷去紅岩口老虎洞觀戰，先是到河下看了許久，又爬上對山去，欣賞一番。一切情景都像只宜於一個風景畫家取材而預備的，不是為流血而預備的。可是事實兩個山洞中卻正有三十來個生氣活躍的人在被圍困中。倘若一直圍下去總有一天洞中人會全體餓斃的。然而這時節山洞中卻日夜可聞鑼鼓，歡呼聲。師爺即景生情，想出了個新主意，以為對面山巖也必然可以爬上去。若爬得上去，估計頂上距洞口不會到一百五十步。村子中有的是石匠，為什麼不調遣兩個到老虎洞山谷頂上去，慢慢的從縫巖打條小路下達洞口，從上面作個攻勢？不及到洞口，我們就可以派個人去辦交涉，和裏面掌舵的談談條件，看看是不是可以談得開！

兩個石匠當真就着手工作，到得峰壁頂上時，方知道山夾縫石頭錯落，還可攀藤附葛勉強上下。因此同時在山頂上也派了人防守，免得從這條路逃脫。僅僅四天，那懸崖路已開到離上洞不及三丈遠近，已可聽得洞中人談話。大隊長告奮勇從頂上攀着繩子溜到那個地方去，招呼洞裏人開談判。只要允許把人貨槍三者一齊交出，即可保障一夥人生命安全。洞中人卻答應還人還貨，可不繳槍。為的是繳過了槍，雖目前可以由族上高年作保，一切無事，此後幾個人安全可就無多大把握。尤其是首謀的田家兄弟，和那個拐巧秀逃走吹嗩吶的中砦人，在洞口稱五哥管事，怕大隊長饒放不過。若果不繳槍呢，大隊長一方面又不免擔心。因為鄉下人習性他摸得熟，事本來即從「不服氣」而挑釁，這次不成功，從口中摳出了肉團團，氣不降下，還會閃不知作出更嚴重的舉動，再向三十里邊上一跑了事。到後又由局裏師爺和那中砦人商討辦法，問題依然僵持，不能解決。不過卻因此知道巧秀的確藏在洞中做押砦夫人，師爺叫她時她不則聲。

最後一着是冬生的媽楊大娘，腰上繫着一條粗麻繩，帶了兩件新衣，一雙鞋，兩斤糍粑，攀藤援葛慢慢下到洞口上邊絕壁路盡處。

「冬生，冬生，你還在嗎？」

只聽到洞裏有個人傳話：「冬生，冬生，有人叫你！你媽來了！」

被扣留的冬生，一會會也爬到了洞口邊，仰着頭又怯又快樂的叫他的娘：「媽唉，媽唉，我還活着！」脆弱聲音充滿了感情。

楊大娘淚眼婆娑的半哭半嘶：「冬生，你還活着，你可把人活活急死！你老子前三世作了什麼孽，報應到你頭上來！你求求他們放你出來啊！」一面悲不自勝一面招呼巧秀和田家兄弟，「巧秀，巧秀，你個害人精！你也做個好事，說句好話！田老大老二，我楊家和你又無冤無仇，楊家香火只有這一苗苗，為什麼不積點德放他出來？」

洞口田老二說：「楊大娘，要你大隊長網開一面就好！大家都是家鄉人，何必下毒手一網打盡？大隊長說要餓死我們，再拖半年我們也不怕，我們說話算話，冤有頭債有主，不會錯認人。滿家人仗勢逞強要縣長來紅岩口清鄉，把一村子裏雞鴨清掉倒回去了。我們田家有一個人死了，要他滿家賠一雙。我們能逃也不逃，看他拖得到多久！」

「這是你們自己的賬，管我姓楊的娃娃什麼事？」

「楊大娘你放心，你冬生在這裏，我們不會動他一根毛。你問問他是不是挨餓受寒。解鈴還是繫鈴人，事情要看隊長怎麼辦！」

楊大娘無可奈何，把帶來的一點東西拋下去，只好離開了那個地方。這地方不久就換上了幾個鄉下憨子[65]，帶了大毛竹作夾辣子的煙火，綁縛在長竹竿一端，點燃後懸垂下到洞口邊，一會會，就只見有毒煙火吼着向洞口噴火，使得兩山夾谷連續着奇怪怕人迴聲，洞裏人卻把一個臨時縛的木杈抵住竹竿向旁邊挪移。煙火爆裂時更響得怕人，可是很顯然這一切發明實無濟於事，完全近於兒戲。

攻守兩方都用盡了鄉下人頭腦，充滿了古典浪漫氣氛，把農村莊稼人由於漁獵耕耘聚集得來的智慧知識用盡後，兩方面都還不服輸，終不讓步。熬到第十七天後，洞中因人數不足，輪流防守過於飢疲，一個大霧早上，終於被幾個高梘鄉下壯漢，充滿獵獸勇敢興奮，攻佔了乾洞口，守洞的十四個人，來不及向上面水洞逃走，不能不向裏面退去，雖走絕路還是不肯繳械投降。因為攻打這個洞口高梘人有一個受傷死去，高梘的石匠，於是在洞裏較窄處砌上一堵石牆，封住了出路，幾個輪班守住。一面從山下附近人家抬了個車轂子的木風驢上山來，在石牆間開了個孔道，預備了二三十斤辣子，十來斤硫磺，用炭火慢慢燃起有毒濃煙來，就搖轉木風驢，把毒煙逼搧入洞口。一切設計還依然從漁獵時取得經驗，且充滿了漁獵基本興奮。這個洞裏既無水可得，那十四個鄉下人半天後就被悶死了。過了三天毒煙散盡後，團隊上有人入洞裏去檢查，才知道十四個人都已伏地斷氣多時，還同時發現了二十多隻大白耗子，每頭都有十多斤重，和小豬一樣。隊上人把十四個人的手都齊腕砍下，連同那些大耗子，挑了一擔手，四擔耗子，運到高梘團防局，把那些白手一串一串掛到局門前胡桃樹下示眾。一村子婦女小孩們都又嚇怕又好奇站在田埂上瞧看這個陳列。第二天大清早，副隊長就把這個東西押上縣城報功去了。

乾洞攻下第五天，水洞口也被幾個鄉下猛人攻入，逼得剩餘的一群，不能不向洞中深處逃去。但這一回情勢可大不相同，攻守雙方都十分明白。這個洞的形勢十分特別，一進去不到五丈，即有一道高及丈許的巖門，必向上爬方能深入。裏面井泉四時不竭，洞裏還溫暖乾燥，非常宜於居住。且裏面高大宏敞，漆黑異常，看洞口卻居高臨下，十分清楚。若放毒藥便溺入水流出，佔據洞口的人飲料就成問題，得從山下取水。冬生和巧秀都在洞中，前一回辦法顯然也不宜用也不中用，還得用坐困方法等待變化。因此在洞裏近崖壁處，依然砌了一道牆把內外封鎖，大隊長和十多個人就守住洞口，也用個以逸待勞方法等待下去。

楊大娘又來回跑四十里路，爬上懸巖洞口為冬生辦了一次交涉，不能成功，虛虛怯怯帶住碎心的憂苦回轉村子裏去了。局裏師爺願意告奮勇進洞，用生命擔當彼此平安，也商量不出結果。洞外為表示從容，大隊長派人從家中搬了留聲機[66]來唱戲，慰勞團隊族人。裏面也為對抗這種刺激，卻在鑼鼓聲中還加上一個嗚嗚嘶嘶的嗩吶，吹了一遍《山坡羊》[67]，又吹一遍《風雪滿江山》[67]，原來中砦人帶了巧秀上路時，還並不忘記他的祖傳樂器！

但彼此強弱之勢已漸分，加上縣長又派了個小隊長來視察了一回，並帶了個命令來，認為除惡務盡，悍匪不容漏網，並獎勵了幾句空話。使得滿大隊長更不能不做個斬草除根之計。洞裏一面知道事已絕望，情緒越來越凝固激切。田家兄弟一再要把冬生處分出氣，想用手叉住孩子喉管時，總虧得巧秀解圍，請求不要把他人出氣，好漢作事好漢當，才像個男子。冬生終得個倖而免。

先是上下兩洞未陷落，山頂未封鎖時，大家要逃走還來得及，本可拋下重器悄悄沿山縫逃走。不過既有言在先，說要拖個一年半載，把高梘人滿家累倒，這一走未免損失田家體面，將來見不得人。加上個自以為佔據天險，有恃無恐，十年一小亂三十年一大亂，經過多少朝代，都不聞老虎洞被人攻下過。所以這次膽大輕敵，不免小覷了對方。到半月後經過一回會議檢討，結果有十六個少壯，揣帶一腰帶煙土，半夜裏爬山逃走，預備向下河去避避風浪，並掉換幾枝短槍，再計劃返回來找機會打救援。其餘人都刺手指吃血酒㊳，有福同享，有禍同當，不離本位。下洞既已失陷，生力軍犧牲大半，上洞中連同巧秀和冬生，已經只餘八個人。雖說洞口已砌了牆。隔絕內外，還是不能不防備萬一，六個人分成兩班，分班輪流坐在洞裏崖壁高處放哨。巧秀和冬生卻不分派職務，像個自由人，可以各處走動。

冬生和巧秀原本極熟，一個月來患難中同在一處，因此談起了許多事情。冬生和她談起逃走後一村子裏的種種，從滿家事情談起，直到他自己離開藥王宮那天下午為止，加上這一個月來洞中生活，從巧秀看來，真好像是一整本《梁山伯》《天雨花》㊴，卻更比那些傳奇唱本故事離奇動人。把這一月經過的日子和以前十七年歲月對比，一切都簡直像在夢裏！更分不清目前究竟是真是夢。

巧秀聽過後吁了吁氣說：「冬生，我們都落了難，是命裏注定，不會有人來搭救了！」

冬生福至心靈，忽然觸着了機關，從石罅間看出一線光明：「巧秀，人不來打救我們要自尋生路，我們悄悄的去和五哥說，大家不要在這裏同歸於盡，死了無益！只有這一着棋是生路！」

「他們都吃了血酒，賭過咒，同生共死，你一說出口，刀子會窩心扎進去！」

「你和他有床頭恩愛情分，去說說好！他們做他們的英雄，我們做我們的爬爬蟲，悄悄的爬了出去吧。」

當巧秀趁空向吹嗩吶解悶的中砦人訴說心意時，中砦人愣愣的不則一聲。巧秀說：「你要殺我你就殺了我，我哼也不哼一聲。我願意和你在這洞裏同生共死，血流在一塊。不想我死，你也不願死，做做好事，放冬生一條生路，楊大娘家只有這一個命根根，人做好事有好報應，天有眼睛的！」

中砦人心想：「冬生十四歲，你十七歲；我二十一歲，都不應當死！可是命裏注定，誰也脫不了！」

巧秀說「你拿定主意再說吧；要死我倆一塊死，想活我陪你活。」

中砦人低低歎了口氣：「我要活，人不讓我們活！天不讓我們活！」

談話於此就結束了。思索卻繼續在這個二十一歲青春生命中作各種掙扎燃燒。

到了晚上，派定五哥和另外兩個人守哨。大家都已經一個月不見陽光，生活在你死我亡緊張中苦撐，吃的又越來越壞，所以都疲乏萬分。兩個人不免都睡着了。只中砦人五哥反覆嚼着和巧秀白天說的話，興奮未眠。在洞中生活過了很久，原來還有一盞馬燈，大半桶煤油，到後來為節制耗費，在燈下也無事可作，就不再用燈，只憑輕微呼吸即可感覺分別各人的距離和某一人。守哨的去洞口較近，休息的在裏邊，兩者相去已有二三十丈。中砦人從呼吸上辨別得出巧秀和冬生都在近旁，輕輕的爬到他們身邊去，搖醒了兩個人。

「冬生，冬生，你趕快和你嫂子溜下崖去，帶她出去，憑良心和隊長說句好話，不要磨折她！這回事情是田家弟兄和我起的意，別人全不相干！我們吃過了血酒，我不能賣朋友，要死一齊死在這個洞裏了。巧秀還年青，肚子裏有了毛毛，讓她活下來，幫我留個種！你要為她說句話，不要昧良心！」

大隊長在洞口擁着一條貛子皮⑳的毯子，正迷蒙入睡，忽然警覺，聽見牆裏悉率窣響，好像有人在急促的爬動。隨即聽到一個充滿了惶急恐怖脆弱低低呼喊：「大隊長，大隊長，趕快移開石頭，救我的命！趕快些，要救命！」

大隊長一面知會㉑其他隊兵，一面低聲招喚「冬生，是你嗎？你是鬼是人？你還活着嗎？」

「你趕快！是我！我鼻子眼睛都好，全鬚全尾㉒的！」末一句原是鄉下頑童玩蟋蟀的術語，說得幾人都急裏迸笑。

石牆撤去一道小口，把人拖出後，看看原來先出的是巧秀，前後離開了高梘不到五十天的巧秀。冬生出來後還來不及說話，就只聽到裏面狂呼，且像是隨即發生了瘋狂傳染。很明顯，冬生巧秀逃脱事已被人發覺，中砦人作了賣客㉓，洞中同夥發生了火併㉔。中砦人似乎隨即帶着長嗥，被什麼重東西扭着毀了。二十一歲的生命，完了。夜既深靜，洞中還反覆傳送迴音，十分淒冽怕人。幾人緊張十分的忙把牆缺封上，靜聽着那個火併的繼續，許久許久才聞及一片毒咒混在呻吟中從洞穴深處喊出，雖微弱卻十分清楚：「姓滿的，姓滿的，你要記着，有一天要你認得我家田老九！」

第二天，發覺洞中流出的泉水已全是紅色。兩個鄉丁冒險進洞去偵察，才發現剩下幾個人果然都在昨晚上一種瘋狂痙攣中火併，相互用短兵刺得奄奄垂斃了。田家老大似乎在受了重傷後方發覺和他搏鬥的是他親兄弟，自己一匕首扎進心窩子死了。那弟弟受傷後還爬到近旁井泉邊去喝水，也伏在泉邊死了。到處找尋巧秀的情人，那個吹嗩吶的中砦人，許久才知道他是攢入洞壁左側石縫中死去的。大隊長押了從洞中清掃得來的幾擔雜物，剩餘煙土和十隻人手，兩個從洞中奪回死裏逃生的生口㉕，不成人形的巧秀和冬生，冬生手上還提住那個嗩吶。封了洞穴，率隊回轉高梘，預備第二天再帶領這十隻慘白拘攣㉖的手掌和兩個與案情有關的生口，上縣城報功，過堂。

當那一串人手依舊懸掛在團防局門前胡桃樹下，全村子裏婦女老幼都圍住附近看熱鬧時，冬生和巧秀，都在滿家大莊子裏側屋中烤火，各已換了乾淨衣裳，坐在大火盆邊，受老太太，楊大娘，師爺，大隊長，二少爺和作客人的我作種種盤問。冬生雖身體憔悴，一切挫折似乎還不曾把青春的火燄弄熄，還一面微笑，一面敘述前前後後事情。一瞥忽發現楊大娘對他癡癡的看定，熱淚直視，趕忙站起來走了兩步：「娘，你看我不是全鬍全尾的回來了嗎？」

「你全鬍全尾，可知道田家人死了多少，作了些什麼孽要這樣子！」

巧秀想起吹嗩吶的中砦人，想起自己將來，低了頭去哭了。

滿老太太說：「巧秀，不要哭，一切有我！你明天和大隊長上縣裏去，過一過堂，大隊長就會作保，領你回來，幫我看碾坊，這兩天溪裏溶雪，水已上了一半堤壩，要碾米過年！冤仇宜解不宜結，我明年要做七天水陸道場[77]，超度[78]這些冤枉死了的人，也超度那個中砦人。——」

當我和師爺和大隊長過團防局去時，聽到大隊長輕輕的和師爺說：「他家老九子走了，上下洞都找不到。」又只聽到師爺安慰大隊長說：「冤家宜解不宜結，老太太還說要做七天七夜道場超度，得饒人處且饒人！」

……

快過年了，我從藥王宮還回滿家去時，又住在原來那個房間裏。依然是巧秀抱了有乾草乾果香味的新被絮，一聲不響跟隨老太太身後，進到房中。房中大銅火盆依然炭火熊熊爆着快樂火星，旁邊有個小茶罐嗞嗞作響。我依然有意如上一次那麼站到火盆邊烘手，遊目四矚，看她一聲不響的為我整理床鋪，想起一個月以前第一回來到這房中作客情景，因此故意照前一回那麼說：「老太太，謝謝你！我一來就忙壞了你們，忙壞了這位大姐！……」不知為什麼，喉頭就為一種沉甸甸的悲哀所扼住，想說也說不下去了。我起始發現了這房中的變遷，上一回正當老太太接兒媳婦婚事進行中，巧秀逃亡準備中，兩人心中都浸透了對於當時的興奮和明日的希望，四十天來的倏忽變化，卻儼然把面前兩人浸入一種無可形容的悲惻裏，且無可挽回亦無可補救的直將帶入墳墓。雖然從外表看來，這房中前後的變遷，只不過是老太太頭上那朵大紅絨花已失去，巧秀大髮辮上卻多了一小綹白絨繩。

巧秀的媽被人逼迫在頸脖上懸個磨石，沉潭[79]只十六年，巧秀的腹中又有了小毛毛，而拐了她同逃的那個吹嗩吶的中砦人，才二十一歲活跳跳的生命即已不再活在世界上，卻用另外一種意義更深刻的活在十七歲巧秀的生命裏，以及活在這一家此後的榮枯興敗關係中。

我還不曾看過什麼「傳奇」比我這一陣子親身參加的更荒謬更離奇。也想不出還有什麼「人生」比我遇到的更自然更近乎人的本性！

滿家莊子在新年裏，村子中有人牽羊擔酒送匾，把大門原有的那塊「樂善好施」移入二門，新換上的是「安良除暴」。這一天，滿老太太卻藉故吃齋，和巧秀守在碾坊裏碾米。

題解

本篇作於一九四七年十月，發表於一九四七年十一月《文學雜誌》第二卷第六期，署名沈從文。一九八二年收入廣州花城、香港三聯出版社出版的《沈從文文集》第七卷。二零零二年收入北岳文藝出版社出版的《沈從文全集》第十卷《雪晴集》。

本篇為整個《雪晴集》的重心，集中前三篇小説為本篇做了大量鋪墊。小説從對田、滿兩大家族械鬥緣由、發生、發展狀況的敍説上，揭開了地方墮落勢力相互瓜葛的真實內幕。沈從文研究專家金介甫這樣評價：小説的現實主義色彩特別濃烈，探討了鄉村社會腐化現象和倫理道德的轉變，而這在沈從文以前的小説中是沒有涉及的。小説以第一人稱敍事和客觀化描寫之間的張力把歷史社會的因果關係編織成更為錯綜複雜的網絡，從而顯示了沈從文對尚武習俗的反省，對農村社會暴力性分解力量的擔憂以及「我」的鄉村之旅對湘西夢的徹底終結。作家在描寫强悍性格與血腥場面時，粗獷依舊，但初期創作的超然靜觀甚至不無寒意的欣賞，已經被一種深沉的悲愴所取代。

註：

① 碾槽：是碾子的一部分組成，是由若干節成弧形的石槽連接成的一個大圓圈。
② 蟢錢：即喜錢，見《更夫阿韓》註釋㊺。蟢，一種小蜘蛛，身體細長，暗褐色，腳很長，多在室內牆壁間結網，其網被認為像八卦，以為是喜稱的預兆，故亦稱「喜子」、「喜蛛」。
③ 糍粑：見《更夫阿韓》註釋54。
④ 篾：見《夜漁》註釋㉟。
⑤ 烘籠：用竹片、柳條或荊條等編織而成的籠子，罩在爐子或火盆上，用來烘乾衣物。
⑥ 轉身：動身回轉，回來。
⑦ 閃不知：見《我的小學教育》註釋62。

⑧ 湃泥田：湃，從水，拜聲。疊音詞「湃湃」為水波相擊聲。湃泥田就是泥漿地。

⑨ 薛仁貴：見《巧秀與冬生》註釋(56)。

⑩ 師爺：見《入伍後》註釋⑮。

⑪ 以訛傳訛：以：拿，把。訛：謬誤。指把本來就不正確的話又錯誤地傳出去，越傳越錯。

⑫ 紅岩口：見《巧秀與冬生》註釋(76)。

⑬ 砦：見《入伍後》註釋⑦。

⑭ 常德府：見《入伍後》註釋㊵。

⑮ 高梘：見《赤魘》註釋⑲。

⑯ 塲：見《山鬼》註釋(83)。

⑰ 猴子坪：地名，在今湖南省鳳凰縣境內。

⑱ 朱砂礦：礦物名。朱砂又稱「丹砂」、「朱砂」、「辰砂」，為古代方士煉丹的主要原料，也可製作顏料、藥劑。

⑲ 進貢：封建時代藩屬對宗主國或臣民對君主呈獻禮品。

⑳ 鬻子：養育小孩。

㉑ 麋：即麋鹿。哺乳類動物，毛色為淡褐色，雄性有角，角像鹿、尾像驢、蹄像牛、頸像駱駝。從整體上看來，都不像現有的任何動物，原產地為中國，是一種珍貴的稀有獸類，俗稱「四不像」。

㉒ 漿洗：漿，用粉漿或米湯浸紗、布、衣服，使其乾後變硬變挺。漿洗意思為洗滌並上漿。

㉓ 月毛毛：見《晨》註釋㊳。

㉔ 片糖：片狀的糖塊，有紅片糖、黃片糖等。

㉕ 天地君親師：君，皇上；親，雙親；天和地，指天地神靈。舊時教育子弟，供一木牌，上寫此五字，表示此五者依次為人生最須尊崇、服從者。

㉖ 太歲：指太歲之神。迷信説法認為地上的太歲神與天上的歲星相應而行，凡興造、搬遷、嫁娶、遠行等均

要躲避太歲的方位，否則定有禍殃。
㉗ 土地神：見《我的小學教育》註釋②。
㉘ 灶神：見《屠夫》註釋㊼。
㉙ 吃齋：吃素，也特指僧人吃飯。
㉚ 金箔：用金子捶成的薄片或塗上金粉的紙片，用來包在佛像或器物等外面做裝飾。
㉛ 喜錢：見《更夫阿韓》註釋55。
㉜ 管事：見《棉鞋》註釋㉔。
㉝ 牯牛：公牛。
㉞ 錦雞：見《龍朱》註釋㉘。
㉟ 人有千算天有一算：諺語，比喻人的計謀策略再縝密也敵不過天意。
㊱ 塌圮：塌壞，倒塌。
㊲ 老表：方言，對年齡相近的、不相識的男子的客氣稱呼。
㊳ 煙土：見《巧秀與冬生》註釋59。
㊴ 盒子炮：又名駁殼槍，一種外有木盒的手槍。
㊵ 連坐：一個人犯法，他的家屬、親族、鄰居等連帶受處罰。
㊶ 土客：販賣大煙土的商販。
㊷ 公稟：見《巧秀與冬生》註釋㊲。
㊸ 藥王宮：見《巧秀與冬生》註釋③。
㊹ 清鄉：見《入伍後》註釋⑥。
㊺ 箭頭砂：指鳳凰猴子坪出產的一種優質朱砂。硃砂，一作朱砂，亦稱硫化貢，為水銀硫磺之天然化合物，舊稱丹砂。以出湖南辰州者為最良，故又稱辰砂。大者成塊，小者為六角形之結晶。狀如箭鏃者，俗謂之箭頭砂，頗珍貴，呈色鮮紅，或微含鉛灰色。

㊻家邊人：見《巧秀與冬生》註釋㊿㊳。

㊼田塍：見《夜漁》註釋㉓。

㊽貢生：明清兩代科舉制度中，由府、州、縣學推薦到京師國子監學習的人。

㊾參將：武官名。明置，位次於總兵、副總兵。清因之，位次於副將。凡參將之為提督及巡撫統理營務的，稱提標中軍參將、撫標中軍參將。

㊿水銀：即「汞」，一種金屬元素，通常是銀白色液體，俗稱「水銀」。

(51)硯田：即硯台。以硯喻田，謂靠筆墨維持生計。

(52)茶桐：指油茶和油桐兩種樹。

(53)梓漆：指梓樹與漆樹。古代以為製琴瑟之材。

(54)官路：見《蕭蕭》註釋⑬。

(55)洞硝：硝土的一種。洞硝的硝土取於大山深洞之中，為生產火藥的原料。

(56)娘娘廟：俗謂送子女神之廟。

(57)香火：見《蕭蕭》註釋㉒。

(58)鼯鼠：鼠名。別名夷由。俗稱大飛鼠。外形像松鼠，生活在高山樹林中。尾部長，背部為褐色或灰黑色，前後肢之間有寬大的薄膜，能借此在樹間滑翔，主要吃植物的皮、果實和昆蟲等為生。古人誤以為牠為鳥類。

(59)猿猱：泛指猿猴。

(60)吳用孔明：吳用，字學究，是《水滸傳》中的人物，梁山排名第三。因足智多謀，常以諸葛亮自比，道號「加亮先生」，人稱「智多星」。諸葛亮，字孔明，為三國時蜀國政治家、軍事家，亦為劉備的主要謀臣。這裏吳用孔明是指代有計謀的人。

(61)荷馬史詩：相傳是古希臘盲詩人荷馬創作的兩部長篇史詩《伊利亞特》和《奧德賽》的統稱。它再現了古代希臘社會的圖景，是研究早期社會的重要史料。

(62)春田、小口緊、盒子炮：全為槍名。春田為美國春田兵工廠生產的一種狙擊步槍；小口緊為五響槍的一種。盒子炮又名駁殼槍，一種外有木盒的手槍。

(63)《孫子兵法》：也稱《孫子》、《吳孫子兵法》、《孫武兵法》。中國古代最著名的、現存最早的兵書。春秋末孫武著，共十三篇，總結了春秋末期及其以前的戰爭經驗，揭示了戰爭的一般規律以及具有普遍意義的作戰和治軍原則，在世界軍事史上佔有突出的地位。

(64)菌子油：用油炸過的樅菌，可作為調味料，其味香鮮，為湘西特產，在沈從文作品中多次提到此油。

(65)憨子：方言，傻子，傻瓜。

(66)留聲機：把錄在唱片上的聲音播放出來的機器，有些地區稱它為話匣子。

(67)《山坡羊》《風雪滿江山》：曲牌名。北曲中呂宮、南曲商調都有。南曲較為常見，六十六字，用作小令。

(68)血酒：滴入血的酒，多於盟誓時飲之。

(69)《梁山伯》《天雨花》：流行民間的傳奇唱本故事，也是我國古代講唱文學的代表作品。

(70)獾子皮：即獾子的毛皮。獾，見《赤魘》註釋(26)。

(71)知會：見《爐邊》註釋(20)。

(72)全鬍全尾：方言；玩蟋蟀的術語，指鬍鬚、尾巴完好，沒有損傷。在此借用來說明冬生的身子完好。

(73)賣客：充當奸細，出賣朋友的人。

(74)火拼：同夥決裂，自相殺傷或併吞。

(75)生口：指俘虜。

(76)拘攣：見《棉鞋》註釋(25)。

(77)水陸道場：佛教法會的一種。僧尼設壇誦經，禮佛拜懺，遍施飲食，以超度水陸一切亡靈，普濟六道四生而故稱。

(78)超度：見《爹爹》註釋(61)。

(79)沉潭：見《蕭蕭》註釋(23)。